JN265351

太湖流域社会の
歴史学的研究

―― 地方文献と現地調査からのアプローチ

太田　出
佐藤仁史 編

汲古書院

写真1　蓮泗蕩劉王廟（2005年4月6日、太田出撮影）

写真2　網船会に参集した漁船の旗幟（2005年4月6日、太田出撮影）

写真3　金沢鎮楊爺廟の廟会風景（2006年10月30日、太田出撮影）

写真4　北六房宗祠内に並べられた祖先・神々の諸像
　　　　（2007年9月5日、太田出撮影）

写真5　宣巻藝人朱火生氏
（2006年3月28日、佐藤仁史撮影）

写真6　宣巻に集う老婦女たち（2006年3月28日、佐藤仁史撮影）

写真7　北厙鎮大長浜村の劉王廟跡地に安置された劉王像
　　　　（2005年8月7日、佐藤仁史撮影）

写真8　典型的な村廟（劉王廟）。壁に「老年娯楽室」とある
　　　　（2005年12月25日、佐藤仁史撮影）

写真9
荘家圩廟の劉猛将軍誕生日に集う参拝客
（2005年9月25日、呉滔撮影）

写真10
片方の肩が高く、もう片方が低くなっている城司村の扛肩膀大老爺像（2005年9月23日、呉滔撮影）

本書171頁　図12　地目別「広富林図」

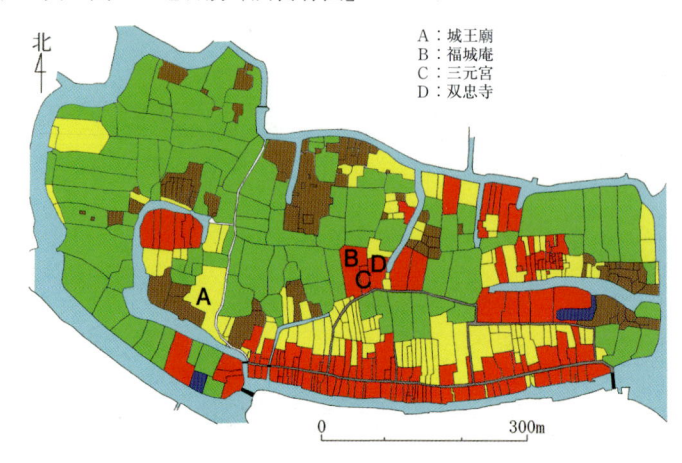

A：城王廟
B：福城庵
C：三元宮
D：双忠寺

北

0　　　300m

本書171頁　図13　地目別「張家村図」

北

北浜頭
南浜頭
王家浜

宅
什
田
墳
水
道路
水路
橋
不明

0　　300m

目　次

口　絵
序　　太田　出「太湖流域社会調査の概要と方法」……………… 3
　　調査日程表 ………………………………………………………… 17

第Ⅰ部　地方文献篇

　山本英史「清末民国期における郷村役の実態と地方文献――蘇州
　　　　　　府を中心とする史料紹介――」……………………… 5
　陳　來幸「清末民初期江南地域におけるシルク業界の再編と商業
　　　　　　組織」………………………………………………… 35
　佐藤仁史「清末民国期の近代教育導入にみる市鎮と農村――江蘇
　　　　　　省呉江県を事例に――」…………………………… 65
　太田　出「民国期の青浦県老宅鎮社会と太湖流域漁民――「郷鎮
　　　　　　戸口調査表」の分析を中心に――」…………… 103
　稲田清一「1940年代末、江蘇省青浦県における地籍台帳と地籍公
　　　　　　布図」………………………………………………… 145

第Ⅱ部　フィールドワーク篇

　太田　出「太湖流域漁民の「社」「会」とその共同性――呉江市
　　　　　　漁業村の聴取記録を手がかりに――」………… 185
　佐藤仁史「一宣巻藝人の活動からみる太湖流域農村と民間信仰
　　　　　　――上演記録に基づく分析――」……………… 237
　呉　　滔（吉田建一郎訳）「荘家圩劉王廟と村落社会」………… 281

第Ⅲ部　地方文献情報篇　（太田出、佐藤仁史、山本英史、
　　　　　　　　　　　　　稲田清一、陳來幸、夏氷）

　1　地方文献解題 ……………………………………………………… 309
　　　伝統地方志と新編地方志（309）　新編郷鎮志（311）
　　　地方新聞・雑誌（312）　保甲・戸口統計関連史料（314）
　　　土地所有関連史料（316）　地籍図と地籍冊（318）
　　　商会檔案（320）　教育調査関連檔案（322）
　　　漁業・漁民関連史料（323）　工商業聯合会関連史料（325）
　　　民間所蔵史料（326）
　2　檔案館・図書館情報 ……………………………………………… 332

結　　語　佐藤仁史 ………………………………………………………… 347

英文目次 ………………………………………………………………………… 353

序　　太湖流域社会調査の概要と方法

太 田　　出

はじめに

　2006年10月11日、上海市の西隣に位置する呉江市において「江蘇呉江汾湖経済開発区」（以下、汾湖開発区と略す）が正式に成立した。これにあわせて江蘇省は「区鎮合一」の方針に沿って呉江市東部の蘆墟鎮と黎里鎮とを合併し、汾湖鎮を新たに設立させた。明清時代からの伝統的な水郷古鎮である蘆墟鎮にはすでに莘塔鎮と金家壩鎮が、黎里鎮には北厙鎮がそれぞれ含まれていたから、汾湖鎮はまさに「五鎮合一」の鎮として誕生したのである。それはかつての5つの鎮が1鎮の中の「社区」へと名称を変えた瞬間でもあった。上海市の開発の波が市内最西端の青浦区を越えてついに呉江市にも本格的に及んできたのであり、戦後、呉江市の行政区画が目まぐるしく変化する中で、ここに前例の無い巨大な経済開発区が登場したのである[1]。

　これを溯ること約2年、2004年8月28日、江南デルタ市鎮・農村調査班を組織した太田出（兵庫県立大学）、稲田清一（甲南大学）、陳來幸（兵庫県立大学）、佐藤仁史（滋賀大学）の4名および海外研究協力者の呉滔（現：中山大学歴史系副教授）、馮筱才（現：復旦大学歴史系教授）等を加えた7名は、上海を経由して蘇州へと入った。メンバーの1人であった山本英史（慶應義塾大学）は学校業務のため、同年12月からの参加となったが、かねてから江南デルタ調査を希望していた我々7名は、科研費研究課題「清末民国期、江南デルタ市鎮社会の構造的変動と地方文献に関する基礎的研究」（代表：太田出、基盤研究B、2004～2006年、課題番号16320098）の採択を受けて、ようやく本格的な調査を開始できたのである。

以前より、それぞれの視点から江南デルタ市鎮を検討・分析してきた我々は、当初市鎮を特定せず、可能なかぎり多くの市鎮を実際に歩いてみることにした。後掲調査日程表をご覧いただければわかるとおり、それは江蘇省呉江市、蘇州市、常熟市、上海市青浦区・金山区、崑山市、浙江省湖州市、嘉興市、嘉善県の各市・県・区に及んだ。まず実際に現地に足をはこぶことで、江南デルタ市鎮の現況を知ると同時に、どこに軸足を据えるかを次第に身につけてきた「現地感覚」に頼りながら考えてみたかったからである。そして我々の関心が自然に向いたのは江蘇省呉江市、上海市青浦区、浙江省嘉善県であった。それは汾湖を取り巻く地域、すなわち上記の汾湖開発区とその周辺地域（以下、汾湖地域と記す、図を参照）だったのである。

　汾湖は江南デルタ西部低郷の太湖流域──長江による土砂が堆積した東部高郷（微高地）とは地勢的に大きく異なる──に位置する、東西に細長く広がった内水面である。その周辺にはさらに大きな太、澱山湖、陽澄湖、泖湖をはじめ、多数の湖沼やクリークが分布しており、水郷と呼ぶにふさわしい。現在この地域のあちらこちらに2階建ての新しい家屋が見えるほか、「休閑旅游度假区」もあって、1軒あたり約200万元もする洋風建築の別荘、「産業園区」には外資の導入で建設され何百人もの打工妹（農村出身の出稼ぎの少女たち）をかかえる巨大な工場が姿を見せている。しかもそれらは目を疑うほどの速さで拡大し続けている。もはやかつてのどこか懐かしさを感じさせる水郷風景は失われてしまったかのようである。

　しかしひとたび農村に足を踏み入れると、現在でも期待に違わぬ水郷風景が眼前に広がる。太湖流域の集落の多くは、蕩・漾・湾・塘と呼ばれる内水面に面したり、河・港・溇などのクリークが貫流したりしている。さらに養魚を目的として水田に人工的に引水した魚塘までをも含めると、むしろ水面・水路に寄り添うように集落が分布しているといっても過言ではないほどである。ゆえに今でも交通手段の1つとして水泥船・木船などが住民によって利用されている。水泥船は1960～1970年代以降、盛んに使用され、現在でも低郷では相当数存在しているが、壊れてしまうと修理が難しいのか浸水・沈没したまま放置さ

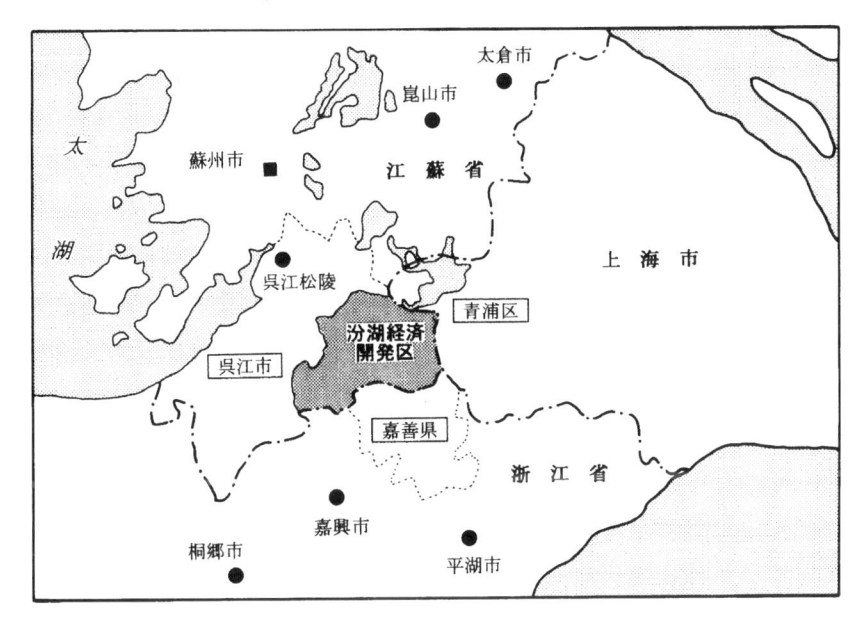

序　太湖流域社会調査の概要と方法　　　　　　5

図　調査地域概略図

れた船が少なくない。それでも老人が揺船でゆっくりと通過していくのを見ると、なぜだかふと郷愁におそわれる。まさに魯迅の「社戯」の世界である[2]。

　ところが、このような汾湖周辺の水郷風景も決して永遠のものではない。汾湖周辺農村はすでに刻々とその姿を変えつつある。青浦区徐泾鎮宅東村はかつての老宅鎮であるが、すでに鎮としての面貌は殆ど無く、もとの住民たちは上海市の条件の良いところに出ていき、その後に多数の外地人が入り込んで雑然とした状態となっている。呉江市北厙鎮大港上村は調査の際にしばしば車で通過したが、工業用地に指定され、集落は丸ごとの移転を余儀なくされており、半分以上の家屋が取り壊されていた。当然ながら用地の対象は集落だけではなく、周辺の農地も養魚池も工場用地として次々と整地されている。先述の汾湖開発区成立はこうした動きに拍車をかけていくのであろう。汾湖周辺農村は今まさに新しい時代の波にさらされ、呑み込まれようとしている。我々が本当に水郷風景を懐かしむ日がそう遠くないところまで来ているのかもしれない。

かかる状況の中で我々の調査は始まった。汾湖開発区の誕生と調査の開始が奇妙な一致を見せたのも偶然ではないだろう。幸いにも当該地域はいまだによく伝統農村の姿を留めている。我々の調査は伝統農村と水郷古鎮について文献史料を博捜し、太湖流域（特に汾湖地域）農村社会の歴史について検討するのは勿論、その史料的限界を補うために、来るべき機会に備えて現地調査（フィールドワーク）の準備をも積極的に進めていくことを目的としている。そして太湖流域農村が経済発展に伴ってどのような変容を遂げていくかというすぐれて現実的な問題にも目を向けていく必要性を感じる。本書は未熟ながら、かかる成果の一部を公開し、今後の調査の継続・発展に向けて諸賢のご意見・ご批判を請うものである。我々の調査は始まったばかりである。本書を足がかりとして今後も調査を進めていきたいと希望している。

本書における問題関心と地方文献

現在の上海市、江蘇省南部、浙江省北部に跨る江南デルタは、戦後日本の歴史学界において多数の研究者の関心を集めてきた。なぜなら当該地域は宋代～明清時代以降、いち早く商業化・都市化を達成し、農村の中心地としての市鎮群が簇生した当時の経済先進地域であり、戦後中国農村が直面するであろう工業化を考えるうえで、これまでの生産関係、土地所有、農業経営、手工業、商品生産のあり方の解明は不可欠と見なされてきたからである。その背景には、戦後マルクス主義の影響もあって、広大な中国農村では各地の発展段階に差違が存在するものの、今後、他の地域もいずれは同じ道程を歩むはずであり、かかる点からすれば、先進かつ典型的な事例として江南デルタの社会構造と矛盾を明らかにすることこそが、中国農村の進むべき道をさぐる手がかりになるという考え方があった。

その後、1970年代後半に至ると、発展段階論・階級闘争史観は意識的に棚上げされ、人間が再生産を行い、生きていくうえでの最も基本的な「場」を研究する、いわゆる「地域社会論」が提起・展開される。「地域社会論」の提唱者・

序　太湖流域社会調査の概要と方法

　森正夫氏[3]は、明清時代の郷鎮志、とりわけ風俗の記事に着目し、秩序変動に関して検討するとともに、郷鎮志それ自体のもつ性格についても分析を加え、次のように結論している。第1に、郷鎮志の編纂は市鎮に居住する読書人の自発的な意志によって企画・実施された、第2に、市鎮を基盤とする地域社会の存在とこの地域社会に対する編者の強い自己同定意識がうかがわれる、第3に、編者はそれぞれ切実な問題を抱えており、その解決に関わる事項が編纂の内容的な基軸となっている、第4に、編者は他者に依拠するのではなく、自らその居住する市鎮を歩いて地域社会の現状を観察し、地域社会の人々から取材し、自ら文献を収集し、自ら執筆している、第5に、各郷鎮志がその結果として構成・内容において強い個性を帯びている[4]。

　森氏の研究は、江南デルタの場合、市鎮とそれを中核として結びついた周辺農村との間に有機的な結合が見出されること、この地域社会を内在的に理解するのに「地域社会論」が極めて有効な方法であること、そうした「地域社会論」を可能とする魅力的な史料の1つが郷鎮志であることを明確に提示したエポックメイキングなものであったといえよう。ただしいわゆる「地域社会論」的な視点はすでに濱島敦俊[5]、夫馬進[6]両氏の研究にも内包されていたから、森氏の提言のみをもって「地域社会論」の始点とすることは必ずしも正確ではない。一方「地域社会論」の深化という観点からすれば、その賛否をめぐって激しく議論がたたかわされた岸本美緒[7]、山田賢[8]、山本進[9]ら諸氏の研究も忘れてはならぬであろう[10]。

　また、本書の内容からすれば、これら諸研究のうち濱島敦俊氏の大著『総管信仰――近世江南農村社会と民間信仰』（研文出版、2001年）で提起された、江南デルタ社会の3層構造は大変興味深いものといえよう。氏は民間信仰を中心とする緻密な考察の中で、「県社会――「郷脚」の世界――「社」の世界」という江南デルタ社会の重層性を提示し、それが祭祀面における「城隍廟――鎮城隍廟（東嶽廟）――土地廟」、言語面における「文語――白話的文語――白話」の空間構造と一致することを鮮やかに描出した。かかる所説は江南デルタにおける鎮城隍の登場、「解銭糧」慣行とそこに表現される鎮城隍と村の土地神と

の上下関係、廟会の組織人と民間藝能など、様々な事実の発掘と手堅い理論構築によって極めて説得力に富むものとなっている。かかる問題提起を受けて、我々はそれぞれが確実に理解・反芻すると同時に、興味関心を有する郷村統治、土地所有、商会、教育、漁民等の視点から比較検討を試み、氏の所説を発展的に継承していく必要があろう[11]。

　我々の調査・研究はかような「地域社会論」的な研究の延長線上にある。地域的にも江南デルタ、就中太湖流域（特に汾湖地域）の呉江市、青浦区、嘉善県を対象としている。ただし時期的には明清時代につづく清末民国期を扱うことにしたい。明清時代から清末民国期へと至る太湖流域社会の連続と断絶の両面を考えてみたいからである。さらにこれまでの清末民国期の江南デルタ研究は近代上海という都市史研究に偏向しており、市鎮・周辺農村など後背地まで十分には及んでいない。また社会変動を語る時、外部世界からの政治的外交的影響が強調されてきたため、市鎮社会内部の要請という内在的視点が疎かにされることが少なくなかった。我々は「地域社会論」的な方法を清末民国期にまで持ち込みたいのである。

　さすれば問題となるのは史料である。当然に郷鎮志を用いることはできるが、これとは異なる可能性を秘めた史料はないのだろうか。そこで我々は「地方文献」に徹底してこだわってみようと考えた。ここにいう「地方文献」とは地方新聞、地方檔案、郷土史料をさしている。

　清末民国期に出版された新聞については、申報や大公報をはじめとしていわゆる全国紙が多くの研究者によって利用されてきた。勿論、一部の地方新聞も用いられなかったわけではないが、網羅的な所在の確認が難しいうえ外国人への開放も一定でなく、また複写や撮影が断られることもしばしばで入手・閲覧は容易ではなかった。そこで我々は多数存在すると思われる地方新聞のうち、特に清末民国期に県ないし市鎮レヴェルで編集・発行された新聞に着目し、その発見・閲覧・撮影に力を注いだ。調査以前にすでに幾つかの地方新聞は入手済みであったが、調査の結果、非常に多くの地方新聞が檔案館や図書館に所蔵されていることが判明した。

つぎに地方檔案であるが、ここには現在各地の檔案館に所蔵される、各種行財政統計、村落分布図、保甲冊籍、地籍図冊、私塾調査表、漁会入会登記簿、商会（工商聯）関係史料、囲墾養魚関係史料、廟会関係史料など多種多様なものが含まれている。これらの史料群は極めて詳細かつ厖大で、具体的な人物名が生々しく登場するため、どう処理すべきか途方に暮れることもある。本書ではこれら新発見の史料群の中からそれぞれが興味関心を有する史料を任意に選択し紹介・分析を試みるとともに、そうした史料が如何なる可能性を秘めているかについて問題提起することにした[12]。先述のとおり、かつて森正夫氏は明清時代に各市鎮で編纂された郷鎮志から地域秩序の変動を明晰に描出したが、本書では清末民国期の地方新聞・地方檔案に着目することで、江南デルタ市鎮・農村研究に新たな視点を提出したいと考えている。

最後に郷土史料であるが、これは民間に私蔵された族譜（家譜）・宝巻などの文字史料をさしている。後述の如く、我々は廟会調査を実施する中で多くの宣巻藝人と接触し、彼らから聴取を行うと同時に、多数の宝巻を撮影できた。かかる宝巻は木刻本・石印本・鉛印本のような印刷されたものではなく、師匠から弟子へと継承されてきた抄本であり、内容的にもかなり地域性の高いものになっているのではないかと推測される。また極めて興味深いのは宣巻藝人が自ら備忘録として記した工作表である。詳細は本書の佐藤論文に譲るが、宣巻藝人の年サイクルの活動と行動範囲を俯瞰できる工作表は、新たな研究視点を提示する可能性を秘めたものである。かような民間に私蔵された史料群がはたして農村にどれほど眠っているか皆目検討もつかないが、地道な関係づくりと史料調査が重要であることは言を俟たぬであろう。なお、民間私蔵史料については特別に蘇州政協文史委員会の夏氷氏に解題をお願いした。地方文献解題を参照されたい。

調査対象地の選定

（1）地方文献所蔵機関

　地方文献（地方新聞、地方檔案、郷土史料）調査は、第1に、汾湖地域および周辺の県・市・区の檔案館・図書館で実施された。檔案館・図書館における閲覧状況（特に外国人に対する開放度）など具体的な情報に関しては檔案館・図書館情報をご覧いただきたいが、我々が期間内に実際に多少なりとも閲覧・複写・撮影できたのは、上海市檔案館、上海市図書館、呉江市檔案館、呉江市図書館、青浦区檔案館、青浦区図書館、嘉善県檔案館、嘉興市檔案館、嘉興市図書館、蘇州市檔案館、蘇州市図書館、蘇州市方志館のほか、常熟市檔案館、常熟市図書館、松江区檔案館、湖州市檔案館、湖州市図書館、崑山市檔案館、上海水産大学図書館、国家図書館本館・分館、中国社会科学院地方志閲覧室、南開大学図書館、天津市檔案館を加えた計24カ所であった。本書の地方文献篇および地方文献解題で明らかになるように、これら地方檔案館・図書館、大学図書館などには清末民国期から文化大革命以前（時として文革期を含む）までの地方文献が大量に所蔵されている。北京の第一歴史檔案館、国家図書館、南京の第二歴史檔案館など、中央レヴェルの文献史料を保存する機関はすでに多くの研究者によって利用されてきたが、これら地方機関はいまだ十分には利用されて来なかった。しかしながら調査の結果、「地方性」をもつ極めて興味深い第一次史料がいまだに"発見"されぬまま多数存在していることが判明した。今後、若手研究者による積極的な利用——外国人の場合、現地研究者との共同研究も視野に入れる必要がある——が期待されよう。

　第2に、県・鎮政府地方志辦公室および社区居民委員会文化站といった下級政府機関の史料編纂室を訪問した。周知の如く、県・鎮レヴェルで編纂・出版された新編地方志（県志・鎮志・専業志）は一般の商業ルートには乗らず、地方幹部や郷土史家に配布・贈呈される場合が少なくない。特定の地域を研究対象とするならば、当該地域の現況をある程度掌握しておくためにも辦公室や文化

站を訪問し、県志・鎮志を入手しておきたいところである。当然ながら、新編地方志の記載の当否は研究者が検討・分析せねばならぬが、鎮志レヴェルでも呉江市の『北厙鎮志』『蘆墟鎮志』のような完成度の高いものが存在する。また、次に紹介する石刻碑文をさがす場合にも県志・鎮志の入手は必須であろう。

　第３に、石刻碑文調査のために寺廟に訪れた。石刻は蘇州市博物館、常熟市碑刻博物館といった博物館に集中的に保存されている場合が多い[13]。その他は各地に分散し、県志・鎮志の「金石」に所在が記されているものの、農村に散在するものを１つ１つさがすのは殆ど不可能事に近い。ただし博物館以外にも周辺の石刻を集めた場所がある。それは寺廟である。我々は江蘇省蘇州市六角鎮の保聖寺、呉江市盛沢鎮の先蚕祠で、壁に塗り込められた、かなりの数にのぼる石刻を目撃した。碑文の内容から見るかぎり、寺廟に関するものばかりではなく、むしろ全く関係ないものが多数を占めていた。つまり水郷古鎮の観光地化に伴う再開発の際に、鎮上の全ての石刻が寺廟に集められ管理されたものと考えられるのである。それらがかつてどこに立碑されていたかは残念ながら判明しない場合も多いが、他に呉江市八坼鎮城隍廟にも廟関係以外の石刻があったこと等をも考慮すれば、民間信仰を研究するか否かにかかわらず、足をはこんでみる必要があろう。

（２）現地調査（フィールドワーク）

　上記の如く、本書はあくまで地方文献の博捜、地方文献の新たな可能性の発見に重点を置いている。従って、期間内に行われた現地調査（フィールドワーク）――景観調査だけなく主に聴取（ヒアリング）調査――は来るべき機会に備えての準備段階に過ぎない。しかし聴取を進める過程で、興味深い様々な情報を入手することができた。そのため本書では聴取記録の一部をも利用した研究成果を発表することとした。以下、本書で用いる聴取調査の調査地についてのみ簡単な選定理由を記しておく。

　現在、我々はすでに呉江市で聴取調査を開始しており、すでに延べ人数にして150名ほどから聴取を行った（後掲調査日程表を参照）。呉江市を選定した主な

理由としては、呉江市開弦弓村を調査した有名な費孝通（Hsiao-Tung Fei）氏の研究 "Peasant Life in China —— A Field study of Country Life in the Yangtze Vally", Routledge & Kegan Paul, 1939年（邦訳：市木亮訳『支那の農民生活』教材社、1939年、仙波泰雄他訳『支那の農民生活』生活社、1939年、小島晋治他訳『中国農村の細密画』研文出版、1985年、中訳：費孝通『江村経済——中国農民的生活』商務印書館、北京、2001年）のほか、周辺の蘇州市呉県楓涇鎮に関して福武直『中国農村社会の構造』（大雅堂、1946年）、林恵海『中支江南農村社会制度研究』上巻（有斐閣、1953年）、湖州市呉興県に関して劉大鈞編『呉興農村経済』（中国経済統計研究所、1939年）など、比較対象となりうる優れた先行研究が存在するからである。具体的な聴取対象者（インフォーマント）は、郷村統治関係者（書記・会計・婦女主任、保長・甲長・図正・保正）、土地改革・互助組関係者（農会幹部・分田小組組長・互助組組長）、老農民（雇農・貧農・中農・富農）、老漁民（船上生活者・漁業村幹部）、米行・魚行・絲綢行関係者、私塾塾師、宣卷藝人、廟会組織人、村廟管理人（仏娘）、天主教神父など多岐にわたっている。これまでの聴取により呉江市農村の概況を十分に把握するとともに、今後の本格的な聴取調査に向けて鎮政府や村委会、村落住民との間に信頼関係を構築しえたと確信している。

　かかる状況の中で、太田は呉江市盛沢鎮近傍の浙江省嘉興市王江涇鎮民主村（劉王廟村）の劉承忠紀年館で行われた廟会＝網船会[14]、および呉江市蘆墟鎮の莊家圩廟（劉王廟）、上海市青浦区金沢鎮の楊震廟（楊爺廟）、蘇州市呉県上方山の上方山老爺廟、湖州市石淙鎮の太君廟の各廟会に参集する漁民に注目した。北厍鎮大長浜村の楊申亮氏の協力の下、廟会の場で簡単な聴取を行い、後日の詳細な聴取を快諾してくれた漁民を直接呉江市の漁業村に訪ねたのである。郷村統治に関心を有する山本は、青浦区における調査の過程で偶然に知り合った、かつて民国期に「図正」の職務に任じていた人物を聴取した。すでに「図正」本人は90歳以上の高齢であり、もしかしたらいわば"最後の"図正かもしれない貴重な聴取となった。陳は、盛沢鎮の郷土史家・周徳華氏[15]の仲介で、同業公会・工商聯関係者から、民国期～現在の盛沢鎮絲綢業の変遷について聴取

を行った。青浦区（当時は県）の隣接した１市鎮・１村落の詳細な地籍図・地籍冊を入手した稲田は、実際に現地に赴き、当時と現在の宅地・耕地を比較するとともに、史料中に登場する人物に直接出会い、土地所有関係のあり方について緻密な情報を得ることができた。佐藤は、呉歌・山歌・賛神歌の収集を専門とする蘆墟鎮の郷土史家・張舫瀾氏[16]や、上述の楊申亮氏の父君・楊前方氏の紹介を通して、幾人かの宣巻藝人から聴取を実施した。そしてこれら宣巻藝人のうち呉江市八坼鎮の藝人に長時間にわたる密着取材を行い宝巻や上演記録などを入手、宣巻が行われた寺廟・村落へ自ら赴いて住民への聴取を実施するなど、極めて濃密な聴取調査を展開した。

　以上の如く、我々の聴取調査は呉江市を中心に現在進行中である。呉江市を選んだ理由としては、第１に比較しうる先行研究の存在が重要であるが、第２に楊前方・楊申亮・周徳華・張舫瀾諸氏のような現地協力者の存在も不可欠である。確かに、理論的仮説をたてそれに基づきながら最適な調査地を選定することは理想かもしれない。しかし現実には必ずしも希望どおりとはならない場合が多い。仮説に依拠しながらも、現地協力者の意見に耳を傾けつつ臨機応変かつ柔軟に調査地や聴取対象者（インフォーマント）を選んだ方がよいであろう。調査地を選定する時、大学研究者よりむしろ現地出身の一般協力者に相談・依頼した方がより確かな情報を提供してくれる、それが我々の共通認識である。

＊　　＊　　＊

　本書はこれまで縷々述べてきたような試行錯誤の中から生まれた。読者の方々の中には我々の問題関心や研究手法に疑問を持たれる方も少なくないであろう。我々は本書を足がかりに調査を発展させ、よりよい研究成果を求めていきたいと考えている。読者の忌憚の無いご批判を仰ぎたいと思う。

註
（１）　汾湖経済開発区の網頁 http://www.suzhou-linhu.com/ を参照。

（２）『魯迅文集』竹内好訳、第１巻、筑摩書房、1976年、pp.186-200、所収。

（３）　森正夫「中国前近代史研究における地域社会の視点――中国史シンポジウム「地域社会の視点　地域社会とリーダー」基調報告」『名古屋大学文学部研究論集』第83号、史学28、1982年（後に『森正夫明清史論集』第３巻、汲古書院、2006年、所収）。

（４）　森正夫「江南デルタの郷鎮志について」小野和子編『明末清初の社会と文化』京都大学人文科学研究所、1996年、同「清代江南デルタの郷鎮志と地域社会」『東洋史研究』第58巻２号、1999年、同「明末の社会関係における秩序の変動について」『名古屋大学文学部三十周年記念論集』名古屋大学文学部、1979年、同「明末における秩序変動再考」『中国―社会と文化』第10号、1995年（以上、すべて後に『森正夫明清史論集』第３巻、汲古書院、2006年、所収）、同編『江南デルタ市鎮研究――歴史学と地理学からの接近――』名古屋大学出版会、1992年。

（５）　濱島敦俊「均田均役の実施をめぐって」『東洋史研究』第33巻３号、1974年。

（６）　夫馬進「明代白蓮教の一考察――経済闘争との関連と新しい共同体」『東洋史研究』第35巻１号、1976年。

（７）　岸本美緒『明清交替と江南社会――17世紀中国の秩序問題』東京大学出版会、1999年。

（８）　山田賢『移住民の秩序――清代四川地域社会史研究』名古屋大学出版会、1995年、同「中国明清時代史研究における「地域社会論」の現状と課題」『歴史評論』第580号、1998年。

（９）　山本進「明清時代の地方統治」『歴史評論』第580号。

（10）　なお、近年の江南デルタ研究に関する中国人研究者による整理として、呉滔「明清江南市鎮与農村関係史研究的発展脈絡」『社会史研究通訊』第７号、2004年がある。

（11）　この点については佐藤仁史「地方新聞が描く地域社会、描かない地域社会――1920年代、呉江県下の市鎮の新聞と新南社――」、拙稿「中国地域社会史研究とフィールドワーク――近年における江南デルタ調査の成果と意義――」（ともに『歴史評論』第663号、2005年）において指摘した。

（12）　明清時代の地方檔案に関して同様の試みが、夫馬進編『中国明清地方檔案の研究』平成９年度～平成11年度科学研究費補助金（基盤研究Ａ２）研究成果報告書、2000年で行われている。また清末民国期の調査・統計史料を用いた田中比呂志

「清末民初の社会調査と中国地域社会史研究」『歴史評論』第663号も興味深い。

(13)　博物館保存の石刻は多くが出版されている。たとえば江蘇省博物館編『江蘇省明清以来碑刻資料選集』三聯書店、1959年、上海博物館図書資料室編『上海碑刻資料選輯』上海人民出版社、1980年、蘇州歴史博物館他編『明清蘇州工商業碑刻集』江蘇人民出版社、1981年、王国平・唐力行編『明清以来蘇州社会史碑刻集』蘇州大学出版社、1998年がある。

(14)　網船会については濱島敦俊『総管信仰——近世江南農村社会と民間信仰』研文出版、2001年、王水『江南民間信仰調査』上海文藝出版社、2006年でも論及されている。また、網船会を撮影した写真集として張覚民『網船会影像』上海人民美術出版社、2003年がある。

(15)　著書として『呉江絲綢志』江蘇古籍出版社、1992年、『錦綉盛沢』瀋陽出版社、2001年などがある。

(16)　著書として『中国・蘆墟山歌集』呉江市蘆墟鎮人民政府編、張舫瀾副主編、2004年、『陸阿妹』呉江市文学学術人材庫・民間文藝巻、2003年などがある。

調査日程表

第1回調査 2004年8月28日～9月19日上海市・江蘇省・北京市調査

調査者　太田出・稲田清一・陳來幸・佐藤仁史
同行者　呉滔（中山大学歴史人類学系）・馮筱才（復旦大学歴史系）・陳虹（神戸商科大学学部生）・余新忠（南開大学歴史系）・楊申亮（通訳）

日　　時	地　　址	訪問先及び聞き取り対象者	課　　題	参 加 者
8月30日午前	蘇州市	蘇州市檔案館	蘇州市商会檔案など所蔵檔案・地図の閲覧・撮影・複写	太田・稲田・陳來幸・佐藤・馮筱才・呉滔・陳虹
8月30日午後	蘇州市	蘇州市檔案館	〃	
	蘇州市	楊家橋天主堂参観	太湖漁民のカトリック（天主教）信仰	太田・稲田・佐藤・呉滔
	蘇州市	文山禅寺・伽藍寺・安斉王廟参観	蘇州市における寺廟の復活	太田・稲田・佐藤・呉滔
8月31日午前	呉江市	呉江市檔案館	所蔵檔案・新聞の閲覧・撮影・複写	太田・稲田・陳來幸・佐藤・馮筱才・呉滔・陳虹
8月31日午後	呉江市	呉江市檔案館	〃	〃
9月1日午前	常熟市	常熟市檔案館	所蔵檔案・新聞の閲覧・撮影・複写	太田・稲田・佐藤・馮筱才・呉滔・陳虹
9月1日午後	常熟市	常熟市檔案館	〃	〃
9月2日午前	呉江市	呉江市図書館	所蔵新聞・日記等の閲覧・撮影・複写	太田・稲田・佐藤・呉滔・陳虹
9月2日午後	呉江市	呉江市図書館	〃	〃
9月3日午前	呉江市盛沢鎮	周徳華氏（郷土史家）訪問	網船会・双陽会等、太湖漁民の廟会	太田・稲田・佐藤・呉滔・陳虹・楊申亮
9月3日午後	呉江市盛沢鎮	居士林参観	呉江市における民間信仰の復活と継疎紙	〃
	嘉興市王江涇鎮民主村	劉承忠紀念館・劉公塔参観	太湖漁民の劉王信仰	〃
	呉江市盛沢鎮	先蚕祠参観	絲業公所と民間信仰	〃
	呉江市盛沢鎮	済東会館参観	山東済南商人の活動	〃
9月4日午前	呉江市七都鎮開弦弓村村民委員会	西廟参観東廟（北廟、東寧庵）・土地廟参観	開弦弓村における寺廟の復活	太田・稲田・佐藤・呉滔・陳虹・楊申亮
9月4日午後	呉江市七都鎮開弦弓村	姚百生氏採訪	民国期の開弦弓郷	〃
	呉江市震沢鎮双陽	双陽廟参観	太湖漁民の双陽会	〃
	呉江市黎里鎮	柳亜子紀念館参観、館長李海珉氏訪問	黎里鎮における柳亜子の活動	

日付	場所	訪問・参観先	目的	参加者
	呉江市黎里鎮	張舫瀾（郷土史家）氏訪問	山歌の収録	〃
9月5日午後	呉江市黎里鎮 北厙大長浜村	楊前方氏採訪	大長浜村の村史及び家史の編纂	太田・稲田・佐藤・呉滔・陳虹・楊申亮
9月6日午前	呉江市蘆墟鎮 西柵	狐仙廟（大仙廟）参観 高黄驥氏採訪 朱阿文女史採訪	同里宣巻（猛将宝巻）の収録 農村婦女の日常生活	太田・稲田・佐藤・呉滔・陳虹・楊申亮
9月6日午後	呉江市蘆墟鎮 西柵	沈毛頭氏採訪	讃神歌（猛将神歌）の収録、太湖漁民の劉王信仰	〃
9月7日午前	嘉興市嘉善県 西塘鎮	圓覚禅寺・東嶽廟・護国随糧王廟（総管廟・七老爺廟）参観	嘉善県西塘鎮における寺廟の復活	太田・稲田・佐藤・呉滔・陳虹・楊申亮
9月7日午後	上海市青浦区 金沢鎮	頤浩禅寺・楊震廟・総管廟参観	青浦区金沢鎮における寺廟の復活	〃
	呉江市蘆墟鎮 雲東村	陸福宝女史採訪	山歌の収録	〃
	呉江市蘆墟鎮 荘家圩	泗洲禅寺（劉王殿）参観	呉江市蘆墟鎮における寺廟の復活	〃
9月8日午前	上海市青浦区	青浦区檔案館	所蔵檔案・新聞の閲覧・撮影・複写	太田・稲田・佐藤・呉滔・陳虹
9月8日午後	上海市青浦区	青浦区檔案館	〃	〃
9月9日午前	上海市青浦区	青浦区図書館	所蔵図書の閲覧	太田・稲田・佐藤・呉滔・陳虹
		青浦区檔案館	所蔵檔案・新聞の閲覧・撮影・複写	〃
9月9日午後	上海市青浦区	青浦区檔案館	〃	〃
9月10日午前	上海市	上海図書館近代文献部・古籍部	所蔵図書・新聞・家譜の閲覧・撮影・複写	太田・稲田・佐藤・呉滔・陳虹
9月10日午後	上海市	上海図書館近代文献部・古籍部	〃	〃
9月11日午前	上海市	上海図書館近代文献部・古籍部	所蔵図書・新聞の閲覧・撮影・複写	稲田・佐藤
9月11日午後	上海市	上海図書館近代文献部・古籍部	所蔵図書・新聞・家譜の閲覧・撮影・複写	稲田・呉滔
9月13日午前	北京市	国家図書館本館・縮微文献閲覧室	所蔵図書・新聞の閲覧・撮影・複写	太田・佐藤
9月13日午後	北京市	国家図書館本館・縮微文献閲覧室	〃	〃
9月14日午前	北京市	中国社会科学院地方志閲覧室	新編地方志目録作成	太田・佐藤
9月14日午後	北京市	中国社会科学院地方志閲覧室	〃	〃
9月15日午前	北京市	国家図書館本館・縮微文献閲覧室	所蔵図書・新聞の閲覧・撮影・複写	太田・佐藤
9月15日午後	北京市	国家図書館本館・縮微文献閲覧室	〃	〃
9月16日午前	北京市	国家図書館本館・縮微文献閲覧室	所蔵図書・新聞の閲覧・撮影・複写	太田・佐藤
9月16日午後	北京市	国家図書館分館・国情資料室	呉江・常熟・嘉善関	〃

調査日程表

日時	地址	訪問先	課題	参加者
9月17日午前	天津市	南開大学図書館	連文史資料の閲覧・複写 所蔵図書の閲覧・撮影・複写	太田・佐藤・呉滔・余新忠
9月17日午後	天津市	天津市檔案館	所蔵檔案目録の閲覧	〃

第2回調査　2004年9月25日～10月1日上海市・江蘇省調査

調査者　太田出・佐藤仁史
同行者　呉滔（中山大学歴史人類学系）・馮筱才（復旦大学歴史系）・余新忠（南開大学歴史系）・施莉華・楊申亮（通訳）

日時	地址	訪問先及び聞き取り対象者	課題	参加者
9月26日午前	嘉興市王江涇鎮民主村	劉承忠紀念館	劉王廟会の参観、太湖漁民の劉王信仰	太田・佐藤・呉滔・余新忠・施莉華・楊申亮
9月26日午後	呉江市七都鎮沈家湾村漁業社区	漁業村居民委員会	七都鎮漁業村の歴史と現況	〃
	捕撈村	李祥弟氏採訪	七都鎮捕撈村の歴史と現況	〃
	廟港漁業社区	張興貴氏採訪	廟港漁業村の歴史と現況	〃
9月27日午前	嘉興市王江涇鎮民主村	劉承忠紀念館	劉王廟会の参観、太湖漁民の劉王信仰	太田・佐藤・呉滔・余新忠・施莉華・楊申亮
	王江涇鎮	景観調査	王江涇領の歴史と現況	〃
9月27日午後	嘉興市嘉善県干窰鎮南宙村	南宙村村民委員会・李剛氏採訪	漁業村の歴史と現況	太田・佐藤・呉滔・施莉華・楊申亮
	呉江市蘆墟鎮西柵	朱火生氏採訪	八坎絲弦宣巻の収録	
9月28日午前	呉江市北厙鎮	北厙社区居民委員会文化站・費阿虎氏採訪	鎮志編纂、北厙漁業村の歴史と現況	太田・佐藤・呉滔・施莉華・楊申亮
9月28日午後	呉江市蘆墟鎮雲東村	陸福宝女史採訪	山歌の収録	〃
	呉江市北厙鎮漁業村	北厙漁民村村民委員会・任鋒氏採訪	北厙鎮漁業村の歴史と現況	〃
	呉江市同里鎮	太湖庁水利同知衙門参観	太湖の行政上の管轄	〃
9月30日午前	上海市	上海図書館古籍部	所蔵図書の閲覧	太田・佐藤・馮筱才

第3回調査　2004年12月21日～12月30日江蘇省調査

調査者　太田出・山本英史・佐藤仁史
同行者　張舫瀾（郷土史家）・楊申亮（通訳）

日　時	地　址	訪問先及び聞き取り対象者	課　題	参加者
12月22日午前	蘇州市	朱小田氏訪問	未入手の新編地方志の撮影	太田・佐藤・〃
12月22日午後	蘇州市			
12月23日午後	呉江市	呉江市図書館	所蔵図書・雑誌の閲覧・撮影・複写	太田・佐藤
12月24日午後	蘇州市	楊家橋教堂（聖誕夜のミサ活動）参観 許建国聖父採訪	蘇州の漁民のカトリック信仰	太田・佐藤
12月25日午前	呉江市黎里鎮	脱白儀式（道士張海栄氏）見学。	呉江市の道教儀式	太田・佐藤・張舫瀾・楊申亮
		宣巻活動見学（朱火生氏）	呉江市における宣巻藝人の活動	〃
12月25日午後	呉江市黎里鎮 蘇州市	天主堂など黎里鎮旧市街散策 上方山国家森林公園内の楞伽塔・上方山大老爺廟参観 木瀆鎮旧市街散策	黎里鎮の歴史と現況 蘇州の上方山信仰 木瀆鎮の現況	〃 〃 〃
12月26日午前	呉江市八坼鎮 龍津村	朱火生氏採訪	宣巻台本＝宝巻閲覧	太田・佐藤・張舫瀾・楊申亮
12月26日午後	呉江市八坼鎮 白龍橋村九組 呉江市八坼鎮	八坼鎮白龍橋村九組で宣巻活動見学（朱火生氏） 宝巻複印 八坼城隍廟参観	呉江市における宣巻藝人の活動 呉江市八坼鎮における信仰活動・寺廟の復活	〃
12月27日午前	蘇州市東山鎮	金伯弢氏訪問 軒轅宮（湯斌を祭祀）参観 紫金庵参観 彫花楼（劉猛将も祭祀）参観	蘇州市東山鎮における信仰活動・寺廟の復活	太田・山本・佐藤・張舫瀾・楊申亮
12月27日午後	蘇州市光福鎮 蘇州市西山鎮	司徒廟参観 禹王廟参観 太湖漁業見学	蘇州市光福鎮・西山鎮における信仰活動・寺廟の復活及び太湖漁業の現況	〃
12月28日午前	蘇州市	蘇州市方志館	所蔵図書の閲覧・撮影・複写	太田・山本・佐藤・楊申亮
12月29日午後	上海市	上海城隍廟参観	上海市における寺廟の復活	太田・山本・佐藤

第4回調査　2005年3月30日～4月7日江蘇省調査

調査者　太田出・佐藤仁史
同行者　呉滔（中山大学歴史人類学系）・張舫瀾（郷土史家）・楊申亮（通訳）

日　時	地　址	訪問先及び聞き取り対象者	課　題	参加者
3月31日午前	蘇州市周荘鎮	景観調査	周荘鎮の歴史と現況	太田・佐藤・張舫瀾・楊申亮
3月31日午後	呉江市金家壩鎮	胡阿根氏採訪	呉江市における宣巻藝人の活動	〃
	呉江市北㴔鎮	徐坤祥氏採訪	〃	〃
		楊桂福氏採訪	〃	〃
4月1日午前	呉江市	呉卯生氏採訪	呉江市における宣巻藝人の活動	太田・佐藤・張舫瀾・楊申亮
4月1日午後	呉江市同里鎮三友村	江恵康・江仙麗氏採訪	〃	〃
	嘉興市王江涇鎮民主村	蓮泗蕩劉王廟	網船会（準備）	〃
4月2日午前	嘉興市	嘉興市図書館	所蔵図書・新聞の閲覧・撮影	太田・佐藤・呉滔
	嘉興市	嘉興秀州区文化館・張覚民氏訪問	網船会	〃
4月2日午後	湖州市南潯鎮	蔵書楼等参観		〃
		潯東天主堂・李富平聖父採訪	太湖漁民のカトリック（天主教）信仰	〃
4月3日午前	嘉興市王江涇鎮民主村	蓮泗蕩劉王廟	網船会（農民中心）	太田・佐藤・呉滔・楊申亮
4月3日午後	桐郷市烏鎮	景観調査	烏鎮の歴史と現況	〃
	呉江市銅鑼鎮	景観調査	銅鑼鎮の歴史と現況	〃
4月4日午前	呉江市八坼鎮龍津村	朱火生氏採訪	宝巻の閲覧・撮影	太田・佐藤・呉滔・楊申亮
	呉江市八坼鎮	城隍廟等参観	八坼鎮における城隍神信仰	〃
4月4日午後	蘇州市	蘇州市図書館	所蔵図書・新聞の閲覧・撮影	〃
	蘇州市六直鎮	保聖寺等参観	六直鎮の歴史と現況	〃
	呉江市北厙鎮新珠港村	一珠庵（妹妹親娘）参観	北厙鎮一自然村における信仰	〃
4月5日午前	嘉興市王江涇鎮民主村	陸柏根氏採訪	網船会等	太田・佐藤・呉滔・楊申亮
4月5日午後	嘉興市王江涇鎮	城隍廟等参観	王江涇鎮における城隍神信仰	〃
4月6日午前	嘉興市王江涇鎮民主村	蓮泗蕩劉王廟	網船会（漁民中心）	太田・佐藤・呉滔・楊申亮

第5回調査　2005年8月2日～9月17日上海市・浙江省・江蘇省調査

調査者　太田出・山本英史・稲田清一・陳來幸・佐藤仁史
同行者　呉滔（中山大学歴史人類学系）・張舫瀾（郷土史家）・侯楊方（復旦大学中国歴史地理研究中心）・馮筱才（復旦大学歴史系）・許瓊丰（兵庫県立大学大学院経済学研究科院生）・李婭（神戸商科大学学部生）・楊申亮（通訳）

日　時	地　址	訪問先及び聞き取り対象者	課　題	参 加 者
8月3日午前	湖州市石淙鎮	太君廟参観	太湖流域漁民の信仰	太田・稲田・佐藤・呉滔・楊申亮
8月3日午後	呉江市廟港鎮漁業村	徐貴祥氏採訪 徐家公門家祠見学	太湖漁民の歴史と現況、太湖興隆社の実態	〃
	呉江市廟港鎮漁業村	聖堂（五聖堂）参観	寺廟の取壊しと劉王・総管信仰	〃
8月4日午前	呉江市八坼鎮漁業村	孫桂生氏採訪 朱小妹女史採訪 趙根妹女史採訪 劉三宝氏採訪	八坼鎮漁業村の現況、嘉興南六房老長生会の実態	太田・稲田・佐藤・呉滔・楊申亮
8月4日午後	呉江市北厙鎮漁業村	金天宝氏採訪	北厙鎮漁業村の歴史と現況	〃
8月5日午前	呉江市北厙鎮大長浜村	四方蕩劉王廟参観	北厙鎮一自然村における信仰	太田・稲田・佐藤・呉滔・楊申亮
		朱火生氏採訪	呉江市における宣巻藝人の活動	〃
8月5日午後	呉江市北厙鎮大長浜村	1968年漁民陸上定居（漁改）時の老房子見学 沈永林氏採訪	漁業的社会主義改造の実態 大長浜漁業村の歴史と現況	〃
		楊林書氏採訪	大長浜村の歴史と現況	〃
8月6日午前	呉江市北厙鎮大長浜村	徐海龍氏採訪	大長浜村の現況	太田・稲田・佐藤・呉滔・楊申亮
		朱火生氏採訪	呉江市における宣巻藝人の活動	〃
8月6日午後	呉江市北厙鎮大長浜村	徐留金氏採訪	大長浜村の歴史と現況	〃
8月7日午後	呉江市北厙鎮大長浜村	楊愛林氏採訪	大長浜村の歴史と現況	太田・稲田・佐藤・呉滔・李婭・楊申亮
		浦愛林氏採訪 任妹英女史採訪	〃	〃
	呉江市北厙鎮新珠港村	馬文勤女史採訪 屠文英女史採訪	新珠港村の歴史と現況 〃	〃
8月8日午前	呉江市黎里鎮漁業村	徐発龍氏採訪	黎里鎮漁業村の歴史と現況	太田・稲田・佐藤・呉滔・李婭・楊申亮

調査日程表

日時	場所	対象	内容	参加者
8月8日午後	呉江市金家壩漁業村	張順時氏採訪 倪文寿氏採訪 1968年漁民陸上定居（漁改）時の老房子見学	〃 金家壩漁業村の歴史と現況 漁業的社会主義改造の実態	〃 〃 〃
8月9日午前	呉江市幸塔漁業村	張小弟氏採訪	幸塔漁業村の歴史と現況	太田・稲田・佐藤・呉滔・李婭・楊申亮
8月9日午後	呉江市幸塔漁業村 呉江市蘆墟鎮雲甸庵村	褚阿弟氏採訪 王金宝女史採訪 李三宝女史採訪 陸海栄氏採訪	〃 〃 〃 山歌の収録	〃 〃 〃 〃
8月10日午前	呉江市蘆墟鎮孫家匯村	孫奎林氏採訪	荘家圩廟と周辺村落	太田・稲田・佐藤・呉滔・李婭・楊申亮
8月10日午後	呉江市蘆墟鎮北草里村	徐栄春氏採訪 張四慶氏採訪	〃 〃	〃 〃
8月11日午前	呉江市七都鎮捕撈村	李根大氏採訪	七都鎮捕撈村の歴史と現況	太田・稲田・佐藤・呉滔・李婭・楊申亮
8月11日午後	呉江市北厙鎮大長浜村	大長圩巡見	7月1日（青苗会）擡老爺（劉王）出会路線の確認	〃
8月12日午前	呉江市八坼鎮石鉄村	張宝龍氏採訪	呉江市における宣巻藝人の活動	太田・稲田・佐藤・呉滔・李婭・張舫瀾・楊申亮
8月12日午後	呉江市同里鎮小橋村	芮士龍氏採訪	〃	〃
8月13日午前	上海市青浦区金沢鎮	居家楹氏採訪	解放前後の金沢鎮、楊老爺信仰（楊震廟）	太田・稲田・佐藤・呉滔・李婭・張舫瀾・楊申亮
8月13日午後	上海市青浦区金沢鎮	楊震（楊爺）廟参観 総管堂参観 沈中氏採訪	金沢鎮の楊老爺 金沢鎮の総管信仰	〃 〃 〃
8月14日午前	呉江市廟港鎮漁業村 湖州市郊区白雀郷白龍橋村 湖州市南潯鎮瑤田村	太湖興隆社 興華廟 南聖観（七総管廟）	太湖流域漁民の信仰活動（香会）	太田・佐藤・呉滔・李婭
8月15日午前	上海市青浦区	青浦区檔案館	所蔵檔案の閲覧・撮影・複写	太田・稲田・佐藤・呉滔・李婭
8月15日午後	上海市青浦区	青浦区檔案館	〃	太田・稲田・佐藤・李婭
8月16日午前	上海市青浦区	青浦区檔案館	所蔵檔案の閲覧・撮影・複写	太田・稲田・佐藤・李婭
8月16日午後	上海市青浦区	青浦区檔案館		

日時	場所	対象	内容	参加者
8月17日午前	上海市青浦区	青浦区檔案館	所蔵檔案の閲覧・撮影・複写	太田・稲田・佐藤・李婭
8月17日午後	蘇州市	蘇州市檔案館	所蔵檔案の閲覧・撮影・複写	太田・佐藤・李婭
8月18日午前	呉江市蘆墟鎮漁業村	孫定夷氏採訪 銭四海氏採訪	蘆墟鎮漁業村の歴史と現況	太田・佐藤・李婭・楊申亮
8月18日午後	呉江市北厙鎮	袁金珍女史採訪	解放前、北厙鎮袁万順魚行の経営	〃
8月19日午前	嘉善県陶庄鎮西訐村	江仙麗女史採訪 劉王廟参観	嘉善県における宣巻藝人の活動	太田・佐藤・李婭・張舫瀾・楊申亮
8月19日午後	呉江市同里鎮湯大壩村 呉江市同里鎮 呉江市同里鎮	肖燕女史採訪 劉王廟参観 景観調査 肖燕女史採訪	呉江市における宣巻藝人の活動 同里鎮の歴史と現況 呉江市における宣巻藝人の活動	〃 〃 〃
8月20日午前	呉江市同里鎮厙浜村 呉江市同里鎮長浜村	長寿庵参観 馬衛妹女史採訪 土地廟参観	同里鎮農村における寺廟の復活 農村婦女の日常生活	太田・佐藤・楊申亮 〃
8月20日午後	呉江市同里鎮施磚県新村 呉江市同里鎮張塔村 呉江市金家壩長巨村	朱大妹女史採訪 塔盤庵参観 江大庵管理人採訪 江大庵参観 朱火生氏採訪	〃 〃 呉江における宣巻藝人の活動	〃 〃 〃
8月21日午前	呉江市北厙鎮大長港村	捕魚演習（陳林栄氏指導）	伝統漁具・設備	太田・佐藤・楊申亮
8月25日午前	上海市	上海水産大学図書館	所蔵図書の閲覧	太田
8月26日午前	上海市	上海図書館近代文献部	所蔵図書の閲覧	太田
8月27日午前	上海市青浦区	青浦区檔案館	所蔵檔案の閲覧・撮影・複写	太田・山本・佐藤・侯楊方・許瓊丰
8月27日午後	呉江市	呉江市図書館	所蔵図書・雑誌の閲覧・撮影・複写	〃
8月28日午前	嘉興市嘉善県西塘鎮	景観調査	西塘鎮の歴史と現況	太田・山本・佐藤・侯楊方・許瓊丰・楊申亮
8月28日午後	桐郷市烏鎮	景観調査	烏鎮の歴史と現況	〃
8月29日午前	湖州市	湖州市檔案館	所蔵檔案の閲覧・撮影・複写	太田・山本・佐藤・侯楊方・許瓊丰
8月29日午後	湖州市	湖州市図書館 湖州市檔案館	所蔵図書・雑誌の閲覧・撮影・複写 所蔵檔案の閲覧・撮影・複写	〃 〃
8月30日午前	嘉興市	嘉興市檔案館	所蔵檔案の閲覧・撮影・複写	太田・山本・佐藤・侯楊方・許瓊丰
8月30日午後	嘉興市	嘉興市図書館	所蔵図書・雑誌の閲覧・撮影・複写	山本・侯楊方

調査日程表

日時	場所	訪問先	内容	参加者
8月31日午前	嘉興市嘉善県	嘉興市檔案館	所蔵檔案の閲覧・撮影・複写	太田・佐藤・許瓊丰
		嘉善県檔案館	所蔵檔案の閲覧・撮影・複写	太田・山本・佐藤・侯楊方・許瓊丰
9月1日午前	上海市青浦区	青浦区檔案館	所蔵檔案の閲覧・撮影・複写	太田・山本・佐藤・侯楊方・許瓊丰
9月2日午前	呉江市蘆墟鎮栄字村	鄒正福氏採訪	栄字村の現況と半漁半農の人々の暮らし	太田・佐藤・許瓊丰・楊申亮
		陳連舟氏採訪	〃	〃
9月2日午後	呉江市蘆墟鎮栄字村	陸水廟参観	栄字村における寺廟の復活	〃
		青廟参観		
9月3日午後	呉江市北厙鎮	呉鳳興氏採訪	解放前、北厙鎮袁万順魚行の経営	太田・佐藤・許瓊丰・楊申亮
9月4日午前	呉江市蘆墟鎮栄字村	紅廟参観	栄字村における寺廟の復活	太田・佐藤・許瓊丰・楊申亮
		陸水廟参観		
		青廟参観		
9月4日午後	呉江市黎里鎮華字村	潘妹英女史採訪	農村婦女の日常生活	〃
		東嶽廟参観	華字村における寺廟の復活	
		張恩妹女史採訪		
		姚六妹女史採訪		
9月5日午後	呉江市盛沢鎮漁業村	景観調査	盛沢鎮漁業村の歴史と現況	太田・佐藤・許瓊丰・楊申亮
	呉江市平望鎮漁業村	景観調査	平望鎮漁業村の歴史と現況	〃
	呉江市平望鎮勝墩村	老廟（土地廟）参観	平望鎮・盛沢鎮における寺廟の復活	〃
	呉江市平望鎮雪湖村二隊	土地廟参観	〃	〃
	呉江市盛沢鎮上昇村	老太廟参観	〃	〃
9月6日午前	蘇州市	蘇州市檔案館	所蔵檔案の閲覧・撮影・複写	太田・陳來幸・佐藤・馮筱才・許瓊丰
9月6日午後	蘇州市	蘇州市檔案館	〃	陳來幸・許瓊丰
	崑山市	崑山市檔案館	〃	太田・佐藤・馮筱才
9月7日午前	上海市青浦区	青浦区檔案館	所蔵檔案の閲覧・撮影・複写	太田・陳來幸・佐藤・馮筱才・許瓊丰
9月7日午後	上海市青浦区	青浦区檔案館	〃	
9月8日午前	呉江市盛沢鎮	先蚕祠参観	絲業公所と民間信仰	太田・陳來幸・佐藤・許瓊丰・楊申亮
		済東会館参観	山東済南商人の活動	
	呉江市震沢鎮	慈雲寺塔参観	震沢鎮の信仰活動	〃
		老街参観	震沢鎮の歴史と現況	
9月8日午後	呉江市北厙鎮	張宏勲氏採訪	解放前後の北厙鎮に	

日時	地址	訪問先及び聞き取り対象者	課題	参加者
9月9日午前	呉江市八坼鎮放鳥港村	沈祥云氏採訪	呉江市における宣巻藝人の活動 おける商会の活動	太田・陳來幸・佐藤・許瓊芬・楊申亮
9月10日午前	上海市	上海図書館近代文献部	所蔵図書・雑誌の閲覧・撮影・複写	太田・陳來幸・佐藤・許瓊芬
9月10日午後	上海市	上海図書館近代文献部	〃	〃
9月12日午前	上海市	上海図書館近代文献部	所蔵図書・雑誌の閲覧・撮影・複写	太田・佐藤
9月12日午後	上海市	上海図書館近代文献部	〃	〃
9月13日午前	上海市	上海図書館龍呉路書庫	所蔵図書・雑誌の閲覧・撮影・複写	太田・李姫
		上海図書館近代文献部	〃	佐藤
9月13日午後	上海市	上海図書館龍呉路書庫	〃	太田・李姫
9月15日午前	上海市	上海市檔案館外灘新館	所蔵檔案の閲覧・複写	太田・佐藤
9月15日午後	上海市	上海市檔案館外灘新館	〃	〃
9月16日午前	上海市	上海市檔案館外灘新館	所蔵檔案の閲覧・複写	太田・佐藤
9月16日午後	上海市	徐家匯教堂	上海のカトリック信仰	〃

第6回調査　2005年12月19日～12月30日江蘇省調査

調査者　太田出・佐藤仁史
同行者　楊申亮（通訳）

日時	地址	訪問先及び聞き取り対象者	課題	参加者
12月21日午前	呉江市八坼鎮龍津村	朱火生氏採訪	呉江市における宣巻藝人の活動	太田・佐藤・楊申亮
12月21日午後	呉江市屯村鎮三友村	江仙麗女史採訪	〃	〃
	呉江市黎里鎮方聯村	陳鳳英女史採訪	〃	〃
12月22日午前	呉江市廟港鎮漁業村	徐貴祥氏採訪	太湖興隆社の実態	太田・佐藤・楊申亮
12月22日午後	呉江市廟港鎮漁業村	李才生氏採訪 李四宝氏採訪	〃	〃
12月23日午前	呉江市八坼鎮漁業村	劉小羊氏採訪	嘉興南六房老長生分会の実態	太田・佐藤・楊申亮
12月23日午後	呉江市八坼鎮漁業村	王和尚氏採訪	〃	〃
	蘇州市光福鎮太湖郷	太湖郷・六椇大漁船など見学	太湖漁民の最大漁業村の現況	〃
12月24日午前	呉江市金家壩鎮梅湾村	呉玉蘭女史採訪	農村婦女の日常生活	太田・佐藤・楊申亮
12月24日午後	呉江市金家壩鎮梅湾村	茅山堂参観	金家壩鎮における寺廟の復活	〃
		梅孫栄氏採訪	梅湾村の歴史と現況	〃
	呉江市黎里鎮	黎里鎮教堂	黎里鎮の漁民のカト	

調査日程表

日 時	地 址	訪問先及び聞き取り対象者	課 題	参 加 者
12月25日午前	呉江市金家壩鎮長巨村	戴学峰神父採訪 劉王廟管理人採訪	リック信仰 農村婦女の日常生活	太田・佐藤・楊申亮
12月25日午後	呉江市北厙鎮大長浜村	浦愛林氏採訪	大長浜村の歴史と現況	〃
12月26日午前	呉江市北厙鎮大長浜村	沈永林氏採訪	大長浜村の歴史と現況	太田・佐藤・楊申亮
12月26日午後	呉江市北厙鎮大長浜村	徐留金氏採訪	〃	〃
12月27日午前	呉江市金家壩鎮楊文頭村	胡阿根氏採訪	楊文頭村の歴史と現況	太田・佐藤・楊申亮
12月28日午前	呉江市北厙鎮	楊前方氏採訪	大長浜村の歴史と現況	太田・佐藤・楊申亮
12月28日午後	呉江市北厙鎮大長浜村	楊愛林氏採訪	〃	〃
12月29日午前	蘇州市	蘇州市方志館	所蔵図書・雑誌の閲覧・撮影・複写	太田・佐藤・楊申亮

第7回調査 2006年3月24日〜3月31日上海市・江蘇省調査

調査者 佐藤仁史
同行者 楊申亮(通訳)

日 時	地 址	訪問先及び聞き取り対象者	課 題	参 加 者
3月25日午前	上海市	上海図書館近代文献部	所蔵図書・雑誌の閲覧・撮影・複写	佐藤
3月25日午後	上海市	上海図書館近代文献部		
3月28日午前	呉江市八坼鎮放鳥港村 呉江市屯村鎮三友村	沈祥云氏採訪 江仙麗女史採訪	呉江市における宣巻藝人の活動 〃	佐藤・楊申亮
3月28日午後	呉江市同里鎮後浜村	朱火生氏採訪	〃	〃
3月29日午前	崑山市張浦鎮姜杭村	東嶽廟参観 江仙麗女史採訪	崑山市における寺廟の復活と宣巻藝人の活動	佐藤・楊申亮
3月29日午後	北厙鎮新珠港村	張宝龍氏採訪	呉江市における宣巻藝人の活動	〃
3月30日午前	蘇州市	蘇州政協・夏永氏訪問	民間所蔵史料の収集	佐藤・楊申亮

第8回調査 2006年8月20日〜9月17日上海市・江蘇省調査

調査者 太田出・山本英史・稲田清一・陳來幸・佐藤仁史
同行者 吉田建一郎(駒澤大学)・呉滔(中山大学歴史系)・夏一紅・潘弘斐(中山大学歴史系本科生)・楊申亮(通訳)

日 時	地 址	訪問先及び聞き取り対象者	課 題	参 加 者
8月21日午前	上海市青浦区広富林村	景観調査 周伯良氏採訪	地籍図と現地踏査 土地登記者と土地所	太田・稲田・佐藤・吉田・

日時	場所	内容	目的	参加者
		湯伯泉氏採訪	有関係 清末民国期の図正	呉滔・夏一紅 ・潘弘斐・楊申亮
8月21日午後	上海市青浦区広富林村	三元宮址見学	広富林における民間信仰	〃
		陳子龍墓見学	在地における歴史遺跡の保存	〃
		徐金龍氏採訪	広富林と土地所有	〃
8月22日午前	上海市青浦区王家浜村	倪愛根氏採訪 徐妙発氏採訪	地籍図と土地所有	太田・稲田・佐藤・吉田・呉滔・夏一紅・潘弘斐・楊申亮
8月22日午後	上海市松江区	松江区檔案館	所蔵檔案の閲覧・撮影・複写	〃
	上海市青浦区王家浜村	徐妙発氏採訪	地籍図と土地所有	〃
8月23日午前	上海市青浦区	青浦区檔案館	所蔵檔案の閲覧・撮影・複写	呉滔・夏一紅・潘弘斐
	上海市青浦区徐涇鎮宅東村（老宅鎮）	景観調査	老宅鎮の歴史と現況	太田・稲田・佐藤・吉田
8月23日午後	上海市青浦区徐涇鎮	景観調査	徐涇鎮の歴史と現況	〃
	上海市青浦区徐涇鎮水産村	陳国良氏採訪	徐涇鎮水産村の歴史と現況	〃
8月24日午前	呉江市蘆墟鎮栄字村	景観調査	汾湖開発区指定に伴う村落の集団移転	太田・稲田・佐藤・吉田・呉滔・夏一紅・潘弘斐・楊申亮
		陸水廟・青廟・紅廟参観	半農半漁の村落における信仰の現況	
8月24日午後	呉江市蘆墟鎮	陳宝生氏採訪	栄字村の歴史と現況	〃
8月25日午前	呉江市幸塔鎮漁業村	夏木根氏採訪	蘆墟鎮漁業村の歴史と現況	太田・稲田・佐藤・吉田・呉滔・夏一紅・潘弘斐・楊申亮
		夏根生氏採訪	幸塔鎮漁業村の歴史と現況	〃
8月25日午後	呉江市蘆墟鎮	呉忠明氏採訪	太保の役割と栄字村	〃
8月26日午前	蘇州市光福鎮	第二届中国蘇州太湖開捕節見学	太湖漁業の現況	太田・稲田・佐藤・吉田・呉滔・夏一紅・潘弘斐
	蘇州市光福鎮漁港村	陸正耀氏採訪	太湖郷の歴史と現況	
8月26日午後	呉江市八坼鎮漁業村	孫根栄氏採訪 孫紅弟氏採訪	嘉興北六房老長生分会の実態	太田・稲田・佐藤・呉滔・夏一紅・潘弘斐

調査日程表

日時	場所	内容	テーマ	参加者
8月27日午前	呉江市北厙鎮	張春栄氏採訪	北厙鎮の米行・魚行	太田・稲田・佐藤・呉滔・夏一紅・潘弘斐・楊申亮
8月27日午後	呉江市松陵鎮	呉卯生氏採訪	八坼鎮中港村の歴史と現況	太田・佐藤・呉滔・夏一紅・潘弘斐・楊申亮
8月28日午前	上海市青浦区広富林村	湯伯泉氏採訪	清末民国期の図正	太田・山本・佐藤・呉滔・夏一紅・潘弘斐・楊申亮
8月28日午後	上海市青浦区王家浜村	徐妙発氏採訪	〃	〃
8月29日午前	呉江市廟港鎮漁業村	李才生氏採訪	太湖興隆社の実態	太田・佐藤・夏一紅
	常熟市	常熟市檔案館	所蔵檔案の閲覧・撮影・複写	山本・呉滔・潘弘斐
8月29日午後	呉江市廟港鎮漁業村	李四宝氏採訪	太湖興隆社の実態	太田・佐藤・夏一紅
	常熟市	徐貴祥氏採訪 常熟市図書館・常熟市碑刻博物館	所蔵図書・碑文の閲覧・撮影・複写	山本・呉滔・潘弘斐
	呉江市八坼鎮龍津村	朱火生氏採訪	呉江市における宣巻藝人の活動	太田・山本・佐藤・呉滔・夏一紅・潘弘斐・楊申亮
8月30日午前	呉江市蘆墟鎮	盛阿木氏採訪	栄字村漁民の歴史と現況	太田・佐藤・呉滔・夏一紅・潘弘斐・楊申亮
8月30日午後	上海市	上海図書館近代文献部	所蔵図書・雑誌の閲覧・撮影・複写	山本
	呉江市北厙鎮新珠港村	屠文英女史採訪	婦女主任の役割と村の女性	太田・佐藤・呉滔・夏一紅・潘弘斐・楊申亮
8月31日午前	呉江市北厙鎮	朱鶴民氏（朱林宝の孫）採訪	北厙鎮の魚行と漁民	太田・楊申亮
	上海市	上海図書館近代文献部	所蔵図書・雑誌の閲覧・撮影・複写	山本
8月31日午後	呉江市北厙鎮漁業村	顧巧宝氏採訪	北厙鎮漁業村の歴史と現況	太田・楊申亮
	上海市	上海図書館近代文献部	所蔵図書・雑誌の閲覧・撮影・複写	山本
9月1日午前	呉江市	呉江市図書館	所蔵図書・雑誌の閲覧・撮影・複写	太田・佐藤
	呉江市	呉江市檔案館	所蔵檔案の閲覧・撮影・複写	楊申亮
9月1日午後	呉江市松陵鎮南厙村	景観調査 財神廟参観	南厙村における民間信仰	太田・佐藤
	呉江市松陵鎮漁業村	景観調査	松陵鎮漁業村の歴史と現況	〃

日時	場所	訪問先	内容	担当
	呉江市	呉江市檔案館	所蔵檔案の閲覧・撮影・複写	楊申亮
9月2日午後	蘇州市	蘇州政協・夏氷氏訪問	民間所蔵史料の収集	太田・佐藤
9月3日午後	呉江市北厙鎮新珠港村	馬文勤女史採訪 屠文英女史採訪	農村婦女の日常生活 婦女主任の役割と村の女性	太田・佐藤・楊申亮
9月4日午前	蘇州市滸墅関鎮	文昌閣参観	滸墅関鎮の現況と民間信仰	太田・佐藤
	呉江市	呉江市檔案館	所蔵檔案の閲覧・撮影・複写	楊申亮
9月4日午後	呉江市八坼鎮	劉三宝氏採訪	嘉興南六房老長生分会の実態	太田・佐藤
	呉江市同里鎮史家庫	蘇州府小城隍廟参観	小城隍廟	〃
	呉江市	呉江市檔案館	所蔵檔案の閲覧・撮影・複写	楊申亮
9月5日午前	呉江市北厙鎮	楊前方氏採訪	大長浜村の歴史と現況	太田・佐藤・楊申亮
	呉江市北厙鎮大長港村	楊徳卿氏採訪	大長港村の歴史と現況	〃
9月5日午後	呉江市北厙鎮大長港村	楊徳卿氏採訪	大長港村の歴史と現況	〃
9月6日午前	呉江市北厙鎮大長浜村	楊小龍（楊成）氏採訪	大長浜村の歴史と現況	太田・佐藤・楊申亮
9月6日午後	呉江市北厙鎮大長浜村	王天宝氏採訪	大長浜村の歴史と現況	〃
9月7日午前	呉江市北厙鎮大長浜村	楊林書氏採訪	大長浜村の歴史と現況	太田・佐藤・楊申亮
9月7日午後	呉江市北厙鎮大長浜村	浦志成氏採訪	大長浜村の歴史と現況	〃
9月8日午前	呉江市盛沢鎮	周徳華氏訪問	盛沢鎮の絲綢業と同業公会	太田・陳・佐藤・楊申亮
9月8日午後	呉江市	馬雲翔氏採訪	民国期の保長	〃
9月9日午前	上海市青浦区徐涇鎮水産村	陳国良氏採訪	徐涇鎮水産村の歴史と現況	太田・陳・佐藤・楊申亮
9月9日午後	上海市青浦区朱家角鎮	景観調査 鎮城隍廟・放生橋・大清郵局参観	朱家角鎮の歴史と現況	〃
9月10日午前	呉江市盛沢鎮	徐子瞻氏採訪 徐恵蘭氏採訪 周旭仁氏採訪	盛沢鎮の絲綢業と同業公会・工商聯	太田・陳・佐藤・楊申亮
9月10日午後	呉江市北厙鎮	張春栄氏採訪	解放後の袁万順魚行	〃
9月11日午前	呉江市盛沢鎮	盛沢鎮東方絲綢市場管理委員会訪問	東方絲綢市場の現況	太田・陳・佐藤・楊申亮
9月11日午後	呉江市北厙鎮大長港村	陳宝妹女史採訪	婦女主任の役割と村の女性	〃
9月12日午後	呉江市北厙鎮大長浜村	楊洪興氏採訪	大長浜村の歴史と現況	太田・佐藤・楊申亮
9月13日午前	呉江市北厙鎮翁家港村	金宝栄氏採訪	翁家港村の歴史と現況	太田・佐藤・楊申亮

調査日程表

第9回調査　2006年10月29日～11月1日上海市・江蘇省調査

調査者　太田出・佐藤仁史
同行者　楊申亮（通訳）

日　　時	地　　址	訪問先及び聞き取り対象者	課　　題	参　加　者
10月29日午前	呉江市北厙鎮翁家港村	金宝栄氏採訪	翁家港村の歴史と現況	太田・佐藤・楊申亮
10月29日午後	呉江市北厙鎮朱家湾村・許家港村	朱火生氏採訪	呉江市における宣巻藝人の活動	〃
	呉江市北厙鎮翁家港村	翁愛林氏採訪	翁家港村の歴史と現況	〃
10月30日午前	上海市青浦区金沢鎮	楊爺廟廟会見学	江南デルタ漁民の楊老爺信仰	太田・佐藤・楊申亮
	上海市青浦区任屯村	血防陳列館参観	青浦任屯村の日本住血吸虫病	〃
10月30日午後	呉江市北厙鎮大長浜村	浦志成氏採訪	大長浜村の歴史と現況	〃
10月31日午前	呉江市黎里鎮漁業村	徐発龍氏採訪	黎里鎮漁業村の歴史と現況	太田・佐藤・楊申亮
10月31日午後	蘇州市	蘇州政協・夏氷氏訪問	民間所蔵史料の収集	〃
	呉江市北厙鎮戴家港村	屠海生氏採訪	戴家港村の歴史と現況	〃
11月1日午前	呉江市北厙鎮戴家港村	屠海生氏採訪	戴家港村の歴史と現況	太田・佐藤・楊申亮

第10回調査　2007年3月15日～3月26日江蘇省調査

調査者　太田出・佐藤仁史
同行者　費強（通訳）・楊前方（通訳）・楊申亮（通訳）

日　　時	地　　址	訪問先及び聞き取り対象者	課　　題	参　加　者
3月15日午前	蘇州市	蘇州政協・夏氷氏訪問	新編地方志の閲覧・撮影・購入	太田・佐藤
3月15日午後	蘇州市	蘇州市方志館	所蔵図書・雑誌の閲覧・撮影・複写	〃
	蘇州市呉中区郭巷鎮五浦村	関帝廟参観	関帝廟の復活	〃
3月16日午前	呉江市北厙鎮戴家港村	屠海生氏採訪	戴家港村の歴史と現況	太田・佐藤・楊前方・費強
3月16日午後	呉江市北厙鎮潘水港村	関帝廟参観	関帝廟の復活	太田・佐藤
3月17日午前	呉江市北厙鎮大長浜村	楊小龍（楊誠）氏採訪	大長浜村の歴史と現況	太田・佐藤・楊申亮
3月17日午後	呉江市北厙鎮大長浜村	楊小龍（楊誠）氏採訪	大長浜村の歴史と現況	〃
3月18日午前	呉江市金家壩鎮北楂村	朱火生氏採訪　茅山老爺廟見学	呉江市における宣巻藝人の活動	太田・佐藤・費強
3月18日午後	呉江市黎里鎮	天主教教堂訪問	太湖漁民のカトリック（天主教）信仰	〃

	呉江市黎里鎮	景観調査	茶館調査	〃
	呉江市蘆墟鎮栄字村	景観調査	汾湖開発区指定に伴う村落の集団移転	〃
	呉江市蘆墟鎮荘家圩	泗洲禅寺（劉王殿）参観	劉王信仰の復活	〃
3月19日午前	呉江市平望鎮	徐福泉氏採訪	大長浜村の歴史と現況	太田・佐藤・楊申亮
3月19日午後	呉江市金家壩鎮梅湾村	梅孫栄氏採訪	梅湾村の歴史と現況	太田・佐藤
3月20日午前	呉江市北厙鎮漁業村	金天宝氏採訪	北厙鎮漁業村の歴史と現況	太田・佐藤・楊申亮
3月20日午後	呉江市北厙鎮大長浜村	王天宝氏採訪	大長浜村の歴史と現況	〃
3月21日午前	呉江市金家壩鎮梅湾村	梅孫栄氏採訪	梅湾村の歴史と現況	太田・佐藤・費強
3月21日午後	嘉興市新塍鎮	景観調査	新塍鎮の歴史と現況	〃
3月22日午前	呉江市同里鎮張塔村	江大庵管理人採訪	農村婦女の日常生活	太田・佐藤・費強
3月22日午後	八坼鎮	劉小羊氏採訪	嘉興南六房老長生分会の実態	〃
	呉江市金家壩鎮長巨村	劉王廟管理人採訪	農村婦女の日常生活	〃
3月23日午前	呉江市八坼鎮放鳥港村	沈祥云氏採訪	私塾教育	太田・佐藤・費強
3月23日午後	呉江市廟港鎮漁業村	徐貴祥氏採訪	太湖興隆社の実態	〃
	呉江市七都鎮開弦弓村	東廟・西廟参観	劉王廟の復活	〃
3月24日午前	上海市陳行鎮（浦江鎮）	景観調査	陳行鎮の歴史と現況	太田・佐藤
3月24日午後	上海市周浦鎮	景観調査	周浦鎮の歴史と現況	〃
3月25日午後	上海市	復旦大学中国歴史地理研究所・侯楊方氏訪問	今後の調査・研究活動に関する打合せ	太田・佐藤
3月26日午後	上海市	復旦大学歴史系・馮筱才氏訪問	今後の調査・研究活動に関する打合せ	太田・佐藤

太湖流域社会の歴史学的研究
―― 地方文献と現地調査からのアプローチ

第Ⅰ部　地方文献篇

清末民国期における郷村役の実態と地方文献
―― 蘇州府を中心とする史料紹介 ――

山 本 英 史

はじめに

　殷周革命を例にとるまでもなく、その記載の質と量の豊富さによって3000年以上も前の人物とその具体的な言動とを「史実」として再現することでは他に追随を許さないのが中国の文献史料の大きな特徴である。ところがその一方で、不思議なことに100年をも遡らない時代の郷村基層社会の詳細な状況を今一つ明らかにしえず、日本や西洋の同時代のそれと較べて貧弱な情報しか伝えてこなかったのもまた中国の文献史料のもう１つの大きな特徴であるといえる。これには20世紀における指導的な立場にあった知識人の伝統中国への関心の希薄さ、それに伴う郷土史研究の貧困さ、さらには史料開拓の未発達など、様々な原因が挙げられ、それが中国の文献史料をして特有の文献史料ならしめてきた。

　ならば、構造的変動が生じた清末・民国期における中国の郷村基層社会の実態を知るためには今後どのような史料を通してそれを明らかにしていけばよいのだろうか。幸いなことに、とりわけ1980年代後半から始まった図書館・文書館の整備、上海市檔案館をはじめとする多くの檔案館の民間人・外国人への開放、新編地方志の編纂による基礎資料の発掘・紹介など、徐々にではあるが着実に、かつ飛躍的に地方文献の存在が明らかにされ、我々外国人でさえそれを活用した研究を行いうる展望が開けてきたことである。この状況変化は文献史料に基づく中国近代史研究の概念を大きく変えることになった。そして我々は今こうした史料環境の下に新たなる中国郷村基層社会の研究を行う可能性を持ち、同時にまたその必要性に迫られているといってよい。

そこで、本稿ではそのささやかな試みとして、清末・民国期の郷村基層社会において徴税と治安を管理した郷村役に焦点を当て、新たに開拓された地方文献がその実態をどこまで復元しうるかという問題について考えることにしたい。これらの郷村役の実態についてはこれまで若干の研究があっても、それはひとえに史料的な制約から隔靴掻痒の感を免れなかった[1]。それゆえ、これは郷村基層社会のさらなる究明という意味で恰好の対象となりうる。ただし、ここではそれを実証的に明らかにするというよりもむしろその初歩的段階として、これを通して中国の地方文献が伝える情報のあり方を紹介し、地方文献の歴史資料としての価値と有効性を語ることに重点を置くものであることを最初にお断りしておく。

なお、本稿の文責はひとえに筆者にあるものの、本稿で引用した史料等の情報に関しては我々の共同研究班の成果の一部によって得られたものであることを明記しておきたい。

1　地方志が伝える郷村役

潘杓燦が著した1684（康熙23）年刊の『未信編』には「覧志記」という項目を設け、次のようにいう[2]。

> 着任後は、その地の志書一部を手に取り、目を通して詳しく明らかにする必要がある。例えば山川の険阻、人煙の疎密、村鎮の大小、橋梁の修廃、何処其処は盗賊を防がねばならない、何処其処は冠水を防がねばならない、某地は重要で肥えている、某地は辺鄙で痩せている、といった情報は地方志を調べれば掌を指すように明らかとなる。

また、黄六鴻が著した1694（康熙33）年刊の『福恵全書』にも「覧志書」なる項目が設けられて次のようにいう[3]。

> 一県の山川や人物、貢賦や土産、荘村鎮集、祠廟や橋梁等の類はみな志書にことごとく掲載されているので、新任の地方官が着任して、ひとたび開いて読めば、地勢の奥衍阨塞、税役の多寡軽重、戸口の盛衰稀密、などみ

な調べられ、政治はこれによってうまくいく。

　このように清初の地方官経験者たちは官箴という書物を通して、任地に関する情報源としての地方志の効用を強調している。

　さらに、方大湜が著した1890（光緒16）年刊の『平平言』には、

　　本県の志書を見ないわけにはいかない。民情や土俗はことごとく志書の中に掲載されている。志書を見なければ、絶対その地その場にあった政治ができない。

とあり[4]、官箴による忠告は清末の地方志においても同様にこうした効用があったことを伝えている。

　以上から見れば、伝統的な慣行として地域単位に地元の知識人たちを招集して編纂を重ねてきた地方志が地方文献としての一定の役割を担っていたことは否定できない。

　ならば、地方志はとりわけ乾隆以降の郷村再編成によってその変化が顕著となった蘇州の郷村組織やその郷村役に関する情報をいかに伝えているのであろうか。

　まず蘇州府の地方志を代表する蘇州府志から見ていく。蘇州府志は乾隆以降では次のものが主に知られている。①乾隆『蘇州府志』80巻首1巻、1748（乾隆13）年刊本、②道光『蘇州府志』150巻首10巻、1824（道光4）年刊本、③同治『蘇州府志』150巻首3巻、1874（同治13）年稿本・1883（光緒9）年刊本。このうち①には1674（康熙13）年の慕天顔による均田均役法までの情報しか掲載されていないが、②には1684（康熙23）年の江南総督于成龍による「里排」禁革後の蘇州府の郷村役について、次にように記されている[5]。

　　雍正12年に図書を厳革し、清書と保正を設立した。乾隆11年に清書を散撤し、荘書を設立した。

　なお、③は②の記事をそのまま変更することなく転載しているが、それ以降の状況については全く触れていない[6]。

　次に蘇州府附郭の呉県の場合はどうか。呉県の地方志は乾隆以降では①乾隆『呉県志』112巻首1巻、1745（乾隆10）年刊本と②民国『呉県志』80巻、1933

（民国22）年鉛印本とが知られている。このうち、①は乾隆『蘇州府志』同様、1674（康熙13）年の慕天顔による均田均役法までの情報しか掲載していない。また②は道光『蘇州府志』から上記の記事を転載するのみである[7]。

長洲県の地方志は乾隆以降では乾隆『長洲県志』34巻首1巻、1753（乾隆18）年刊本および1766（乾隆31）年刊本が知られている[8]。また、1724（雍正2）年に新たに設置された元和県の地方志としては、乾隆『元和県志』36巻、1761（乾隆26）年刊本がある。しかし、乾隆『長洲県志』は1674（康熙13）年の慕天顔による均田均役法の記事を最後に徭役についての記事はなく、乾隆『元和県志』はもとより「徭役」の項目を設けていない。

さらに蘇州府下の諸県を見るに、崑山・新陽両県の地方志は乾隆以降では次のものが知られている。①乾隆『崑山新陽合志』38巻首1巻末1巻、1751（乾隆16）年刊本、②道光『崑新両県志』40巻首1巻末1巻、1826（道光6）年刊本、③光緒『崑新両県続修合志』52巻首1巻末1巻、1880（光緒6）年刊本、④民国『崑新両県続補合志』24巻首1巻、1923（民国12）年刊本。うち①は県下の郷村役の時系列の変化を次のように記している[9]。

　　康熙間の役法：耆民、経催、塘長、排年、里長、総書。雍正4年、排年を散じて版圖とし、圖書を設立する。〔雍正〕8年、圖を均しくして役に応じる。〔雍正〕12年、圖書を禁革し、清書・保正を設立する。乾隆11年、清書を散じて荘書とする。

②は①と全く同じ記事を載せ[10]、③は上記の記事を①から転載するとともに「同治4年、順荘を散じて帰図とする」を追加記入する[11]。

なお、④には「徭役」の項目はないが、1910（宣統2）年に両県が地方自治章程を協議した記事中に「各鎮郷圖の地保は調査期間内において経圖各董および調査員の伝喚を待ち、業務を遅延させてはならない。もし敢えて抗違するようなことがあれば、官に懲罰を要請し、ひたすら嘱令調査に弊害を増すようなことがあってはならない」とあり、「地保」の存在を伝えている[12]。

常熟・昭文両県の県志は乾隆以降の公のものでは次の3種が知られている。①乾隆『常昭合志』12巻首1巻、1795（乾隆60）年刊本、②光緒『常昭合志稿』

48巻首1巻末1巻、1904（光緒30）年活字本、③民国『重修常昭合志』22巻首1巻末1巻、1917（民国6）年修稿本、1949（民国38）年鉛印本がある。うち①には、

> 区書を禁革して以後、近くまた図ごとに経造を設け、推収（土地名義の書き換え）と、地糧冊籍を管理させた。

とあるが(13)、②には、

> 雍正12年、図書を厳革し、清書・保正を設立した。乾隆11年、清書を散撤して荘書を設立した。

とあり(14)、いずれも「事情は府志に詳しい」とあるだけである。③はまた「徭役」の項目を設けていないし、郷村役にも言及していない。

　最後に、呉江・震沢両県の主な地方志は乾隆以降では次のものが主に知られている。①乾隆『呉江県志』58巻首1巻、1747（乾隆12）年刊本、②光緒『呉江県続志』40巻首1巻、1879（光緒5）年刊本、③乾隆『震澤県志』38巻首1巻、1746（乾隆11）年刊本。うち①は次のようにいう(15)。

> 思うに、里排がすでに革められたからには、催徴に人がいないわけにいかない。そこで図ごとに伝催を設けた。城内にあっては徴比に応じ、郷村にあっては催辦を担当した。しかし、時が経つうちに弊害が生じるようになり、伝催はそれぞれが頂首銀若干を出して、図甲のポストを買い取り、糧戸から畝ごとに銀6、7分、あるいは3、4分を私的に徴収した。これを役銀といった。甚だしい場合には富戸の差徭を請け負い、それらを各戸に散派し、小民の額課を徴収して、納期が来ても納めないことがあった。そのため歴年の正賦未納額は20〜30万両にもなり、それはみなこの輩が侵蝕するところであった。彼はまた扇書に兼充していた。

さらに続けて次のようにいう(16)。

> ここにおいて伝催ならびに扇書をすべて革め、圩甲に催徴させるようになった。ついで納税戸が各郷に散処していては納期に応じるのに不便であることから、別に由単を発行し、摘比を行う経造という役を設けた。この結果、辦糧はことごとく本図においてなされるようになり、田の多少は図の圩額

に見合うようになった。均田之法はここに至って一変した。

また、経造については、②に次のような記載が残されている[17]。

> 経造の一役はかつて冊串を管理・作成し、税糧事情を了解して納税戸を特定するために設けられた。本来は地総といったが、道光初年に石に刻んで永遠に禁止したため、ついに経造と改名した。……ただし、後の経造はすなわち先の地総である。〔地総を〕禁革した時においてその名目を取り去ったにすぎない。

なお、乾隆『震澤県志』には「徭役」の項がなく、郷村役に関する情報もない。

以上、蘇州府の各地方志の記事を紹介することで、里甲制解体後もなお存続した郷村役の情報を網羅的に抽出したが、このような地方志の記事に共通して見られる特徴として、第1は郷村役に関する情報を載せない地方志が多くあること、第2はその情報を載せたとしても断片的であり、その記載も簡略すぎて郷村役の具体的なイメージをつかむにははなはだそぐわないこと、第3は地域的な共通性から各地方の郷村役にも共通した特徴があることが推測されるが、地方志の記事からはその相互の関係が極めてわかりにくいことが挙げられる。これにはどのような背景があるのだろうか。

明末や清初の地方志に較べて乾隆以降の地方志に徭役の記載が少なくなる原因として、同治『蘇州府志』は次のようにいう[18]。

> 思うに、役法の害は明代が最もひどかった。清朝になって均田均役法が行われてより、人々の生活に安らぎと利益をもたらし、再び徭役の苦しみを知ることがなくなった。康熙23年、総督于成龍が保甲法を施行し、弭盗条約38款を頒布して、10家ごとに牌を編み、偵察業務を司らせた。嘉慶17年、布政使慶保が保甲の禁止を言明した。道光22年、咸豊3年、9年、10年等の年、しばしば保甲団練を組織した。同治8年、また局を設けて保甲法を行った。みな姦宄を調べ、盗賊を防ぐためであり、役というものではなくなった。それゆえ地方志において役法の一項は雍正・乾隆以後は採録する必要がなくなり、ただ前志の記事を踏襲するだけとなった。

さらに光緒『常昭合志稿』は同治『蘇州府志』の方針に従う旨を記し、その上で次のようにいう[19]。

> また本県の現行の例を見るに、各図には田糧一切の襍務を管理する経造、郷里一切の襍務を管理する地方がいる。各行店には各行業の一切襍務を管理する小甲がいる。みな自分で志願して引き受けたものであり、時に奸劣なる者が役の割り当ての名に借りて小戸を需索することがあったとしても、その実は徭役とは関わらないため、ここでは一緒に載せることをしなかった。

いずれもみな清初の改革によって徭役に関わる弊害がなくなり、以後の郷村役には徭役的な性質が薄らいだため、雍正・乾隆以降の地方志にはそれについて採択する必要がなくなった点を指摘している。また各図に現存する「経造」、「地方」、「小甲」などはすべて彼ら自らが志願して担当するものであって、徭役とは無関係であることを理由に徭役の項目のみならず他の項目においてもそれに言及することを避けている。

このように徭役の改革が乾隆以降の地方志の記載に大きな影響を与えたことは疑いないであろう。しかし、さらに本質的な原因は地方志の編纂に携わった知識人たちの郷村基層社会のあり方に対する関心の低さにあった。『錫金識小録』の撰者である黄卬が乾隆『無錫県志』の不備を批判して、

> 康熙の初め、無錫県の士人孫浡佳等が徭役制度の弊害を条列し、知県呉興祚に具呈した。彼らは里長を革去し、銭糧は個々の納税戸に帰することを要請した。その結果、指示が碑に刻まれて里長は永久に禁止された。以後はただ総甲・里書があるだけで、官にあっても民にあっても、久しく里長の名目は知られなくなった。ところが、今新しく編纂された無錫の県志を見れば、里長がすでに革除されたことを一切掲載せず、曖昧にも旧志のまま里長、総甲、里書の3項を並べ、里長は一図の銭糧を管理し、その盈縮完欠、催追比較はみな里長の責任であるというが、また草率不明なることはなはだしい。知県が着任してこの新修の地方志に依拠すれば、銭糧の納未納に関してはひとえに里長に責任を問うことになってしまう。大きな誤

りというべきである。

といみじくも語るように[20]、このような問題に関して地元知識人たちは自らが編纂した地方志に実状を伝えない記事をそのまま放置してもなんら痛痒を感じなかった。なぜならば、同じくこのような問題に関心を持たなかった読者から批判されることも叱正されることも極めて稀だったからである。また、黄卬は、「知県が着任してこの新修の地方志に依拠すれば、銭糧の納未納に関してはひとえに里長に責任を問うことになってしまう」と憂慮するが、これもまた杞憂に終わった。なぜならば、徴税を里甲制による徭役に頼らなくなった時代の知県にとっては人民支配の埒外に置かれた郷村役のあり方に関心を示す者はほとんどおらず、従って地方志の記事の正誤もさして問題としなかったからである。いずれにせよ乾隆以降に刊行された地方志が伝える郷村役の情報は上記の背景から簡略にならざるをえなかった。

なお、地方志の中で「県志の欠点を補うためにある」とされ[21]、乾隆以降に特に集中的に編纂された郷鎮志の場合はいかがであろうか。郷鎮志はその固有の基盤をなすところの、市鎮を中心とする地域社会を描く史料として県志以上に高い評価が与えられている[22]。とりわけ蘇州府下の郷鎮においてはその地方志がしばしば刊行されてきたことも事実である。しかしながら、管見の限り、これらの郷鎮志においても郷村役の実態を詳細に伝える記事は多くない。ただ、その理由についてはいま明らかにできない。

2 地方紙が伝える郷村役

2—1 従来の地方紙の利用

地方志に代わり、清末以降の郷村役の実態を伝える史料として注目されるのは新聞である。なかでも1872年4月にイギリス人メイジャーが上海で創刊し、1912年の史量才による買収を経て1949年5月に停刊するまでの77年間におよぶ歴史を誇った『申報』は、清末・民国期の詳細かつ包括的な情報を提供している。また、1904年6月に上海で創刊された立憲派の『時報』や1910年10月に上

海で創刊された革命派の『民立報』なども当時の様々な改革の過程を知る上で有益な新聞であるといえよう。

ところで、これらの上海で発行された新聞はその距離的な近さと影響力の大きさからしばしば蘇州の郷村社会の状況についても言及することがあった。そのため日本の研究者は主として江南地主制の実態を知る上での貴重な情報として、これらの史料を活用してきた経緯がある[23]。ただし、これらの新聞は上海を基地として編集されたものであり、蘇州で生起した"事件"を克明に伝えることができても、蘇州で日常に存在する"常態"に関してはなお十分な質を保証するものではなく、史料としての価値におのずから限界があったのも無理からぬことであった。蘇州を語るにおいては蘇州の地方紙にしくはなかったのである。

上記の『申報』等の上海発行の新聞に加えて蘇州の地方紙を史料として用い、20世紀前半の蘇州における郷村役の解明を試みたのは高嶋航氏である。高嶋氏は、近年その存在が知られ、閲覧・撮影やマイクロフィルムによる複写が可能となった『蘇州明報』と『呉県晶報』という2種類の蘇州地方紙を基に、郷村役のうち図ごとに田賦情報を管理した経造（催徴吏）に焦点を当て、その変遷を土地改革時期までたどることに成功した[24]。その論点は次のように要約できる。すなわち①17世紀後半以降、里甲制が解体されていく中で在地の徴税機構は経造を中心とする郷村役によって維持されるようになった、②1911（宣統3）年9月に江蘇省が独立を宣言し、蘇州知府であった江紹杰が蘇州民政長となった際、民政長署に経造を招集して指示を与えるも呉県の田賦徴収機構の構造に大きな変化は見られなかった、②1927（民国16）年に国民革命軍が蘇州に入城して徴糧処が設けられるも、経造の廃止は直ちに行われなかった、③1929（民国18）年になると経造の舞弊がたびたび問題となり、1930年前後にその廃止が検討された、④しかし、土地情報を独占していた経造を容易に廃止しえず、その存続は人民中国の成立期にまで維持された、というものである。こうした事実を明らかにしえるのも、地元に密着した事情を克明に論じた地方紙という史料が大きな影響を与えていると見られる。

里甲制が解体されていく中で蘇州郷村社会の管理機構は大きく分けて2種類の郷村役によって維持されていったと考えられる。その1つは高嶋氏が明らかにした徴税機構を維持する経造であり、もう1つは在地の治安警察機構を維持する地保であった。銭穀（徴税）と刑名（刑罰）は地方官の2大業務とされるが、郷村基層社会にあってもこの2大業務は誰かしらの手によって維持され続けたと見なければならない。在地の土地情報を独占することでその地位を守り続けたのが経造であれば、在地の人間情報を独占することで警察捜査を可能にし、延いては治安の維持をはかることができた地保もまたその変遷過程をたどることが重要になってくるはずである。さらには地保と経造との関係を明らかにする必要もあろう。地方紙はこれらの情報を必ずや提供してくれるものと考える[25]。

こうした地方紙の収集は現在進行形の状況にあり、なお十分な分析を果たしていない状態であることを断った上で、ここでは以下、『蘇州明報』と『常熟日日報』という2種類の蘇州地方紙から興味深い記事を抜粋して紹介し、上記の問題を考える手がかりにしたい。

2—2 『蘇州明報』から

まずは『蘇州明報』の簡単な解説をしておく。蘇州の新聞は1900（光緒26）年に『独立報』が創刊されて以来の歴史を持ち、辛亥革命後各党派によって陸続として発刊された。だが、それらの多くは短命に終わったという。その中にあって『蘇州明報』は1925（民国14）年秋に張叔良が原籍の句容の房産を売却して『明報』の経営を引き継ぎ、『蘇州明報』と改名して以来、日中戦争期の一部を除き、呉県が共産党の支配下に入った1949年4月に停刊するまで継続したもので、蘇州の新聞中において最も完備された新聞であるとされる[26]。

『蘇州明報』には経造のみならず地保に関する記事が少なからず散見される。そこで以下、地保の実態とその経造との関係を伝える記事を掲げる。

まずは1929（民国18）年7月21日の《郷地保罪上加罪》私禁媳婦被控、法警下郷票伝、竟敢集衆殴警、綑縛誣指為盗という見出しが付けられた記事である。

以下、長文であるが詳細は次の通りである[27]。

　　光福区東渚宋巷上の崔根栄は現在地保に当り、経造をも兼ねている。その子崔虎林は本年３月２日に村民朱金明の娘を娶った。朱の娘は19歳であったが、まだ家事に慣れていなかったため、結婚後ほどなくしてたちまち姑の不興を買い、しばしば叱責を被った。朱の娘はそれに堪え切れず、城内に逐電し傭工となった。そのため崔根栄父子はしばしば朱金明に掛け合い、朱に城内に行って娘を探し、崔家に送り届けさせた。そこで崔根栄父子は朱氏が逐電したことを口実に、大きな鎖を買い求め、本月15日に朱氏を客間の西側にある小屋の中に拘禁し、毎日１度しか食べ物を与えなかった。鄰人は心中穏やかならず、朱金明に通報した。18日、朱金明は早速来城し地方法院に訴え出た。王戴裳査察官が朱金明を召喚訊問し、彼が詳しい事情を供述するとすぐ逮捕状および指揮令を発行し、法警（執行吏）の徐舒□に命じて、原告朱金明を伴って下郷させた。該法警はまず附近に住む徐和尚等の家に行き、崔根栄父子が朱氏を鎖で拘禁した事実を確認し、直ちに東渚鎮の県公安派出所に行って行政警の協力を求めた。そこで該派出所の巡長袁一雲は巡士魏光瑗・馮子標の２名を派遣し、同行させた。この時、原告朱金明は法警と一緒に郷鎮の間を往来し、その後また一緒に公安派出所に行ったため、すでに他人の注目するところであった。崔根栄もまたそのために噂を聞きつけ、証拠隠滅を謀るべく、即刻朱氏を解放し、鎖を隠した。法警らが崔家に行った時、朱氏はすでに自由の身となっていた。ただ、解放されてまだ時間がたっていなかったため、朱氏の両頬にはまだ涙の痕が残っていた。崔根栄は本来地保に当り、いわゆる〝老奸巨滑〟の者だった。法警らが家に入るのを見て、落ち着いたそぶりで法警にその来意を尋ねた。法警は、法院に控告する者があり、命令を受けて爾ら夫婦と息子を逮捕しに来たと告げた。崔はまた逮捕状を確認することを求めた。思いもよらないことに、法警が逮捕状を見せると、崔はそれを奪い取って破り棄て、逮捕状だといって騙すつもりかと嘯いた。該法警はその野蛮行為を見て、持ってきた戒具を取り出し、行政警の協力を得て、崔根栄父子の

両腕に手枷をはめ、虐待を被った崔朱氏とともに一緒に連行した。意外にも崔根栄の妻の崔崔氏は先に隙を窺って外に出、大声で人さらいの強盗だと叫んだ。郷民たちは事情がわからず、附和雷同して集まって来る者が一時200人以上になった。行政警は郷民が集まって来たのを見て、一目散に派出所に戻り、援助を求めた。法警は附近の桑畑の中に身を避けた。郷民らは崔根栄父子の腕にはめられた手枷を石で叩き壊した。そして崔らは原告朱金明を追いかけて捕まえ、縄で縛った。ついでまた桑畑に行って法警を捕らえ、まず該法警が持っていた指揮令ほかの公文書をともに奪い、ついでまた縄で縛り上げた。殴る蹴るの後、崔根栄父子は法警と原告に石をつけて河中に投げ入れることを主張した。しかし、その後ある者が、巡士2人が泳いで逃げたのを見たので警察隊が村に来る恐れがあると指摘した。そこで相談の結果、強盗を捕まえたとして光福鎮に連行し、県公安11分局に対して県城に送って取り調べるよう要請した。この時、分局はすでに派出所の馮・魏2警より報告を受け、班長警を派遣して水警隊とともに逮捕に赴かせるところであったが、突然崔根栄父子が自ら罠にはまったのを見て、遂に崔らをまとめて拘留した。昨日午前、分局長が警官を派遣し法警に協力して、崔根栄父子等を県城まで護送させ、直ちに地方法院に送った。馮・魏2警もまた分局長の命令で法院まで随行し、自ら証人となった。

　この記事から窺われることとして、まず崔根栄一家の横暴な態度が挙げられる。これは地保一般というよりは地保である崔根栄一家に特化した行動ではあるものの、警察を恐れない態度や朱金明のみならず巡警をも殺しかねない行動はやはり地保という身分を恃んでのことであったように思われる。また、地保はいろいろな状況の下で犯人を捏造することが可能であった。さらに興味深いのは地保崔根栄が経造を兼ねていたという事実である。高嶋航氏は太湖庁においては地保と経造の兼任の事実はなく、両者の職分は厳密に区分されていたと主張するが[28]、『蘇州明報』が示す記事はこれとどう結び付ければよいのだろうか[29]。

　「諸悪の根源」であった地保を廃止しようとする動きが1930（民国19）年前後

にあった。同紙1931（民国20）年2月25日の《地保之変相─各区長請設郷丁・鎮丁以承其役─》という見出しのついた記事には次のようにある[30]。

> 地保制度が部令を経て廃止されて後、城郷各区の区長は郷丁・鎮丁を設けて、この職務を専門に担当させるべく、昨日の会議で県政府に詮議を要請した。その文には次のようにいう。「県にはかつて地保なる一役がありました。すでに省令を受けて廃除し、その職務は郷鎮公所が掌管するところとなりました。ただ向来地保の職務は行政・司法の各項に渉り、その内容は責任が甚だ重く、かつ繁瑣を極めるものでした。もし専門担当者を設けなければ、互いに責任逃れしてしまう虞があります。そこで区長等が一同で協議し、郷丁・鎮丁を設けて、従前の地保の職務を専管させようとしました。この郷丁・鎮丁は、各区長が該区域内で信頼できる人物を慎重に選んで任命し、責任を委ねたものです。各該郷丁・鎮丁の姓名、年令、住所等の項は簿冊にまとめて上申したことはすでに記録に留めてあります。その当否につき連名で上申し、県長には各区の民衆に布告して衆知させ、さらに行政・司法の各機関に伝達して一体に調査させることをお認め頂きたく思う次第です」と。

これはまた同時期における経造廃止の動きと連動するものとして重要である[31]。しかし、経造同様、その後も警察捜査業務の専門性・特殊性から、彼らを抜きにしては郷村の秩序機能が維持できず、従って容易に廃止できるものでもなかったようである。『蘇州明報』には事件の処理を担当する地保がその後も多く登場する。なかにはその悪行が列記される場合もなくはなかったが、それよりも治安警察業務を従順に遂行する郷村役として描かれている記事が圧倒的に多いのが特徴である。今後そうした通常の地保像と、いわゆる「諸悪の根源」として突出した地保像との関係を明らかにすることが必要ではないかと考える。

2─3　『常熟日日報』から

『常熟日日報』（写真1）は1916（民国5）年10月創刊の常熟の地方紙で、停刊

期は不詳であるが[32]、常熟市檔案館には1916年10月から1945年8月までが収蔵されている。

『常熟日日報』にもまた郷村役のことが散見される。同書1922（民国11）年12月1日の《経書藉端勒索之所聞》という見出しのついた記事には次のようにある[33]。

海虞市南門外の何姓は陰暦8月14日に王趙氏に対し房屋1所を購入した。契約を結ぶ時、現金と相殺金を支払った他に200元の期票（約束手形）1紙を振り出した。このほか中保人らの報酬を加えて、均しくその場で額面通りきちんと配搭された。はからずも王趙氏が病で亡くなってしまい、葬式代を捻出するところがなかったため、後を継いだ者（王某？）が期票を持って何姓に対してまず160元を支払うように求めた。そのため何某は額面通り支払わざるを得なくなった。平素から鴉片をやっている徐少棠（幼名を和尚という）は22図の経書を自称し、わざわざやってきては怒鳴り散らした。そして過粮費（名義書換料）をまだ手にしていないことを口実に、売主に高額の銀を無理強いしたが、売主は拒絶してそれを認めなかった。後に魯仲連が調停に当たり、売主に番仏（洋銀貨）数枚

写真1　『常熟日日報』

で応じるように勧めたが、徐某はなお引き下がらなかった。王某は実際に住むのに差し迫っていたため、遂に額どおりに支払った。該経書が大胆に金を強要する点で、その手口はまさにご立派の極地といえる。

　また、同紙1922（民国11）年12月10日の《各地保祀神聚賭》という見出しのついた記事には次のようにある[34]。

東唐市は54の図を統轄し広大な面積があり、数十名の地保が近郷のあちこちに散居している。公のために力を尽くし、法を守って勤勉有能な者は少なくないが、この職位に借りて郷民を食いものにする者はどれだけいるかわからないほどである。例えば彼らが近ごろ神を祀って金を要求するようなことを１日おきに聞く。郷間の一般の裕福な農家と鎮上の各倉庁は均しくただ某日神を祀って光臨を待つだけである。それなのに、某図の地保の某人はこれを招待状に託して次々と配送する。その真相を調べてみると、これを口実に賭場を開帳し寺銭を巻き上げているに他ならないことが判明する。それゆえ往々にして郷民の中には博打が原因で道を踏み外し、将来返済の目途が立たなくなる者が出る始末である。とりわけ郷里の害である。

同紙1922（民国11）年12月４日の《悪経書》という見出しのついた評論記事には次のようにある[35]。

経書は税糧を徴収する公役である。謹んで本分を守り、よくその職を尽くすことは当然である。しかるに最近の新聞を読むと、各市郷の経書で小戸から金を強要する者がいる。また郷民を騙して金を巻き上げる者がいる。ひどいのは辛安郷九図の経書の沈鴻良である。彼は地保を兼充し、一身で両役に当たり、郷民を食いものにするのをとりわけ経書の力量を尽くすことと考える。友人が言うには、郷間の地保は司法業務を兼ねている。もしそれで十分でなければ、さらに経書の勢力でその権力を補うとのことである。ああ、言葉に出すのも痛ましい。明察なること神のごとき朱知事にはこれらの悪劣なる経書を調査して厳しく処分し、ややも庇い立てすることなく、郷民のわだかまりを吐き出させてほしいと私は願う。

　常熟でもまた経書という土地管理を行う郷村役が地保を兼ね、１人で両役を

担当して権力をさらに拡大している事実がある。

3　地方人が伝える郷村役

　100年と遡らない時代の郷村基層社会を研究する場合は、その時代に生きた生身の「人」が存命である可能性があり、時としてその聴き取り調査がどんな文献史料よりも貴重で具体的な情報を提供する。ここでは蘇州のすぐ隣に位置する旧青浦県（現上海市松江区）に居住する2人の地方人が語った郷村役の実態について、その〝触り〟を紹介することにしたい。

3―1　湯伯泉氏の場合

　湯伯泉氏（写真2、図1）を知ったのは偶然であった。我々調査班の一員である稲田清一氏が全く別な目的により青浦区檔案館で青浦県佘山郷の広富林鎮と王家浜村の地籍を発見し、そこに記されている土地所有者の確認作業をしていたところ[36]、その土地所有者の1人がまだ生存しており、しかも代々図正とよばれる青浦県の郷村役を担っていたことがわかった。そこで急遽2006年8月21日と8月26日の2度にわたって湯氏からの聴き取りを行ったという次第である。聴き取りの結果、そこからおよそ以下の事実が判明した。

　湯伯泉氏は1914（民国3年）年5月生まれで、2006年8月現在93歳（数え年）。妻は王小妹といい、1915（民国4）年11月生まれで、2006年8月現在92歳（数え年）。先祖代々青浦県佘山郷の広富林鎮に住む。なお、湯伯泉氏は以前名を「伯全」と書いていたが、のち「伯泉」に改めたという。地籍には「湯伯全」の名が残っている。

　解放前は農業に従事し、31図（広富林、王家浜、郭字圩を含む）と30図の図正を担当した。図正とは、保正ともいい、その主要任務は徴税であった。徴税の際には、田単を土地所有者に給し、納税を行わせた。地主は自身が県に赴いて納税するのが多かったが、一般の農民はその納税を図正に委ねる場合もあった。土地の名義変更の際に図正の捺印が必要であり、収入はその際の手数料が主な

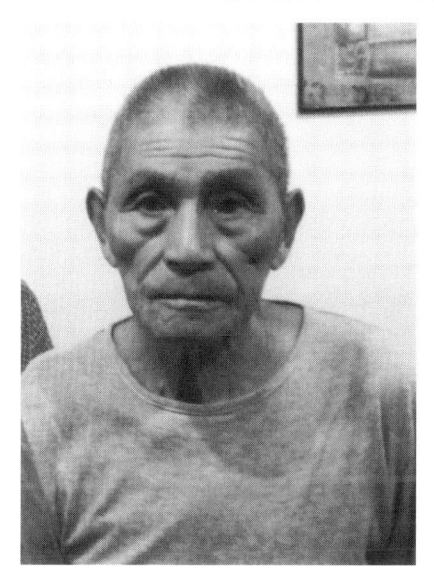

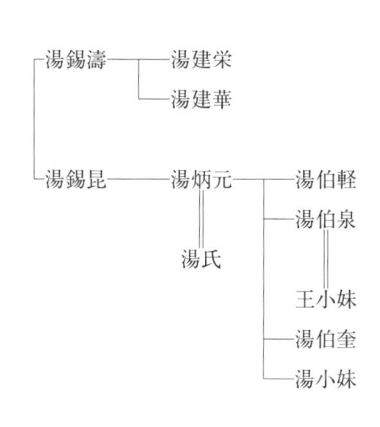

写真2　湯伯泉氏　　　　　　　図1　湯氏系図

ものであった。

　湯伯泉氏は1945年に祖父が死亡した時から解放前までの5年間図正を務めた。また解放後3年間は図正の名称はなくなったがその仕事を続け、計8年間に及んだ。

　湯伯泉氏の祖父は湯錫昆といい、生年は不明。広富林鎮に住んで30数年間図正をやり、64歳で亡くなった。放蕩のため金を使い果たして食えなくなったため兄が彼を図正にしたという。以前の図正は広富林鎮に住む高寿米というものだったが、彼が図正を続けられなくなり、湯錫昆がそれを引き継いだ。湯錫昆が図正であった時は、喧嘩の仲裁などの村民の紛争処理も仕事の一部だったが、警察が置かれてからそれはなくなった。

　湯錫昆の兄を湯錫濤といった。彼自身は図正ではなく、図正の保人であった。弟の湯錫昆よりも長生きするが、亡くなった時期は不明。収租で生活し、湯建栄と湯建華の2人の息子を育てた。当時はみな広富林に住んでいた。

　湯伯泉氏の父は湯炳元といい、1891（光緒17）年に広富林鎮で生まれ、53歳

で亡くなった。解放前は学生だったが、湯錫濤より40畝余の土地を買い戻してからは農民となった。40畝のうち20数畝は小作に出し、20畝は自分で耕作した。田地と宅地はともに広富林鎮にあった。母は湯氏といい、1892（光緒18）年に広富林鎮の東の塘橋鎮で生まれ、60歳で亡くなった。湯炳元は1945年以前に半年ほど図正であったが、遊撃隊に殺された。

　湯炳元には3人の息子と1人の娘がいた。長男は湯伯軽といい、広富林鎮内30図斜路で19畝の土地を自分が耕す農民であり、18歳で亡くなった。次男は湯伯泉氏で、同じく広富林鎮内31図陸家涇に自分が耕す田地19畝を所有した。三男は湯伯奎といった。娘を湯小妹といったが20歳で亡くなった。

　湯伯泉氏が解放後図正を3年間続けたのは、なお固有の役割があったからである。図正は解放後、徴税の仕事はなくなったが、田単は依然としてその管理下にあり、土地改革には各自の土地所有状況を図正の田単と対照する必要があった。解放後、40〜50人いた図正は全員そろって青浦県に出頭して土地管理情報を明らかにしなければならなかった。これを「帰戸併冊」と称した[37]。

　地保については湯氏は聞いたことがないという。また、経造も同様である。広富林鎮の警官は解放前から「警察」と呼ばれて治安を担当したが、それが置かれた場所は広富林鎮ではなく、陸芳橋であった。

　以下、その聴き取りの一部を紹介する。

　　問：湯さんは"保正"だったことがありますか。
　　答："図正"だ。
　　問："図正"？それはどういうものですか？
　　答：昔は徴税をする者だった。
　　問：湯さんはいつ図正になったんですか？
　　答：爺さんが死んだ後になった。
　　問：いくつの時？
　　答：解放後3年間やっていた。
　　問：では解放前は何年やっていたんですか？
　　答：合わせて8年間やった。

問：ならば解放前に5年間やっていたんですね？
答：そう。1945年から始めた。
問：当時図正の主な仕事は何だったのですか？
答：徴税だ。
問：他には？
答：後は何もない。
問：解放前は徴税？解放後も徴税ですか？
答：徴税をしなくなった。解放後はなくなった。図正もなくなった。
問：湯さんは解放後も3年間図正をやっていたんでは？
答：解放後はやらなくなった。銭糧がなくなった。だから徴収もしなくなった。
問：銭糧がなくなったのに、なおも図正だったんですか？
答：そうだ。
問：主にどんな仕事をしていたんですか？
答：図正は田券を管理しておればよかった。つまり田単だけど。
問：では解放前は田単に基づいて徴税していたんですか？
答：解放後も田単はすべて図正の管理に帰していた。

3－2　徐妙発氏の場合

王家浜村に住む徐妙発氏（写真3、図2）もまた前述の地籍調査の延長から父親が図正であったということがわかった人物であり、我々は2006年8月22日と28日の2度にわたって彼からの聴き取りを実施した。筆者はその後半の8月28日において佘山郷王家浜の本人の自宅での聴き取りに参加した。その結果、以下の事実が判明した。

徐妙発氏は1927（民国16）年の生まれで、2006年現在80歳（数え年）であり、代々王家浜村（31図）に居住している。妻は沈阿娟といい、1931（民国20）年の生まれで、2006年現在76歳（数え年）、松江県万栄大隊の出身である。

解放前は14歳から農業を行い23畝の土地を耕した。土地改革の時には「下中

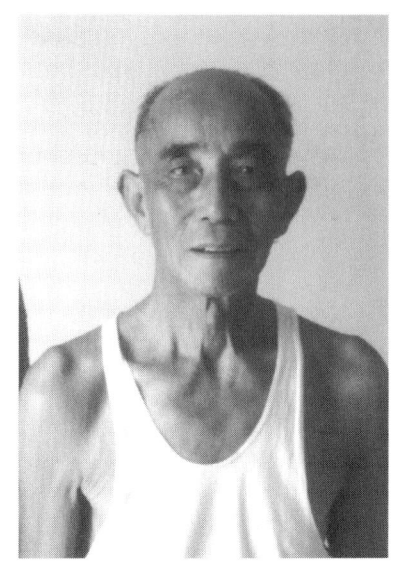

写真3　徐妙発氏　　　　　　　　　　図2　徐氏系図

農」に分類された。解放後1956年頃から20年間王家浜村の第2隊の出納の仕事に従事した。この仕事は文化大革命の後も継続した。47歳の時、出納の仕事を辞め、以後60歳くらいまで工人食堂で料理人として働き、さらに中日合弁の砂糖工場で再び71歳まで料理人を務めた。

　父親を徐昌栄（徐文来）といい、解放前は農業に従事し、顧学時（張家村在住）と瞿子良の両地主の土地を小作した[38]。29図と33図の保正（図正）を20年間勤めたが、解放後、地主がいなくなり保正でなくなった。解放後、保正は全員青浦県署に出頭した。それを「帰戸併冊」と称した。

　地主の顧学時が徐昌栄の保正の身分を保証した。31図に住む徐昌栄が29図と33図の保正になった理由は顧学時が土地を29図と33図に所有していたためである。顧学時は何千畝も所有する大地主で、普段は松江に住むが、土地は青浦にあった。

　祖父は徐妙発氏が生まれた時すでに亡くなっており、名前は不明。保正ではなかった。父の徐昌栄は徐妙発氏が生まれた時はまだ保正だったが、解放後、

労働者となった。当時、徐妙発氏はまだ若く、保正にはならなかった。

　保正の職務は徴税であり、「管銭糧」の中身は国民党青浦県政府の簽張（納税通知書）を地主に発行して、富農や地主に納税を仕向けることであった。地主が簽張をもって県へ納税に赴くと、政府は受け取りを発給した。保正は地主に小作料を納めない佃戸がいるとその督促に従事することもあった。地主が納税しない場合、保正に責任はなく、県から役人が来れば、該当する地主の所に案内するだけでよかったが、そういう場合は少なかった。土地紛争の際には保正は関わらず、その任務は保長や郷長が担当した。保正は銭糧だけで、政治には関与しなかった。保正の収入源は土地売買や所有権移動の際の捺印による手数料であった。土地売買には必ず図正の捺印が必要であり、額面の10％を得ることができた。徐妙発氏は湯伯泉氏とは本来知り合いであるという。

　なお、地保と経造については、徐妙発氏も聞いたことがなく、現在の警官は解放前もまた「警察」と呼んでいたという証言は湯伯泉氏のものと同じであった。

　以下、その聴き取りの一部を紹介する。
　　問：徐さんのお父さんは解放前どんな仕事をしておられましたか？
　　答："保正"だ。
　　問：ここは31図？
　　答：そう、俺たちが住んでいるのは31図だ。
　　問：お父さんが図正（保正）だった時、どこの図を担当しておられましたか？
　　答：29図と33図だ。
　　問：お父さんはいつから図正をされていたんですか？
　　答：俺が生まれる前からだ。ずっとやっていた。
　　問：いつごろまで？
　　答：解放までやっていた。
　　問：保正は何をするんですか？
　　答：保正は地主に"簽帳"を発給する。保正は地主のために働き、国民党

の青浦県政府の"籤帳"、つまり納税通知書のようなものを地主に発給し、納税を促した。地主はこれをもって納税しに行けば、政府は受け取りを交付した。

問：保正が租米を納めるよう催促したことはないですか？例えば、地主の収租がうまくいかない時、図正がその佃戸の所に行って納租を促すとか？

答：保正は籤帳を地主に発給する者だ。租米は佃戸が地主に納めるものだ。

問：佃戸が納租しない時、督促に行くことはなかったのですか？

答：保正が督促に行った。

問：保正が督促に行けば、地主は金をくれましたか？

答：くれなかった。農民が自分の図里において田地を売ったとすると、その所有権を移動しなければならない。その時、保正が判をつき、金を受け取る。保正はこれで生活をした。中人みたいに手数料でいくらかの金を得た。例えば、田4畝を持っていて、それを売って幾石か米を得たとしよう。例えば、10石だとすると、そのうち2石は中人や図正たち数人に支給した。

以上の聴き取りから明らかにされた佘山郷の図正の情報に基づいてとりあえず抽出される諸点は次のものである。

まず、ここでいう図正は保正と同じものとして扱われており、青浦県だけでなく松江一帯で共通する名称である。光緒『青浦県志』には「乾隆元年、区差を革除し、改めて図ごとに保正を設ける」とあり、その割註に「いま松江府各県では図を按じて保正1人を設けて召募で充当させている。その職役は里長と同じだが、その名目は乾隆元年に始まる。冊檔が信頼できず、元の事情に通じている者に頼ったことによる」とあり[39]、保正（図正）は乾隆以来の松江府における郷村役の呼称であったと思われ、職掌から見て蘇州府の経造に近いものと判断される。業務は徴税や土地管理に限られるというが、かつては郷村内での紛争処理にも関与したことがあったと湯氏はいう。警察・治安に関しては比較的早い時期から「警察」がその任に当っていたことがわかる。距離的には極

めて近い蘇州府における経造や地保についての知識は2人には全くなく、郷村役の名称や職掌においては各地においてそれぞれ異なるものであったことが改めて確認される。

　湯氏のように本人をも含めて3代続けて図正になっている場合や徐氏のように父親だけが保正になっている場合など様々であるが、何らかの土地情報が知識ないし記録として継承されていること、またその身分を保証する地主、湯氏の場合ならば大叔父の湯錫濤、徐氏ならば青浦に土地を持つ大地主の顧学時の大きな影響が考えられる。保正（図正）本人は農業に従事し、必ずしも裕福ではなかったようだが、土地情報を管理していたことから生活には困らなかったものと推測できる。

　解放後もしばらくは保正（図正）の職務が維持されていたことは興味深い。土地改革に当って県政府は土地管理情報を郷村役から取得せざるをえなかった事実がここから窺える。解放後、郷村役が一斉に青浦県署に招集され、土地情報を県政府に差し出したことで、その郷村役としての役割を終えた事実は、1951年に土地改革の渦中で農村の区書が取締りを受け、簿冊・印章が奪われ、ここに「区書が地籍を管理する歴史は終結した」という無錫における指摘と附合する[40]。

おわりに

　以上、本稿では、地方志、地方紙、および地方人のそれぞれの史料媒体が清末・民国期の蘇州郷村基層社会において確実に存在した徴税と治安を担う郷村役の存在とその実態をどこまで再現しうるかという問題を取り上げ、その史料紹介と併せて初歩的な考察を行った。無論、紹介した史料にはまだ開拓の余地が大いにあり、本稿で試みた考察も不十分なものである。中国の郷村基層社会における郷村役を例にとっても、それは名称のみならず職務内容もまた多種多様であり、同じ江南デルタにおいても、さらには同じ蘇州府内においても地域によって異なるのが実情である。上述の史料によって断片的に窺い知ることの

できた情報をいかに相互に関連させ、1つの体系にまとめるかは今後の大きな課題である。

最後に、上記の史料のほか、経造や地保の具体的な情報を提供するいくつかの史料とその有効性について若干附言しておく。

第1は檔案の発見である。蘇州の檔案を収蔵する代表的な檔案館としては蘇州市檔案館が挙げられる[41]。これは地市級国家総合檔案館であり、蘇州市人民政府直属の文化事業機構として、蘇州

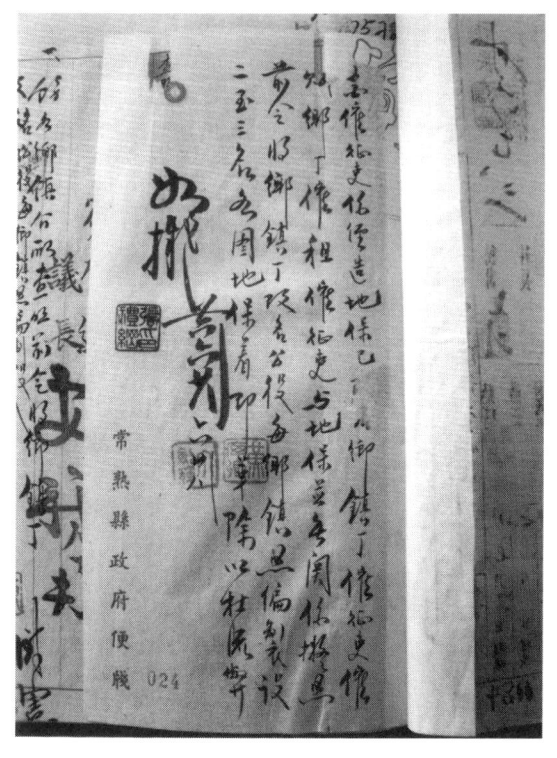

写真4　常熟県政府檔案

に関わる民国以後の膨大な檔案を保管している。我々はまだこの檔案館での史料収集活動を本格的には試みていないが、本稿で取り上げた郷村役の実態を示す檔案の発見も恐らく時間の問題である。同様のことは蘇州府内の市級、鎮級の檔案館においても期待できよう。それは我々の調査のこれからの目標でもある。ここではさしあたって市級檔案館の1つ、常熟市檔案館に収められた以下の檔案の紹介のみに留める。

これは常熟県政府が1947年3月5日から同年11月17日までの間に発行した檔案（全宗号4、目録号2、巻号1086、全69張）の一部であり、その中の「伝函為郷鎮丁改名公役各図地保革除令仰遵照由」と題する1947年7月7日附の5枚の文書の1枚である（写真4）。その原文を読み取り、句読点をつけたものを以下に

付す。
　　案催征吏係経造。地保已改名郷鎮丁。催征吏催賦、郷丁催租。催征吏与地保並無関係。擬且前令将郷鎮丁改名公役。毎郷鎮且編製、設二至三名。各図地保着即革除、以杜流弊。

　第2は碑刻資料の利用である。蘇州は比較的多くの碑刻が残されており、歴史資料への活用が叫ばれて久しい。そして、その存在と内容は、早くは江蘇省博物館が1959年に編纂した『江蘇省明清以来碑刻資料選集』（北京、生活・読書・新知三聯書店）の370件中の322件、また蘇州歴史博物館、江蘇師範学院歴史系、南京大学明清史研究室が1981年に共同編纂した『明清蘇州工商業碑刻集』（南京、江蘇人民出版社）の258件（うち100件は『江蘇省明清以来碑刻資料選集』に収録）、さらに蘇州大学の王国平と唐力行の両氏が主編となって1998年に編纂した『明清以来蘇州社会史碑刻集』（蘇州、蘇州大学出版社）の500件の合計1,000件近くの碑文によって知られている。しかしながら、蘇州郷村基層社会の郷村役についての情報量はこれらの既刊の碑刻をもってしても十分とはいえない。我々の調査もまた現時点では進んでいるとはいえないが、地保と経造に関していくつかの碑刻を発見することができたので、以下に紹介する。

1　甪直碑文

　甪直は長洲県5鎮の1つで、明代には甫里鎮と称した。清代に現在の名前に改名し、元和県属になった[42]。503（天監2）年に建立された保聖寺は甪直を代表する古刹である。碑文はその境内にあるが、どのような経緯でここに保管されたかについては詳らかでない。碑文はともに経造の不正を禁じた内容である。
A「補用即補府署江南蘇州府元和県正堂加十級紀録十次厲為出示諭禁事」同治9年3月23日
　　照得。本県毎年征収地漕銀米遵奉憲定折価、于上下忙及冬漕米啓□之前、頒発□□斗則、告示幷暁示□収折価。如有経保人等□□名目、妄行多取、定当厳辦、並于□□上面刻明正項之外、不取分文、並経□次出示諭禁在案。

茲□民人陳玉山・謝邦基等□□自蒙示禁、咸知□戒、小民不勝感戴。但恐該経造等復萌□□、必□出□□禁、民得安業、等情到県。除□示□、合再示禁、為此示仰各該糧戸人等□□。自示之後、□□経保人等仍行格外需索情事、許即指名稟県、以憑査提究辦。至各糧戸応完銀米、亦当趕□依限完納。毋得□詞□欠致干提追。其各□遵毋違。特示。

B「欽加塩運使銜儘先題補道江南蘇州府正堂加十級紀録十次李為給示永禁事」同治9年6月29日（写真5）

拠元和県耆民陶永徳・謝邦基・王裕隆・姚正林・孫裕発・沈学山・龔廷福・張立芳・陸錦成・陸瑞邦・陸耀祖・金立周・於賛峰・陳鳴山・邱維新・徐玊堂・陳玉山・浦万祥等赴府呈称。住居元境用直鎮上二十都中二十都下二十都等畺自種業田糧賦早完安分度日。惟是各畺経造専司造冊派単、催輸業戸。向給役費、在城大戸毎畝不過六七文、在郷毎畝亦不過二三十文。邇年逐漸増多、自一百四十文至二百二十文不等。且一畝有零要作両畝算。任意多索、民不堪累。不遂所欲、則揖革不発、使小民不能自納。兼之常欲借端合会。如郷間改造船舫、亦必勒索嚇詐。如欲方止冤苦無伸。是経瀝情稟、蒙前邑廉厲提訊責革示禁、各経造咸知炯戒、不敢勒索。深恐日久玩生、

写真5　甪直碑文（B）

復萌故智、環求出示永禁、勒石遵守、万民感戴、等情。查各属徴収地漕銀米、節奉憲飭、不准経保人等巧立名目、勒索分文、畳経通飭違照、在案。茲拠呈、該二十都十五等啚経造仍敢任意勒索、実属玩法。業経稟県、責革示禁、応再由府出示永禁、以粛功令而安良懦。除詞批榜示外、合行給示永禁。為此示仰各該啚糧戸・経保人等知悉。自示之後、該経保等不准再□□□□意索費。倘敢仍有需索情事、一経訪聞、或被告発、定即飭提、従厳究辦。本府言出法随、決不寛貸。各宜凜遵、毋〔下缺〕

2　常熟碑文

常熟市内に方塔公園という場所がある。南宋時代に建てられた方塔と呼ばれる塔が復元され、周囲が公園になっている、常熟の観光名所の1つであるが、その境内には多くの明清時代の常熟県に関わる碑文が白壁に塗りこめられて保存されている。その1つ、「欽加運同衘補用直隷州代理蘇州府常熟県正堂王為給示暁諭事」同治12年2月4日に次のようにあり、棍徒を取り締まる地保の存在が確認される。

拠五品衘詹事府主簿龐鍾珍、四部道選員外郎兪鍾鋸、中書科中書姚福垙、内閣中書兼襲雲騎尉管辰熙、候選訓導童葆澂、職員翁曾紹、増生許家瑞・馮熙成等稟称、向有勅建西経堂廟宇一所、坐落南一場一都二啚、供奉観音大士聖像。歴有年所兵燹後、片瓦無存。現経各善姓分任黒木等料、擬於二月択日興工重建正殿。各料堆積所恐有無知地棍窃取磚石灰瓦等件、做撓索詐、環叩給示暁禁、等情到県。拠此批示外、合行給示諭禁、為此示諭該処居民住持地保人等知悉。自示之後、如有不法棍徒到廟窃取料物以及阻撓索詐滋事、許即鳴保扭稟解県、以憑訊究。該地保徇情容隠、察出併究。各宜凜遵、毋違。特示。

第3は新編地方志の活用である。その出版状況と旧蘇州府内の新編地方志の解題については地方文献解題篇に譲るが、ここではその利用価値の高い項目として「文化」が挙げられる。多くの新編地方志にはそれまでに刊行された地元に関係する著述やその保存状況、収蔵機関が紹介され、新しい史料を発見する

契機となることがたまにある。また、清末以後これまでに発行されてきた地方紙や地方雑誌の解題とその収蔵場所についての情報を提供していることが多い。さらには保存された石刻の記事は碑刻史料の保管場所を知るうえで役に立つ。思いのほか有用なのは雑記や巻末の付録である。新編地方志の中には原史料をそのままを掲載することもあり、それはそのまま史料集になる。

　以上のような多様な史料もまた郷村基層社会を正しく理解するうえで無視し得ない存在であることは言を俟たない。そして、これらの史料を貴重な絵の具として清末・民国期の郷村役の肖像を描き上げることが爾後の課題となる。

註
（1）　清代の郷村役を論じたものに、Hsiao Kung-chuan, *Rural China : Imperial Control in the Nineteenth Century,* University of Washington, Seatle, 1960. 佐伯富『中国史研究』第2、東洋史研究会、1971年、山本進『清代財政史研究』汲古書院、2002年、があるが、検討する余地も少なからずある。
（2）　『未信編』巻5、幾務上、筮仕、覧志記。
（3）　『福恵全書』巻3、筮仕部、覧志書。
（4）　方大湜『平平言』巻1、看本邑志書。
（5）　道光『蘇州府志』巻10、田賦3、徭役。
（6）　同治『蘇州府志』巻13、田賦2、徭役。
（7）　民国『呉県志』巻49、田賦6、徭役。
（8）　乾隆31年刊本は乾隆18年刊本の版木が焼失したことから新たに編纂したものであり、編者、巻数、巻目も同じのため、乾隆18年刊本の増訂本にすぎない。
（9）　乾隆『崑山新陽合志』巻7、田賦下、徭役。
（10）　道光『崑新両県志』巻7、田賦下、徭役。
（11）　光緒『崑新両県続修合志』巻7、田賦3、徭役。
（12）　民国『崑新両県続補合志』巻8、地方自治。
（13）　乾隆『常昭合志』巻4、郷都。
（14）　光緒『常昭合志稿』巻7、戸口志、附徭役。
（15）　乾隆『呉江県志』巻16、徭役。
（16）　乾隆『呉江県志』巻16、徭役。

(17) 光緒『呉江県続志』巻11、賦役4、徭役、附禁革経造。
(18) 同治『蘇州府志』巻13、田賦2、徭役。
(19) 光緒『常昭合志稿』巻7、戸口志、附徭役。
(20) 『錫金識小録』巻1、備参上、民役。
(21) 『平望鎮志』儲元升序。『平望鎮志』は1732（雍正10）年に呉江県平望鎮の監生によって編纂された鎮志である。
(22) 郷鎮志については、森正夫「江南デルタの郷鎮志について」小野和子編『明末清初の社会と文化』京都大学人文科学研究所、1996年、および同「清代江南デルタの郷鎮志と地域社会」『東洋史研究』第58巻2号、1999年（ともに同『森正夫明清史論集』第3巻、地域社会・研究方法、汲古書院、2006年、に収録）参照。
(23) その主な研究に、村松祐次『近代江南の租桟―中国地主制度の研究―』東京大学出版会、1970年、夏井春喜『中国近代江南の地主制研究』汲古書院、2001年、小島淑男『近代中国の農村経済と地主制』汲古書院、2005年、などがある。
(24) 高嶋航「呉県・太湖庁の経造」夫馬進編『中国明清地方檔案の研究』〔科学研究費補助金研究研究成果報告書〕2000年、また同「呉県・太湖庁の田賦徴収機構」博士学位請求論文『近代江南の土地、徴税、国家：土地・徴税文書と田賦徴収機構』2001年、第4章。後者は前者を踏まえて大幅に加筆されている。
(25) 地保に関する専論はこれまでに山本進「清代江南の地保」『社会経済史学』第61巻5号、1996年（のち同前掲『清代財政史研究』に収録）があるにすぎない。これもまた主に地方志に依拠したものであり、蘇州府に限ればその記述は簡略の域を出ていない。
(26) 『呉県志』25巻3章「報刊」（上海、上海古籍出版社、1994年）および『蘇州市志』47巻1章「報紙」（蘇州、江蘇人民出版社、1995年）、等参照。
(27) 『蘇州明報』民国18年7月21日《郷地保罪上加罪》。
(28) 高嶋前掲『近代江南の土地、徴税、国家：土地・徴税文書と田賦徴収機構』。
(29) これに関連して同年9月9日の《悪地保全家受刑――地保図分又斥革――》という見出しがつけられた記事には次のようにある。「西津橋蕭家湾地保崔虎林之子崔根寿、聚朱錦明之女為妻。乃虎林及妻范氏、子根寿、屢次虐待朱氏、甚至私擅鎮禁。経朱錦明状准地方法院、飭警拘捕。崔虎林夫婦及根寿、復敢集衆綑殴法警、毀損公文。故解院審判、崔虎林・崔根寿各処徒刑二年、崔范氏徒刑六月、候判決確定、再行依法執行在案。茲悉該保於奉到判決書後、不自咎身任地保、知法

犯法、転以一家三口、同受刑罰。而地保職務、又経法院函由県政府斥革卯名、不啻全家敗亡、故即於法定期内、提起第二審上訴云」。この記事では地保崔虎林の子である崔根寿が朱錦明（朱金明？）の娘を娶ったことになっており、事実関係に混乱がある。どちらが事実であるのかは判明しがたいが、地保の行動を伝えている記事に変わりはない。

(30)　『蘇州明報』民国20年2月25日《地保之変相》。
(31)　高嶋前掲論文「呉県・太湖庁の経造」。また同前掲『近代江南の土地、徴税、国家：土地・徴税文書と田賦徴収機構』参照。
(32)　『常熟市志』上海、上海人民出版社、1990年、809頁。
(33)　『常熟日日報』民国11年12月1日《経書藉端勒索之所聞》。
(34)　『常熟日日報』民国11年12月10日《各地保祀神聚賭》
(35)　『常熟日日報』民国11年12月4日《悪経書》。
(36)　本書稲田清一論文を参照。
(37)　「帰戸併冊」とは、中国共産党が土地改革の一環として、従来図正らの管理していた各地区の土地情報を提出させ、土地所有の実態について直接把握をはかったことをいう。青浦県の「帰戸併冊」については、戦毅軍「糧食戦線上的一場特殊戦闘――記青浦県解放初期的"帰戸併冊"工作」『青浦文史』1988年2期、に要領よくまとめられている。
(38)　本書稲田清一論文を参照。
(39)　光緒『青浦県志』巻8、田賦下、徭役。また嘉慶『松江府志』巻27、田賦志、役法。
(40)　高嶋前掲論文「呉県・太湖庁の経造」221頁。
(41)　蘇州市檔案館編『蘇州市檔案館指南』北京、中国檔案出版社、1996年。
(42)　『江蘇名鎮志』南京、江蘇古籍出版社、1993年、563頁。

清末民初期江南地域におけるシルク業界の
再編と商業組織

陳　來幸

はじめに

　本稿の第1の課題は19世紀末から20世紀初頭中国における製糸・絹織物業の実態把握とその中での江南市鎮の位置を明らかにすることにある。この時期シルクは日中両国にとって外貨獲得の有力製品に成長し、各地世界市場の嗜好に対する適応性と機械化への対応が問われるなか、熾烈な国際競争が進行していた。この点に関し、日本ではすでに井川克彦、奥村哲、清川雪彦、小島淑男、鈴木智夫、曾田三郎、田尻利、秦惟人、古田和子等による研究蓄積があり、1970-1980年代を中心に日中比較や地域及び時代横断的な研究が盛んに行われた[1]。海外では陳慈玉、徐新吾の研究が代表的であろう[2]。以上の先行研究に立脚し、近年中国から数多く公刊された製糸業・絹織物業関係の檔案史料類を整理し、再解釈を加えたうえで、国際シルク市場における江南地域の位置づけを見定めたい。

　第2に、このような国際競争に勝ち抜くために、伝統的な同業組織がいかにしてグローバルに進行する技術革新に歩調を合わせつつ組織改革を図り、分化、統合及び連携の動きを見せたのか。江南地域の市鎮と蘇州、上海など近隣大都市との地域を越えた水平方向の連携の動きをも意識してその動態構造を明確化したい。同業組織としての公所や会館においては、業種の垣根を越えた協力体制構築の必要性が意識され、商会・総商会への結集を図った。そして様々なレベルで地方自治団体と協力しながら、中央政府との間で垂直方向の関係を築くことに努めた。生糸・絹織物業界の立場からその具体像を描くこととしたい。

　第3に、民間団体としての行会や商会、あるいは市民公社の文脈から、それ

らが取り結んだ行政組織（県署、警察庁、税務当局）との関係性の実相の一端を明らかにすることが、いまひとつの課題である。本論がめざすのは、これまで進めてきた中国の商会・行会（同業組織）に関する研究の流れ[3]のなかで、これら商業組織の機能と実態及び相互関係の問題を、江南の生糸・絹織物という特定地域の特定業界の視点から捉えなおし、それらの具体像に迫ることである。

1　世界のなかの江南生糸と絹織物業──研究史の整理──

1─1　日中の生糸輸出と世界市場

　これまでの先行研究をまとめてみると、江南産生糸と絹織物の位置づけは次のようになる。

　19世紀中葉、欧州における蚕病の発生を1つの契機として中国の開港場から欧州向けに、廉価な中国製生糸（土糸）の輸出が増加した。1870年代後半以降、東アジアを結ぶ欧米航路の充実と大陸横断鉄道の完成によって、日本と中国の生糸は米大陸にも向かうようになる。日本は、共同出荷体制の確立や蒸気機械製糸の導入、生糸検査所の設置などを通して国全体で輸出促進に力を入れ、主にアメリカ向けを中心に、1880年代以降機械製生糸製造を発展させ、生糸輸出量は1903年に中国を上回った。一方の中国生糸は国内市場に依存する度合いが高く、技術革新がなかなか進まなかった。機械製生糸に関していえば、繭行制度、租廠制度、政府の政策など中国固有の問題が原因で、初期に相当な資本が上海を中心に投下されたにもかかわらず、日本と比較して発展は緩慢であった。仕向地としては、第1次大戦までは日本が米国市場、中国が欧州市場を主とし、中国の欧州向けについては、高級糸は上海から、劣等糸は広東から輸出されるなど、棲み分けがなされていた。

　第1次大戦の影響で欧州市場が縮小すると、中国糸も米国に仕向けられるようになる。この間米国絹業協会の中国生糸業界との関係は緊密化し、再繰法の採用や生糸改良策が進言され、上海に生糸検査所が設置された。そして、続く1920年代後半に中国シルクは絶頂期を迎える。1926年における中国の生糸生産

高は世界の産量の34.0％を占め、そのうち48.5％が輸出に回され、1928-1929年の輸出額は9,000トンを越え、人民中国成立前の最高値を示した[4]。しかしながら、世界恐慌を経て生糸輸出は3,000トン代に凋落した。さらに、人絹糸の普及はその凋落に拍車をかけ、1942年を境に、アメリカの絹原料（＝生糸）需要は激減することとなる。以上が上海から海外に輸出された中国生糸のおおよその位置づけである。

一方、江南産絹織物の外国貿易についてみると、中国産シルクの上海と広州の2港からの総輸出量は、統計が残る1867年（上海300.5：広州3,777海関担）から1922年に至るまでほぼ一貫して広州が優位にあったが、1923年以降上海優位が確立した。輸出総量は1926年の18,763海関担をピークに下降の一途をたどり、1941年には19世紀中頃レベルの4,494担に落ち込む[5]。香港を除く仕向地については、20世紀初頭は1918年の2,425海関担をピークに、1922年まで朝鮮向けが一貫して総量でトップを占めたが、1926年頃にはベトナム、マレー半島、印度についでシャムが上位を占め、朝鮮向けは皆無に近くなる[6]。

以上から、上海を主たる輸出港とする江南生糸と江南絹織物の海外輸出は、1920年代頃に1つのピークを迎えていたことがわかる。

1－2　江南地域のシルク生産とその交易

次に江南地域の文脈からシルク生産の変遷を見てゆくことにする。

中国における絹の生産は新石器時代に遡るといわれる。明代に至り、南京や蘇州などの大都市に設立された官営の織造局以外においても、城鎮レベルの民間絲織（絹織物）業と個々の機織戸からなる広範な農村絲織業が大きな発展をみる。この時期、国内の生糸交易で名を馳せたのは、良質の生糸産地である湖州府の菱湖鎮と南潯鎮[7]。絹織物の生産と交易で著名になったのは、太湖周辺浙江省嘉興府の王江涇鎮、濮院鎮、湖州府双林鎮（南渓）[8]、蘇州府震沢鎮、盛沢鎮などであった。

清代初期、南京、蘇州、杭州などの都会では商業資本による生産支配が行われるようになり、やがて「帳房（＝配下の機戸に注文生産させる緞荘の俗称）」が

出現するが、その他の市鎮では、盛沢、湖州のほか、紹興、鎮江などでも絹織物生産が盛んになる。しかしながら、19世紀中頃、周知の通り太平天国がこの地域に重大な破壊的影響を及ぼし、絹織物生産の拠点であった南京、蘇州、杭州、湖州では機戸（＝機織所有主）の織機総台数が戦争前と較べそれぞれ80.7％、39％、70％、50％も減少し、1880年時点でそれぞれ5,800、5,500、3,000、4,000台程度にまで激減した(9)。戦乱による農民手工業者の従軍や、交通と流通の遮断により、この地域のシルク生産は停滞ないし衰退するが、前述の通り、この時期中国製生糸の輸出量は、特に湖州生糸を中心に、怡和洋行等を通じて欧州向けに増大する。

　盛沢鎮は例外的にほとんど損失を受けることがなく、加えて1870年代には隣接する嘉興地域から2,000台ほどの転入があった。そして、その後約10年を経て、盛沢鎮では周囲25華里に及ぶ範囲で、約5,000-6,000戸が8,000台の織機を使い、シルク織物生産の一大拠点となっていった(10)。

　1880年代に入ると新しい産地が誕生し、丹陽と上海のシルク織物生産が新しく勃興する。上海の場合、太平天国の戦乱を避けた機戸が織機を持ち込んだのが始まりであったとされる。

　さて、大都市の織物業と農村地帯の交易拠点として発達した鎮の織物業とはおのずとその形態に違いがあった。以下の叙述では、第2章、第3章との関連から、その典型としての蘇州と盛沢の状況について少し説明を加えておきたい。

　この間、江南地域の絹織物業界では、ひとつに南京の地位の凋落が顕著となる。19世紀末の蘇州では、織機8,000から10,000台程度で推移し、関連する従業者は10万人を下らなかったとされるが、1912年には織機台数は4,000台規模になっていた(11)。この頃から、絹織物業界では急速に織機の近代化と電力化が進行する(12)。力織機（手拉機）と電力織機が相次いで導入され、生産力と製品の品質の向上によって市場に新たな展開が見られた。蘇州では1916年に蘇経紡織綢緞廠、1917年には蘇州振亜廠によって力織機が導入され、ついで、電力織機も急速に普及していった。工場制生産が徐々に普遍化してゆくにつれ、商業資本「緞荘」（＝俗称「帳房」）による機戸に対する統制力は徐々にではある

が弱体化してゆく。しかしながら、機械化が進展したとはいえ、伝統的な木製織機、力織機、電力機とでは、仕上がりの模様の精緻さに違いはあるものの、時間あたりの生産効率を比較した場合、1：1.5：2強ほどの違い[13]に留まっていたので、1940年代に入ってもなお旧式織機が完全に駆逐されることはなかった。

　明末に勃興した盛沢鎮[14]は江蘇省の東南端に位置し、繭と生糸の産地である浙江省の嘉興や湖州とも隣接し、シルクの生産と交易によって明末にはすでに人口5万の大市鎮に成長していた。「小蘇州」と呼ばれる一方、「小紹興」とも呼ばれ、4,000–5,000人にものぼる紹興人移民が加工技術をもった客籍グループとして明代初期のころから定住していた[15]。また、広域販売ルートを誇る広東幇や福建幇の大口綢行を顧客として、海外南洋にも販売ルートを展開していた9つの所謂「広荘」[16]（絹織物商）が最大の勢力をもち、上海や北京など大都市のシルク専売店への卸し売りを専門にする「店貨荘」や、江南地域の県レベル以下の中等市鎮に専ら卸売りを行う「下県荘」とよばれる50余りの「綢荘」が鎮内の取引所である「荘面」で「領投」や鎮の機戸から加工前の生成りの織物（＝生貨）を引き取った。綢荘は製品に色染め等様々に加工を施したうえで自家の商標を付け、各地に卸した。「領投（頭）［＝領人投行］」とは農村地帯に広がる個々の機戸と綢荘を仲介し、手数料収入で生活する鎮特有の仲介業者である。1935年当時の盛澤の領投業界の規模は、領投業者185、領投数732人、学徒309人であったという[17]。

　鎮内の居民には1、2台の織機を持つ機戸が多かった。機戸の中には、家庭作坊として数台の織機を置き、親戚や友人を雇用して経営を行う形態も存在し、原料も製品も市場価格に基づいて「荘面」にて対面売買を行った[18]。蘇州の機戸が熟貨（＝完成品）としての「緞」や「紗」を受注生産していたのに対し、盛沢の機戸の多くは生成りのシルク地を生産し、数十軒にも及ぶ「綢荘」が紹興幇染色技術者等を雇用して加工を施した。布団のカバー等に使用される薄手の「綾」や「綢」を主力産品としていた。

　盛沢鎮では1916年に経成絲織有限公司[19]が設立されて新式力織機による生

産が開始されたが、郎琴記絲織廠（織機5台規模）で電力織機が初めて稼動するのは1930年のことであった。ところが、前述の通り、機械制生産が伝統的な機織生産を即座に駆逐したわけではない。1934年には電力織機を稼動する工場が16、職工数は662人に増え[20]、日中戦争前夜における盛沢鎮では近隣の王江涇鎮と濮院鎮を含め、旧来方式の機戸は5,000戸、力織機8,000戸、電力織機1,100台、という新旧混合の生産形態が維持されていた[21]。

2　清末民初期蘇州・盛沢における公所、会館、商会の成立と統合・改編

2－1　蘇州における生糸絹織物関係の同業組織──生成と発展──

以上で蘇州と盛沢を中心に江南の絹織物業界の情況についての素描を試みたが、次に、同業組織と商業団体の結成状況をみていくこととしたい。

16世紀以降蘇州で誕生した会館や公所と名のつく新興工商業団体の数は、200を下らない[22]。そのうち生糸と絹織物の生産と取引に関連するとみられる同業組織には三山会館、銭江会館、七襄公所など多数があるが、太平天国の混乱を経た19世紀中葉以降の地元蘇州における織物製造業関連の商業組織についてはほぼ以下のような経緯をたどる。

（1）清代の主要団体と文錦公所・鉄機絲織業公会の出現

①雲錦公所

絹織物製造業者（経営主としての機戸＝帳房（紗緞荘））によって雲錦公所が組織されたのは1723（乾隆37）年のこと[23]であった。宋代の創設とされる先機道院がその頃祥符寺巷に修築再建されたが、太平天国の戦乱で焼失した。そこで、1875（同治13）年に俗称「機神廟」として修復された先機道院の東側に公所が再建された。紗緞業の「帳房」を開設する同業者は、機神として黄帝を祀ることから、道院の築造に資金を提供した。軒轅宮、行宮、山門を建造するとともに、書院も建造し、義塾を運営するとともに、同業者に対して善挙を行う共同

の集会所を設けている。

　1929年、国民政府が公布した同業公会法に依拠し、蘇州雲錦紗緞同業公会として改組する際に提出した会員録によると、公所会員は57という記録がある。呉県出身者を主とするが、南京や安徽省、浙江省出身者も所属する。1943年6月、新たに組織されていた鉄機絲織業同業公会と統合合併し、呉県絲織廠業同業公会に改組するまで存続した。

　②絲業公所

　太平天国の混乱ののち、蘇州城の東、祥符寺巷に1875年、先機道院、上記雲錦公所と並び最後に落成したのが絲業公所である。生糸問屋を生業とする絲行の多くは閶西城外（吊橋から普安橋）に開設されていたので、通常同業者は閶門入り口に事務所を設けて徴税等の執務にあたった。脱税を防ぐとともに、遠路生糸の販売にやってくる「客商」と隣県から生糸を持ち込む地元商人とを区別し、規則に従って徴税する必要があった[24]。

　③霞章公所

　霞章公所は財帛司廟の東隣、喬司空巷に所在し、黄帝を祀る。機業従事者、つまり機織職人（＝機匠）たちによって結成された同職組織である。元来雲錦公所の庇護の下にあった職人たちによって公所の組織が提案されたのは清末の1907年のことであった。織機1台につき一定の会費を供出することで運営されたが、公所維持のための会費徴収をめぐり、内紛が絶えなかった。1915年頃組織としては雲錦公所から自立するが、一部独立経営色の強い「現売機戸」が離れてゆく。さらに1920年以降雲錦公所が維持費として月50元を補助することとなり、1939年には公所の建物は雲錦公所に差し押さえられることとなった。1942年、江蘇省社会運動指導委員会の指導を受けて改組を行い、全員の力で公所を取り戻している[25]。

　④文錦公所

　同じく機戸による同業組合だが、注文生産ではなく自らの判断で絹織物製造と取引を行う独立した「現売機戸」たちの組織である。厳鴻魁、王慶寿らは、自分たち同業者は雲錦公所に所属する「紗緞荘（＝帳房）」が霞章公所に所属す

る「機戸」に原料を支給して製品を注文生産させるのとは営業形態が異なり、別途営業ルールを取り決める必要がある、として1918年、霞章公所から分離独立して文錦公所を創設した[26]。元妙観の機房殿を公所の臨時集会場として賃借していた。

⑤蘇州鉄機絲織業公会

新式の柄織鉄機（＝力織機）を日本から導入した謝守祥（蘇経綢緞廠主人）や陸是福（振亜綢緞廠主）等によって1920年に組織された蘇州鉄機絲織業公会は、先機道院を借りて集会場とした[27]。旧来の公所とは異なり、技術革新に関する研究・教育面で進取性を備えた新式団体であった[28]。1940年当時の会員総数108のうち、家庭内工房の域をでない零細規模のものが大多数を占めた[29]。1943年に雲錦公所、霞章公所等と統合合併されて呉県絲織廠業同業公会となる。

公所・会館は決して旧社会の遺物ではなく、以上の通り、時代の社会的要請に応じて絶えず誕生と分離、統合を繰り返した時代即応的な組織である。太平天国の戦乱ののちに出現した公所の多くは出身地の枠を超え、同業者の利益と秩序の維持を共通目的とするものへと変わり、蘇州幇を中心に生糸商は絲業公所、絹織物商は雲錦公所に結集するようになった。清末民国時期に入り、雲錦公所からの支援を仰ぐことになったとはいえ、請負生産労働を基本とする機匠が霞章公所という独自の公所を持つと同時に、現売機戸が組織する文錦公所が機戸の階層分化を象徴するかのように分離独立の動きをみせ、3つの公所が鼎立することとなった。ついで日本から新式の鉄機が導入されると、ある程度の資金をもとでに、鉄機を購入した鉄機経営者は新たに別途公会へと結集を図ったのである。

以上5つの公所・公会の生成と分裂は、太平天国の混乱を画期としたこの地域のシルク生産の復活と近代化及び上海を介した国際市場へのリンクに密接に結びついた、生糸シルク業界の発展過程における分業と分化を反映したできごとであったといえよう。以上がシルク生産のピーク時へと向かう1920年代までの蘇州のシルク業界をめぐる組織変遷の系譜である。

（2）江浙絲綢機織聯合会への加入

　次に、統合と連携の動きを見てゆきたい。1916年、江浙絲綢機織聯合会の設立が発議されると、それへの加盟問題が討議日程に上った。1906年以降勃興してきた上海の機械製糸工場に専ら原料繭を提供する繭行が出現し、その繭行による繭独占が機織業界の側に危機意識を芽生えさせたことが発端であった。

　当初杭州のシルク業界の発案からなる「全浙絲綢機織聯合会」結成の呼びかけが上海国貨維持会を通じ関連団体に通知された。蘇州雲錦公所は上海雲錦公所から王介安を杭州に派遣し、浙江省と同様、江蘇省も原料繭確保の問題で困窮し、両省の生糸シルク業界は「唇歯」の関係にあるという理由で、「江浙絲綢機織聯合会」を結成し、「以って群力を厚く」することを提案した。各地総商会を通じ、関係する同業公所に対し加盟の是非が打診された。その知らせを受けた盛沢綢業公所は、その提案について、同じく原料に浙江産生糸を仰がざるを得ない盛沢の生糸と絹織物界の状況は、まさしく浙江省とは「同舟の誼」の関係にあり、とくに今年の状態が最悪であったと表現し、全面的に賛同の意を表した。その結果、1916年10月29日に上海で成立大会が開催され、事務所は上海雲錦公所（福建路唐家弄普福里）に置かれた。加盟のうえ役員を出した江南各地の生糸シルク関連28組織は以下の通りである。

上海鎮江綢業公所	杭州織綢公所	濮院絲業公所	南京緞業公所
鎮江絲業公所	丹陽綢業公所	濮院綢業公所	新市絲業
呉興綢業公所	嘉属絲綢機織聯合会	濮院機業公所	杭州綢業会館（上海銭江会館代表）
呉興絲織公会	上海綢業公所	長安絲業	
呉興絲業会館	上海雲錦公所	紹興綢業公所	塘栖絲業公所
盛澤綢業公所	蘇州絲業	臨橋絲業公所	
上海盛涇公所	蘇州鉄機公会	峡石絲業	
南京絲経業	蘇州雲錦公所	峡石綢業	

前掲『蘇州絲綢檔案匯編』（上）112-113頁より作成

会長は王介安、副会長は徐杏生（上海雲錦公所）、李恢伯（呉興絲織公会）。各団体から上海駐在幹事計16人を推挙し、絲綢業における原料確保に努めるべく協力体制を築いた。

　この横方向の連携の動きは、繭価格の高騰と原料繭確保難に直面したことによる。盛沢の意見に示された通り、現に1916年は1905年以来比較的安定傾向にあった繭価格が、対前年比で極めて高い上昇率を示した年であった[30]。

　蘇州の生糸絹織物業界が他地域の同業者と初めて横の繋がりを取り結んだきっかけは、実は辛亥革命時にさかのぼることができる。革命の結果実施される「断髪易服」がシルク等関連業界を直撃することを危惧し、1911年12月、浙湖綢業公所、緒綸公所、銭江会館、衣業公所など10団体を中心に中華国貨維持会が上海に組織された。辮髪や礼服制度の廃止によって伝統的な絹織物業や帽子業が打撃を被ることをおそれ、中華国貨維持会は会の趣旨である「国貨の提唱、実業の発展、工芸の進歩、貿易の推進」を根拠に、議会で討議されるべき「服制案」の中に国産品の使用が反映されるよう強力に求めたのである[31]。中華国貨維持会は例えば雲錦公所に代わって宣伝のビラを5,000枚配布したり、政府に対して請願活動を行ったり、国内各地の国貨団体や国産品販売機構と連絡をとって国産品宣伝大会を開催し、華僑に対しても国貨思想を宣伝するなど、成立後一年間にわたり広範かつ精力的に運動を展開していた。このような組織的宣伝が功を奏したこともあろう。1912年11月に開催された臨時工商会議では国産品維持の必要性が提案されたし、ほぼ同時期に提示された工商業に関する政府の基本政策には、個別具体的に国産品に対する保護政策が反映された[32]。

　1916年10月、シルク業界固有の問題としてではあるが、江浙両省の絲綢機織聯合会設立に関する発議が、中華国貨維持会経由で雲錦公所に届けられたことを注視しておきたい。

2−2　盛沢鎮・震沢鎮における公所・会館・商会の組織状況

　清代、絹織物製品の生産地であり交易の中心であった盛沢鎮では金陵会館、任城会館（山東省済寧商人）、山西会館、徽寧会館（安徽商人）、紹興会館、寧紹

写真1　綢業（培元）公所　　　写真2　絲業公所（先蚕祠）

会館、華陽会館など中国各地の客商による出身地別会館が相次いで成立し、その後1819（嘉慶24）年に綢業公所（写真1）が組織された。一方、清朝中期に成立していた絲業公所（写真2）は1823年に先蚕祠を建立し、同じころ、機戸と絹織物商の仲立ちをする仲買業者「領投（頭）」からなる領業公所も成立する。そして、1897年に盛沢綢業公所は新しい会所を建設して培元公所と名づけ、培元公所は綢業小学を公所裏に付設した。一方、機戸によって機戸公所の組織が企図されたことはあるが、商会に結集する綢荘や領投層の強力な妨害に遭って実現はされていない[33]。

（1）綢業公所と盛沢鎮商会

盛沢の生糸業は20世紀に入って衰退するが、絹織物業は前述の通り隆盛をきわめた。規模の縮小があったとはいえ、1949年時点でも77の綢荘が営業していた。社会主義体制下、工商業の社会主義改造時期の直前まで、綢業公所は盛沢のシルク交易全般と荘船によるシルクの輸送網を統括し、シルク交易に対して

一定の統率力をもっていた。公所はシルク生地の織幅、重量、長さ等製品に関する規格を取り決め、主要製品に関する取引価格を毎日公示する機能を保持していた。また、店舗で使用する定規や天秤などの計量器具を検査するなど、業界の商秩序維持のための仕事を行った。さらに、施衣、施粥、施棺など、貧困者への救援を主とする善挙を行うほか、消防、井戸水の無料提供、教育（綢業小学校、絲織科職業学校の運営）などの公益活動にも従事した[34]。

　同業組織の上位に立つ統括機構としての商会について、その成立の経緯をみていくこととする。盛沢商務分会（＝商会）は、1906年秋に呉江県城（松陵鎮）の江震商会、平望鎮商会とともにほぼ時を同じくして成立した。呉江県と震沢県はもともと別々の県域をもち、県城を共有する関係にあったので、商会の設立に際して、後述するように若干の物議を醸し出した。必ずしも商業活動が盛んではないが、政治の中心であった県城には、県城の商家と旧両県域下11箇所の鎮を統括する江震商務分会が、教育界に推されて就任した総理龐元潤（米業、震沢県人）を中心に組織された。11の鎮の商会分（事務）所においては、会員は年会費6元を徴収され、2元は地元の公益事業に、2元は鎮の商会分所の運営経費に使用し、残る2元は県城の江震商会に上納することとされた。旧震沢県域に属する平望鎮は米業が盛んで米の流通の要衝であるがゆえに商会設置申請が認められ、同じく旧呉江県域に属する盛沢鎮はシルク交易の拠点であるがゆえに設置が認められた。

　盛沢商会は鎮で最も勢力を有する綢業公所から総理が選出された。1907年秋に届出た第2期会員名簿によると、会董31名のうち、綢荘、綢領（領投）業、絲行、綢布号代表だけで21名、全体の3分の2以上を占める。シルク業の勢力がいかに大きかったかという鎮の実態を推し量るものである。さらに、他の市鎮商会会董の構成と大きく異なる点は、本幇（地元商人）が占める割合が低いことである。籍貫が呉江県の会董はわずか14名、45％に留まる[35]。たとえば、近隣の梅里鎮商会の場合は地元昭文県出身者が77％[36]、江震商会の場合は呉江と震沢籍以外の会董はわずか5名にすぎない。つまり、会董39人中本籍地出身者の割合は87％にのぼる[37]。これらと較べれば、盛沢の特色は一目瞭然で

あろう。呉江県が江蘇省の南端に位置し、浙江省と省域を接していることも理由のひとつではあろうが、浙江省帰安県や鄞県、秀水県の綢荘会員、江蘇省嘉定県の綢布号会董などに見られるように、荘面におけるシルク取引の範囲とその取引形態を反映した会董構成になっていたことが確認できる。シルク交易の集散地として、四通八達の網の目の中心に位置する盛沢鎮の特徴が、鎮商会の会董構成に直接反映されたのである。

（2）上海・蘇州とのネットワーク

1884年、程鳴岡、呉琴斎の発起により、上海在住の盛沢出身絹織物商は浙江省嘉興府王江涇鎮の同業者とともに上海に盛涇綢業公所を組織し、共同して同業者の権益保護に努めるようになった。盛涇公所が所在する上海南蘇州路767号の里弄（路地）は盛涇里と呼ばれ、盛涇里入り口の蘇州河には盛沢からの荘船が停泊するようになっていた。このように、水路によって上海の盛涇公所と盛沢鎮はつながり、日常の商品取引においても水路クリークからなるネットワークは充分に活用された。前章にて指摘した江浙絲綢機織聯合会に盛沢綢業公所と並び上海盛涇綢業公所も加盟していたことを想起されたい。盛涇公所は1930年9月に上海特別市綢緞業同業公会盛涇組として改組再編される。1938年1月、この盛涇組に参加していた会員は、前述した盛沢鎮の有力「広荘」の丁人和、汪永亨、義昌春を含め、合計62に上っていた[38]。

盛沢のシルク商人の多くは蘇州にも出店している。抗日戦争後は呉県綢緞商業同業公会盛涇組として組織化され、この同業公会の事務所は旧七襄公所内に置かれた。

（3）震沢鎮の場合

出身地が異なる同業者の連携という点では、盛沢の隣鎮、震沢鎮に清朝中期頃に成立していた絲業公所も、盛涇公所と同様、浙江省湖州府の南潯商人とともに1860年に共同で上海に江浙絲経同業公会（上海絲業会館）を組織している。最上級の輯里生糸の産地を擁する湖州の生糸商人は、上海開港後生糸の輸出

自由化の道が開かれて以降、いち早く上海に進出して外国商人と接触した。太平天国で江南市鎮の織物業が疲弊したため、販路を上海の欧米商人に求める必要があった。その後中国生糸が世界規模の市場チャンスを捉え、輸出が急増したことは前述の通りである。早期に欧米商人と接触した湖州商人は洋行買弁、糸通事など仲介的な役割を担いつつ資本の蓄積を進め、自ら製糸資本を形成して機械制製糸工場の経営者となったものが多い。前述の通り、辛亥革命直後の時期に原料繭の組織的確保を行い、江南地域のシルク製造業者をして江浙絲綢機織聯合会へと結集に急がせたのは、この上海湖州幇を中心とするグループである。江浙皖絲廠繭業総公所（1913年改称）の前身、絲繭総公所は1909年に創設された。爾後、中国生糸の改良や政府に対する政策提言などを積極的に行っていく。同郷組織としては、1910年、上海（閘北海家橋）に湖州会館を設立し、1920年代には様々な分野の同郷人の「湖社」への社会的結集が図られた[39]。陳其美、張静江、王一亭等政界文化界にわたる上海の著名人の多くが湖州出身であることはよく知られたことである、

　中華民国成立後、県制改革の結果旧震沢県下にあった震沢は盛沢とともに呉江県に属する鎮となった。上海に進出した呉江県人は1946年には10,000人を下らず、うち19.47％は生糸・絹織物の従業者関係であった[40]。1919年、震沢出身の生糸業界重鎮で、上海在住の施子英は、県城（松陵鎮）出身の銭慈念とともに、呉江旅滬同郷会を上海に組織し、1922年には閘北区普善路310号に呉江会館が建築された。その2年後の6月30日、会長施子英は病に倒れてこの世を去った。2ヶ月後、故郷の地元新聞『呉江』は施子英の死去を悼み、彼の功績を褒め称える記事を掲載している[41]。湖州府南潯の紳士龐萊臣とともに潯震石塘12里を築造し、従弟の施省之と共同で10,000元を寄付して梅堰の築塘を率先して推進し、さらに追加して個人で10,000元の寄付をしたという。彼の死後、施省之が震沢の絲業公会の会長となる[42]。

　震沢鎮は生糸業に特化した呉江県下の重要な市鎮であった。清末時期、商会設置の申請を何度も試みたが、ついには中央政府に聞き入れられることはなかった。1903年の商部成立直後、全国遍く急速に商会（商務総会と商務分会）の設立

が促進されたものの、乱立気味の地方に対し、一定の歯止めをかける意味から、商会の設置は1県に県城と商業の中枢地の2箇所、2県の境界に位置する跨地域鎮を加えたとして、最大でも3つしか認められない原則が周知された。すでに震沢県と合併することが決まっていた呉江・震沢県域では1906年秋に両県が共用していた県城と震沢県平望鎮、呉江県盛沢鎮の合計3ヶ所に商務分会が設立されており、震沢鎮は県城に設けられた江震商務分会が統括する両県下11の市鎮のうちの1つ、下位レベルの鎮分事務所としての認可しか得られなかった。3ヶ所とはいえ、この地域は県制改革の結果旧2県が合併して新たに成立することになった県が多い。以上のことから、現状を不満とする震沢の商人たちは、以下のように訴えている[43]。

> 生糸は中国の重要な産品であり、生糸の産出は震沢が要の地である。震沢が産出する生糸には洋経と蘇経の別がある。洋経は上海に出荷し、専ら欧米商人と交易を行い、年間約1,000万近くの交易がある。蘇経は蘇州に出荷し、専ら地元の商人と交易を行い、年間500-600万近くの交易がある。現在本所〔＝震沢鎮商会分（事務）所〕120戸の商家のうち、生糸商いを行うものは50余戸に及ぶ。……江震商会に付属しているため、事にあたって連絡することに問題はないが、洋経の交易については取引の額と範囲が大きい。欧米商人と時に交渉する必要があるので、「鈐記〔＝官庁用の公印〕」が使用できなければ、移、咨、札、筋など〔官庁との連絡〕は一切直接行うことができない。ことごとく江震分会に仰ぐほかなく、本所の商業活動に大きな障害となる。

さらに続けて、江震分会は専ら呉江県人のためにのみ設置され、震沢県域とはいえ平望鎮商会は米業のために設けられた分会である。震沢の生糸業は盛沢や平望の絹織物と米の交易に比べ百倍も取引が大きい。よって商務分会が設置されてしかるべきだと、強く主張したのである。

さて、震沢の製糸業が機械化されるのは、1929年に上海豊泰製糸廠と協力して震豊繰糸廠（職工600名）が設立されて以降のことである[44]。震豊繰糸廠はイタリア製繰糸機械を208台購入し、上海豊泰製糸廠における事前の技術訓練

指導等を経て創業を始めた。製品は博覧会で賞を取るなど好評を博したが、市況の悪化により経営不振に陥ったため、1935年には工場設備一式を江蘇省立女子桑業学校に賃貸し、震沢製糸所として再出発が図られた。この工場の経理のポストについたのが費達生である。同年の1929年8月、震沢開弦弓村で全国初の農村合作社方式による製糸工場が設立され、日本式繰糸機械が導入された。震沢鎮としても機械制繰糸第2号の工場である。呉江県城出身の社会学者費孝通が実姉達生の関係でこの村に入り、社会学調査を行ったことはよく知られているところである[45]。

　本章では、江南蘇州府下の絹織物生産と交易で著名な蘇州と呉江県盛沢鎮、同じく生糸交易の拠点震沢鎮を中心に、19世紀末から20世紀20年代にかけてどのような形で同業組織が生成し、発展してきたのかに関し、統合と分裂の諸相に注意を向けつつ、その業界の盛衰と、主たる市場かつ国内外への移輸出地であった上海との人的関係及び組織間関係を考慮に入れて分析を加えた。

　①湖州府出身の生糸商人は上海の洋行と結びつき、みずから機械制製糸工場主に転換してゆくなか、原料確保の必要から江南産繭地帯における繭行の運営と統括が日程に上ってくる。激しい国際競争に直面する中国製生糸は品質の向上を図り、第1次大戦を転機にアメリカへの輸出に出路を見出した。この一連の生糸技術の改良と生産方法の見直しのなかで登場してくるのが江蘇省立女子桑業学校であり、日本留学組などが活躍する農村合作社方式による製糸業の改革であった。震沢はその実践の場であった。

　②絹織物業に関していえば、原料生糸確保の難易度の問題から、蘇州のような都会と盛沢のような生糸産地が隣接する農村市鎮とでは生産方式が異なった。ひとつに、機戸のあり方に違いがある。蘇州では、自らも織機を有するが、受注生産に応じる機戸を抱え、原料を提供する「帳房」が絹織物業界をリードし、雲錦公所に集った。一方受注製造を基本とする職人としての「機匠（俗に"三叔"という）」たちは霞章公所に結集し、独立経営を基本とする「現売機戸（俗に"二叔"という）」は新たに文錦公所を組織した。また、鉄機が導入されるや、別に同業公会が組織された。盛沢では鎮や農村に零細な機戸が広範囲に存在し

たので、「綢荘」への取次ぎ商人としての「領投（頭）」業が盛んであった。その結果、綢業公所と領業公所がそれぞれ成立している。

　③製糸業の機械化過程（①で指摘）でみられた原料繭の囲い込み現象への対応など、江南地域の織物業界共通の問題に対処するために、地域を越え、提携を図る組織として江浙絲綢機織聯合会が結成された。出身地域は異なるものの、同じく生糸や絹織物を生業にする、異なる鎮の同業者が協働して上海に絲業公所や盛湮公所を組織する動きも認められた。上海では、1930年には国民政府の同業公会法の公布に合わせて、出身地の異同を越えて旧来の各公所が統合し、上海特別市綢緞業同業公会が成立している。やや時代は下るが、蘇州では絹織物製造業者が1943年に呉県絲織廠業同業公会などへと生産方式の異同を越えた業界結集の方向へと向かった。

　④欧米商人の開港地への経済進出に脅威を感じた清朝政府が日本や欧米の商業会議所制度に倣って商会を各地に設置するよう呼びかけたのは1904年のことであった。商会は市鎮や都市の会館や公所を統合する上位機構として新たに組織されたものである。その役割は諸般に亙るが、旧来の同業公所の立場からすれば、行政官庁とのパイプ役として大きな期待が寄せられたものとされる。蘇州府など近隣諸府県下の商会を統括したのは蘇州に組織された蘇州総商会であり、呉江県では県城と盛湮、平望に商会が設けられた。しかしながら震沢には分事務所の設置しか許可されなかった。震沢による商会格付けの不満は官庁との対話の資格の有無にあったことは注目に値する。

　商会には実際のところどのような機能があり、同業公所や会館とはどのような点で役割が異なっていたのか。次章では1920年代中ごろの蘇州での状況を例にとりながら、具体像を描いてみたい。

3　1920年代北伐前夜における蘇州の商業組織
　　　──シルク業界を中心に──

　江蘇省は清末時期の数少ない例外として1省に4つの商務総会が成立してい

る。光緒31（1905）年旧暦9月8日に正式に設立された蘇州商務総会は、当時この地が江蘇省の中心（布政使駐在地）であり、日本租界を有し、上海に直結する鉄道の存在ゆえに欧米商人が陸続と到来し得るという理由から、総商会が組織され認可されたことを強調する[46]。

　公所と商会については相当な研究の蓄積があるが、商会と国内外の商会の関係、公所と商会の関係、商会と行政当局との関係、他の市民団体との相互関係など、依然不明な点は多い。本論ではここまで生糸・シルク業界の発展過程をみてきたので、関連したいくつかの切り口から、この問題について分析を加えようと思う。

3－1　関税自主問題と朝鮮華商——同業公所・総商会・海外中華総商会

　この時期、蘇州のシルク業界は、日本の朝鮮併合に伴う朝鮮市場の閉鎖という問題に直面していた。先に1－1で分析した通り、1926年に中国産シルク製品の輸出総額はピークに達するものの、かつては最大の輸出相手国であった朝鮮向けについていえば、東南アジア向けの輸出増大を尻目に見ながら、それを相殺するほどの落ち込みを示し、1918年にピークを示していた輸出総量が1926年にはほぼ皆無となるほど極端に市場が縮小した。日本が1924年7月31日から新たな奢侈品税率を適用したことが最大の原因であった。これによって中国製シルクは日本市場からもほとんど駆逐されたといわれる。朝鮮市場においても、たとえば新義州の場合、かつては15-30%であったシルク製品への課税は等級に関わりなく100%の輸入税が課せられることとなり[47]、麻製品などは製品により24-60%の税率となった。蘇州は朝鮮向けの紗や緞の輸出を主力としていたため、その分痛手も大きかった。ソウルや元山などの華商は、コーヒーは奢侈品に指定されなかったのに中国茶は奢侈品リストに列せられ、洋式革靴はリストに入れないのに中国靴は奢侈品とされたことを取り上げ、日本のこのやり方は「華僑に対する苛め」或いは「華貨に対する排斥」以外のなにものでもない、と捉えたのである[48]。

　蘇州総商会に宛てた1924年9月18日付け仁川中華総商会の書簡が残されてい

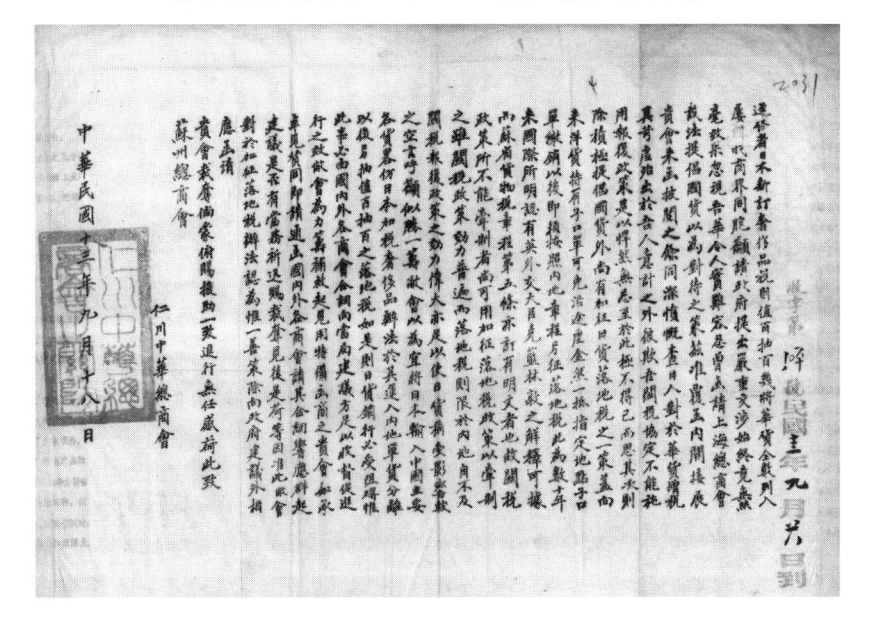

写真3 「仁川中華総商会致蘇州総商会函」（蘇州市檔案館蔵）

る（写真3）。日本の奢侈税率適用によって苦境に立たされた朝鮮華商は、中国製品に対する日本の課税はいかに理不尽で酷いものであるか、国内外の各商会が歩調を合わせて当局と交渉し、日本の中国への輸出品についても同様の方法で対抗するべきである、と訴えている。直接政府当局にこのことを訴えたが埒があかないので、上海総商会と、蘇州総商会に、共同して足並みをそろえるよう要望している[49]。

仁川中華総商会の主張とは、関税問題で進展が望めないのならば、日本（外国）製品を落地税徴収の方法で阻止する手段に訴えるべきである、と論じたものであったが、翌年には関税問題を正面から論じる世論が形成された。1925年10月、関税自主問題を主たるテーマとして江蘇省全省商会聯合会が南京で開催された。蘇州総商会はとくに程（陳）幹卿と王介安の2人を代表として派遣している[50]。1922年のワシントン会議で中国の主権と独立及び領土と行政権の保全が謳われるという国際世論を背景に、20年来主権が侵食されてきた関税の

自主管理権についても、これを是正しうる時期が到来したという自覚が経済界に生まれてきた。10月12日に開催された江蘇全省商会聯合会では、上海総商会、蘇州総商会、武進県商会がともに関税会議に対し直接アピールする議案を提出することとなった。討議の末、江蘇全省商会の名義で対外宣言を発し、北京に代表を派遣して関税会議に江蘇省の意見を反映させることが決議された。南京総商会は、中国の関税自主に反対する国の製品には「銷場税（＝落地税）」を課すべしとして、仁川中華総商会と同様の強硬措置手段への訴えを提起し、全国商会聯合会大会に議案を提出することが話し合われた[51]。

要するに、植民地化された朝鮮の関税行政が完全に日本の管理下におかれたために、中国製品に対して奢侈品税率が課せられた。日本によるこの自国産業保護政策の影響を直接被った蘇州のシルク業界は、雲錦公所代表の程幹卿と江浙絲綢機織聯合会代表の王介安の2人を代表にたて、まずは江蘇全省商会聯合会、つぎに全国の商会聯合会へと、中国自身の関税自主管理権の確立に言い分を反映し、なんとか難局を打開しようと、時機逸することなく積極的に関わったのである。

時代はやや下るが、蘇州雲錦公所は1929年10月8日、この問題に焦点を当て、蘇州総商会に直接以下のように苦情を訴えている[52]。

> 日本への輸出は以前関税が5％であったが、日本が絹織物を生産するようになってから関税が徐々に上がり、100％となった……［略］。ロシア向けは、……［略］……以前ウラジオストックが無税港であったのに、現在は200％から300％の関税がかけられるようになり、輸出は全く途絶えてしまった。高麗については、韓人は平素より国を愛し、全土で必要とされる礼服は、一貫して蘇州産の高麗紗緞を使っていた。現在日本が重い関税をかけるようになり、10％の関税が100％に跳ね上がり、輸出量は100分の1から2ほどになってしまった。アメリカへは……。ベトナムへは……［略］。

さて、以前別稿で指摘したとおり[53]、1つの省に4つもの総商会の設立が許可されるのは例外の部類に属する。幾度となく省都、首都ともなった政治の中心地南京。最大の租界を抱え、19世紀半ばには急速に広州に取って代わり、

国際貿易の拠点となった上海。そして、蘇州は伝統的に江蘇東部の政治の中心であったのみならず、蘇州自身とその呉県下、隣の呉江県下に生糸・絹織物産地を抱え、国内外のシルク交易の拠点としての産業的特色ゆえに総商会の設立地点とされる理由があった。シルク輸出に関する朝鮮各地の中華総商会との直接の文書のやりとりがそのことを物語っている。いま１つの総商会が南通（通崇海泰総商会）に設立されている根拠は綿業拠点ゆえのことであった。蘇州と同等の意義が認められてのことであろう。

3－2　同業公所会館・商会・県政府間の相互関係
（1）江浙戦争軍費借款償還のための県公債割当を中心に

この地域が1924年に国内の軍閥戦争に巻き込まれたことは周知のとおりである。軍需費用をどのようにまかなったのかをその後のやり取りから推察してみたいと思う。

1926年、新任の張県知事は、公債委員会を通じ、軍事費借款償還のため、百万元の県公債を新たに発行するとともに、各方面に積極的な引き受け打診を行った。ところが、これに積極的に応じる者がなかなか現れなかったので、具体的な方法として、６月20日に「公債未購入商民に告ぐ」とする布告を張り出すとともに、戸別訪問調査を開始した。それまで公債を１度も引き受けたことのない商家に対して購入を勧めるために、警察庁から人員を出させ、県の公債委員と一緒に商店を１軒１軒戸別訪問したのである[54]。

もう一つの常套手段は、総商会などを通じた「攤派」（＝割り当て分担）とされる方法である。百万元の県公債は総商会、市公所、田業会などの各団体がそれぞれ一定額を分担した。総商会は15万元分を引き受け、そのうち絲線（＝絹糸）業は1,000元分を割り当てられたことが武林会館における絲線業公会の会合の模様を伝える新聞記事からうかがい知れる[55]。総商会から催促されたものの、合計1,000元にのぼる公債に応じられる会員がなかなか現われないため、会館に集まり公債引き受けの方法を協議したのである。当時この業界の景気は芳しくなかったため、絲線業会館の名義で500元を引き受け、残りの500元は同

業者会員一同に5元から20元を割り当て、全員で負担することが決められた。前年総商会が県政府に代わり軍需費用を一時立て替え払いした際に絲線業会館から500元を借用していたので、今回の公債引き受け受諾分で、債権を相殺することで決着した。

　1924年秋の緊急な軍需に対応するため、地方の公共法人団体は「公産」を担保にして県政府に代わり、費用を用立てた。その際県は忙漕収入を償還の源泉として指定して分割返済することを約束し、総商会がその保証役を担ったのである。前任の郭曾基、王奎成時代のできごとである。1926年夏の段階で、これらの立替費用はまだ償還されていなかった。1926年初めの冬漕総数18万元のうち、6万元分のみ納付を済ませ、残りの12万元は償還のため県役所の手元に留め置こうとしたが、財政庁は、留め置きは6万元までしか認められないので、残りの6万元を納付するよう命じている。新任の張知事はこの間の事情を知らず、6万元は総商会に貯蔵されているものと誤解し、その旨財政庁に報告したため、財政庁は県に対し、総商会にこの6万元を即刻送金させるよう誤った指示を与える、という齟齬をきたしたことがある[56]。この事件は、県と総商会との間に日常から公金保管といったような親密な関係が成立していたがゆえに生じた誤解であったと考えるべきであろう。

　以上のように、緊急事態が発生し、行政当局が臨時に資金が必要となったときには、総商会が保証人となって各法人団体に公産を担保に借金をさせてまずはかき集めた。この借金の返済は、確実な収入が見込める公的な税金などをもってあてるとともに、結果として生じる県財政の赤字は公債で穴埋め補塡を行った。その公債の引受けは総商会などを通じ同業公所や会館ごとに割り当てすると同時に、かなりの強引な手段を用い、警察を伴い商店を戸別訪問するなどの方法がとられたことがわかる。いずれにおいても総商会は役所と一般商家の間に介し重要な役割を担ったのである。

（２）商団・労使紛争の解決・徴税を通してみる商業組織と警察の関係
　蘇州は市民公社が自発的に成立し、総商会の商団の活動とともに、他の同等

規模の都市とは異なり、市民自治が発達した都市であった(57)。商団の規模は江浙戦争を経た1925年末時点で城区17部、郷区10部からなり、正副団長鄒椿如、施筼清が就任し、大砲隊や騎兵隊を含む団員千人近くの規模であった(58)。江浙戦争における共同防衛体験もあろう。警察と商団との連携が進み、定期的に合同訓練を実施していたほか、警邏の際、駐在所や詰め所を通りかかるときには互いに敬礼を行うことや、深夜の巡邏の際には駐在所に招き入れて休憩させることなどの取り決めが行われている(59)。そのほか、繭商人の営業を水警が水上護衛するなどの行為もまれではなかった(60)。

次に絹織物業界でおこった労働争議と決着について、その経過から見えてくる行政当局との関係性に注目してみたい。1926年、物価高騰のため生計を維持するのが困難になったとして東区の機戸を中心に工賃の引き揚げを要求して3月15日に機戸職人がストライキに突入した(61)。連日にわたり雲錦公所「帳房」側の役員程幹卿、鄒椿如等と現売機戸、機匠の代表たちは東区、南区、北区警察署長らを交え話し合いを行ったがなかなか決着がつかなかった。4日にわたる交渉の結果、機戸側の要求を一部聞き入れる形で、①織機1台につき1元（6角）の貸与、②3月18日にさかのぼり、工賃12％増で決着した。ただし米価格が10元以下に低落した時には、工賃の上げ幅は半分の6％とすることを条件とした。決着後、機戸側の12名の代表は文書に署名し、霞章公所で待機中の職人たちへ職場復帰を勧告することを約束し、実際ストライキは解除され、機織職人たちは19日から職場に復帰した。雲錦公所は労使間の交渉状況を総商会に報告し、それを受けた総商会はその旨を警察庁に正式に報告している。そして、警察署は総商会の報告に基づき、交渉の決着結果を周知するべく布告を張り出したのである。

徴税システムに関して、商会や市民公社は県の行政当局とどのような関わりかたをしていたのであろうか。印花（＝印紙）税のケースでみていきたい。1926年11月7日、新任の于天沢印花税処長就任を受け、警察庁長は、印花税検査を実施するため、総商会と市民公社それぞれに通達を出し、委員派遣の協力要請を行っている(62)。総商会は印紙の代理販売を受け持ち(63)、印花税支処が総商

会から派遣された各公社の代表を同行して、警区ごとに検査を実施すること、ただし検査は事前通告によるもの、などが取り決められた。それをうけ、総商会は各公社毎に印花税委員を選出して待機していた。ところが、印花税支処は取り決めを遵守せず、抜き打ちで検査を行ったため、市民公社は会議を開き、抗議を行うことを決めた。むやみに罰金をとるような当局の「理不尽」なやりかたは、商民に「混乱を与える」だけであるとして、市民公社は総商会に対し、印花税支処に「厳しい態度で交渉する」よう依頼することとなる[64]。商人たちの自治組織として各地区に市民公社が成立し、この時期にはすでに市民公社聯合会（1921年2月）が結成されていた。消防や衛生、防犯、戸口調査などのほか、徴税においても行政をサポートする体制であったことがわかる。市民公社は、自身の設立申請そのものがそうであったように、蘇州総商会を全面的に信頼し、当局への意見陳述に際し重要なチャネルとして認識する関係であった。

おわりに

共同研究グループが常宿の1つとしたホテルが盛沢の東方絲綢市場の中にあった。改革開放後の盛沢は国内外からバイヤーが集まり、年々発展を遂げている。そして、現在シルクが再び中国の重要な輸出商品の1つとなり、西部大開発の戦略的産業として位置づけられていることに気づかされた。すでに蓄積が豊富にある生糸絹織物業研究の領域に敢えて足を踏み入れる気をおこさせたのはこのような体験からである。これまで、商会システムを俯瞰的に捕らえ、とくにその海外へ伸びる中華総商会ネットワークについてわずかながら研究を積み重ねてきた経緯があったので[65]、その脈絡からいえば、本論は、特定の業界を軸に同業団体の目線から、その統合組織としての商会の役割をある程度明確にしえた点で意義があるものと考える。

前半では、江南の生糸絹織物業を世界の需要とシルク貿易という枠内でどのように位置づけられるのかを整理し、とくに江南諸都市と市鎮の絹織物業をめぐる盛衰を、太平天国とその後の機械化の波との関連でまとめ、論述対象とす

る蘇州と盛沢のシルク業界について詳細な描写を試みた。第2章ではその両地における公所、会館、商会など民間商業組織の統合と分化、相互連携の実相を考察した。分析は第2章の末尾に4点にまとめたとおりである。紙幅の関係上ここでは省略する。

　第3章では、ひとつに、蘇州の絹織物業界と海外中華総商会とが蘇州総商会を通じ、共通の問題に直面して相呼応する具体例を取り上げた。1924年は日本に領有された朝鮮を主とする日本方面の市場が、シルク製品に対する奢侈税適用によってほとんど閉鎖も同然となった年である。蘇州緞紗を扱う京城、仁川、元山の華商から中華総商会ネットワークを通じ、このことの理不尽さを訴える声が蘇州に届き、彼らの主張に賛同するよう働きかけさえなされたのである。広州総商会がオーストラリアや南洋地域の中華総商会と固有の関係性を持ち、相呼応する具体例をかつて指摘したことがある[66]が、必ずしも華商を大量に輩出したわけではない蘇州においても、このように海外の中華総商会と密接な関係と対話が成り立ち得たのである。華商のビジネスインフラストラクチャとして国内外の総商会網が機能した実例として強調しておきたい。

　最後の部分は主として1920年代半ばころの『蘇州明報』の分析を通じ、蘇州市内の商業組織と官庁組織とがどのような関係にあったのかを考察した。県財政、警察、税務処との関係にわけてまとめてみよう。

　①江浙戦争に巻き込まれたこの地域は軍費を早急に用立てする必要が生じた。商会はその他の有力団体と同様、軍費の一時立替に協力したばかりでなく、その後の公債の割り当て負担や、ときには公金保管を代行するなどの面でも重要な役割を果たし、県財政当局と商会、同業公会の間には相互依存の関係性が見られることを指摘した。

　②商会の下部組織である商団と警察とは合同訓練を実施し、共同防衛体制を敷く関係にあった。また、ストライキが決行された場合には、治安の問題にも波及するため、警察は資本側と労働側との交渉に同席し、交渉が決着した場合には同業公所が総商会に決着条件を伝え、総商会が警察に対して公式な布告の張り出しを依頼するという関係にあった。

③税務処との関係は、例えば印花税徴収の問題にみられたように、印紙販売を総商会が引き受け、領収書に印紙が適切に貼付されているかどうかについても総商会は委員を派遣して税務処員に同行させ、公社ごとに検査をする体制が築かれていた。本論では言及しなかったが、納税に特定の商人を介在させる「認商」制度による一括請負の徴税方法においてと同様、商会の介在を通して市民公社に所属する個々の商家から印紙税徴税を行っていたことがわかる。

以上で描かれた商官両界の機微は、北伐軍の北上とともに変化をきたす。直後の1927年1月にははやくも商民協会運動が席捲し、国民政府の成立以後には、商会法と同業公会法が新たに発布され、大きな構造変化が生じる。この点については別稿で論じたいと思う。

註

（1） 小島淑男『近代中国の農村経済と地主制』（汲古書院、2005年）、曾田三郎『中国近代製糸業史の研究』（汲古書院、1994年）、鈴木智夫『洋務運動の研究』（汲古書院、1992年）、中国近現代史シンポジウム運営委員会編『中国蚕糸業の史的展開──中国近現代経済史シンポジウム』（1986年）。ほか、古田和子「近代製糸業の導入と江南社会の対応」『近代日本とアジア』（東京大学出版会、1984年）、田尻利「19世紀後半期の江蘇における蚕桑奨励政策に関する一考察」『鹿児島経済大学論集』第19巻4号、第20巻1号（1979年）、奥村哲「恐慌下江浙蠶糸業の再編」『東洋史研究』第37巻第2号（1978年）、清川雪彦「戦前中国の蚕糸業に関する若干の考察（1）」一橋大『経済研究』第26巻第3号（1975年）。

（2） 陳慈玉『近代中国的機械繰糸工業』（中央研究院近代史研究所、1989年）、徐新吾主編『近代江南絲織工業史』（上海人民出版社、1990年）、同『中国近代絲織工業史』（同、1991年）。最近では広東シルクの貿易を扱った劉永連『近代広東対外絲綢貿易研究』（中華書局、2006年）などの研究もある。

（3） 商会の分布という視点から、拙稿「長江デルタにおける商会と地域社会」（森時彦編『中国近代の都市と農村』京都大学人文科学研究所、2001年）で、この地域の商業組織について分析を行ったことがある。

（4） 菊池敏夫「中国の生糸生産量・輸出量について」（前掲『中国蚕糸業の史的展開』）62頁。

（5）　前掲徐新吾主編『近代江南絲織工業史』430-431頁。1922年以前で上海が広州を上回るのは1893年、1895-1901年と1912年の9年のみである。
（6）　「1902-1941年全国シルク織物輸出地域別数量表」同上433-434頁。1926年の総量18,763海関担のうち、ベトナム3,822、マレーシア2,733、印度2,593。朝鮮は48。
（7）　輯里（七里）村の色白で光沢のある上質生糸がとくに海外に名を馳せていた。
（8）　南朝梁の武帝の頃より綾絹の生産で有名。唐代には日本にまで輸出された。
（9）　前掲『近代江南絲織工業史』78-86、92頁表より。
（10）　段本洛・張圻福『蘇州手工業史』（江蘇古籍出版社、1986年）214頁。
（11）　同上、219-220頁。
（12）　1912年に最初に日本からフランス式手拉機10台を導入し、ハンドルームによる力織機生産を行ったのは杭州の緯成絲綢公司、1915年に最初にスイス式鉄製電力織機9台を導入して工場制機械化生産を行ったのは上海肇新絲織廠であった（註（5）に同じ、117-118頁）。
（13）　周徳華主筆、呉江絲綢工業公司編『呉江絲綢誌』（江蘇古籍出版社、1992年）127頁。
（14）　かつての嘉興府王江涇鎮の交易センターの役割が、この地に移り、明末には呉江県最大の鎮として成長し、人口5万人を擁した。現在の盛沢鎮は中国最大のアパレル交易センター「東方絲綢市場」を抱え、発展を遂げている。
（15）　「盛沢風土誌（上）」『蘇州明報』1926年8月21日。紹興から染色など、多くの絲織関連「作坊」の職人がこの地に移住し、住み着いたのが始まりであるという。
（16）　汪永亨、升記、源記成、丁人和、広昌成、春記正、張益源、義昌春、永慎昌。
（17）　前掲『呉江絲綢誌』350頁。
（18）　2006年9月10日盛沢工商業聯合会における徐子瞻氏（1932年、盛沢生まれ）に対するインタビューに拠る。祖父は北王郷の農家出身、力織機による絹織物製造で生計を立てていた。父徐順官は鎮にて4台の力織機を擁する家庭作坊を経営し、親戚友人など5人を雇用していた。原料は荘面にて購入していたとされる。
（19）　袁鐘瑞、沈鵬、張文蔚が創設。日本から豊田式柄織力織機20台を導入（前掲『呉江絲綢誌』121頁）。女工100人、男工30人、徒工12人を雇用していた（前掲『近代江南絲織工業史』138頁）。
（20）　呉江工会誌編纂委員会編『呉江工会誌』（江蘇人民出版社、1995年）10頁。

(21) 前掲『近代江南絲織工業史』140頁。
(22) 邱彭生『18、19世紀蘇州城的新興工商業団体』(国立台湾大学出版委員会、1990年) 57頁の記述を参考にした。
(23) この部分の記述については、「重建蘇城機神廟碑記」(1792年)、「蘇州紗緞業公会会員録」(1929年12月)、「雲錦公所沿革紀要」(1943年)(蘇州市檔案館『蘇州絲綢檔案匯編』(上)、江蘇古籍出版社、1995年) 15-33頁、を参照した。
(24) 「附：蘇城絲業公所章程」(1921年) 同上、37-39頁。
(25) 「重修霞章公所記」(1942年) 同上78-79頁。1942年当時の会員有資格者は2,500人であったという。
(26) 「厳鴻魁等為請転報現売機業組織公所事致蘇総商会呈」(1918年8月17日)、「蘇城現売機業緞商文錦公所章程」(1918年11月8日) 同上82頁、94-95頁。
(27) 「附：蘇州鉄機絲織業公会暫行章程」(1920年)、「江蘇省呉県鉄機絲織業同業公会章程」(1940年11月) 同上119-121、156-161頁。
(28) 前掲『蘇州手工業史』、305頁。
(29) 「鉄機絲織公会会員名冊」(1940年12月)(前掲『蘇州絲綢檔案匯編』(上) 162-166頁) 会員名簿108のうち使用人数の登録があるもので、10人を越える店は11にすぎず、大半(58%)が従業員2-3人の小規模な経営であった。
(30) 井川克彦「第一次大戦前における上海機械製糸業の原料繭問題」(『横浜と上海』横浜開港資料館) 276頁表による。
(31) 潘君祥主編『近代中国国貨運動研究』(上海社会科学院出版社、1998年) 6-7頁。
(32) 拙稿「中華民国の成立と中華総商会秩序の再編——神阪華商に関する領事報告を中心として」(孫文研究会編『辛亥革命の多元構造』汲古書院、2003年)。
(33) 小島淑男「辛亥革命期蘇州府呉江県の農村絹織手工業」(『日本大学経済学部創設八十周年記念論文集経済学編』1984年、のち、小島淑男前掲書に加筆収録)がこの点を指摘している。
(34) 前掲『呉江絲綢誌』344頁。
(35) 「第二期職員銜名清冊」(1907年)(華中師範大学歴史研究所、蘇州檔案館合編『蘇州商会檔案叢編(1905-1911)』第1輯、華中師範大学出版社、1991年) 124-126頁。
(36) 「職員銜名清冊」(1906年) 同上76-77頁。
(37) 「職員清冊」(1906年) 同上100-102頁。

(38)　前掲『呉江絲綢誌』、345-346頁。
(39)　上海の湖州幇については郭緒印『老上海的同郷団体』（文匯出版社、2003年）598-676頁を参照した。
(40)　同上765-766頁。
(41)　「施子英先生逝世」『呉江』1924年8月24日。
(42)　「絲業公会歓迎新会長」『呉江』1924年12月21日。
(43)　前掲『蘇州商会檔案叢編（1905-1911）』第1輯、115-116頁。
(44)　前掲『呉江工会誌』9-10頁。資本金8万銀元。上海豊泰廠主寧波人孫栄昌4万、上海人徐凌雲1万、施省之2万、楊文震5,000、震沢生糸業者合わせて5,000元の出資からなる（前掲『呉江絲綢志』62頁）。
(45)　費孝通『中国農村の細密画』（研文出版、1985年）、『江南農村の工業化』（同、1988年）。
(46)　「本県商会沿革概略」（蘇州市檔案館蘇州総商会ファイルⅠ14-03-0317-021）。8頁にわたるこの史料の作成時期は第2次大戦後、1946年頃と推察される。蘇州総商会は1931年の改組以降呉県商会となっている。
(47)　中国側安（丹）東市と国境を接する新義州では1920年以降から100％課税を、ソウルでは1920年から100斤あたり520元を徴収するなど、地域別にシルク製品に対し前倒しで実質上奢侈税を徴収していた（「江蘇全省商会聯合会為発展絲綢出口致蘇総商会函（1931年4月20日）」前掲『蘇州絲綢檔案匯編』（下）、893頁）。
(48)　「僑鮮商界備受日本苛待擬実行関税自主以資補救案（朝鮮京城中華総商会）」（蘇州市檔案館蘇州総商会ファイルⅠ14-02-0374-026）、「日本在朝鮮加重華貨絲疏各貨関税請設法対待案（朝鮮元山中華総商会代表）」（同Ⅰ14-02-0374-029）。
(49)　「仁川中華総商会致蘇州総商会函」（蘇州市檔案館蘇州総商会ファイルⅠ14-01-0647-004）。
(50)　「蘇総商会之関税自主議案」『蘇州明報』1925年10月12日。新聞報道では陳幹卿とあるが、前後の報道などから、翌1926年7月4日の総商会会長選挙で副会長に選ばれた程幹卿のことではないかと推測される。
(51)　「全省商聯会在寧開会蘇聞」同上10月13日。
(52)　「雲錦公所条陳紗緞業備受各国増税之苦致蘇総商会函」（1929年10月8日）前掲『蘇州絲綢檔案匯編』（下）、890-891頁。
(53)　拙稿「清末民初の商会と中国社会」『現代中国』第70号、1996年。1918年にお

ける国内の総商会総数は35。安徽、直隷と並び江蘇省は最高の4つの総商会を擁する。

(54) 「県署再令商民購公債」『蘇州明報』1926年6月21日。

(55) 「絲綫同業認定県公債」同上2月2日。

(56) 「截留借漕償債之糾葛」同上7月1日。

(57) 「今之公社」(同上9月20日)に「我蘇市民公社。年来異常発達。総計城内外得二十余社之多。実為外邑所未有者也」とある。1909年6月に成立した観前大街市民公社を筆頭に、27の市民公社が成立した(蘇州市檔案局『蘇州市民公社檔案資料選編』(刊行年不詳) 2頁)。朱英『辛亥革命時期新式商人社団研究』(中国人民出版社、1991年) 第5章に詳しい説明がある。

(58) 「昨日商団給奨之盛況」『蘇州明報』1925年12月31日。

(59) 「警区商団会議聯防」同上1925年10月13日。

(60) 「開設繭行請水警保護」、「沈庁長調船保護繭商」同上1926年5月14日。

(61) ストライキの経過と交渉については「醖醸中之機織工人罷工潮」(同上3月16日)「似決未決之機工罷工潮」(18日)「木機工人罷工潮已解決」(19日)を参照した。

(62) 「商会推定会査印花員」、「印花税処函知任事」同上1925年11月7日。

(63) 「総商会覆函市聯会▲印花税支処覆函商会」同上1926年6月16日。

(64) 「昨日市民公社聯合会議紀」同上6月21日。

(65) 拙稿『中華総商会ネットワークの史的展開に関する研究』(平成15-17年度科学研究費補助金、基盤研究C、研究成果報告書課題番号15520432)。

(66) 「広東における商人団体の再編について——広州市商会を中心として」『東洋史研究』第61巻2号 (2002年)。

清末民国期の近代教育導入にみる市鎮と農村
―― 江蘇省呉江県を事例に――

佐 藤 仁 史

はじめに

　本稿は、福武直が「町村共同体」(=郷鎮共同体) と概括した江南地方の基層社会における統合の特質のうち、「教育圏」に着目して清末民国期における市鎮社会の変容過程の一端を分析するものである。

　費孝通による「郷脚」や福武直による「町村共同体」という指摘にみられるように、戦前・戦中期における江南農村の社会学的調査においては、市鎮を結節点としてその周辺農村に広がる空間性がつとに着目されていた。そして、その空間が有する経済的・政治的特徴のみならず、社会圏・文化圏としての側面が多面的に分析されており、それらには現在においても示唆に富む論点が示されている。1980年代以降、江南市鎮に関する実証研究が蓄積されるようになってきたが[1]、主に市鎮の有する経済的機能やその専業化、市鎮の分布状況などについて関心が集中しており、市鎮社会が有する社会圏としての側面は十分に検討されてこなかった[2]。この点については、土神信仰の分析を通して農村統合の様態や鎮城隍廟と村廟との従属関係などを明らかにし、江南社会が有した階層性について明晰なモデルを提示した濱島敦俊氏の研究が得られている[3]。

　しかし、総じていえば、江南市鎮社会の研究は明清期とりわけ商業化が顕著になった明末から清代に集中しており、これに比して清末民国期の研究は絶対的に不足しているのが現状である[4]。明清期に形成された地域社会の構造や地方公事の運営方式、村落や市鎮、県城間の関係が、清末以降の国民国家や行

政機構の整備・浸透によってどのように変容したのかという問題にかかわる多くの検討課題が依然として残されている。例えば、稲田清一氏による一連の研究においては、「鎮董」が担った地方公事の管轄範囲が清末地方自治制における郷・鎮自治区の区画設定に引き継がれたことが明らかにされているが[5]、北洋政府期や南京政府期における行政区画の変更や地方自治制の実施とかかる空間との関係の変化についても分析を進めていく必要があろう。また、その際には、国民国家による地域社会の掌握が王朝国家による地域社会の把握のあり方と如何なる共通点と差異を有していたのかという視点も重要である[6]。上述の問題意識に立脚し、本稿では、婚姻圏、信仰圏、娯楽圏など戦前・戦中期の社会学調査が言及した市鎮社会が有する社会圏としての側面のうち、教育圏の問題を考えたい。すなわち、近代学校がどのように地域社会に設立されたのか、そこで生み出された新たな知識人層がどのように地域社会を捉えるようになったのか、農村における非浸透には如何なる背景があったのかといった問題を、市鎮と農村との関係に着目して考察する。

　清末以降における近代学校制度の導入と地域社会との関係については、教育史の分野において成果をあげてきた[7]。本稿で注目したいのは、清末以降の近代学校制度や新たな人材の登場が、濱島敦俊氏が提示する江南社会の3層構造をどのように変容させたのかという点である。郷紳が主導する県社会、生員・監生層が担う市鎮社会、富農を中心とする「社」の世界という3層構造は、使用される言語・知識という側面からみた場合、程度の差こそあれ科挙文化の中に包摂されるものであったが[8]、近代教育制度の導入は3層構造の変容、とりわけ市鎮と農村部との間における教育の非連続性や分断的な状況を出現させているからである。同時に浮上してくるのが、農村部における近代教育の非受容の側面を教育を選びとる側から捉える視点の必要性である[9]。郷村において私塾が優勢であったことを、「社」の世界において必要とされた識字能力や知識の程度と彼等の生存戦略のあり方との関連で捉える必要があろう[10]。江南社会の階層性を意識しつつかかる変容過程の内実と動態を捉えることも本稿の狙いのひとつである。

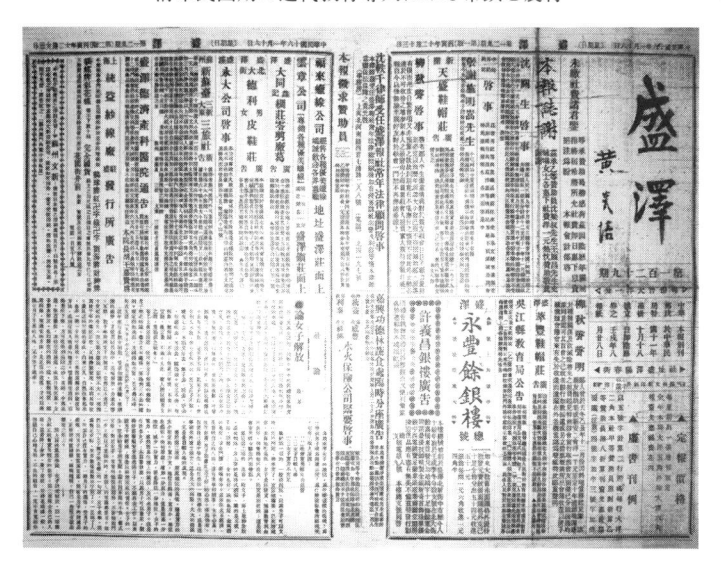

写真1　『盛沢』第129期。題字は黄炎培の手になるものである。

写真2　『呉江県教育状況』における授業視察の評価記録。郷土誌の文字が見える。

以上で掲げた問題の分析に用いるのが江蘇省呉江県の地方文献である。これらの地方文献は2種類に大別することができる。第1は自己主張の媒体・手段としての地方文献である。1920年代初頭から中葉にかけて県下の各市鎮では『新盛沢』『盛沢』(写真1)『盛澤』『新黎里』といった新聞群が新文化運動の影響を受けた知識人によって発行され、それらには彼らの現状認識や目指すべき世界像が主張されている[11]。第2は「社会調査」に関する史料である。民国初年では『呉江県教育状況』(写真2) などの教育普及に関する調査記録を得ることができ、解放直後では私塾や私立小学校の調査記録である『一九五〇年各小学私塾概況調査表』をはじめとする檔案群が利用可能である[12]。特定の目的を前提として調査・記録された史料であるが、そこには地域社会の状況も一定程度すくい取られており、調査のあり方をふまえれば地域社会の分析に用いることが可能であると思われる[13]。

 以下、第1章では、教育視察の記録をもとに初等教育の普及状況を概観し、その背景にあった江南農村の社会構造の一端を市鎮に着目しつつ分析する。第2章では、近代学校制度によって登場した新エリート層と市鎮社会との関係について盛沢鎮を事例として具体的に明らかにした上で、彼らが推進した平民教育の根底にある文明観の検討を通して新エリート層の登場がもたらした市鎮と農村間の分断の側面について考察する。第3章では、農村教育において有力な選択肢の1つであった私塾に着目し、聴取調査や解放直後の私塾調査に拠りつつ近代教育の非普及の実態とその背景について初歩的な考察を行う。

1　清末民初における近代学校設立にみる市鎮と農村

 本章では、民国初に実施された教育調査の記録が登場した背景を簡潔に整理した上で、調査記録に表れる初等教育の普及状況から市鎮と農村との関係の特徴を読み取っていく[14]。

1—1　教育調査と近代教育の担い手

　民国初の呉江県においては、各種学校の普及状況や運営、教学の実態について調査が実施され、その記録の幾つかは現在も参照が可能である。このうち、『呉江県教育状況』は民国元年から5年にわたり毎年県視学を中心に行われた視察の報告書である。その内容は、県立学校や市郷立、私立学校に関する統計、学校毎の運営状況に関する論評、各種報告書や公文書、省視学や県知事などによる視察報告など多岐にわたる[15]。調査は県視学が主体となり、各自治区の学務委員や学校長の協力を得て実施され、学務委員による報告を掲載している場合もある。調査の方法や精度を検証する方法はないが、極めてローカルなレベルにおける近代教育の普及程度に関するデータは市鎮と農村部との差異を主要な検討内容とする本稿にとって貴重である。また、本稿では「市郷教育統計表」に現れる就学率や評価報告の一部を用いるのみであるが、報告書は近代学校制度の地域社会への浸透の様態に関する多くの情報を提供するものであると思われる。

　このほか、『呉江県及市郷教育状況』という調査記録が県民政署学務課によって作成されている[16]。多くの項目が『呉江県教育状況』と類似しているが、『呉江県教育状況』に比して掲載された学校数や参観した学校数が少ない。この結果は調査が中華民国建国直後という状況で行われたことに起因するものであり、両者は基本的に同質の意図を以って実施されたものであると言える。

　次に、調査の対象となった小学校を運営し、時には学務委員や校長として調査を補助した近代教育導入の担い手について考えてみたい。従来の実証研究を端的に総括すれば、清末民初における近代教育の担い手は、科挙資格乃至は受験資格を有しつつ「地方公事」に参与したエリート層であり、清末地方自治制の導入を積極的に推進した有力者層とほぼ重複すると言ってよい。このことは、無錫教育会の役員に関する高田幸男氏の指摘、すなわち教育会の役員層が、地方紳士層に担われていた清末民初と教員層の専業化が顕著になった1920年代以降とに大別されるという特徴からも確認することができる[17]。

　また、初等小学校の学区となった郷レベルでの推進者の多くは生員や監生の

資格を有する鎮居地主・富商層であり、郷董や郷議事会議員に選出されて地方政治にも進出した。かつて筆者が分析した上海県陳行郷の秦錫田は挙人資格を有する官僚経験者であり、県や省レベルの活動も行ったが、陳行鎮や周辺市鎮の有力者層という支持基盤こそが彼の地方政治や教育界における活動を可能たらしめていた[18]。呉江県も同様であった。民国4年に辦学（教育事業）に功績があった人物の報奨が行われた際、呉江県からは候補者14名が選出されたが、彼らの経歴は、議事会議員や学務委員などの自治職と学校の設立者や教員とを兼ねていたことを示している。例えば、梅堰鎮の小学校の充実に加え、農村部における小学校の設立や私塾の取締の功績によって候補者に列せられた衛雄は、梅堰養正小学校長を務めた以外に、清末民初には県参事会参事員と梅堰区学務委員を歴任している[19]。

それでは、彼らが近代教育導入の目的をどのように捉えていたのかを簡単にみてみる。県視学周公才は、実態調査をふまえた上で、今後の教育行政に関する長文の意見書を提出している。周は、教育の目的は国民教育にあり、共和国民としての道徳教育を行いつつ、県の実情にあわせた農商を重視するべきであると建議する。しかしながら、「風気」が比較的開けた市集においても完全学校や資格を満たした教員を得ることが甚だ難しく、農村については記述に耐えないと述べる[20]。「国民」の養成という目的とその阻害要因としての風俗のあり方という対比の構図は多かれ少なかれ共有されていたようである。県知事丁祖蔭（1871-1930）が民国2年末に自治の実施状況を各市郷において視察した報告書では、清郷や阿片・賭博の禁止などの治安維持とならび、「治本」の策として勧学が重視されている[21]。ある1日の視察記録では次のように記されている[22]。

> 昼、梅堰郷に至り、〔当地の〕世論を調査した。郷民は賭博の風習に大変毒されているようである。そこで、自ら茶館に入り、陳明生など3名を現行犯として逮捕し、加えて彼らを庇った圩甲を喚問して拘禁した。一罰百戒とするためである。郷董の王紹基と学務委員の衛雄と面会した。戸口調査は約7割完成しているとのことである。保衛団は16名のみであり、平渓

区と合同で警察に改組することが急務である。房捐が不足する場合、郷経費で補塡するべきである。初等小学は既設の1校に加えて、今学期2校を増設した。第1校の教室は建築が適切で教授法にも元気がある。ただ、一級習字に対してあまり注意を払っていない。また、単級教授法を研究するべきである。〔調査当日〕附近で演劇があり、欠席した生徒は12名にものぼった。このような風俗も矯正すべきである。

自治の実行状況に関する極めて実務的な内容が簡潔に記されている。賭博の風習という社会の堕落や観劇のために欠課する児童が多くみられる風俗が「国民」の養成や自治の実施と対置されている構図が見て取れよう[23]。

1 ― 2　市郷教育統計表からみる小学校と市鎮

　次に近代学校の普及状況を、市鎮と農村部との対比に着目しつつ考察する。民初における初等小学校の学区は自治区である18市郷が単位となっていた[24]。民国2年段階において、県立高等小学校は県城所在地である呉江市（松陵鎮）、同里市、盛沢市、黎里市、震沢市に設置され、それぞれ管轄とする学区が設定された[25]。県下5市のうち、県立高等小学校が設置されなかったのは厳墓市だけである。また、中学校と乙種師範学校は呉江市に設置されており、学校教育の階層構造が、県城を中心として市自治区の中心地である市鎮、郷自治区の中心地である市鎮へと広がるものであったことが確認できる。

　各学区の中心となった市鎮の性格について市鎮の規模や機能に注目して概観してみよう。新編『呉江県志』では、市鎮の類型を「県属鎮（城鎮）」「郷鎮」「村鎮」に分類している。県属鎮は7大鎮とも呼称され、松陵、盛沢、同里、震沢、黎里、平望、蘆墟がこれにあたる[26]。このうち、県城鎮として県の政治的文化的中心地として機能した松陵鎮には中学校および乙種師範学校が設置され、盛沢、同里、震沢、黎里の各鎮はそれぞれ県立高等小学校が設置されている[27]。この分類は、『呉江県志』が刊行された1990年の当時のものであるが、県属鎮は明清から近代にかけての時期においても、范金民氏が「地方専業市場」と呼ぶ、1,000戸から10,000戸の人口規模を有し非農業人口が優越する専門的

な商業施設が完備した市場にほぼ相当する。樊樹志氏も専業化が顕著な大鎮として盛沢、同里、震沢、黎里、平望の5鎮を挙げているようにほぼ歴史的状況に合致する分類であるといえる[28]。

次に、初等小学校区の中心市鎮をみてみる。18学区から上述の7大鎮を除いた11学区のうち、1つは現在崑山県に属する周庄鎮が中心となっていた。残りの10学区のうち、北厍、梅堰、銅鑼、八坼、横扇、莘塔、呉溇の7鎮は「郷鎮」に分類される小鎮である。湖東西と五都、南厍の3区の中心は県属鎮にも郷鎮にも分類されないが、前2者は太湖周辺地域を一自治区として括ったものであると考えられ、南厍は現在では「村鎮」に分類されている市鎮である。南厍は当時郷鎮かそれに準ずる規模を有していたものの、後に衰退して「村鎮」に縮小したものであると思われる[29]。総括すると、県立高等小学校の学区は「県属鎮」を拠点として、初等小学校の学区は一部「県属鎮」や「村鎮」を含みつつ、基本的には「郷鎮」クラスの市鎮を基準に設置されたと言うことができよう。

それでは、『民国二年度呉江県教育状況』「市郷教育統計表」に基づき、就学率や小学校の普及程度や学区による差異などについて初歩的な分析を加える。「市郷教育統計表」をもとに作成したのが表1である。ここからは市郷毎の小学校数、市郷立や私立の内訳、学齢人口と男女別の小学校就学率、教育経費の分配状況などの数値が明らかになる。その際の注意が必要なのが、調査方法や精度の差がどのように数値に反映されているかを検証するための史料がない点である。例えば、就学児童数について言えば、登録されていた児童数なのか、実際に登校していた児童なのか、どの程度登校している児童なのか、といった基準が明示されておらず不明である。また、就学児童数の数え方に市郷間で差はなかったかという点も同様である。かかる偏差を考慮した上で、就学率に作用する要素として決定的であると思われるのが、経済的社会的環境、すなわち、主に小学校が設置された市鎮の規模・機能、市鎮に居住する社会階層の構成や人口などの要素である。以上の点を踏まえた上で就学率の市郷間格差を考えてみよう。先ず、呉江市は38.4％に達しており、他の市郷を圧倒している。これは、政治・文化上の中心地である県城地区を擁し、行政関係者や大地主、富商、

表1 『民国二年度呉江県教育状況』「市郷教育統計表」

区 域	学 区 (1915年)	学校数 (私立)(校)	就学人数 (人)	学齢人口に占める割合(%)	学齢人口 (人)	教育費(元)	学生1人当りの額(元)
呉江市	第1区	6 (3)	415 (115)	38.4	1081	3253	7.08
南厙郷		2	66 (8)	7.2	917	983	14.89
湖東西郷		1	18 (5)	1.5	1200	547	30.39
北垞郷		9	286 (54)	8.5	3365	4737	16.56
同里市	第2区	12 (4)	783 (218)	11.8	6636	6312	8.06
盛沢市	第3区	11 (2)	688 (98)	7.4	9297	6858	9.97
黎里市	第4区	8 (1)	587 (119)	14.2	4134	6306	10.08
震沢市	第5区	15 (2)	102 (154)	15.8	(6386)	11775	11.67
呉溇郷		7	282 (23)	12.4	2274	2942	14.30
周荘郷	第6区	6 (2)	205 (52)	10.1	2030	1033	5.04
蘆墟郷		8 (2)	372 (113)	11.2	3321	2713	7.18
莘塔郷		7	239 (28)	17.5	1366	2772	11.51
北厙郷		6 (1)	194 (13)	13.6	1426	1865	8.16
厳墓市	第7区	9	412 (58)	4.9	8408	5722	13.89
平渓郷	第8区	8	258 (45)	11.7	2205	3511	13.61
梅堰郷		3	79 (8)	5.2	1519	2195	27.78
横塌郷		6	165 (9)	5.8	2844	1938	11.75
五都郷		4	115 (12)	6.7	2463	1567	13.63

注：学齢人口は計算によるもの。震沢市の就学人数は誤植と思われる。北垞郷は八斥郷、八測郷とも呼ばれた。『呉江県郷土志』第9課八斥郷。

区 域	全 区 学 務 大 概
呉江市	設置最当。建築独多。辦理均有精神。平均較為合算。
南厙郷	市校無甚進歩。村校難期発達。
湖東西郷	開辦最遅。校数只一。人数亦未発達。
北垞郷	設置亦当。全区主張実用主義。辦理尤当。委員報告披露。
同里市	私校独盛。成績較優。市校辦理尚可。全区未能統一。
盛沢市	私校較有精神。市校未能統一。委員報告披露。
黎里市	設置亦当。村市平均発達。辦理均能統一。委員報告披露。
震沢市	人数独多。進歩甚速。私校精神卓著。市校優劣参半。辦理亦未統一。
呉溇郷	市村一致、辦理優多劣少。全区未能統一。
周荘郷	用費甚省。設置亦当。辦理尚能統一。私校成績較優。
蘆墟郷	用費亦省。市校稍有進歩。人数亦発達。全区未能統一。
莘塔郷	用費最短。市校較有精神。村校合法甚少。辦理尚能統一。
北厙郷	市校未見発達。村校難期統一。
厳墓市	設置尚当。建築亦具。市校辦理較合。村校未能統一。
平渓郷	人才缺乏。市校無甚進歩。村校合法甚少。統一難期。
梅堰郷	人才雖少、借材異地、辦理尚能統一。建築亦多。
横塌郷	村校用費西偏最短。辦理較五都稍勝。全区未能統一。
五都郷	風気閉塞、私塾林立。村校多不合法。辦理亦未統一。

教員・知識人といった階層が集中したことを考えれば自然な結果であろう。その他の地区について概観すると、県属鎮を擁する市区と郷区は10〜16％程度の就学率、郷区は5〜8％程度の就学率の傾向をさしあたって読み取ることができる。この差異をどのように考えればよいだろうか。1940年代の農村調査においては次のような状況が紹介されている(30)。

> この児童教育に於いて先づ小学は、鎮乃至郷の中心聚落にあるだけであり、従つてその附近の農家の子弟のみ入学する。而も鎮の小学はその大部分の生徒が商家の子弟であつたのであるから、農村にはあまり関係がないと言はねばならない。かくて農家には積極的に子弟に小学教育を授けるといふ考へがないのであるから、その教育圏は小学の所在地を中心とした狭いものであり、農村自体から言へば、この圏内に入るものは極めて一部の村に限られるのである。

本章で対象とする清末民初からは時代は下るが、ここで指摘されている傾向はほぼ当てはまると考えてよい。つまり、市鎮の就学率は、現実的に子弟を小学校に通学させることが可能な市鎮在住の大地主、富商、知識人などの階層の規模と相関関係にあろう。農村部についていえば、初等小学校が設置された村落にアクセスできる地主・富農層の子弟が極めて有利な状況にあり、また、学校数も極めて限定されていたことを考えると、一般農民には殆ど縁がなかったと言える。

　さて、上にみてきた初等小学校区を類型化してもう1点確認しておきたい。類型化とは、①県城、②市区（就学率高）、③市区（就学率低）、④郷区（就学率高）、⑤郷区（就学率低）である。うち、①、②、⑤の状況は既に説明済みであるので、問題となるのは、県属鎮を有するにもかかわらず就学率の低い盛沢市（7.4％）のような類型③と、郷区でありながら市区並の就学率を誇る幸塔郷（17.5％）、北厙郷（13.6％）などの類型④の情況をどのように考えるかである。表1のもととなった統計には「全区学務大概」という視学（一部は学務委員）による評価が簡潔に記されており、ここからは数字には必ずしも反映されない定性的状況が明らかになる(31)。類型③の盛沢市は、「私校較有精神、市校未能統

一」と記されている。すなわち、有力者の子弟を対象とした私立学校の活動が活発であったものの[32]、鎮全体においては教育内容にばらつきがみられた背景には、他の地域に比して圧倒的に多い学齢人口に起因するところが大きいと思われる[33]。清末において綢荘（問屋商人）や領戸（仲買商人）と機戸との対立が尖鋭化していたことが小島淑男氏によって明らかにされているが[34]、かかる機戸層や夥友（店員）層の存在は就学率の低迷に拍車をかけたと考えられる[35]。類型④についていえば、莘塔郷が「市校較有精神。村校合法甚少。辦理尚能統一」と評価されている。鎮の小学校が整備され、農村部の学校との整合性の維持に努めていたことが就学率の向上に寄与した背景には強力な推進者の存在も推測されよう。北厙郷については、「市校未見発達。村校難期統一」とあり、単純に就学率が高くても評価が低い場合もあった。

2　1920年代の平民教育と市鎮社会──盛沢鎮を中心に──

2―1　平民運動の担い手

本章では、1920年代に発行された地方新聞の発行人・主要執筆者の経歴に即して、彼らが推進した平民教育の背景や平民教育が根拠とした文明観について分析する。

（1）新南社

表2は1920年代に呉江県下の市鎮において発行された新聞・雑誌のうち、ある程度纏まって現存しているものを一覧にしたものである[36]。このうち、夙に関心を集めてきたのは柳亜子や陳去病を中心として結成された南社社員や南社の内訌・分裂を経て柳亜子が1920年代に結成した新南社社員による新聞であり、従来の研究においては彼らの「愛国的民族主義者」としての側面や国民革命前における「新文化」に関する論陣に高い評価が与えられてきた[37]。

新南社期における柳亜子の支持者の特徴には彼らが急進的青年知識人であった点が挙げられる。『新黎里』の副主編として柳亜子を助けた毛嘯岑（1900-1976）

表2　呉江及び周辺の市鎮で発行された新聞（現存するもの）

新聞名	発行地	発刊時期	発行者と主要執筆者	備　考
新周荘	周荘鎮（呉県）	1922年10月10日	朱翊新、唐廬鋒、陳藹人、陶惟坻	前身は1921年9月6日創刊の『蜆江声』。24年4月1日停刊
蘆墟	蘆墟鎮	1922年10月15日	許侯康	10号発行後停刊
盛沢	盛沢鎮	1922年10月18日	徐因時、呂君豪	95期は『盛涇』と合同で『盛報』を発行。1927年1月23日停刊
新黎里	黎里鎮	1923年4月1日	柳亜子、毛嘯岑	1926年2月1日停刊
新盛沢	盛沢鎮	1923年7月26日	徐蓮軒、徐蔚南、汪光祖	1927年1月21日停刊
盛涇	盛沢鎮	1923年10月10日	丁跂祥、程良傅、沈復鏡	盛沢と王江涇鎮の有志が合同発行。1926年1月1日停刊
励進	松陵鎮	1923年11月10日	呉江中學励進級級友會	
新平望	平望鎮	1925年8月1日	黄戊宮、陸剣飛	
新同里	同里鎮	1925年10月10日	同里教育界	
寅報	盛沢鎮	1926年1月1日	丁跂祥、徐小石	

註：佐藤2005より転載。下線は新南社社員を示す。

は県立第4高等小学校校長を務めた[38]。『新黎里』との活発な交流を進めながら、独自の視点からの記事を多く発表した『新盛沢』の発行人は徐蓮軒（1892-1961）とその従弟徐蔚南（1900-1952）は共に新南社の社員である。徐蓮軒は龍門師範卒業後、上海稗文女子中学などで教鞭を執り、徐蔚南は震旦学院に学び、官費による日本留学を経て、復旦実験中学などでの教歴を有した[39]。前章で検討した近代教育導入の推進者が科挙教育から出発し、科挙資格を有しつつ「地方公事」を担ったエリート層であったこととの対比において言えば、清末以来の近代教育によって誕生した知識人層という性格を濃厚にしていたといえよう[40]。

　従来の紳士層とは必ずしも重ならない新知識人層の誕生は、『新黎里』『新盛沢』の言論活動の性格を特徴づけていくことになる。その論点は多岐にわたるが、特集号として取り上げられた、地方自治、労働問題、体育、婚姻問題などがとりわけ急務の課題と見なされていた[41]。本稿の問題関心との関係においては、2つの点が特徴としてあげられる。第1は、清末以来地域社会において

主導的な立場にあったエリート層に対抗して、真の自治を実現しようとする論調が多くみられるようになった点である。例えば、徐蔚南は次のように述べる[42]。

〔盛沢市民は〕生活の安楽と密切である市政や子弟の知識に関係する教育を顧みない。市民が自己の責任を放棄したからには、所謂知識階級の少数者がとっくに市権を壟断してしまい、あたかも地方を代表する人士であるかのように振る舞っている。仮に彼らが「群を抜いた」人材であったとしても、依然として盛沢鎮を輝かせることをできていない。いわんや、彼らは権力を奪い合うことを知っているだけで、社会事業には一顧だにしない。……諸君、盛沢を改革する責任は市民全体の肩にかかっている。諸君は責任の重大さを認識するべきで、軽率に放棄してはならない。改革に着手する手がかりは、各業界から若干名を選出し（商人自身が望ましい）、市民公社を組織して市政の革新に努力し、識字運動を興して、平民教育を提唱するべきことにあると考える。

市政を壟断する紳士層による「紳治」に対して、商工業者が主体となって市民公社を結成し、「民治」を推進することが提起されている。自治のあり方が認識されるようになったこととの関連において、識字教育、宣講、公共閲報社、公共図書館といった平民教育が提唱され、活発に推進されるようになったことが第2点である[43]。ここに、1920年代の地域社会における教育の新展開の特徴が示されていると思われる。1925年前後からは三民主義の紹介をはじめとして国民党左派に近い政治主張が展開されるようになった。その1つの帰結として、国民革命時に孫伝芳や国民党右派に追われため、柳亜子や毛嘯岑らは呉江から避難し、のちに徐蔚南とともに上海通史館に活動の拠点を移している[44]。

(2) 3高校友会と盛沢鎮社会

1920年代の平民運動の担い手について新南社に着目してみてきたが、以下では別の角度から彼等の特徴をみてみる。盛沢鎮では『新盛沢』以外に『盛沢』『盛涇』の2紙が発行された。両紙は『新黎里』『新盛沢』ほどの急進的な政治

第Ⅰ部　地方文献篇

表3　盛沢鎮発行の新聞の関係者

新聞名	名前	新南社	3高校友	中国国民党発足時	南京政府期
盛沢	徐因時		○	区党部発起人、執行委員	区長
	呂君豪		○	区党部発起人	区長、第3区分部執行委員
新盛沢	徐蘧軒	○		参加	上海通志館
	徐蔚南	○	○	区党部発起人	上海通志館
	汪光祖	○		区党部発起人、執行委員、県党部委員	
盛涇	丁趾祥				盛沢商会会長、区公所助理員
	程良称		○	区党部発起人	
	沈復鏡	○	○	区党部発起人、執行委員	区分部小組長
	徐少方		○		
	洪和鈴		○	区党部発起人	第3区分部書記
参考					
新黎里	柳亜子	○	—	省党部・県党部執行委員	上海通志館
	毛嘯岑	○	—	省党部委員	上海通志館

出典：『呉江県志』第15巻政党社団、『盛沢鎮志』第4巻党群、第15巻人物。

主張はみられなかったが、平民教育の推進を発行の主要目的として多くの啓蒙的な記事を掲載した。

『盛涇』については若干説明が必要である。当該紙は盛沢鎮と浙江省秀水県王江涇鎮の人士によって共同で発行されたため、両地の名前が1字ずつ冠されている。発行人や主要執筆者の多くは盛沢鎮を基盤として活動し、県政のレベルで影響力をもつこともなかった極めてローカルな人物であったために、比較的詳細な経歴を追跡できるのは、汪光祖（？-1928）と丁趾祥（1904-？）の2名のみである。

詳細な経歴は不明であるものの、両紙の断片的な記事を通覧していくと、両紙の関係者が3高校友会のメンバーであることが判明する（表3）。3高とは県立第3高等小学校の略称である。3高は、1901年に盛沢においても最も早く設立された新式学校である鄭氏小学を起源とし、盛湖公学を経て、1913年の県

全体における学区の設定に伴って県立第３高等小学校へと改称された。盛湖公学時には学生数400名余りの、1931年に県立盛沢小学校に改称した際には1,000名近くの学生数を誇る規模に達し、県立第３高等小学校は私立盛沢綢業小学と並んで盛沢鎮の学校教育の中心的役割を果たした[45]。

　それでは、３高校友会の構成員をみてみる。学校創設20周年紀念塔の落成記念式典の実施が議題となった1923年６月20日開催の校友会の参会者として次の21名が確認できる[46]。

　　王友珊、王禹門、王晋義、王疇民、朱人鰲、朱楽余、仲振声、呂君豪、洪和鈴、洪兆銀、徐因時、徐少方、沈軼千、沈可荘、沈復鏡、李純康、李勇青、程良称、顧公権、陸健初、楊栄明

下線が施されている７名は『盛沢』『盛涇』の関係者である。式典の臨時主席は程良称が務め、新たに加えられた籌備委員６名の中には沈復鏡と呂君豪が含まれており、校友会の主導的な立場にあったことが窺える。上述の通り、清末民初の段階において初等小学校の就学率は極めて限定されていたが、県立第３高等小学校へ子弟を進学させるのが可能な階層は、市鎮在住の大地主、綢荘経営者や領頭のような富裕な商工業者、知識人層に限定されており、卒業生から盛沢鎮社会の指導層を輩出していたと考えるのが妥当であると思われる。

　次に、盛沢鎮社会の指導層における３高校友会の位置づけをみてみたい。まず、知識人としての側面をみてみる。1924年４月に第３区教育会の改選が綢業小学校で行われ、会長、副会長、評議員、幹事員の選出が行われている[47]。

　　正会長：唐誦青　副会長：陳次青
　　評議員：金夢良、沈可荘、姚俊先、張定夫、潘伯兼、武左青、洪和鈴、沈復鏡、李伯華、胡彬甫、沈君謨
　　幹事員：王疇民、徐因時、陳印千、呂君豪、汪光祖、陸健初、施彦瑜、李臻伯

『盛沢』『盛涇』の関係者は５名が確認できる。３校校友会会員は判明する限りでは、汪光祖を除いた両紙の関係者４名（下線）に加えて、２名（網掛け）が選出されている。『盛沢』『盛涇』の中心的社員や３高校友会の幹部が教育会の主

導的なメンバーであったことがみてとれよう。

それでは、3高校友会と地方政治との関わりを盛沢市議事会の構成員や活動に着目してみてみる。1923年に地方自治制が復活して成立した盛沢市議事会の議員には、議長金夢良，副議長沈可荘，議員姚俊先、張定夫、朱蘭生、陳辰蓀、沈亮叔、張質彬、王耘渠、葉冠五、呉景先などが選出され、更に翌年4月には、欠員に対して5名が補選されている[48]。このうち、3高校友会のメンバーであったのが、副議長で後に議長となった沈可荘、補選で選出された沈震東（後に副議長）、沈邦先、洪鳴韶の4名である。また、区教育会主要職員と議員とでは、金夢良、沈可荘、姚俊先、張定夫の4名の重複がみられる。『盛沢』『盛湮』は3高校友会の友誼会において、補選された議員に働きかけを行うことによって市政への影響力を行使せんとした[49]。1923年の市議会秋季常会において、呂君豪は「請議取締街市浮攤案」「請議設立南大街清道会案」を、徐因時は「設立公共閲報社案」を議員の紹介を通じて提出しており、校友会を背景とした働きかけの一端をみてとれよう[50]。

最後に、新聞と商業団体との関わりについて簡単に触れる。商業団体との関係が具体的に明らかになるのは、『盛湮』の発行人である丁趾祥である。丁は家業を継承して綢荘と綢廠を経営し、1920年代には盛沢市議事会議員にも選出された。南京政府期においては、1930年に盛沢区公所助理員を、1932年に盛沢商会会長を務め、抗日戦争後には呉江県参事会議長を務めた商業界の大物であった[51]。『盛湮』発行の背景には丁趾祥が実業界で有していた実力による資金面などにおける支えがあったと推測される。

総じていえば、『盛沢』『盛湮』の中心的社員は、盛沢鎮社会の指導層を輩出した3高の卒業生であり、その多くは教育界を活動の立脚点としていた。3高校友会の校友には盛沢市議事会の要職を務める人物もおり、『盛沢』『盛湮』は彼らを通して市政への民意反映を試みた。しかし、議事会を主導する紳士層や商人層との人物面での直接的な重複は殆どみられず、『盛沢』『盛湮』の中心的社員は、清末以来の近代教育の導入において誕生した新知識人層が結集したものであったといえる。

2－2　平民教育と「文明」

（1）盛沢鎮における平民教育の背景

　盛沢鎮における平民教育の高揚は1920年代の呉江県における地方自治の再開と密接不可分の関係にあった。清末実施された地方自治制は1916年の袁世凱による地方自治の停止を経て1923年に復活し、県下においても議事会が再び運営されることとなった[52]。地方自治推進の機運が高まる中、その実行方法や主体、内容をめぐって様々な議論が新聞紙上を賑わせたが、そのうちの1つに市民公社の推進が挙げられる。清末蘇州を発祥とする市民公社は、1920年代に呉江県や常熟県下の市郷においても陸続と成立し、当時の地方自治意識の到達点を示すものとして評価されてきた[53]。

　ここでは、市民公社が目指していた方向性を教育の進展やそれがもたらした空間意識の変容という視点からみてみよう。黎里市市民公社社長に就任した殷佩六（1881-1941）は今後推進するべき取り組みとして8項目を列挙し、その内容は、①議決後に実施していないものを一律実施すること、を除くと、②区教育界会と通俗演講団を組織すること、③通俗教育館の設置、④公共体育場の設置、⑤閲報社の継続、⑥街道の修築、⑦市公所と協力して市内に街灯を設置すること、⑧公共娯楽場の設置、というものであった[54]。市鎮は、インフラ整備の推進による文明化の対象であるのと同時に、通俗演講団や通俗教育館、閲報社にみられるように、広義の意味での"教育装置"として整備することを通した文明化の対象であるとも発想されていたことが見て取れよう。

　また、市鎮空間の文明化は、公共体育場や公共娯楽場の設置が示すように、市民の身体の「文明化」を志向するものでもあった。例えば、女性の解放に関する言論が新聞を賑わすようになったが、ある論説において、女子を「国民の母」とした上で、「女子の体育を提唱するのは、女子自身の問題であるばかりでなく、人種の将来にとっての一大問題なのである」と主張されたことは、公共体育場の設置が目指す文明化との関係を示すものである[55]。本稿で用いている呉江県下の新聞の論説を分析した朱小田氏に拠れば、労働問題との関わりにおいて「公余問題」という余暇の過ごし方が問題視されるようになったが、

公共娯楽場の設置は文明的な余暇の過ごし方を普及させるという意味において市鎮空間や身体の文明化と密接な関係にあったといえよう[56]。

　盛沢鎮における平民教育の主体となったのは盛沢平民教育促進会であり、会長には汪光祖が就任した[57]。汪光祖は区教育会の幹事員を務める傍ら、盛沢牛痘館の創設や識字運動の推進など鎮の教育事業において活躍した人物であった。新南社社員として柳亜子の人脈に連なる人物でもあり、『新盛沢』『盛沢』『盛涇』の各紙において公衆衛生や平民教育などに関する啓蒙的な文章を発表した。政治的な立場についていえば、1924年に国民党県党部委員に就任し、柳亜子とともに国民党左派としての立場を採り、北伐軍の北上に際しては先導をしたという[58]。盛沢平民教育促進会は通俗演講部、識字運動部、商読函授部の3部で構成され、商読函授部は後に商読学校に改組されている。商読学校の主催者は汪光祖に加え、呂君豪と徐少方が務めており、盛沢平民教育促進会の活動は3高校友会や区教育会との連携に依っていた。

　ところで、本稿の主題である市鎮社会の変容という角度からは、当時平民教育の必要性が唱えられたことをどのように考えればよいだろうか。汪光祖の言をみてみよう[59]。

> 教育の普及を国民学校や義務学校に依拠しようと考えるならば、到底達成できるものではない。なぜだろうか。第1に、国民学校や義務学校の教室は極めて少数を収容できるだけだからである。第2に、学堂の位置が固定されていることを知っていても、読書人は何もしないからである。第3は、平民は様々な課程を丸1日学習する時間がないからである。教育を普及させる条件には、時間の経済が必要であり、どこでも随時行うことが出来る必要がある。この2つの目的を満たすのは識字運動しかない。

具体的な方法として、幻灯機を用いて夜間に『千字課』を教授すること、壁に大きな字を貼り付けたり、仕事場に字牌を掲げたりすること、常用漢字を収録した小冊子を配布することなどが提唱されている[60]。ここで問題視されているのは多くの非エリート層の存在と彼らに対する教育である。先にみたように、市鎮や大規模な村落に設置された国民学校が収容する児童数には限度があるこ

と、また民初の段階において7.4％であった小学校への就学率などを考えると、大多数の児童は就学せぬまま1920年代には就労していたはずである。例えば、綢荘や領戸の夥友について、彼らが、東家（主人）にならって茶館にいって説書を聴いたり、阿片や飲酒、賭博にうつつを抜かしたりして、「彼らの知識や道徳がどうであるのか、将来の地位や生計がどうであるのか、正しい娯楽であるかどうか、空間が有益であるか否かについては全く気にかけない」状態に対して危惧が表明されている[61]。盛沢鎮の絹織物業を支えていた機工・機戸層についても、海外製品や外地の職工との競争が激化し生活が困難になっている状況が指摘され、「優勝劣敗」の世界における生存を危うくしているのは知識の欠如であるとして平民教育の必要性が説かれている[62]。

さて、平民教育が直面した問題点についてみてみる。慢性的な費用不足が最大の問題であり、安定した経常活動費を獲得できない状況において、しばしば見られた費用の獲得方法は、演劇や映画の上映の売り上げを充てるというものであったが、上演の費用に過半を費やしてしまい、得るところは殆どなかったという[63]。活動の現場においても、多くの問題を抱えており、幻灯による識字運動が電力不足のために中止を余儀なくされるなど[64]、推進者の理想と制度やインフラ面とには大きな乖離が見られたことも事実である。また、映画による募金活動に対して、これらの活動を誹謗する「俚鄙文」（野卑な言葉）が街区の壁上に書かれる事件が発生し、これがある米行による妨害であったことが『盛沢』に掲載されている[65]。教育界の人士や学生たちによって救国のために進められたこれらの活動も市鎮の一般住民にとっては奇異な活動として映ったことを示す逸話である。

（2）平民教育と「民俗」

市民公社をはじめとする地方自治が市鎮空間や市民の身体の「文明化」を志向するものであったことを先に述べたが、このことは「非文明」の存在を発見することでもあった[66]。以下、平民教育運動の推進者たちが有していた民俗観の検討を通してその内容を考えてみたい。『新盛沢』に寄稿された通俗教育

の実行方法をめぐる文章では、その直接的役割が社会改良に、間接的役割が学校教育と家庭教育の補助にあり、経費が少ない上に効果が少なくないとした上で、通俗講演の実際の方法を次のように述べる[67]。

　　私は、郷鎮の茶館やそれ以外の多くの人が集う場所もすべて実地で通俗演講を行う絶好の場所であると思う。講演の前に、その地方の社会状況や風俗、習慣を調査する必要がある。また、〔通俗講演の際に〕選ぶ素材や講演の口調は通俗的でなければならない。つまり、社会の人々の興味に合わせなければならないのである。

現地の民衆に膾炙している歌謡を利用した講演という方法は、清末の啓蒙運動にすでにみられた方法であるが[68]、『新盛沢』には五更調や小熱昏といった蘇州一帯で人気を博した小調に通俗講演の内容を載せた歌謡が何点か掲載されており、これらは実際の使用を想定して作成したものであると思われる[69]。平民教育の各種活動を行う際、当地の風俗や習慣に照らし、手段として民間文化を利用していこうとする方法のうち、清末以来注目を集めたのは識字能力を持たない民衆のために演劇を利用するというものがあった。演劇の持つ影響力について呂君豪は次のように示している[70]。

　　我が鎮の風俗の腐敗は現在極限に達したといえる。挽回する方法は１つに留まらないが、演劇の改良は特に重要である。なぜか。というのも社会では中・下級の人が多数を占めるからである。彼らは一概に言って新聞や書物の陶冶を受けることができない。演劇のみが簡明でわかりやすく、生き生きとしており、彼らに容易に分からせることができるのである。例えばある劇の内容に驚愕や涙を誘う場面、歌などがある場合、観る者は自然と驚愕し、涙を流し、歌うのである。……従って、台本を書く者や演じるものは常に良心をもって有益な方向に向かって演劇を行わなければならない。一部分の観客のために不良の劇を編成し、演じることによって風俗を破壊し、社会を害してはならない。

この意見は演劇を利用した啓蒙活動を暗黙のうちに前提としたものであり、清末民初の知識人の間に広く見られた、民間文化を利用した社会改良の基本的な

発想が端的に示されている。すなわち、民間文化を風俗の維持や社会改良に有用なものとそうでないものとを分別し、有用なものを平民教育に活用し、そうでないものは改造の対象にしようとする両義性である。したがって、民間文化への関心は民俗学的な関心に基づくものではなく、あくまでも改造と手段としての実際的な有用性への着目であり、有用でないとみなされたものについては「迷信」として排除された。例えば、廟会や民間信仰はしばしば議論の対象として記事に現れている。盛沢鎮の蚕皇殿において国内の和平を祈禱して行われた打醮(道士による法会)に対する1つの記事をみてみよう[71]。

　　愛国には自らその方法と正理がある。単に紙銭を焼いたり、経文をとなえて懺悔したりすることで国家を平和にすることなど到底できないことである。また、神権を崇拝することは結局のところ迷信的行為であり、とっくに淘汰されるべきものである。したがって、厳格なまなざしでこの種の財産をすり減らす無用の事や社会を迷信にむかわせる打醮や拝懺(読経による懺悔)などを観察すると、愛国ではないばかりでなく、実際は国を誤らせていることがわかるのである。

ここにみられるのは、民俗にある迷信的要素を克服・改造の対象とするものであり、真の愛国と「迷信」とが対置され、迷信を除去することによって愛国を達成しようとする主張である。手段としての民俗、迷信としての民俗という捉え方以外に、新南社に集った青年知識人の中には、政治の主体としての民衆を位置づけていこうとする中で、挿秧歌や竹枝詞などの民衆文学や廟会の芸術性から積極的な意義を見いだしていこうとする動きも現れるが、彼らとて「迷信」を肯定したわけではなかった点にも当時の民俗観が有した両義性を指摘することができよう[72]。

　1920年代の盛沢鎮をはじめとする呉江県下の市鎮の平民教育運動は、盛沢群育館や南京政府期の民衆教育館の系譜へと連なっていくが、その規模や実質的効果についてみれば、大規模な鎮において一定の効果がみられた程度であり、小規模な鎮では殆どみるべき成果がなかったのも事実である[73]。この事実は近代教育を通じて「文明化」が及ぶ範囲を示すものであり、「文明化」の及ば

なかった農村部における教育や農民たちの教育観は改めて取り上げなければならない。

3　私塾からみる清末民国期の農村教育

　前章までは近代教育の導入と普及の過程を市鎮の存在に着目して検討してきたが、その特徴を確認するために、本章では視点を変えて農村の角度から清末民国期の教育圏の問題を考えてみたい。この点については、江蘇省無錫県を事例として、民国期を通じて近代教育と私塾を中心とする伝統教育が併存関係にあったことを明らかにした新保敦子氏の先駆的な研究がある(74)。本稿も氏の指摘に依りつつ、呉江県における状況について独自に発掘した史料をもとに概観していく。

　学校教育を普及させる過程において、民国初年には呉江県においても私塾の存在が問題視されていたことが視察記録に反映されている。『呉江県及市郷教育情況』では幾つかの私塾の調査が報告されており、ある程度の記述がなされている同里の私塾2処は、初等小学校にあわせて修身、国文、算術、英語について商務印書館のテキストを採用しているという内容である。所謂伝統的な私塾については「均しく三字経、千字文、四書を課本としている。改良を勧告したが、みな次学期を待たなければならないと答えた。ひとまず今後を注視する」と述べるのみである(75)。私塾や塾師の改良の必要性が認識されてはいたものの、新式学校の普及に労力と注意が払われ、十分に取り組まれなかったと思われる。

　1920年代に入ると平民教育の推進者からも私塾に注意が向けられるようになり、対策が講じられるようになった。1924年8月1日に開催された区教育会常会では、『盛湮』の編輯を務めていた区教育会評議員の沈復鏡によって私塾調査が提議された。沈によれば、盛沢市には私塾が林立しているもののその数や学生数に関する統計がなく、調査が急務であることが以前に議決されていた。議決に基づき、①私塾の所在地、②塾師の姓名、③塾師の経歴、④学生数、⑤

学生の年齢、⑥テキスト、の各項目について幹事員が調査することが常会において確認されている[76]。この調査の実施状況については不明であるが、その後の状況を踏まえると、調査によって根本的な対策が採られるには至らなかったようである。

　前後するが、行政も私塾の改良に乗り出し、1915年には江蘇巡按使公署が「整理私塾規程」を頒布し、地方行政長官による試験を合格した塾師のみに教鞭を執ることを許可する規定が出された[77]。解放直後の私塾調査からは、黎里区西楊小学の呉達生という68歳の塾師が江蘇省塾師伝習所を卒業し、県視学から許可証を発給された事例が見いだせる[78]。しかし、調査において把握された約160カ所の私塾の中で唯一の事例であり、顕著な効果はみられなかったと考えるのが妥当であろう。南京政府期においても根本的な変化はなかった。教育部は1937年6月1日に「改良私塾弁法」を公布し、私塾の登記、教育部が審査した教科書の採用など課程の正規化、塾師訓練班の開設などによって私塾の改良と取締を行わんとした。これを受け、江蘇省においても「江蘇省管理私塾実施弁法」と「江蘇省各県私塾改進及取締簡則」が制定されている[79]。その後日本軍による占領により多くの小学校は停止を余儀なくされたため私塾が叢生したが、『呉江県志』はこれを「一部の有識の士は傀儡政権の奴隷化教育に抵抗するために私塾を起こしたのである」として評価している[80]。

　以上、近代教育の導入によって存在が問題視され、改良や取締の対象として認識されるようになった私塾が、教育人士や行政による取り組みにもかかわらず民国期を通して存在した状況を概観した。ここで問題になるのは、近代教育による社会上昇という選択肢と、それとは異なる生存戦略との関連において、農村で私塾が有力な選択肢の１つであったことを考察する必要性である。福武直は自らの実地調査や資料にもとづき、「農民の教育に対する態度も実に無関心」であり、「中農以上では教育があれば便利であるといった位の観念から子供に教育の機会を与へるが、貧農には全然その余裕もなく幼時から補助労働として子供たちに頼るのである」と社会階層との関連で農村教育の傾向を概括している[81]。本稿で全面的に検討する余裕はないが、筆者による聴取調査と筆

者が入手した解放直後の私塾調査檔案の一部を紹介し、それらからみえてくる農民や農村にとっての私塾の意味とその帰結について一瞥する。

以下、筆者が2004年8月から2007年3月の期間、計10回にわたり呉江県下の農村で行った聴取調査の一部を利用して考えてみたい[82]。まず、北厙鎮大長港村大長浜の浦志成氏（1930- ）を取り上げる[83]。浦氏は長工の父を持ち、解放前は忙工として働き、解放後は貧農に分類された。彼は、1950年に土地改革に参加して村の土地改革工作組組長や農会大組長を、1962年からは紅星大隊書記を務めた人物である。長工という農村の最下層にあった彼であるが、7歳から13歳に至るまで大長浜にあった2つの私塾に通い、『論語』や『孟子』を修了し、『幼学』を半分まで学んだという。後に忙工として働き、近隣の商店主に従って上海に2年間行商にでかけたこともあった。村において最下層にあった浦氏が私塾に通うことができたのは、後の経歴が示すように幼少時に高い資質をみせたことによって家族の支援を受けたことが十分に考えられるが、大長浜村の場合、他の男性老人についても多くが私塾における学習歴を多かれ少なかれ有していた[84]。

農民にとって私塾における教育は彼らの生存戦略と深い関係にあった。浦志承氏が上海に行商にでかけているように、商業活動や徒弟としての修行に識字能力は不可欠であったからである。例として、呉江市の農村部において宣巻藝人として著名な金家壩鎮楊墳頭村の胡畹峰氏（1924- ）を挙げる[85]。胡氏は7歳から7年間2つの私塾に通ったが、2番目の私塾は所謂改良私塾であり、語文や尺牘を学んだという。15歳の時に蘆墟鎮の洋貨店の営業員となり、17歳の時には3人の仲間と共に北厙鎮において協泰昌という洋貨店を開店した。18歳以降宣巻藝人となり、解放後は農業に従事して幹部経験もなかった点からすれば、一般の農民における職業選択行動における私塾で学んだ知識の重要性を示すものであろう。一般農民にとって私塾の学習内容が持つ意味について興味深い言及をしているのが、解放前に短期間塾師を務めた八坼鎮龍津村の沈祥雲氏（1922- ）である[86]。沈氏は富農の家庭に生まれ、7歳から10年間私塾で学んだ後、2年間塾師を務めた経歴を有している。20歳より宣巻藝人として活

動し、解放後は生産大隊の「赤脚医生」(はだしの医者) を20年あまり務めた。彼によれば、私塾の1年目は『三字経』『百家姓』『千字文』を、2年目は『神童酒詩』を、3年目からは四書を学びはじめ、四書を学び終えるのに3、4年を必要としたという。続いて『幼学』を1年、五経の前置き(開篇)を3年程度という順に進めたと述べている。五経の前置きを学び終えることが当時の一般農民にとって持つ意味を「現在の高校卒業に相当する」と比定している[87]。つまり、私塾とは、学校教育による社会上昇とは無縁ではあったものの、一般農民にとって現実的に取り得る様々な生存戦略の選択肢を増やすための有力な手段であったのである。

社会階層と教育の選択との関係を別の角度からみてみよう。先にあげた大長浜村の場合には、私塾が活発に運営された背景に村内の強いリーダシップが働いたことが指摘できる。そのことを如実に示すのが、抗日戦争前後に「洋学校」を村内に設立せんとする動きがあったことが村民たちによって異口同音に述べられている点である。推進者の1人であったのが楊誠氏 (1928-) である[88]。彼は私塾を経て、黎里鎮において夏家橋小学と黎里中学に通学した。その後、蘇州の天主教系学校である有原中学で学びさらに上海育才中学 (高校) に進学し、1年半後中退して帰郷した。この経歴は大長浜の農民においては卓越したものである。父楊少林は約50畝の自田を有し、楊誠氏自身も解放後には富農に分類されており、この優越的な立場を背景に楊少林と叔父楊少山は保長を務め、楊誠氏も解放直前に元鶴郷副郷長を務めた。1946年前後には、楊少山と楊誠氏は黎里鎮から銭大雄という人物を招き、小学校の設立に至っている。

この事例で注意しなければならないのは、大長浜を含めた大長港村は県の「土地改革試点」として政府から極めて重視され、土地改革によって地主1名と富農13名が認定されているように、周辺の農村に比べて突出して富裕層が多かった点である[89]。したがって、この事例は一般化することはできず、村落間の格差を考慮する必要があるが、農村部における近代教育の導入に強い指導力をもった富農層の存在が不可欠であることを指摘できるだろう。

聴取調査によって個別的に判明する私塾の状況を一般化する上で解放直後に

表4　私塾調査にみる北厍鎮周辺の私塾

塾　名	所 在 地	中心補導区	創弁期	教学状況	採用書本
楊文頭小学校	蘆墟区厍民郷楊文頭村中心西岳廟	北厍中心国民学校	1921年2月	土改教材、時事材料	
姚家埭小学	蘆墟区厍民郷姚家埭村	北厍中心国民学校	1932年	土改、緊要時事	土改教材（北厍中心小学校編）、時事教育（蘇南日報）
東長私塾	蘆墟区厍民郷東長村	北厍中心国民学校	1940年2月	補充土改教育、時事宣伝教育	土改教材、時事宣伝教材
蛇垛港私塾	蘆墟区北厍郷蛇垛港村	北厍中心国民学校	1942年	補充土改教育、時事宣伝教育	土改教材
南河扇小学校	蘆墟区厍民郷南河扇村	北厍中心国民学校	1920年1月	土改教材、時事材料	
北珠私塾	蘆墟区北厍郷北珠村	北厍中心国民学校	1948年2月	補充土改教育、時事宣伝教育	土改教材、時事宣伝教材
戴家港私立農村小学校(私塾)	蘆墟区厍新郷戴家港村徐家湾	北厍中心国民学校	1948年3月	土改教材	
沈氏学塾	蘆墟区厍民郷東浜村沈氏屋	北厍中心国民学校	1942年2月	土改・反美	土改教材

注：郷の名称は記述がそのまま反映されている。教学状況と採用書本は経常の学課以外に言及されたものである。

行われた学校調査関係檔案が参考になると思われるので、最後にその概要と有用性を紹介する。『一九五〇年各小学私塾概況調査表㈠㈡』は、1950年に県下の私塾や公私立小学の現状について行われた一斉調査のうちの私塾に関する部分である。調査表には「蘇南私塾概況調査表」とあり、青浦県においても同様の書式の調査表が現存していることを考えると、私塾調査が蘇南行署区において統一的に実施されたことが推測される[90]。

『私塾概況調査表』には、設立経緯、運営者（塾董）や塾師の経歴や階級、学費、使用課本、私塾が存在する村の文化・経済状況、現地の行政などとの関係などについての項目がある。これらは基本的には塾師が記入をしており、塾師からみた私塾や村の状況などを知ることができる。調査表を詳細に検討すれば、民国期の農村部における私塾の分布状況、学生数や運営費などの正規の小学校との比較、塾師の経歴と階層性、農民にとっての私塾の意味といった問題群への接近が可能になると思われる。

調査表に記された状況の多くは民国期全般の状況を相当程度反映したもので

あるが、利用に際しては、抗日戦争期によって受けた影響などに加えて、解放による影響も濃厚に現れている点に注意しなければならない。表4は、北厙鎮周辺における私塾のうち調査表を提出した8カ所の基礎的な情報を示したものであるが、教育内容や教材として「土改教材」があげられているように、新たな政治状況に対応していることがみてとれる。東長私塾の状況に即してみてみよう[91]。当該私塾は1940年に創設され、1950年に農会幹部によって再建されたものである。村民の9割に識字能力がなく、あっても極めて低い状況であると報告されており、先に見た大長浜村の状況とは異なり、富農以上の階層が不在の貧村であったことがうかがい知れる。その上で私塾と関連組織との状況について次のように述べる。

  政府との関係──当地の中心と結合し、当地の政府の宣伝や伝達工作に協力している。

  学校との関係──中心小学校と協力し、各種の補導会議や土地改革・時事学習に参加している。

  家長との関係──課外時間を利用して家庭訪問や感情の連絡を進め、様々な工作に協力している。

  農会との関係──農会の村幹部の文書業務に協力し、会議に参加して各種の宣伝工作を共にしている。

上級政府や農会に対する協力関係、塾董や塾師の階級、村内の経済状況を把握せんとする調査表の意図を考えると、土地改革をはじめとする農村の政治的社会的改造を実施するために、塾董や塾師のルートから私塾が置かれた村落の情報を収集し、政策実行に資せんとしたことがうかがい知れる。教育圏との関連で注目すべきは北厙鎮の中心小学校との関係である。塾師は中心小学校の補導会議に参加し、教育課程や内容の改善に関する指導を受けることに加えて、土地改革や時事問題の学習会において中心小学校の指導を受けるという関係が構築されている。郷政府から村に対しては、工作隊を通した土地改革の実施と同時に、中心小学校の指導のもと私塾を通した思想工作が進められていたのである。

清末民国期の市鎮を中心とする近代教育の普及と農村部における私塾の併存という状況に対して、農村部においては強い指導力を持つ富農層によって個別的に小学校建設が行われる（志向される）ことがあったが、抜本的な解決策とは言い難いものであった。これに対して、解放後には「上」からの農村の政治的社会的改造が農村教育の根本的改造の端緒となり、農村教育は鎮の中心小学校を中心とする教育圏に包摂されていくことになるのである。

おわりに

本稿では、清末民国期江南地方の基層社会における統合の特質と変容過程について、近代教育受容における市鎮と農村との分断的状況に着目しつつ素描した。

第1章では、『呉江県教育状況』をもとに、地域社会における初等教育の普及状況やその要因について分析した。県立高等小学校校区は大鎮（県属鎮）を擁する市区に、初等小学校校区は一部の例外を除いて小鎮（郷鎮）を中心とする郷区と市区を基準に設置された。農村部の就学についていえば、初等小学校が設置された村落や市鎮の付近の地主・富農層の子弟に限定されており、一般農民には殆ど縁がなかった。これらを考慮すれば、学区の経済的社会的環境、すなわち、学校が設置された市鎮の規模や機能、市鎮に居住する社会階層の構成や人口が就学率を規定した要因であったといえる。つまり、現実的に子弟を新式学校に通学させることが可能な市鎮在住の大地主、富商、知識人などの階層の規模と強い相関関係があったのである。民国初年の小学校就学率は、県属鎮を擁する学区は10〜16％程度、それ以外の学区は5〜8％程度の傾向を示していたが例外も存在した。前者では非エリート層の人口過多によって低い就学率を示す盛沢市の事例が挙げられる。後者において高い就学率を示す学区が幾つかあった背景に、調査の精度の問題を度外視すれば、学校運営を積極的に行った有力者の存在があったことが推測される。いずれの場合も、個別の市鎮が有する社会階層の構成と密接な関係にあったことには変わりない。

清末以降の学校教育から登場した新知識人層と市鎮社会との関係について、1920年代の盛沢鎮を事例に論じたのが第2章である。ここでは、新知識人の階層的特徴を明らかにした上で、彼らが推進した平民教育の根底にある文明観の検討を通して、新エリート層の登場がもたらした市鎮と農村間の分断状況について考察を加えた。呉江県下の市鎮においては新文化の普及を旗幟とする地方新聞が発行され、それらの発行人・主要執筆者は柳亜子が結成した新南社の社員であることが夙に指摘されてきた。これ以外に特徴的なのが、彼らの多くが県立第3高等小学校の校友であった事実であり、教育界を活動の主要な立脚点とする知識人としての性格を濃厚にしたエリート層であったという点である。彼らは、『盛沢』『盛湮』『新盛沢』を発行して盛沢鎮社会における世論形成を図りつつ、区教育会などと連携して盛沢平民教育促進会を結成し、平民教育の普及に努めた。運動の根底にある発想を読み解いていくと、世界規模での優勝劣敗が繰り広げられる中で、「天演の淘汰」に陥らないために市鎮空間や市民の身体の「文明化」することを志向したことが浮かび上がってくる。また、民俗にみられる「迷信」としての側面は「文明」に対置されるものとして改良・克服の対象として認識されるようになり、新南社に集った青年知識人の中には、民俗に積極的な意義を見いだしていこうとする動きも現れた。しかし、彼らとて「迷信」を肯定したわけではなかった。このように大鎮を中心として市鎮は近代教育を通じて「文明化」が及ぶ最末端としての性格を強めていき、それが及ばない農村部との対比を際だたせていくことになったのである。

　第3章では、農村教育において優勢であった私塾に着目し、聴取調査や解放直後の私塾調査に拠りつつ近代教育の非普及の実態とその背景について初歩的な考察を行った。私塾は、近代教育の導入に伴って改良や取締の対象として認識されるようになったが、様々な取り組みにもかかわらず民国期を通して存在し続けた。解放前に塾師を務めた老農民が、五経の前置きを学び終えることが当時の一般農民にとって持った意味をいみじくも現在の高校卒業に比定しているように、一般農民にとって私塾とは、近代教育による社会上昇とは無縁であったとしても、「中間的識字層」として現実的にとり得る様々な生存戦略の選択

肢を増やすための有力な手段であったのである。

　本稿で得た見通しを総括すれば次の通りである。濱島敦俊氏が明晰に示しているように、明末以来の商業化の進展によって、郷紳が主導する県社会、生員・監生層が担う市鎮社会、富農を中心とする「社」の世界という3層構造が江南社会には形成され、清末民国期に至った。この階層性は言語文化の側面からみると、文語と白話的文語と白話が使用される県社会、白話的文語と白話が使用される市鎮社会、白話が用いられる社の世界という差異があったが、これはいわばグラデーションの如く科挙文化の中に包摂されるものであった。近代教育によって登場した新たな知識人層は地域社会の「文明化」を志向し、「文明化」に合致しない要素は「迷信」とみなすようになった。市鎮は「文明化」が指向される世界の末端としての性格を濃厚にしていく中で、それが及ばない農村部との対比を際だたせていくことになった。福武直が観察した教育圏における市鎮と農村との非連続性や分断的な状況とはこのような過程の一局面であったと思われる。

註

（1）　「郷脚」については費孝通（大里浩秋・並木頼寿訳）『江南農村の工業化――"小城鎮"建設の記録 1983-84』研文出版、1988年、19-20頁、及び、費孝通『江村経済――中国農民的生活』北京、商務印書館、2004年、における議論を参照。福武直『中国農村社会の構造』〈福武直著作集第9巻〉東京大学出版会、1976年。なお、これらの議論はW・スキナーの中心地論との親和性が強いが、ドゥアラは市場圏論のみでは把握できない村落連合のごとき繋がりも重視する。Prasenjit Duara, *Culture, Power and the State: Rural North China, 1900-1942.* Stanford, California: Stanford University Press, 1988, pp17-20.

（2）　この領域における代表的な成果に、劉石吉『明清時代江南市鎮研究』北京、中国社会科学出版社、1987年、陳学文『明清時期杭嘉湖市鎮史研究』北京、群言出版社、范金民『明清江南商業的発展』南京、南京大学出版社、1998年、樊樹志『江南市鎮――伝統的変革』上海、復旦大学出版社、2005年、がある。

（3）　濱島敦俊『総管信仰――近世江南農村社会と民間信仰』研文出版、2001年。ま

た、都市としての市鎮の社会構造については、川勝守『明清江南市鎮社会史研究——空間と社会形成の歴史学』汲古書院、1999年、がある。

（4）　清末民国期の近代化が市鎮社会の構造に与えた影響については、小田『江南郷鎮社会的近代転型』北京、中国商業出版社、1997年、がある。

（5）　稲田清一「清代江南における救荒と市鎮——宝山県・嘉定県の『廠』をめぐって」『甲南大学紀要』〈文学編〉86号、1992年。同様の問題は、呉滔「清至民初嘉定宝山地区分廠伝統之転変——従賑済飢荒到郷鎮自治」『清史研究』2004年2期、においても論じられている。

（6）　例えば、太田出「清代緑営の管轄区域とその機能——江南デルタの汛を中心に」『史学雑誌』第107編10号、1998年、では、清朝国家が江南市鎮の空間構造に即して汛を配置していたことを明らかにしている。

（7）　例えば、阿部洋『中国近代学校史研究——清末における近代学校制度の成立過程』福村出版、1993年、朝倉美香『清末・民国期郷村における義務教育実施過程に関する研究』風間書房、2005年。

（8）　濱島敦俊「農村社会——覚書」森正夫編『中国史学の基本問題4——明清時代史の基本問題』汲古書院、1997年、所収。

（9）　この点について示唆的なのが、新保敦子「中華民国時期における近代学制の地方浸透と私塾——江蘇省をめぐって」狭間直樹編『中国国民革命の研究』京都大学人文科学研究所、1992年、所収、における議論である。

（10）　この問題を考える際には、古典的教養の受容のみならず、エリートと民衆の中間にある「中間的識字層」が有した、ハンドブックや暦書、初等教本といった実用的日常的な識字文化のあり方を検討する必要がある。James Hayes, "Specialists and Written Materials in the Village World," in David Johnson, Andrew J. Nathan, Evelyn S. Rawski, eds., *Popular Culture in Late Imperial China*. Berkeley, California: University of California Press, 1985. 中島楽章「村の識字文化——民衆文化とエリート文化のあいだ」『歴史評論』663号、2005年。この問題に深く関連する識字の状況については、清代の識字率を考察した古典的著作である、Evelyn Sakakida Rowski. *Education and Popular Literacy in Ch'ing China*. An Arbor: University of Michigan Press, 1979. が参考になる。

（11）　1910～1920年代のもので現在纏まって閲覧可能なものは、『呉江』（蘇州市檔案館蔵）『呉江日報』『新黎里』『新周荘』『盛沢』『盛涇』（以上、上海市図書館蔵）

『新盛沢』（呉江市檔案館蔵）である。

(12) 『呉江県教育状況――県視学報告』1913年鉛印本、『民国二年度呉江県教育状況――県視学報告』1914年鉛印本、『民国三年度呉江県教育状況――県視学報告』1915年鉛印本、『民国四年度呉江県教育状況――県視学報告』1916年鉛印本、『民国五年度呉江県教育状況――県視学報告』1917年鉛印本、『呉江県及市郷教育状況（中華民国元年五月第一次調査）』全て呉江市図書館蔵。『一九五〇年各小学私塾概況調査表㈠㈡』は呉江市檔案館に所蔵されており、所蔵番号は2023-3-11と2023-3-12である。

(13) 田中比呂志「清末民初の社会調査と中国地域社会史研究」『歴史評論』663号、2005年。

(14) 清末民国期の初等教育は何回かの制度の変更があった。清末は初等小学堂5年、高等小学堂4年を年限とされた。民国の「壬子学制」においては、学堂は学校と改称され、初等小学4年、高等小学3年とされた。1922年の「壬戌学制」では、初級小学校4年、高級小学校2年と定められた。清末民国期の学制の概況については李華興『民国教育史』上海、上海教育出版社、1997年、を参照。各時期の学制と学校系統図については朝倉前掲書、312-316頁、が便利である。

(15) 関係学校毎の報告の部分については『呉江公報』各号にも掲載されている。

(16) 『呉江県及市郷教育状況』の内容は、県内の初等小学校から中学校の生徒数、教員数、クラス数、教室数、運営経費等に関する調査結果と、幾つかの学校における授業参観の際に参観した授業に対する評価、学校全体の教学や管理に関する評価などで構成されている。

(17) 高田幸男「近代中国地域社会と教育会――無錫教育会の役員構成分析を中心に」『駿台史学』91号、1994年。

(18) 拙稿「清末・民国初期上海県農村部における在地有力者と郷土教育――『陳行郷土志』とその背景」『史学雑誌』第108編12号、1999年。

(19) 『民国四年度呉江県教育状況』「呈請省長奨励辦学出力人員冊」。

(20) 『呉江県教育状況』「規画市郷今後教育意見書」。清末の教育が国民国家の単なる構成員としての「国民」創造にとどまり、主権者養成には至らなかったことが指摘されている。高田幸男「辛亥革命期における『国民』の創造――その初歩的考察」『近きに在りて』39号、2001年。

(21) 丁祖蔭は常熟の人で生員であった。清末、常昭勧学所総董、海虞市自治公所総

董を経て、江蘇諮議局議員に当選した。辛亥革命後は常熟県民政長、同県知事を務めた後、呉江県知事に任じられた。

(22) 丁祖蔭『松陵文牘』民国3年鉛印本（呉江市図書館蔵）「検査市郷自治成績文──呈省民政長（三年一月）」に附された「考察市郷自治筆記」。

(23) 「文明」と対置される風俗の改良という清末の発想については、吉澤誠一郎『天津の近代──清末都市における政治文化と社会統合』名古屋大学出版会、2002年、363-384頁、参照。

(24) 民初の自治区については、范煙橋『呉江県郷土志』1917年鉛印本（上海市図書館蔵）。なお、民国初年の呉江県とは清代の呉江県と震沢県とが合併したものである。

(25) 『民国二年度呉江県教育状況』「本県現有男子学校系統図」。

(26) 呉江市地方志編纂委員会編『呉江県志』南京、江蘇科学技術出版社、1994年、第2巻集鎮。

(27) 1915年には蘆墟鎮に県立第6高等小学校が設置され、翌年には平望鎮に県立第7高等小学校が設置されている。また、1915年には同里と震沢に県立女子高等小学校が創設された。蘆墟鎮志編纂委員会編『蘆墟鎮志』上海、上海社会科学院出版社、2004年、第12巻教育、第2章小学和幼児教育。『呉江県郷土志』第4課教育。また、1914年段階において、県立高等小学校が設置された鎮以外で郷立高等小学校が設置されていたのは莘塔郷のみである。『民国二年度呉江県教育状況』「市郷学校一覧表」。

(28) 范前掲書、134-139頁、樊前掲書、489-525頁。

(29) 宣巻藝人朱火生氏（1948- ）の工作記録においても市鎮として扱われている。朱火生『生意表』旧暦2000年12月18日の条。『呉江県郷土志』第8課湖東西郷南厙郷、では、南厙がもともと一村落に過ぎなかったが、清末に人口が増加して商業が発達し、遂に市集となったと記されている。

(30) 福武前掲書、234頁。

(31) 『民国二年度呉江県教育状況』「市郷教育統計表」。

(32) 清末以前において市鎮が有する教育施設には科挙教育のための書院が上げられるが、清代に呉江県下には盛沢（3箇所）、黎里、松陵（2箇所）、同里、平望、蘆墟に開設されたが、いずれも県属鎮である。『呉江県志』第20巻教育、第1章旧式教育。

(33) 『宣統二年呉江県戸籍、人口調査檔案選』1983年11月呉江市檔案館編抄本「署呉江県令周焘爲申報各区戸口総数事致江蘇巡警道曁蘇州府呈稿」において報告された学童数も10,134人と他区を圧倒している。

(34) 小島淑男『近代中国の農村経済と地主制』汲古書院、2005年、239-253頁。

(35) 『松陵文牘』「考察市郷自治筆記」では、盛沢鎮の商民の多くが浙江籍であり、一部の不良分子が阿片や賭博に染まっていることが治安維持の観点から記されている。このような流動性の高さも就学率の低迷と関係があるように思われる。また、『新盛沢』1923年11月21日「発展盛沢綢工業的動機（蓮軒）」においては盛沢の機工が知識を吸収せず改良に努めないことに対して危惧が表明されている。

(36) 呉江県で発行された新聞・雑誌については、『新黎里』1924年4月1日「四年来百里内定期出版部的年表（YT）」及び『呉江県志』第21巻文化、第7章新聞。なお、『新黎里』にYTと署名のある記事は柳亜子の手になるものである。

(37) 楊天石・劉彦成『南社』北京、中華書局、1980年。陳伯海・袁進編『上海近代文学史』上海、上海人民出版社、1993年、180-200頁。小田前掲書、235-236頁。

(38) 呉江県黎里鎮鎮志編纂委員会編『黎里鎮志』南京、江蘇教育出版社、1991年、巻11人物。

(39) 『盛沢鎮志』第15巻人物、第1章人物伝、及び第2章人物録。

(40) この点については、拙稿「地方新聞が描く地域社会、描かない地域社会——1920年代、呉江県下の市鎮の新聞と新南社」『歴史評論』663号、でも言及した。

(41) 『新盛沢』1923年9月21日「市自治号」、同、1923年12月21日「体育号」、『新黎里』1923年5月1日「労働紀念特刊」、同、1923年5月16日「婚姻問題特刊」。

(42) 『新盛沢』1923年7月16日「今後盛沢市民応有的覚悟（南）」。

(43) 『新盛沢』1923年9月21日「黎里市民公社一年来底経過及今後底希望」。「紳治」に対峙する「民治」の推進は『新盛沢』1923年9月11日「民治与紳治」。

(44) 柳無忌編『柳亜子年譜』北京、社会科学出版社、1983年、1926年及び1927年の条。『盛沢』『盛涇』の主要関係者の多くは中国国民党区党部発起人を務めており、急進派としての立場を強めた柳亜子らと異なり、南京政府期にも盛沢鎮の行政や党分部において主要な地位を担った。表3参照。

(45) 『盛沢鎮志』第11巻教育、第2章普通教育。

(46) 『盛沢』1923年7月2日「三高校友会開会」。

(47) 『盛沢』1924年5月8日「区教育会改選職員」。盛沢市は1915年の学区改編に伴

い第3学区となった。
(48) 『盛沢鎮志』第3巻政権司法、第2章議事会人民代表大会。
(49) 『盛沢』1923年10月15日「市議会秋季常会紀事㈡」。
(50) 『盛沢』1924年5月8日「三高校友会開友誼会」。
(51) 『盛沢鎮志』第15巻人物、第2章人物録。
(52) 『呉江県志』第16巻政務、第2章議事会参事会参議会。
(53) 清末蘇州の市民公社については、朱英『辛亥革命時期新式商人社団研究』北京、中国人民大学出版社、1991年、が詳しい。1920年代の呉江と常熟の市民公社については、小田前掲書、230-234頁。
(54) 『新盛沢』1923年9月21日「黎里市民公社一年来底経過及今後底希望」。市民公社が実施した項目として、家禽の扱いや糞尿処理などの公衆衛生の推進、施医や施薬といった慈善事業、道路の舗装や橋梁の修築などの「路政」、閲報社などの社会教育などが、実施に着手された項目として、道路清掃、商読夜校の創設、救火会の結成などが挙げられている。
(55) 『新盛沢』1923年12月21日「提倡女子体育的必要（楊伍）」。
(56) 小田前掲書、256-261頁。『盛沢』1923年6月18日「亟須組織娯楽場之吾見（豪君）」でも文明的な余暇との関連で公共娯楽場設置が主張されている。
(57) 盛沢平民教育促進会の活動が開始された時期は、晏陽初が嘉興において幻灯教授法を試行していた時期であり、平民教育促進会総会と黄炎培の中華職業教育社とが協力関係にあったことが小林善文氏によって明らかにされている（小林善文『中国近代教育の普及と改革に関する研究』汲古書院、2002年、364-400頁）。平民教育の方法の類似や『盛沢』には黄炎培が題字を寄せていることを考えると盛沢平民教育促進会も晏陽初や黄炎培に連なる人脈の影響下にあったことが推測できる。同時に、『新盛沢』の言論に影響を与えたのは、表3からもわかるように柳亜子を中心とする中国国民党江蘇省党部の人脈であった。見方を変えて、本稿の関心である近代教育がもたらす影響の範囲や社会階層の変容から考えると次の2点も重要である。第1に、晏陽初や黄炎培に連なる人脈にせよ、柳亜子に繋がる関係にせよ、外部とりわけ上海の影響を受けていたことである。第2に、在地社会において実際に運動が行われる前線が盛沢のような大鎮であり、そこで輩出される3高校友会出身の在地知識人が運動の担い手であったという点である。なお、清末民初の通俗教育会については、上田孝典「近代中国における『通俗教育』

概念に関する考察——伍達と『中華通俗教育会』の活動を中心に」『日本社会教育学会紀要』No.38、2002年、戸部健「中華民国北京政府期における通俗教育会——天津社会教育辦事処の活動を中心に」『史学雑誌』第113編2号、2004年、によって組織や大都市における状況についての実証が進展している。五四運動期の平民教育運動については、小林前掲書、321-363頁、参照。

(58)　『盛沢鎮志』第15巻人物、第2章人物録。

(59)　『新盛沢』1923年8月21日「識字運動（汪光祖）」。

(60)　なお晏陽初らによる『平民千字課』は1922年2月に出版され、累行で360万部を出版したという。小林前掲書、364-400頁。

(61)　『盛沢』1923年7月2日「対於綢領業的智識問題的我見（汪光祖）」。

(62)　『新盛沢』1923年11月21日「発展盛沢綢工業的動機（蘧軒）」。

(63)　『盛沢』1923年11月19日「演戯籌款（訪明）」。

(64)　『盛沢』1923年12月3日「識字運動暫停影灯教授」。

(65)　『盛沢』1923年8月20日「平民教育（因時）」。

(66)　徐小方による『盛涇』の発刊宣言では、世界規模での優勝劣敗が繰り広げられる中で、「天演の淘汰」に陥らないためには地域社会を「文明化」することを目指す必要があり、社会の害悪を改革し、その美徳を発揮するための手がかりとして平民教育が位置づけられている。『盛涇』1923年10月10日「発刊宣言（少方）」。

(67)　『新盛沢』1924年9月1日「最軽便的幾種通俗教育事業（楊錫類）」。

(68)　李孝悌氏は、清末の啓蒙運動における演劇や歌謡の利用を分析している。李孝悌『清末的下層社会啓蒙運動——1901-1911』（中央研究院近代史研究所専刊67）台北、中央研究院近代史研究所、1992年、149-210頁。

(69)　『新盛沢』1924年6月1日「改良通俗小調夏天衛生歌（倣知心客）」。

(70)　『盛沢』1924年5月21日「戯劇与風俗（君豪）」。

(71)　『盛涇』1923年10月20日「蚕皇殿打醮（長素女士）」。

(72)　『新盛沢』1924年8月11日「民衆文学（蘧軒）」。

(73)　『盛沢鎮志』第11巻教育、第4章成人教育。福武前掲書、210-211頁。

(74)　新保前掲論文。

(75)　『呉江県及市郷教育情況』「参観各区私塾情形」『呉江県及市郷教育情況』「学務状況」。

(76)　『盛涇』1924年8月15日「区教育会常会記事（盛沢）」。

(77) 『呉江県志』第20巻教育、第1章旧式教育、第3節私塾)。
(78) 『一九五〇年各小学私塾概況調査表㈠』「西楊小学」。
(79) 呉寄萍編『改良私塾』広州、中華書局、1937年、115-119、124-133頁。
(80) 『呉江県志』第20巻教育聴取、第1章旧式教育、第3節私塾。
(81) 福武前掲書、233頁。
(82) 聴取調査の利用にあたっては、村落の政治構造や社会組織におけるインフォーマントの位置などを考慮しなければならないが、本稿では紙幅の関係上、調査の背景や聴取の全文を掲載することができない。今回取り上げた聴取調査の核心部分については別に出版を準備しているので、そちらを参照されたい。
(83) 浦志成氏聴取調査記録(2006年9月7日と10月30日に実施)。北厙鎮は改編により現在では汾湖経済開発区北厙社区に改称されている。煩雑さを避けるため、本稿での行政単位は聞き取り調査を開始した2004年8月段階のものを用いる。
(84) 貧農の家庭出身であった浦愛林氏(1924-2006)も後述する楊誠氏の家で開かれた私塾に通ったという。浦愛林氏聴取調査記録(2005年8月7日、2005年12月25日に実施)。
(85) 胡晼峰氏聴取調査記録(2005年3月31日、2005年12月27日に実施)。
(86) 沈祥雲氏聴取調査記録(2005年9月9日、2006年3月28日に実施)。
(87) なお、沈祥雲氏は『幼学』の習得を中学卒業に、五経の習得を大学卒業に比定している。沈祥雲氏聴取記録。
(88) 楊誠氏聴取調査記録(2006年9月6日に実施)。
(89) 呉江市北厙鎮地方志編纂委員会編『北厙鎮志』上海、文匯出版社、2003年、第4巻農業、第1章農業生産関係変革、第2節土地改革。実質的には富農程度の土地しか所有していなかった楊少山が地主に分類されたことで村民間に紛争が起こったという。浦志成氏聴取調査記録。『北厙鎮志』によれば楊少山の所有地は31畝あまりである。
(90) 『蘇南私塾概況調査表』(1949年、青浦区檔案館蔵、43-2-5)。公立小学校についても、『蘇南公私立小学校概況表㈠〜㈣』(1949年、青浦区檔案館蔵、43-2-1〜43-2-4)が現存している。呉江の公立小学校については『一九五〇年各公立小学概況表㈠㈡』(呉江市檔案館蔵、2023-3-15、2023-3-16)があり、青浦と同様の書式が用いられている。解放後の農村教育については、大澤肇「中華人民共和国建国初期、上海市及び近郊農村における公教育の再建」『近きに在りて』50号、

2006年、がある。
(91) 『一九五〇年各小学私塾概況調査表㈠』「東長私塾」。

民国期の青浦県老宅鎮社会と太湖流域漁民
―― 「郷鎮戸口調査表」の分析を中心に ――

太 田 　 出

はじめに

　戦後日本の明清時代～近代江南デルタ社会史研究では、マルクス主義史観の影響下、旧中国社会の主要な生産関係であり、解放後共産党が行った土地革命・階級闘争で克服すべき最大の課題とされた地主―佃戸関係を中心に解明が進められ、多数の研究成果が蓄積されてきた。そこで主な検討対象となったのは土地所有、農業経営、副業・手工業生産、水利組織、民衆闘争等の分野であった。1970年代後半に至って、階級闘争史観を一旦棚上げしたうえで、再生産の「場」としての地域に注目する「地域社会論」が登場すると、各地域の風俗・秩序観などが重要な研究課題となってくる[1]。かかる変遷の背景には、歴史事実を丹念に発掘して整序化しようとする歴史学者のあくなき取り組みのほか、こうした次元を超越した政治的要請も見え隠れするが、少なくとも歴史舞台の登場人物の殆どが農民・都市民であり、いわば陸上の世界を中心に明らかにされてきた点では共通していた。

　しかし「魚米之郷」と呼ばれる江南デルタには、陸上の世界と異なるもう1つの世界が確かに存在していた。水上の世界である。そこにはデルタ東部沿海地帯で外洋漁業に携わる者や貨物を販運する水運業者も含まれるが、本稿では湖・蕩・漊・湾など内水面を生業の場とするとともに、船上生活を行って生活
とう　よう
の場ともしていた太湖流域漁民に着目したい。これまで太湖流域漁民は社会経済史・政治史・家族史・身分制度史・生活史等に殆ど位置づけられておらず、今後の研究に俟つべき部分が少なくないからである[2]。

かつて筆者は、17世紀後半の江南デルタにおいて、当時の地方官が太湖流域漁民を、水面・水路で発生する、漁船を用いた襲撃強盗事件の（潜在的）犯罪者と認識し、被害者である商人・農民層の保護、すなわち地域社会の商業・交通環境の安全確保のために、正規軍たる緑営兵の地域社会への展開＝汛防制度を実施したことを検証した。そこでは何故かような認識が醸成されたかについて、事件の犯人が実際に駕船に巧みな漁民であった、或いはそうに違いないと判断されたことのほか、地方官をも含めた陸上の世界の人々に、陸上で定住生活を営まず、水上で流動性の高い非定住の船上生活を続ける漁民に対して漠然とした警戒（蔑視）感が存在した可能性をあげた[3]。ただし文献史料の不足は否めず、また太湖流域漁民の実態が殆ど未解明であったため、かかる問題を検討することは極めて難しく、太湖流域漁民史研究の必要性を痛感するに至ったのである。

　そこで本稿では、太湖流域漁民史研究の第1歩として、2005年の夏季休暇中に上海市青浦区檔案館で実施した文献史料調査の際に偶目した史料「〔青浦県〕徐涇鎮第四保・第五保戸口調査表」（1947年6月）を分析・検討することにしたい。これら2つの文献史料は筆者がこれまで扱ってきた17～18世紀から大きく下るものである。しかし既述の如く、史料上の制約がある現状の下では、清末民国期から現代までをも視野に入れながら、歴史事実を丹念に発掘・検討していく必要があると筆者は考えている。

　以下では、さしあたり次の手順を踏みつつ議論を進めていく。第1に、太湖流域漁民史研究の論点・意義の整理である。先行研究を回顧し残された課題を整理する中で、太湖流域漁民史研究が如何なる意義を有し、今後どのように議論・展開していくべきかを考える。第2に、上記「郷鎮戸口調査表」の性格を分析し、その価値と限界を認識したうえで、保甲制度からみた民国期における非定住漁民の掌握、漁民社会の基礎的条件について分析する。第3に、青浦県老宅鎮を事例に「郷鎮戸口調査表」から鎮の社会構造を復原し、市鎮と漁民とが如何なる関係を有していたかについて検討する。そして最後に、本稿で見えてきた太湖流域漁民像を整理し、今後の展望を述べることにしたい。

1．太湖流域漁民史研究の現在
 ――東アジアにおける非定住漁民研究の視点から――

1―1　太湖流域漁民史研究の回顧

　現在のところ、太湖流域漁民に関する研究は決して多くない。文献史料を用いた研究としては尹玲玲氏の研究があげられよう[4]。氏は主に地方志に依拠しながら、明清時代の湖北・湖南・江西・安徽・江南デルタの諸地域における漁業経済・漁業生産・水産市場・漁政制度等を検討している。現在利用可能な刊行史料を分析した研究では最も網羅的で参考すべき部分が多い。しかし広範囲の地域を扱っているうえ、史料を羅列した部分も少なくないため、ここからまとまった明清時代の太湖流域漁民像を描出することは難しい。たとえば漁政制度では、漁民の戸籍管理――国家による社会統制の一部として漁民の掌握・管理は極めて重要である――が検討されているが、清代保甲などの概説的な説明にとどまり、特に新事実の発掘や新たな視点の提出にまでは至っていない。

　このように太湖流域漁民史は文献史料上の制約が大きいわけだが、その限界を突破する可能性を秘めるのが現地調査（聴取調査〈ヒアリング〉）である。かかる現地調査を駆使した太湖流域漁民史研究も幾つか活字化され始めており、特に信仰の分野で興味深い進展が見られる。

　中国人研究者・民間文学工作家としては顧希佳・陳俊才両氏の調査報告が面白い。顧希佳氏は江南各地の民間説話を丹念に採集・整理し、漁民に関わるものも収録している[5]。濱島敦俊氏が後述の著書で指摘するとおり、かかる説話はかつて荒唐無稽と見なされ殆ど記録されてこなかったが、顧氏の採集した説話の利用・分析によって江南デルタ農村の共同体的信仰構造の確認が可能となった。一方、陳俊才氏は太湖流域漁民に対象をしぼったうえで、信仰対象となった神霊、祭神活動の組織である香会、敬神の儀式、風俗・習慣について解放前の状況を詳細に調査した[6]。また、近刊の『蘇州史志資料選輯』には「太湖郷志稿（選輯）」を執筆し、自身の太湖流域漁民調査の成果を整理しつつ

ある[7]。

　日本人研究者による現地調査としては、濱島敦俊、東美晴両氏の調査報告をあげることができよう。濱島敦俊氏は1987～1991年に上海市青浦区（当時は県）の城廂・朱家角鎮・練塘鎮・澱山湖聯営養殖場、嘉定区（当時は県）の城廂・婁塘鎮、浙江省湖州市の城廂・双林鎮で片山剛氏らと農村調査を行い、調査対象の一部として老漁民からも聴取を実施した。そこでは主に漁民の解放前の生活形態、漁業経済、漁業生産、移住伝説、信仰活動を重点として聴取が行われ、報告書が刊行された[8]。その成果は漁民を中心に論じたわけではないが、氏の著書『総管信仰――近世江南農村社会と民間信仰』及び『東方』に連載された「甦る大陸漢族の土神たち」に示されており、特に太湖流域漁民が劉王信仰とカトリック（天主教）信仰との間に深い関わりを有していたという指摘は大変興味深い[9]。

　東美晴氏は1988～1995年の間に7回にわたって上海市青浦区徐涇鎮（当時は郷）で聴取調査を実施した[10]。調査村には徐涇村・蟠龍村のほか、戦後漁民を政策的に「陸上がり」させた水産村を含み、多数の漁民から聴取を行っている。氏の関心は解放前の江南農村社会における女性の労働、祖先祭祀、婚姻、出産にあり、漁民に関して掘り下げた議論を行っていないが、青浦区徐涇鎮の漁民社会の概観を知るうえで非常に参考になる。本稿でも、徐涇鎮宅東村（民国期の老宅鎮）の漁民――現在は徐涇鎮水産村に陸上居住――について検討するから必要に応じて言及することにしたい。

　以上、太湖流域漁民史研究は戦後日本の研究動向及び史料上の制約もあって、質量ともに決して十分とはいえぬ状況にある。現地調査の実施は文献史料を補い、研究の視野を拡大するものであるが、戦後中国で本格的な現地調査が可能になったのはせいぜい近20年ほどに過ぎず、実施上の言語の問題、現地調査に対する方法論の未確立もあって今後の研究に俟たざるをえない部分が多い。では明清時代～現代中国や太湖流域といった枠組みをはずした場合、非定住の船上生活漁民について何が注目され、何が論じられてきたか。以下に簡単に紹介しながら太湖流域漁民史研究への視点をさぐってみることにしよう。

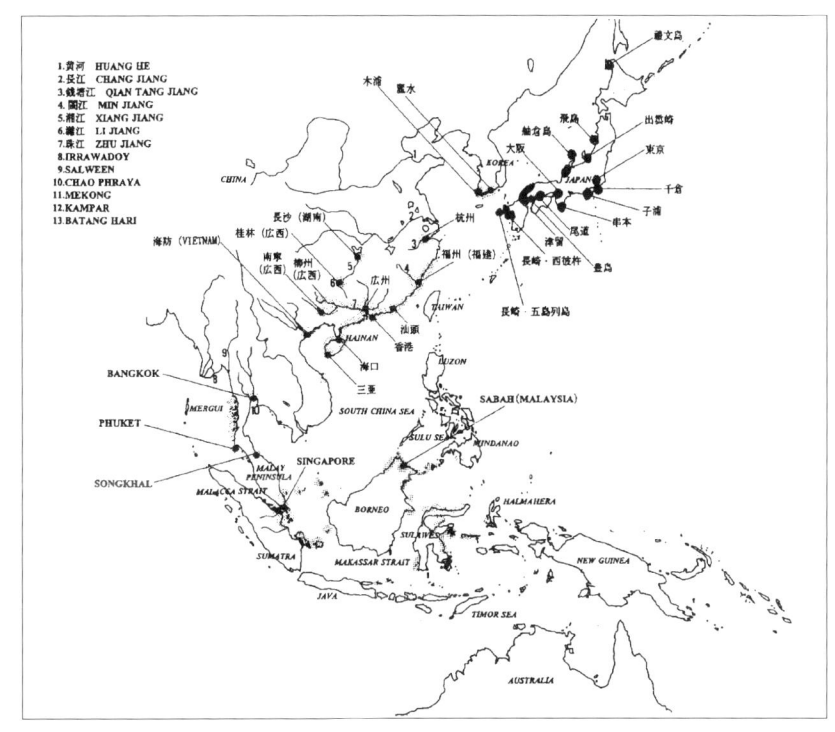

図1　東・東南アジアにおける家船居住の分布
※典拠：浅川、2003年、p.45.より転載（註11参照）

1-2　東アジア・東南アジアの非定住船上生活漁民に関する研究

　東・東南アジア研究を広く見わたすと、太湖流域のような内水面で生活・活動する漁民より、むしろ外洋で漂泊・漁撈する漂海民に関する研究が盛んに行われてきた。図1は長沼さやか・浅川滋男両氏が作成した東・東南アジアの船上生活漁民分布図である[11]。両氏は社会学の立場から漂海民の生活形態とその変遷に注目しているが、図を一見すれば、日本・朝鮮半島・中国・香港・ベトナム・マレーシア・フィリピン・インドネシアなど、極めて広範囲にわたって分布していたことに気づく。これら漂海民は①土地・建物を陸上に直接所有しない、②小舟を住居にして1家族が暮らしている、③海産物を中心とする各

種の採取に従い、それを販売もしくは農産物と交換しながら、1カ所に長くとどまらず、一定の海域を絶えず移動している人々で[12]、各地で様々な呼称で呼ばれていた。代表的なものに日本の家船（瀬戸内海：エブネ・エフネ、長崎：エンブ）、中国の九姓漁戸（浙江省銭塘江流域）、福佬・白水郎（ろう）（福建省沿海・閩（びん）江流域）、蜑民（たんみん）（広東省沿海・珠江流域）、潭（たん）戸（江西省湘江流域）、マレーシア半島先端のジョホール地方・スマトラ東岸・ボルネオ西岸の Orang-laut（オランラウト）、ミャンマーのメルグイ諸島周辺の Mawken（モーケン）、ボルネオ西北岸・ミンダナオ南岸からスラウェシの海岸線と周辺島嶼を遊動する Bajau（バジャウ）などの集団がある。内水面には十分な関心が払われていないためか、太湖流域漁民は図示されていない。

これら全ての漂海民研究について詳細に紹介する紙幅は無い。論点は多様であるが、太湖流域漁民史に関わる部分で重要な論点を整理すれば、以下のようになろう[13]。

①日本と同じく農本主義的国家である中国において、非定住の船上生活漁民は国家によって如何に掌握され（或いは掌握されず）、どのように位置づけられてきたか。たとえば明清時代〜民国期の保甲制度からみえる漁民像とは如何なるものか。国家による船上生活漁民支配の有無・程度が問題となる。

②東・東南アジア各地で非定住の船上生活漁民を「賤民」視する傾向が見られる。中国でも浙江省の九姓漁戸、広東省の蜑民が「賤民」として扱われていた。これに対し太湖流域漁民は九姓漁戸・蜑民とは区別されるが、「賤民」視された事実はなかったか。たとえば陸上の民との通婚禁止、陸上居住の禁止等はなかったか。東・東南アジアの漁民をめぐる「差別—被差別」の問題は現代につながる新しい問題でもある。

③非定住の船上生活漁民は一般的に農耕社会に魚介類を売り、農耕社会から必要な物資を買うなど、陸上の世界と経済的に密接に結びつかざるを得なかった。外洋漁民は操業規模が大きいため、捕撈工具（漁船、漁網等）の所有者、漁業経営・請負者、漁業労働者など経済的な階層分化が顕著に見られたが、内水面の零細漁民の場合、内部に殆ど階層分化を認めることはできない。むしろ漁民が県城・市鎮の魚問屋＝魚行との間にどのような経済関係を結び、それが

結果的に漁業社会に如何なる影響を与えたかが問題となる。陸上の世界と水上の世界との関わりを考えるうえで、経済関係は最も重要な課題の1つであろう。

④生業としての漁撈・養殖では、漁場画分、水面使用権（漁業権、入漁権）、共同操業の有無などが検討課題として取り上げられてきた。日本の江戸時代には「磯は地付き、沖は入会い」慣習（現在の漁業権・入漁権が沿岸部だけに免許されている状態）が確立されたが、中国の場合、唐律・宋刑統以来の「山沢陂湖は衆と共にする」（漁業自由、水面使用自由）原則は、明代にはすでに崩れていたとされる。その後の水面「領有（占有）」は如何に変化したであろうか。これは漁民内部の資源管理・コモンズ論と深く連関する。

⑤東・東南アジアの船上生活漁民には、各地に特有の生活形態・風俗習慣・信仰活動が看取されると同時に、沿海文化ともいいうる共通点も確認されている。それがアジア各地から入ってきた「諸文化の複合体」としての日本列島文化の形成へと結びつけられ、江南系の人々が南方系海洋文化と並ぶ1つの源流として注目されてきた。市場経済への関わり方、自然資源へのアクセスの変容といった「歴史性」を問うと同時に、各地に広がる漁民間の類似・相違・影響など「空間性」を明確に認識しながら研究を進める必要があろう。

⑥戦後、東・東南アジアの船上生活漁民を取り巻く環境が大きく変化すると、漁民は船上生活を捨て「陸上がり」＝陸上定居を進めていく。経済・教育上の理由から漁民が自主的に「陸上がり」したほか、国策で「陸上がり」させられた例も見られる。解放後の中国では、共産党が社会主義改造を進めていくわけであるが、これまで農業・工商業の社会主義改造は検討されても、漁業の社会主義改造（漁改）は殆ど注目されてこなかった。その実態は如何なるものか、結果、漁業社会はどのように変貌したか、また国民国家形成の過程で、漁民は如何に「国民」として取り込まれていったか等が明らかにされねばなるまい。

　以上の6点に分けて整理したが、それらが船上生活漁民をめぐる全ての論点ではない。しかし太湖流域漁民史で検討されねばならぬ基本的な課題であることは間違いない。これまで水上の世界はあまりに軽視されてきた。水上の世界を理解し、彼らを含めた歴史世界を創造するためにも、太湖流域漁民の実態を

1つ1つ解明していく必要がある。かかる試みの第1歩として本稿では「郷鎮戸口調査表」の分析に取り組んでみたいと思う。

2．「郷鎮戸口調査表」の概要

2－1　青浦県の保甲制度と「郷鎮戸口調査表」作成の背景

まず「〔青浦県〕徐涇鎮第四保・第五保戸口調査表」（1947年6月）の性格から検討してみよう。本史料は、筆者が2005年夏季の江南デルタ文献史料調査の過程で、上海市青浦区檔案館において偶目・撮影したものであり、一般に「郷鎮戸口調査表」と呼ばれた。「保」ごとに1冊に纏められ、封面にはそれぞれ「徐涇鎮第四保戸口調査表　民国三十六年六月」（青浦区檔案館分類番号：82-3-346）、「徐涇鎮第五保戸口調査表　民国三十六年六月」（同：82-3-347）とある。これは戸口調査がすでに青浦県で実施されていた、県―区―郷鎮―保―甲―戸から成る保甲制度を利用して行われたことを意味する。また戸を単位とする記入用紙にも、1枚ごとに「青浦県徐涇鎮第四保辦公処図記」「青浦県徐涇鎮第五保辦公処図記」の文字が朱印されているから、各保の保長辦公処が実際の戸口調査を担当・管理していたことがわかる。

民国期青浦県の保甲制度は民国23年（1934）以降に順次整備されていった[14]。11月25日付『青浦民衆』所載の「青浦県政府布告」の中で、県長銭家驤は、かつて総理孫文が指摘した「中国人は一盤の散沙のようである」という病態を根本的に治癒し、小は地方安寧、大は国防準備のために保甲制度を編成すべきだと説いたうえで、第1期（籌備時期）には民衆に保甲編成の意義を説明するとともに、区政人員と協力して保甲法規の研究を進め、第2期（編戸時期）には戸ごとに編号して臨時門牌を配り、一方で甲長・保長を選出・訓練し、第3期（査戸時期）には、戸ごとに口数をしらべ木製門牌に交換し、最後に銃器所有を再登記させ、匪類自首を処理させ、各戸長から聯保連坐の誓約書を取り付けるとし、民衆に懐疑・観望せず協力するよう呼びかけている[15]。

また同日、国民党江蘇省青浦県執行委員会は民衆向けに「為本県開始辦理保

甲告民衆書」を発表した。保甲制度は我国で悠久の歴史を有し、農村組織・家族制度と相関する自治自衛の嚆矢であり、外侮に抵抗し全国動員の国民戦争に備えようとすれば、徴兵制未施行の現状下では、人民を訓練する武装組織を設けるしかなく、実際の生活中で匪患を除き社会秩序を安定させようとすれば、最下層最基本の保甲組織を編成するのみであるとし、その理由として、第1に、保甲は人民の生命・財産を保障する最も確実な武力である（対「赤匪（共産党）」を想定）、第2に、保甲は地方秩序の最強の堡塁である、の2点を強調する。そして本年12月から開始する保甲編成に協力するよう、国家・個人の利益のために保甲事業を実行しようと結んでいる[16]。11月28日午後2時には、青浦県城内1区区公所で区内の郷鎮長、副郷鎮長、名誉編査委員、図正等を召集し、保甲宣伝大会（会議）が挙行され、銭県長が講話を行うなど保甲編成に向けた準備が進められている[17]。これらの記述から判断すると、当該時期の保甲制度は戦時体制・徴兵制施行と深い関係を有していたようである。徴兵制の施行には戸口の確実な掌握が必要であり、戸口調査は保甲制度の重要な任務の1つであった。

　戸口調査の詳細について保甲長の訓練のために編纂された『青浦県保長訓練所講義』『青浦県甲長訓練所講義』なる教本から検討してみよう。

　江蘇省民政庁は民国24年（1935）5月1日、保甲組織を健全なものとするため、各県に保甲長の訓練課程を制定するよう命じた。訓練内容は保甲の意義、保甲任務の執行など保甲方面に重点を置くとされ、青浦県では本県擬訂の訓練郷鎮長課程、すなわち党義六小時、公民常識八小時、保甲須知十二小時、自治綱要九小時、軍事訓練十一小時に準ずるとした[18]。その結果編纂された『青浦県保長訓練所講義』は未見だが、1党義、2新生活大意、3公民常識、4保甲概要、5民法大意、民事訴訟大意、刑法大意、刑事訴訟法大意、6農業概要、7合作概要、8土地整理、9射撃教範、兵器各部之名称、10防空常識、11応用文、12唱歌、の12項目から構成されていたらしい[19]。一方、『青浦県甲長訓練所講義』は1党義、2新生活運動大意、3公民常識、4保甲概要、5農業浅説、6完糧須知、7禁烟須知、の7項目から成っていた[20]。甲長の訓練内容は保

長に比較して簡素で日常生活に密着したものである。保長・甲長間の任務の相違が認識されていたことを示すものといえよう。

　保甲に関する部分は４保甲概要である。保甲概要はさらに「第一章　保甲的意義」、「第二章　保甲的組織」、「第三章　保甲実施的程序」、「第四章　保甲工作的内容」、「第五章　船戸保甲的編査」、「第六章　保甲会議」、「第七章　戸口異動査報」、「第八章　保甲的運用」、「附録一　江蘇省清査戸口編組保甲規程」、「附録二　江蘇省管理自新戸暫行辦法」、「附録三　修正江蘇省各県戸口異動査報暫行辦法」に分類される。『青浦県甲長訓練所講義』全80頁のうち33頁が保甲任務に割かれており、頁数のみではあるが、甲長における保甲任務の重要性の一端をうかがうことができよう。また各章の題目から戸口清査・戸口異動など戸口調査に関連するものが保甲任務の中心をなしていたことがわかる。

　ここでは第五章を中心に、南京国民政府が太湖流域漁民を如何に保甲に編成し、戸口を掌握しようとしたかを検討する。第五章（一）船戸[21]編査的方法によれば、「船を以て家と為す者は、船字号に編査し、十戸を以て一甲と為し、十甲を以て保と為すを原則とする。もし五戸に満たず単独で甲を成せぬ時には、附近の陸上の甲内に附属させ、ただ船字を註明すべきとする」とあって、「船を以て財産の一部分と為す者」と明確に区別する。つまり漁民のみで１甲を成せぬ場合を除いて、基本的に陸上の人々と別個に保甲編成するのである。具体的には「船隻登記簿」への登録（船主姓名、年齢、籍貫、船の種類、聯保人姓名等）、所属の県・区・郷鎮及び保甲を記した「船牌」と「編査執照」（登録証明書）の配布が行われる。かようにして船上生活漁民は家屋を単位として編成される陸上の保甲に準じて、船を家屋に代替するものとみなしこれを単位として編まれた。しかし単に船を単位として保甲を編成するのみでは固定した停泊地点を持たぬ漁民を掌握しきれない。区域を指定し停泊地点を固定させる必要がある。そこで「江蘇省清査戸口編組保甲規程」第七條には「船戸は常泊の碼頭を指定して住所と為し、普通の住戸に照して保甲を編組する」と見え、船を固定した碼頭に集結させる方法で管理・掌握しようとしたことがわかる。同第十條では、出漁等で定期的に固定した碼頭に停泊できぬ場合、出発前後に目的地・経路・

理由を甲長に報告すること、同第十一條では、1ヶ月以内にもどれぬ時、保甲長に毎月最低1回書面で報告することが義務づけられる。同十二條では、船戸のみで甲を成す場合、甲長は陸地に住室（家屋）を所有すべきことが記されている。

以上は『青浦県甲長訓練所講義』に記されたいわば当為であるが、現実は如何に実施されたか[22]。ここに保甲制度を利用した戸口調査＝「徐涇鎮第四保・第五保戸口調査表」（1947年6月）を分析する意義がある。南京国民政府支配下では民国元年（1912）、民国17年（1928）、民国25年（1936）、民国36年（1947）の計4回、全国的な戸口調査が行われた。本史料は最後の調査で作成され、青浦県に提出された報告書であると考えてよい。侯楊方氏によれば、民国36年の調査時、南京国民政府はすでに全国を統治しえず、特に華北・東北地区の大部分は事実上共産党の支配下に在ったため、統計数は旧資料を用いて推計したにすぎなかった。一方、南方諸省ではなお支配を維持していたから保甲清査・戸口登記等によって統計が行われたという[23]。「郷鎮戸口調査表」が如何なる空間的広がりの中で作成されたか定かでなく、筆者が入手できたのも第四保・第五保にすぎない。当然に新たな"発見"も期待できぬわけではないが、マクロ・レヴェルの歴史人口学的分析は放棄せざるを得ない。しかしミクロ・レヴェルでは寄与できる部分も少なくないと判断する[24]。

さて、調査対象の青浦県徐涇鎮は県の最東部に位置する。かつては青浦県徐涇郷と呼ばれたが、1995年に上海市区に編入され、現在は青浦区徐涇鎮となった。東美晴氏は徐涇郷の時期に調査を実施している。徐涇鎮の新編地方志『徐涇志[25]』の記載によれば、徐涇郷の人口は宣統3年（1910）に11,321人、1957年に12,871人（男5,801人、女7,070人）であったから、民国36年（1947）の人口は12,000人前後であったとみなして問題なかろう。1992年当時、徐涇郷に定住していた漁民は121戸・380人であった[26]。

第四保・第五保の所在は地図で完全に特定することが難しい。しかし「郷鎮戸口調査表」の「住址」から確認すると、第五保は徐涇鎮東南に位置する老宅鎮とその周辺農村、一方、第四保には衛家角・楊家角等の村落名称が見えるか

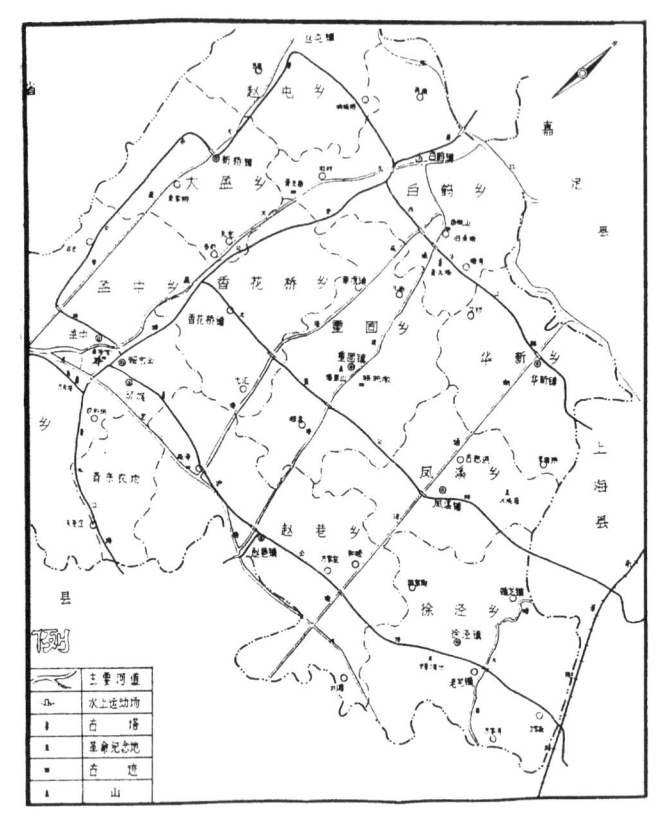

図2　青浦県東部示意図（図の右下に徐涇郷老宅鎮が見える）
※典拠：『青浦地名小志』所載の「青浦県地名示意図」を改変

ら、第五保の東に位置する徐涇鎮最東部の農村、すなわち上海県に隣接する地域と考えられる（図2）。これら2つの保のうち内部に漁民の甲を含むのは第五保のみであり、以下では第五保を主な検討対象としたい。

2―2　「郷鎮戸口調査表」における調査内容

民国36年（1947）の戸口調査は各保保長辦公処を中心に実施されていた。調査表の調査員姓名欄には徐孝山（第四保）、姜耀文（第五保）の名が見える。徐孝山は第四保第14甲第8戸[27]の戸長（青浦籍）で光緒31年（1905）10月5日生

まれの43歳、初級小学を卒業した、楊家角在住の副保長である（第四保は保長不在、原因不明）。一方、姜耀文は第五保第1甲第2戸の戸長（上海籍）で光緒31年1月13日生まれの43歳、初級中学を卒業した、徐涇東18号橋塊在住の第五保保長であった。調査員は形式上副保長・保長であったことになるが、実際には調査責任者と考えた方が自然であろう。『徐涇志』によれば、姜耀文は徐涇鎮鎮長、徐涇郷郷長を歴任しており[28]、調査当時は郷長兼保長であった可能性が高い。上海に本籍を有する寄籍者が保長となっている点は興味深い。

戸口調査では如何なる事柄が調査・記録されたか。写真は実際の記入用紙で、さらに筆者がその原本を復原したものを付してある。記入項目は字号、調査員姓名、某保・某甲・某戸、住址、居住年月、「住屋是否己産」、「本戸有無槍枝」、称謂、姓名、別号、年齢、出生年月日、本籍、寄籍、婚姻状況、教育程度、従業及服務処所、廃疾、備攷、合計男女口数、現住男女口数、他往男女口数、調査年月日、戸長蓋章或簽押、頁数の25種類に及び、さらに13条の説明が附されている。徙出、遷入など異動の期日が記されたものもある。説明によれば、「住屋是否己産」には「己産」「租賃」「典産」の区別（現住家屋が自己所有のものか、他人所有のものを賃借りしているか、「承典[29]」したものか）、「本戸有無槍枝」には槍枝（銃）の有無・丁数・種類、教育程度には卒業した学校ないし「識字」「不識字」「能写作（文章作成能力）」の区別を書き込むことになっている。

「本籍」「寄籍」についても一定の定義を施している。「本籍」は本県市の区域内に「住所」を有して3年以上が経過し、他の県市に本籍の無い者である。「住所」の意味をどう解釈するかが問題となるが、後述の「寄籍」の説明に見える「居所」との比較から、「住所」は「己産」＝自己所有の家屋と考えたい。青浦県内に自己の家屋を所有することを前提とし、3年という期間を設け、それを基準に本籍の有無が認定されるのである。「寄籍」は他の県市にすでに本籍があり、本籍（青浦県の意）に「住所」或いは「居所」を有して6ヶ月を満たす者とある。「住所」と「居所」が区別されているが、後者は「租賃」の如き他人所有の家屋を賃借りする場合と推定したい。しかし6ヶ月に満たぬ時はどう扱うか、たとえば「流動」と判断される可能性もあるが、残念ながら説明

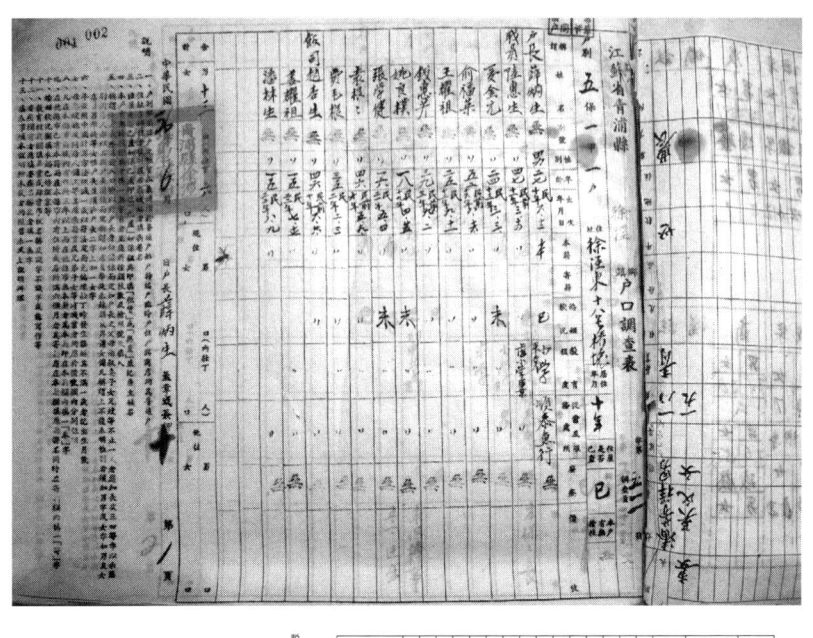

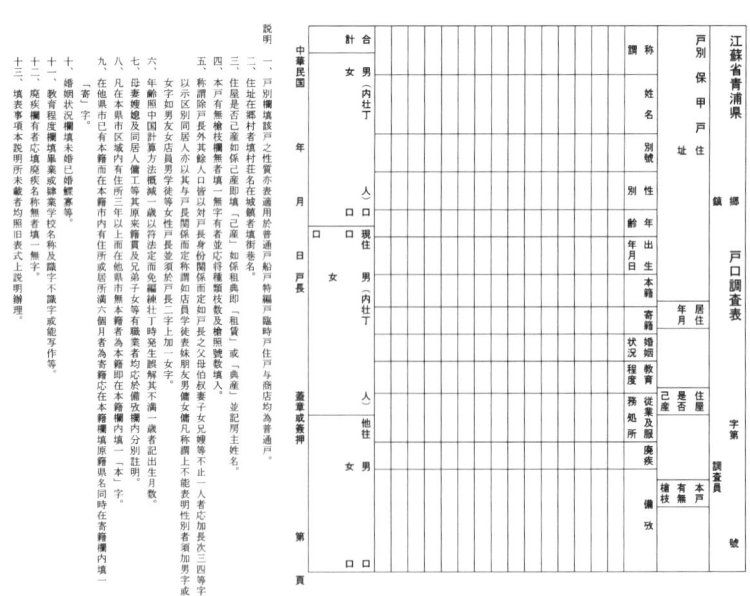

写真 「郷鎮戸口調査表」の記入用紙（第五保第1甲第1戸）と復原した原本

は無い。

　また、調査表では「共同生活戸」と「共同事業戸」とを明確に分類する。両者の区別について特に定義は施されていないが、表全体を見わたすと、一般に「共同生活戸」は農業・漁業従事者を中心に、少数ながら教員、厨司、漆匠、木匠、道士、成衣を営む戸が含まれている。「共同事業戸」は「商店戸」「寺廟戸」「公共戸」に細分され、具体的には工商業者を営む戸、寺廟、徐涇鎮公所などが該当する。これを数値で見てみると、第四保は戸数293戸のうち290戸が「共同生活戸」、「共同事業戸」は僅かに3戸（吉安公墓・永楽公墓の義塚管理者、農業試験場[30]）にすぎない。すなわち全戸数の99％が「共同生活戸」、その殆どが農民であった。一方、第五保は272戸のうち222戸が「共同生活戸」、50戸が「共同事業戸」で、後者の割合が約18％を占めており、老宅鎮の工商業者の多さを反映した数値となっている。ちなみに「共同生活戸」のうち漁民の戸は122戸と約55％、全ての戸の約45％を占め、老宅鎮を中核とする第五保における漁民の優勢を表している。

　ではこの時期なぜかくも詳細な戸口調査が実施されたか。青浦県の新聞『正報』の民国36（1947）年2月18日付の記事によれば、内政部は民国36年度を「普通実施戸口査記之年」としたうえで人員を派遣して区・郷鎮・保甲へと深く入り込ませ、戸口清査、戸籍登記、国民証の発行、壮丁名冊・国民兵名簿の作成及び各種統計表の整理を監督・指導させることを明言している[31]。さきの県長銭家驥、国民党江蘇省青浦県執行委員会の言にも看取されるように、民国36年の戸口調査は明らかに徴兵制と関係していた。内患外侮に危機感を抱く南京国民政府は1日も早く国民国家を形成し富国強兵をめざす必要があると同時に、目前には共産党との内戦を控え、軍事力を整備しなければならなかった。ゆえに戸口を正確に把握し、国民として認定された者に国民証を与え、徴兵制の基礎となる壮丁名冊・国民兵名簿を作成したのである。かかる点は個人の「廃疾」の状況が詳細に書き込まれていることからも傍証されよう。たとえば「瘋症」「神経病」「体虧」「少右手」「滋気病」「黄病」「労症（病）」「肺有病」「肺病吐血」「耳胃疾」「聾」「独眼」「懐眼」「沙眼」「瘀眼」「目疾」「眼不明」

「拐脚」「揚脚」「跛足」「右足痛瘋」等の文字が見える。これらは戸口調査の一定程度の精確さを示すものかもしれぬが、一方で国民政府のめざす徴兵制が現場では必ずしも期待に沿うような状況でなく、いわゆる兵役逃れが行われていた可能性も残される。ともあれ徴兵制と結びついた「郷鎮戸口調査表」はその目的とも相俟って、我々に当該地域の個別的かつ生々しい情報を提供するものであると評価できよう。

3．「郷鎮戸口調査表」にみえる太湖流域漁民像

3—1　保甲制度と太湖流域漁民

「郷鎮戸口調査表」から保甲と太湖流域漁民の関係をさぐってみよう。上述の如く、徐涇鎮第五保は老宅鎮を中心に周辺農村を含んだ地域である。該保は第1甲から第17甲に及ぶ計17個の甲があり、うち第1甲～第9甲は鎮上の工商業者・農民等、第10甲～第17甲は全て漁民から編成される。徐涇鎮第五保の場合、保レヴェルでは「陸上の民」と「水上の民」が混在しているが、甲レヴェルでは明確に区別して編成されていたことがわかる。

問題はこれら漁民が実際にどのように分布していたかである。行政区域としての徐涇鎮内全体に分散しているか、第四保・第五保の2保内なのか、或いは農村を含む第五保内のみに限られるか。結論をいえば、「江蘇省清査戸口編組保甲規程」第七條に見えたように、すべての漁民が老宅鎮の碼頭に集中停泊させられていた。調査表の「住址」の項目に「船戸停泊均在老宅」と記されているからである。これは南京国民政府が保甲を編成するにあたって船上生活漁民を1カ所に集めて管理しようとしたことを意味しよう[32]。

次に各甲の漁民を具体的に検討する。表1は各甲の概況を整理したものであるが、ここから保甲編成の特色について以下の諸点が判明する。

第1に、保甲は制度上10戸＝1甲、10甲＝1保であったが、現実には第五保は計17甲、各甲戸数は最大24戸から最小12戸までと1甲に10以上の戸を含むうえに、最大と最小では戸数が倍ほども異なっていた。表1の漁民の場合でも各

表1　徐涇鎮第五保第10〜17甲の編成

甲	戸数	甲長の姓名・戸・年齢・本籍地	甲内各戸の本籍地
第10甲	17戸	許金祥　第1戸　41歳　嘉定	嘉定12戸　太倉5戸
第11甲	13戸	李連生　第1戸　53歳　青浦	青浦9戸　嘉定3戸　太倉1戸
第12甲	17戸	韓文清　第1戸　40歳　太倉	嘉定5戸　太倉12戸
第13甲	17戸	韓泉生　第2戸　35歳　太倉	嘉定1戸　太倉16戸
第14甲	13戸	周勝泉　第1戸　47歳　太倉	太倉13戸
第15甲	14戸	沈福雲　第1戸　36歳　青浦	青浦14戸
第16甲	14戸	金順福　第1戸　34歳　青浦	青浦13戸　興化1戸
第17甲	17戸	趙德盈　第1戸　31歳　興化	興化17戸

甲13戸（漁船の隻数）から17戸までと、戸数10戸以下の甲は皆無である。保甲編成の当為と現実には大きな乖離があったといえる。

　第2に、漁民各甲の構成をみると、各甲はほぼ単一の同郷集団から構成されている。第11・15・16甲は本地（青浦籍）、他は外地の籍を有する者で、第10甲は嘉定籍、第12・13・14甲は太倉籍、第17甲は興化籍から成る。青浦・嘉定・太倉は距離的には近接しているが、明らかにいずれの籍を有するかで異なる甲に編まれている。特に蘇北の興化籍漁民は1戸を除いて全て第17甲に編成された。すなわち同郷であることを第1の編甲原則としていたと推測される。ここに原来より方言や生活様式を同じくする漁民が本籍地別に分かれて集団を形成していた可能性、かかる漁民集団をありのままに保甲に編成しようとする南京国民政府の漁民支配原理を看取することができよう。

　第3に、同郷の編甲原則の下、さらに同族関係、姻戚関係が考慮されている。たとえば、第10甲では5戸の太倉籍漁民のうち、3戸は盛巧生、盛瑞生、盛全生と輩行が同じ3名を戸長とする盛姓の戸である。第11甲の3戸の嘉定籍漁民は全て陳姓（陳琴根、陳金濤、陳香濤）、1戸の太倉籍漁民は戴姓（戴両生）であったが、同甲には他に2戸の本地戴姓漁民（戴阿毛、戴天年）が含まれているうえ、また陳琴根と陳金濤はそれぞれ戴姓の女性を娶っていた。第12甲では5戸の嘉定籍漁民のうち、2戸は郭姓（郭陳氏、郭良生）、2戸は韓姓（韓金発、韓仁郷）で、同甲内には他の郭姓（太倉籍郭阿弟）、韓姓（韓文清、韓根生、韓大規、韓阿明、

表2　各甲の姓氏

甲	姓　　　　　氏
第10甲	許8、盛3、王2、韓1、呉1、高1、陳1
第11甲	陳4、戴3、李2、呉1、項1
第12甲	韓7、郭3、殷3、陳2、周1、張1
第13甲	韓9、王2、陸2、呉1、殷1、谷1、周1
第14甲	殷4、呉3、周2、許1、盛1、陳1、張1
第15甲	顧2、趙2、王2、沈2、韓1、許1、戴1、項1、高1、朱1
第16甲	金8、陳1、沈1、高1、李1、銭1、施1
第17甲	王4、趙3、劉3、陳1、周1、孫1、丁1、唐1、黄1、不明1

韓道生、全て太倉籍）も存在した。第13甲では韓茂生が唯一の嘉定籍漁民であるが、同甲には他に韓銀生、韓泉生、韓福生、韓永生、韓琴生、韓才生等（全て太倉籍）、明らかに同輩と見られる韓姓が属している。かようにして各甲が同郷関係を基礎として編成されながらも、それは単に同郷というに止まらず、同族関係、姻戚関係をも内包した現実の生活集団をそのまま取り込もうとした結果であると推測できよう。第2、第3の特色に見られた同郷、同姓・婚姻関係など、現実に保甲をすりあわせた結果、第1の特色の如く、当為としての保甲との間に大きな乖離を生じたものと考えられる。

　第4に、各甲甲長は全て最大の同郷集団から選出された。表2と比較すると、同郷集団の中でも大姓の中から甲長を選出する傾向があることがわかる。第13甲を除く全ての甲長は各甲第1戸とされている。第10甲～第17甲の漁民の甲長は全て「教育」が「無」、「従業（職業）」が「捕魚」「販柴」と記されており、他の戸長と同様、教育を受ける機会に恵まれぬまま（不識字）漁撈に従事していた。全ての甲長の「住址」は「船」とあり、「江蘇省清査戸口編組保甲規程」十二條に見られた陸上に住屋を所有する例は見られない。甲長と他の戸長は教育・従業・住址の上で大差ないといえる。第五保の漁民以外の甲長についても教育・従業を確認すると、第1甲（鍾妙有41歳）は初等小学卒業、石灰行、第2甲（花琴熙19歳）は初等小学卒業、南貨行、第3甲は甲長不明、第4甲（趙昌華21歳）は高級小学、南貨行、第6甲（姚永濤45歳）は初級小学卒業、農業、第

5・7・8・9甲（呉徳根22歳、唐坤生28歳、顧亦如30歳、趙世琴43歳）は不識字[33]、農業となっている。すなわち漁民以外の第五保では、比較的年齢が若く小学レヴェルの教育を受けて何らかの商売に従事する者が甲長に当たっていたと考えられ[34]、漁民のように教育程度が低い場合は比較的年齢の高い生活程度の良い者や声望のある者が甲長を務めたのではないかと考えられる。保長・副保長については第五保保長姜耀文が初級中学卒、副保長顧文孝が初級小学卒業、第四保副保長徐孝山は初級小学卒業とあって、甲長に比して副保長・保長には教育レヴェルがやや高い者が選出されていた。

　第5に、調査表に見える漁民は本地が少なく、デルタ域内ないし蘇北からの移住者が多かった。第五保には122戸・571人の漁民が居住していたが、うち本地（青浦籍）は36戸・178人、嘉定籍は21戸・92人、太倉籍は47戸・231人、興化籍は18戸・70人であった。つまり戸数比率にして36：86、口数比率にして178：393と外地漁民が過半数を占めていた。ここに蘇北から江南デルタへ、さらに江南デルタ内部での移動・移住という2つの流れを読みとることができよう。

　以上、第五保を中心に漁民の保甲への編成を検討してみると、南京国民政府が漂泊・漁撈を特徴とする非定住の船上生活漁民を保甲を通じて掌握しようとしていた事実を確認できる。推測に拠らざるをえぬ部分も少なくないが、保甲と漁民との関係をまとめると、以下のようになろう。南京国民政府は、江南デルタで陸上に家屋を持たず固定した停泊地点も有さないで、非定住・漂泊の船上生活を送って漁撈に従事する漁民を効率的に掌握するために、彼らを市鎮の固定した碼頭に停泊させ管理を容易にしようとした。そして家屋を単位として編成する「陸上の民」に準じて、漁民の船を家屋に代替するものとして保甲を編成したのである。編成の際には同郷、同族、姻戚などの現実の漁民世界に基づく諸関係が考慮されていた。これは実際の漁民の日常生活の有様を特に変えることなく、ありのまま保甲に組み込むことをめざしていた。甲長を大姓中の年齢の高い者や声望のある者から選出するなど、国家の漁民支配は在地レヴェルでの権力関係をそのまま容認・利用した保甲を通じて浸透せしめられていったと考えられよう。

3―2　漁民社会の基礎的条件

　続いて「郷鎮戸口調査表」の内容を分析し、民国期青浦県老宅鎮の漁民社会を考えるうえでの基礎的条件を検討してみたい。上述の如く、漁民は船上生活者として「船」ごとに把握されていた。かかる状況は、たとえば新編地方志『青浦県志』に「解放前、〔青浦〕全県には1,000戸以上の漁家があり、皆な1枚の木の葉のような孤舟で、船を以て家と為し、江河に漂泊し、捕撈を生業としていた[35]」、『徐涇志』に「解放後、徐涇郷には22戸の連家漁船があった[36]」と見えるのと一致しており、「以船為家」「連家漁船」など老宅鎮のみならず青浦県全体に同様の状況が見られたことが語られている[37]。

　従業についてもすでに言及した如く、男女区別無く殆どが「捕魚」に従事していた。「捕魚」の内容が漁撈のみか、或いは交換販売をも含むかは残念ながら文献史料のみでは判明しないが、筆者らの聴取調査によるかぎり、特に男女間に役割の分担無く漁撈にあたっており、比較的大きな魚は市鎮の魚行に売り、小さな魚は農民等と物々交換したという[38]。かかる点は広東省の蜑民（たんみん）でも同様であり、女性も立派な労働力として期待されていた[39]。日本の漁民はこれと異なり、各地の家船では男女間に性別分担がなされており、男子は漁撈、女性は男子の獲った魚を後背地農村へと持っていき穀物と交換する交換販売に従事した。女性を乗船させること自体、禁忌とされる場合が多かったようである[40]。このような分担は筆者の知るうるかぎり太湖流域漁民には見られぬが、役割分担という点に着目すれば、実は第17甲の興化籍漁民に分担が確認できる。すなわち戸長は「捕魚」、それ以外の妻子は男女を問わず「販柴」を行っているのである（戸長が「捕魚」と「販柴」を兼ねる場合もある）。ここにいう「販柴」が如何なる具体的に仕事をさすか明確でないが――太湖畔に群生する葦を乾燥させて燃料としたものを販売するか――、蘇北から移住してきた興化籍漁民のかかる役割分担は興味深い問題を提起している。たとえば興化籍漁民の漁業権（入漁権）の問題であり、「柴」を採集できる使用権の問題である。漁撈・採集といった諸権利へのアクセスが外地から入ってきた興化籍漁民に免許されていたか、という問題は今後の重要な課題となろう。

次に教育程度であるが、「郷鎮戸口調査表」を分析する時、まず教育欄に記載された「無」の意味に注意する必要がある。なぜなら調査表全体を見わたすと、近代学校制度の教育については記載があるが、当時依然として農村部の教育の中核を担っていたと考えられる私塾が全く登場しない──第五保第9甲1－2戸の鎮丁[41]王金華に見える「私塾三年」を例外として──からである。しかも調査表から得られる数値で識字率を出すと、第四保の「共同生活戸」では男性2％（537人中11人）、女性0％（623人中0人）、第四保の「共同事業戸」では男性17％（24人中4人）、女性0％（3人中0人）、全体では男性2.7％（561人中15人）、女性0％（626人中0人）、第五保の「共同生活戸」では男性15％（342人中50人）、女性2％（419人中7人）、「共同事業戸」では男性37％（120人中44人）、女性12％（59人中7人）、全体では男性20.3％（462人中94人）、女性2.9％（478人中14人）となる。この数字、特にその殆どの住民が老宅鎮に居住する第五保の識字率は、私塾をも含めたならば、あまりに低くすぎる。やはりここには私塾の数字は含まれていないと考えた方がよい。

　第五保の漁民のみを対象とした時、男性0％（282人中0人）、女性0％（289人中0人）と全く識字教育を受けていないことになる。しかしながら「蘇南私塾概況調査表」（呉江市檔案館蔵、第Ⅰ部佐藤論文参照）の学童には漁民の子弟も少数ながら見られる。これを勘案すれば、漁民の中にも民国期には私塾で初歩的な識字教育を受けた者が存在した──鎮の居民や農民に比較してかなり少ないのは間違いないが──ことは十分に推定される。

　続いて漁民の姓氏、平均世帯規模と世帯の度数分布、性年齢別構成と性比について歴史人口学の初歩的な検討を加えてみよう。表2は各甲の姓氏の構成を整理したものである。漁民全体としては韓・許・王・陳・金・殷の諸姓が多数を占めている。特に韓姓は18戸88人と圧倒的に多い。江南デルタ付近の非定住の船上生活漁民としては、隣接する浙江省銭塘江の九姓漁戸が有名である。周知の如く、それは陳・許・銭・李・孫・林・袁・葉・何の9つの姓をさしているが[42]、陳・許両姓を除いて同じ姓は見られない。九姓漁戸との関連性は薄いといえようか。なぜ韓姓がかくも多いか、それは江南デルタ全体の漁民につ

いてもいえるか、陳・許姓には移住伝説はないか等が今後の検討課題である。

　甲別の姓氏数をみると５〜10姓とばらつきがあるが、第10甲の許姓、第12・13甲の韓姓、第16甲の金姓は勿論、第11甲の陳姓、第14甲の殷姓、第17甲の王姓など各甲に大姓を確認できる。つまり大姓を中核に他の姓を加えるかたちで各甲を編成し、上述の如く、大姓中から甲長を選出することで、在地の漁民集団内部の権力関係に依拠しながら、漁民社会の秩序を形成・維持していこうとする政府の意図を読みとることが可能であろう。同時に保甲編成以前より、漁民は同郷、同族を紐帯とする緩やかな集団組織を形成していたことも推測できる。

　平均世帯規模については、１戸を世帯とみなして計算すると4.68人となる。江南デルタ農村の社会史・家族史・歴史人口学の代表的な研究として有名な福武直『中国農村社会の構造』によれば、中国経済統計研究所の江蘇呉興農村では4.99人、蘇州基督教青年会の江蘇呉県唯亭山郷では4.77人、J. L. Buck の江蘇武進県では4.87人、農村復興委員会の浙江崇徳県９村では4.59人、R. H. Tawney の浙江西北部53村では4.6人、江蘇句容県では4.89人、そして福武自身が調査した呉県・崑山県では4.54人という結果が得られており、概して江南デルタでは５人に満たない[43]。漁民の4.68人という数値は江南デルタ農村の平均値に近似するが、それでもやや少ない方に属する。かかる状況は華北農村、中国全土の数値──河北定県の6.93人、山西清源県の6.43人、北京黒山扈村の6.05人、山東濰県の6.3人、中国全土の5.29人──と比較した時、さらに顕著となろう。漁民が低い数値を示した原因としては、その数値が１世帯ではなく１船あたりで掌握されていたこと、また彼らが貧困のせいもあって小木船（木頭船）と呼ばれる可容人数の低い小船しか所有していなかったこと等があげられよう。ただしこれは戸口調査の方法や船上生活という外在的な原因であって、労働力の問題など漁民の労働再生産に内在する原因ではないから、今後さらなる検討を必要としよう。

　世帯の度数分布に関しては表３・表４をみながら考えてみたい。まず世帯員数の分布を示した表３によれば、漁民の世帯員数は２〜９人で10人以上の世帯

表3　第五保漁民の世帯度数分布

員　数	1	2	3	4	5	6	7	8	9	10
戸　数	—	10	27	19	24	25	13	3	1	—
百分率	—	8.2	22.1	15.6	19.7	20.5	10.7	2.5	0.8	—

表4　第五保漁民の世帯構造

	2人世帯	3人世帯	4人世帯	5人世帯	6人世帯	7人世帯	8人世帯	9人世帯	全　体
独居世帯	0	0	0	0	0	0	0	0	0（　0%）
非家族世帯	1	3	3	3	0	1	0	0	11（　9%）
単純家族世帯	10	22	11	14	13	7	1	0	78（64%）
拡大家族世帯	0	3	4	7	8	3	0	1	26（21%）
多核家族世帯	0	0	0	1	3	1	2	0	7（　6%）
計	11	28	18	25	24	12	3	1	122（100%）

は1つもない。漁民の世帯員数に特徴的なのは3～5人世帯は勿論、6人世帯もかなり高い度数を示すことである。福武直氏によれば、世帯員数の度数が15％以上の高値を示すのは嘉興県、呉県・崑山県、上海市嘉定区ともに3～5人世帯である。6人世帯についてはそれぞれ13％、14.2％、11.1％であり、これらに比較する時、漁民の20.5％は相当高い度数であるといってよい。

かかる特色の背景を、世帯構造を示した表4から検討してみよう[44]。世帯構造は落合恵美子・周紹泉・侯楊方3氏による明代徽州黄冊研究と比較するために、歴史人口学で一般的に用いられるハメル―ラスレット世帯構造分類に従った[45]。ここから漁民の世帯構造について次の諸点を指摘できよう。第1に、独居世帯が皆無なこと[46]。第2に、単純家族世帯が78戸（64％）と非常に高い割合を示すこと。2～8人世帯まで全ての世帯において単純家族世帯が多数を占めている。5～7人世帯では拡大家族世帯数もやや増加するが、いずれにせよ単純家族世帯が倍近い数値を示す。こうした単純家族世帯の多さは、多核家族世帯が47％に達する遼寧省の漢軍八旗の事例や、単純家族世帯が29％を占める万暦30年（1601）の徽州休寧県の事例と比較すると[47]、その特異性はさらに顕著となる。かつて多核家族世帯が優勢と考えられた中国の家族では、実は単

純家族世帯が多かったことがしばしば指摘されているが、漁民の場合、かかる傾向が顕著に看取される。これと拡大家族世帯とを合計すると104戸（85％）となり、もはや殆どの世帯に1組の夫婦しかいないことになる。第3に、多核家族世帯は僅か7戸（6％）のみであること。しかも多核家族世帯とはいえ、実際には1世帯に2組の夫婦の事例だけで3組以上は皆無である。従って、第2の特色をも考慮すれば、漁民の世帯構造は大多数の核家族（一部は核家族に核を作らない個人が同居）と、若干の2組の夫婦からなる多核家族だったといってよい。

　かような漁民の世帯構造の背景にあるのは船上生活の影響であろう。上述の如く、太湖流域漁民は小木船（木頭船）に住居し、船の可容人数が少ないから、多数の人間を載せることは不可能であった。当然に3組の夫婦を乗せることには無理がある。ゆえに1つの核家族が1隻の船に住居する、これが基本である。そして子女が何人生まれようとも結婚しなければ、核家族は1隻の船に住居し続けた。結果として6、7人世帯でも単純家族世帯が多くなる。しかし息子は結婚して嫁（媳婦）を迎えれば、船も手狭になるから、親元を離れて別の船に住居しなければならない（分船するが分家するとは限らぬ）。第11甲第13戸の陳香濤（16歳）・許氏（15歳）など非常に年齢の若い夫婦が世帯を有する事例は、結婚を契機に独立したものと判断できる。それでも長子は結婚後も船に留まることが稀に見られ、それが多核家族世帯を形成する場合である。このように船上生活を送り、子女が多くとも単純家族世帯を維持し続けることが3〜6人世帯の度数を高めたと考えられる。

　最後に、性年齢別構成と性比について分析してみよう。表5は性年齢別の人口構成を示したものである。漁民の性年齢別構成は低年齢から高年齢に向かってほぼピラミッド型を呈しているといってよいが、ここでは次の点に注意しておきたい。第1に、0〜15歳の年齢層が非常に多く、そこに男女差が殆ど看取されないことである。これは農民と場合と比較しなければ断言はできぬが、伝統中国の農村では女児の間引き＝溺女の風習もあってか、若年層では男性人口が圧倒するといわれてきた。しかし第五保の漁民の場合、男女差が殆ど無いど

表5　第五保漁民の性年齢構成

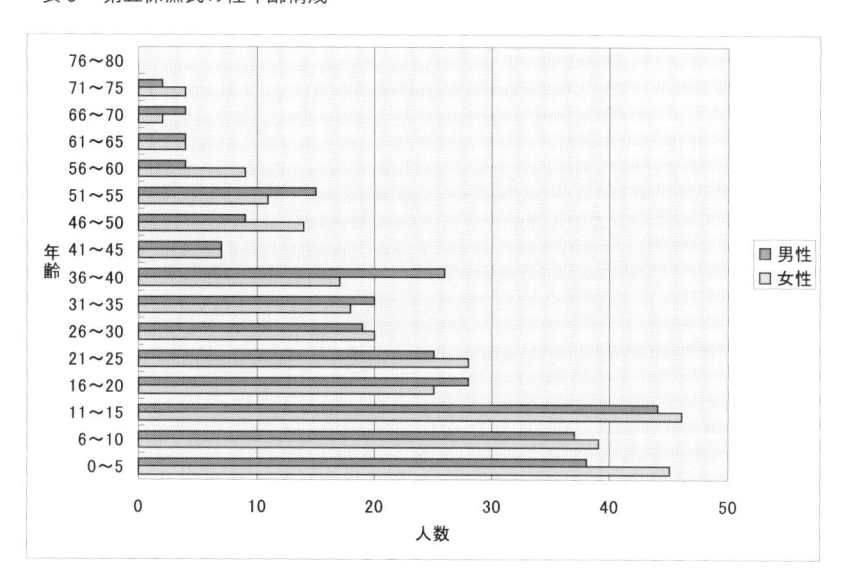

[グラフ：男性・女性別の年齢構成（0～5歳から76～80歳まで5歳刻み）]

ころか、0～15歳の年齢層、特に0～5歳では女性の人数が男性をかなり上回っている。かかる事態は漁民に溺女の風習が無かった、或いは女性も一労働力として認識されていたことを示すものであろうか。しかし一方で、これを自然出生性比と考えてもいまだ疑問は残る。なぜなら周知の如く、男女の出生性比は一般にやや男性が高いはずであり、0～15歳における女性比率の高さを説明できぬからである。第五保の事例が普遍的なものか否かも含めて、今後検討していかねばならぬ課題であろう。第2に、30～40歳になると一転して男性の比率が高くなり、36～40歳では男性比率が相当高くなっている。理由は現在のところ不明である。第3に、41～45歳の年齢層の人口数が男女ともに極端に少ない。これも推測に拠らざるをえぬが、戦争の影響——戦争による犠牲や徴兵、戦闘を避けての人口流出——であろうか。

　漁民全体の性比については男：女＝282：289と僅かながら女性人口の方が多い。かかる傾向は第五保全体にも見られ603：628となっている。さらに農村地域にあたる第四保の場合も656：717とやはり男性より女性人口の方が多い状況

に変わりない。従って、女性人口が多いという事態は必ずしも漁民に特有のものではなく、第四保・第五保に共通したものとみなせよう。これも現在、戦争以外の影響は見あたらないのが現状である。

以上、漁民社会の基礎的条件について検討を加えてきた。事実発掘、問題提起に止まった部分も少なくないが、今後さらに文献史料を博捜すると同時に、現地における本格的な聴取調査を実施すれば、さらに明確な漁民社会像を提出できるものと考えている。

ところで、上記のような基礎的条件下にある第五保の漁民は、漂泊・漁撈の非定住の船上生活を継続しながらも、保甲による南京国民政府の編成・管理の影響を受けて、老宅鎮を結節点とする社会を形成していた。では漁民をも含めた場合、我々は老宅鎮を中核とする地域社会を如何に理解すればよいのであろうか。最後に「郷鎮戸口調査表」から漁民をも含めた老宅鎮社会を復原してみることにしよう。

4．「郷鎮戸口調査表」にみえる老宅鎮社会

4―1　老宅鎮社会における職業名

かつて森正夫氏は、江南デルタ市鎮で編纂された明清時代の地方志（方志）について詳細な分析を行った[48]。史料としての地方志の性格は勿論、そこに記載された市鎮の歴史、米行など商業活動の有様、風俗・秩序観の変遷等が主な検討対象となった。現在、地方志は個別的かつ具体的な情報を提供する、地域社会の歴史を研究するうえで不可欠の材料として定着している。しかし残念ながら全ての市鎮について地方志が残っているわけではなく、むしろ地方志が編纂された市鎮の方が少ない。本稿で扱う老宅鎮は民国期以降に漸次形成されてきたこともあってか、1949年以前に地方志が編纂された形跡はない。

地方志以外に、当然に文集・随筆・石刻碑文等も市鎮に関する詳細な情報を我々に伝えてくれるが、決して纏まった内容ではなく、市鎮の概況を知る材料たりえない。かかる状況の下、林恵海氏は民国28年（1939）10月に南京国民政

府により実施された「普通戸口調査表」を利用しながら呉県楓橋鎮の概況を描出している。具体的には沿革及び自然概況、戸口及び自治、産業及び職業、教育及び宗教の 4 項目に分かって説明を加えており、戸口数や職業分布等に関する統計数値など「普通戸口調査表」が地方志とは異なった興味深い情報を提供することを十分に示している[49]。本稿でも、さしあたり第五保を老宅鎮とみなし「郷鎮戸口調査表」を用いながら、社会構造を復原してみたい。

　民国36年（1947）における老宅鎮の戸数は全体で272戸、うち商店戸48戸、寺廟戸1戸、公共戸1となっている。口数は男603人、女628人の合計1,231人、うち農漁業に従事する者は男283人、女391人、商業に従事する者は男71人、女36人、手工業・工場労働等に従事する者は男26人、女5人、残廃者は男3、女1を数える。林恵海氏が調査した楓橋鎮本体（第十三保を本体とみなす）の戸数131戸、口数545人（男341人、女204人）――楓橋鎮は大都市蘇州近傍の市鎮で、現在では蘇州市の中に組み込まれている――と比較すると、老宅鎮は倍近い数値を示すことになるが、これは第五保が周辺農村をも含んでいるからであろう。それでも老宅鎮がほぼ一千人規模を有する市鎮であったことがわかる。

　また戸籍の所在を整理すると、老宅鎮の農漁業従事者＝「共同生活戸」の男470人、女548人中、本籍を有する者は男336人（71％）、女383人（70％）、寄籍の者は男134人（29％）、女165人（30％）、工商業従事者＝「共同事業戸」の男133人、女80人のうち、本籍を有する者は男53人（40％）、女37人（46％）、寄籍の者は男80人（60％）、女43人（54％）、老宅鎮全体で統計すると本籍を有する者は男389人（65％）、女420人（67％）、寄籍の者は男214人（35％）、女208人（33％）となる。住居年数は「共同事業戸」を中心に、1年未満が1戸、2年が5戸、3年が6戸、4年が9戸、5年が11戸、6年が1戸、8年が9戸、10年が11戸と、10年以下の戸が比較的多く見られる。これに対し、農村部の第四保では男655人、女717人中、本籍を有する者は男633人（97％）、女714人（99.5％）、寄籍の者は男22人（3％）、女3人（0.5％）となるうえ、住居年数も全て「世居」と記される。このように老宅鎮と農村部とを比較すると差が明瞭になろう。すなわち老宅鎮では「共同事業戸」を中心に寄籍者が相対的に多く、住居年数

表6 「郷鎮戸口調査表」に見える老宅鎮の職業名

分　類	具　体　的　な　職　業　名
農業・捕魚	
水　産	順泰魚行、同太魚行、上海小東門湧泰魚行
工　商	永盛柴行、徐鴻盛糖坊、南貨（陸順興号、兪新茂号、潘大昌号）、国薬（同寿康号）、什貨（老鼎昌号）魚販、小販、商、工、飯館、糖坊、石灰行、米廠、修機器工、豆腐、豆渣、理髪、糕、裁工、設灘、鮮肉、麺坊、竹匠、販柴
交　通	碼頭、司機
公務・自由	徐涇鎮公所幹事、徐涇鎮合作社経理、鎮丁、教員（校長）、自衛隊教官、上海申報社、牛医、巫仙、太保
その他	傭工、持家

も相対的に短いのに対し、農村部では殆どが本籍を有し、「世居」と記される如く先祖代々居住してきた者ばかりである。これらは老宅鎮本体における住民の移動・移住の相対的な激しさを示すものと考えてよかろう。

　続いて老宅鎮における職業（従業）を概観してみよう。表6は第五保に見える職業名を整理・列挙したものである(50)。農村部の第四保の95％以上が農業従事者であるのに対し、第五保は職業分化が著しいことがわかる。第四保では住民のほぼ全てが農民であり、第五保では多数の住民が表6の非農業に従事しているのである。ここで老宅鎮に関して注目しておきたいのは水産業と南貨業を中心に発展してきたと思われる点である。水産業では魚問屋＝魚行の順泰魚行と同太魚行、南貨業では陸順興号、兪新茂号、潘大昌号(51)の具体的な名が見える。後述の如く、特に水産業は様々な意味で老宅鎮の中心的な地位を占めたと考えられる。以下では、順泰魚行と同太魚行の2魚行について検討を加えてみたい。

　老宅鎮の魚行については、たとえば青浦県志編纂辦公室・青浦県博物館編『青浦地名小志』老宅鎮には「老宅鎮は徐涇鎮の東1キロの所に在り、徐涇郷に属している。もともと趙姓の宗族が聚居していた場所で、後に子孫が繁栄し、一部分が南遷して新宅を建てたので、遂に老宅と称されるに至った。民国期、

発展して小集鎮となり、軋米廠・米行・茶坊・酒肆・烟糖雑貨商店などが有った。鎮は繁栄し、店舗は林立して、商店街は一里（約0.6km）の長きに及び、一千人ほどが聚居した。その時、魚行の老板（経営主）薛姓・姚姓の両人は全県の水産を壟断し、投機的な販売を行った。故に水産業は特に盛んであった。解放後、魚行が北崧に遷ったため、商店や交易の拠点は次第に徐涇鎮へと移り、〔老宅鎮の〕商業は衰落し村落となってしまった。〔現在では〕居民〔の戸数は〕70戸、〔口数は〕約300人である[52]」と記されている。ここには出版当時に至るまでの老宅鎮の歴史が簡潔に説明されており、特に老宅鎮の盛衰の歴史と魚行との間に深い関わりがあったことを述べている。民国期、薛姓・姚姓の経営する2つの魚行が投機的な販売等によって青浦県全体の水産業を壟断し、水産業が鎮の中心産業の地位を占めていた頃、老宅鎮は最盛期を迎え、1949年以後、魚行が北崧鎮に遷るに伴って老宅鎮も衰退していったのである。現在では老宅は鎮ではなく、宅東村という一村落となってしまっている[53]。

また『徐涇志』には「その頃、18号橋（青湮公路に架けられた橋梁の1つで老宅鎮にあった。現在では徐涇鎮水産村となっている）には同泰・成泰の2つの魚行も開業し、1日あたりの鮮魚の最高取引量は2,000担（約120トン）にのぼった[54]」とあり、同泰魚行・成泰魚行の2つの魚行が大規模な取引を展開していたことが語られている。発音の関係等から成泰魚行は順泰魚行の誤り、同泰魚行は同太魚行のことをさすと考えられる。問題は上記の薛姓・姚姓魚行と順泰魚行・同太魚行とが如何なる関わりを有するかである。

4－2 「郷鎮戸口調査表」にみえる老宅鎮の魚行

「郷鎮戸口調査表」中の順泰魚行・同太魚行を検討してみよう。表7は2つの魚行の関係者を整理したものである。この表から以下の諸点が判明する。

第1に、第五保の第1甲第1戸は順泰魚行の店舗それ自体であり、戸長は薛炳生（27歳、青浦籍、小学畢業）とあるから、薛姓魚行とは順泰魚行であったことがわかる。そこには陸恵生（47歳、青浦籍、上海小学畢業）ら9人の職員と、姜耀祖（15歳、青浦籍、上海小学畢業）ら3人の飯司も記されている。彼らは全

表7 「郷鎮戸口調査表」に見える老宅鎮の魚行関係者

魚行の名称	保・甲・戸	魚行関係者の姓名・年齢・本籍地・教育程度
順泰魚行	第五保第1甲第1戸	戸長薛炳生（27歳、青浦、小学畢業） 職員陸恵元（47歳、青浦、上海小学畢業） 爰金元（24歳、青浦、上海小学畢業） 俞福英（52歳、青浦、上海小学畢業） 王耀祖（25歳、青浦、上海小学畢業） 銭恵芳（39歳、青浦、上海小学畢業） 姚良樸（18歳、青浦、上海小学畢業） 張学健（16歳、青浦、上海小学畢業） 袁根根（46歳、青浦、上海小学畢業） 費毛根（35歳、青浦、上海小学畢業） 飯司趙杏生（46歳、青浦、不明） 姜耀祖（15歳、青浦、上海小学畢業） 潘林生（15歳、青浦、不明）
	第五保第1甲第2戸	戸長姜耀文（43歳、上海、初中学卒業）
	第五保第1甲第7戸	戸長楊金明（42歳、塩城、小学卒業）
	第五保第1甲第9戸	戸長張文元（42歳、塩城、小学卒業）
	第五保第2甲第14戸	戸長楊祖英（48歳、青浦、小学卒業）
	第五保第3甲第9戸	戸長姜耀忠（41歳、上海、初中卒業）
同太魚行	第五保第1甲第6戸	戸長陳鴻藻（34歳、上海、小学卒業）
	第五保第2甲第15戸	戸長姚秋熊（別名：桂生）（38歳、青浦、初中肆業）

て青浦籍であるが、飯司2人を除く全員が上海の小学を畢業しており、水産品の大消費地＝上海との密接な関係をうかがわせている。

第2に、第1甲第2戸の戸長姜耀文は上述の如く、当時徐涇郷郷長と第五保保長を兼任する人物（かつて徐涇鎮鎮長）であった。つまり第五保は魚行関係者が保長を務める保だったのである。それは第五保住民の半数近くが漁民であったことと連関する蓋然性が高いのではなかろうか。

第3に、その他、第1甲第7戸の楊金明（42歳、塩城籍、小学卒業）、第1甲第9甲の張文元（42歳、塩城籍、小学卒業）、第2甲第14戸の楊祖英（48歳、青浦籍、小学卒業）、第3甲第9戸の姜耀忠（41歳、上海籍、初中卒業）[55]をみると、順泰魚行が青浦のほか、上海や蘇北の塩城等と密接な関わりを有したことを推測できる。

第4に、同太魚行に目を移すと、第五保の第2甲第15戸に姚秋熊（別名：桂

生、38歳、青浦籍、初中肄業）の名が見え、姚姓魚行とは同太魚行であったことがわかる。同太魚行の関係者としては他に第1甲第6戸の陳鴻藻（34歳、上海籍、小学卒業）が確認できるのみである。順泰魚行に比較すると、同太魚行は規模が小さかったのではないかと推測できる。

　第5に、順泰魚行・同太魚行ともに小学卒業以上の近代小学教育を受けた者が多いことに気づく。特に順泰魚行の場合、大都市上海の小学校で教育を受けた者が多く、教育レヴェルの高さを認めることができよう。

　以上の如く、「郷鎮戸口調査表」から順泰魚行・同太魚行の具体的な状況を読みとることができる。特に順泰魚行は姜耀文の例にみられるように保甲など行政組織を通じて第五保で重要な役割を果たしていたと考えられる。漁民との関連でいえば、姜耀文は行政的には郷長、保長であり、経済的には魚行関係者であった。魚行と漁民との関係——たとえば水面使用権の問題など——については紙幅の関係から本稿で十分に論ずることはできぬが、『徐涇志』には次のような記述がある。

　　旧時、漁民は「漁覇」に河港費を支払わねばならず、獲った魚類を持ち込んだ際にも剝削（搾取）を受けたため、漁民の収入は甚だ少なく、生活は相当困窮していた[56]。

ここにいう「漁覇」とは何か。呉江市の事例ではあるが、2005年8月5日に北厙鎮大長浜村四方蕩の沈永林氏（男性、漁民、1944年生、62歳、翁家港人、祖籍梅堰）に聴取した際、「漁覇」について以下のように語っている。「魚行の老板は解放前は蕩主、解放後は漁覇と呼ばれた。同里鎮にも漁覇がいたが、名前は定かでない。1950年から1953年の間に射殺された」と。つまり「漁覇」とは1949年以後共産党政府による呼称であり、以前は「蕩主」と呼ばれていた。「蕩主」という言葉からしてまさに蕩（内水面）の所有権者ないし使用権者の意味であった。「漁覇」というのは農民の世界のいわゆる「悪覇地主」に対応する呼称、漁民の世界を牛耳っていた者をさしているのである。そこには魚行が漁民から剝削（搾取）してきたことが含意されている。ただし沈氏の認識は必ずしも正確ではない。「蕩主」は必ずしも魚行ではなく、魚行もまた全て「漁覇」では

なかった。地主の全てが「悪覇」でなかったように、剥削の程度が酷い者だけが「漁覇」として認定されたのである[57]。

かかる状況を隣県の青浦県にも適用する時、老宅鎮の順泰魚行は保甲など政治的側面のみならず、水面使用権など経済的側面からも漁民を管理・支配していたと考えられる。後者については今後さらなる史料収集・検討を必要とするが、前者に関しては本稿での検討の如く、保甲が編成された民国期が１つの重要な画期となっていた。魚行─漁民関係からみれば、それまでの経済的かつ私的な関係が政治的かつ公的な側面を有するに至ったのであり、老宅鎮社会からみれば、漁民を鎮に集中停泊させ管理することで、魚行─漁民関係が鎮社会の構造全体のより重要な位置を占めることになった。南京国民政府も「水上の民」と「陸上の民」の間に位置する魚行を上手く利用することで、自らの権力を浸透させていこうとしたと考えられよう。

では老宅鎮社会をめぐって農民＝「陸上の民」と漁民＝「水上の民」は如何なる関係にあったか。漁民の老宅鎮への集中停泊の後、老宅鎮を中核とする地域社会では農民と漁民とが鎮を結節点として認識・往来する関係を持つようになったか、或いは関係がますます密接になったのであろうか。老宅鎮社会の構造を考えるうえで重要な点である。

たとえば呉江市八坼鎮漁業村の孫桂生氏（男性、漁民、1916年生、90歳、本地人、祖籍本地）は「解放前、漁民と農民との間に往来は無かった。農民や鎮の居民は漁民を軽蔑して「網船鬼」と呼んでいた」と語り、北厙鎮漁業村の金天宝氏（男性、漁民、元大長浜村会計、1942年10月25日生、64歳、本地人、祖籍山東）も「解放前後、農民や鎮の居民は漁民を軽蔑して「網船鬼」「船上人」と呼んだ」と述べる如く、農民や鎮の居民の漁民に対する"眼差し"は自他を単に区別するのみでなく、明らかに漁民を蔑視の対象として見ていた。「網船鬼」の表現はその典型である。漁民はなぜ蔑視されたか、岸本美緒氏の示唆的な論攷もあるが[58]、今後意識レヴェルまで掘り下げて調査する必要がある。

ここでは全てを紹介する紙幅は無いが、漁民の語りに耳を傾けると、1949年以前は勿論、それ以後ですら農民・漁民の間には農民の漁民に対する蔑視に由

来する深い溝が横たわり、同じ江南デルタという空間に存在しながら異なる社会関係の中に生きていたと考えられる。両者間に本格的な接触・交流が始まるのは漸く1980年代以降のことであるが、筆者が調査を通じて肌で感じるかぎり、漁民が「陸上定居（陸上がり）」[59] した現在ですら相互の理解は殆ど進んでおらず、日常生活の接触も最低限のレヴェルに止まるように感じられる。

　かかる点を踏まえた時、民国期の老宅鎮は商業機能を担う鎮民を中核として、周辺農村に居住する農民や、碼頭（埠頭）に集中停泊する漁民をも含んだ地域社会を形成していたものと思われる。しかし複雑な社会関係を繙いていくと、農民と漁民は社会関係を殆ど共有せず、何かしらの「共同性」を構築することも無かった。空間的には同じ地域社会にありながら、両者の関係は交錯することは無く、全く別個の社会関係を形成していた。もし両者をつなぐものを敢えてあげるならば、魚行が結節点に位置したと考えられる。

　かつて樊樹志氏は江南デルタ市鎮を、主要産業を基準として、棉布業市鎮・絲綢業市鎮・糧食業市鎮などに分類した。氏は漁業市鎮なる語を用い、水産業が基幹産業であった若干の市鎮について言及した。しかし漁船が多数往来し漁業が盛んであったという簡単な記事を紹介するのみで、魚行―漁民関係など水産業をめぐる核心的な部分については全く論じなかった[60]。本稿で検討した老宅鎮はまさに漁業市鎮というにふさわしいが、単に漁業市鎮と指摘するのみでは本当の意味で社会構造を検討したことにならない。冒頭で述べた如く、江南デルタは「魚米之郷」と呼ばれる水郷地帯であった。然りとすれば、漁業市鎮とまでいわずとも、魚行―漁民関係はいずれの市鎮でも重要な社会構造の一部だったに相違ない。今後も太湖流域漁民をめぐる諸関係を１つ１つ解明していく必要があろう。

おわりに

　最後に、本稿で「郷鎮戸口調査表」を分析した結果、明らかとなった清末民国期の太湖流域漁民像、老宅鎮社会について整理しておこう。

①1949年以前の太湖流域漁民は基本的に非定住の船上生活を行い、固定した陸上生活を営まず、主に「捕魚」を生業としていた。

②民国期には掌握・管理上の問題から、家屋に代替するものとして船を単位に漁民の保甲が編成され、彼らの船はさらに市鎮の碼頭（埠頭）に集中停泊せしめられた。

③保甲編成を検討すると、漁民＝「水上の民」と他の鎮民・農民＝「陸上の民」は「保」レヴェルでは混在すれども、「甲」レヴェルでは明確に区別し編成されていた。老宅鎮の場合、「水上の民」と「陸上の民」の結節点に位置する魚行関係者が保長となっていた。

④各「甲」はほぼ本籍地の別に編成されていた。これは以前より漁民が生活様式・言語等の問題から本籍地別に集団を形成していた可能性があること、それが保甲編成の際にも引き継がれたことを意味する。

⑤さらに各「甲」内の姓を分析すると同姓同族の者が多くなっている。これは各甲が1～2の規模の比較的大きな同族を中核として、同郷の他姓の者を組み込むかたちで編成されていたことをうかがわせる。

⑥世帯規模は同地域の平均値に比べて低いが、世帯分布をみると6、7人でも1世帯を形成する例が少なくなかった。これは太湖流域漁民の船が小木船で可容人数に限界があり、結婚などの段階で「分船」する場合が多かったこと、一方で子弟が結婚せぬかぎり、1組の夫婦で1世帯（単純家族世帯ないし拡大家族世帯）を維持し続けたからであろう。また0～15歳の年齢層では男性よりも女性の人口が多いことから、漁民の間に「溺女」の風習が無かった、或いは女性も一労働力として認識されていたことを推測できる。

⑦老宅鎮は青浦県最東部の上海に隣接し、民国期にはすでに小集鎮を形成し、商店街1里、居民約一千人の規模にまで発展していた。保甲制度上では第五保に編成されており、「郷鎮戸口調査表」からみると、魚行・南貨・米廠・糖坊等を中心に多くの非農業人口から構成され、人々の移動・移住が相対的に激しかったと考えられる。

⑧ただし第五保を老宅鎮社会とみなすならば、計17甲のうち半数近くの8甲

を漁民が占めており、民国期の老宅鎮社会の構造を考える時、漁民の存在は無視できぬものがあった。

⑨老宅鎮の順泰魚行は老板薛炳生、保長姜耀文を中心に大規模な商売を営んでおり、かつ平時の経済関係を利用して漁民を掌握していた可能性が高い。鎮の人口に占める漁民の割合の高さ、順泰魚行・同太魚行の勢力の大きさを考えれば、老宅鎮社会は魚行をはじめとする水産関係が重要な位置を占める、いわば漁業市鎮であったといいうる。水産業に関してはこれまで殆ど検討されてこなかったが、江南デルタ＝「魚米之郷」では老宅鎮の如き市鎮は他にも存在したであろう。今後さらに検討していく余地がある。

⑩しかし老宅鎮社会を中核とする地域社会では、鎮民・農民と漁民は同じ空間にありながら、社会関係を殆ど共有せず、何かしらの「共同性」＝コモンズを構築することも無かった。両者をめぐる社会関係は交錯すること無く、全く別個のものを形成していた。

⑪かかる老宅鎮の社会構造は明清時代を通じて民国期までに緩やかに形成されつつあった魚行―漁民関係を基礎としていたに相違ない。こうした関係に依存しつつ、かつそれを利用・保障するかたちで編成されたのが南京国民政府による保甲制度であった。ゆえに保甲による漁民の集中管理が実行された民国期は、老宅鎮社会の構造的変動をもたらした時代であった可能性がある。

　以上、本稿では「郷鎮戸口調査表」という興味深い地方文献を利用することで、清末民国期の青浦県老宅鎮の一事例ではあるが、太湖流域漁民の具体像をある程度描出できたと思う。しかし史料上の制約は如何ともしがたく推測に拠らざるをえぬ部分が少なくない。本稿でも僅かながら聴取調査の成果を用いることができたが、今後はより本格的な聴取調査を展開し口碑資料を分析していくことで、漁民のナマの声から彼らの歴史を再構築していきたいと考えている。

註
（１）　戦後日本の明清史研究を概観したものとして、森正夫「総説」同編『中国史学の基本問題４　明清時代史の基本問題』汲古書院、1997年、pp.3-78、所収をあ

げておく。
（2）　初の本格的な水上居民研究を著した可児弘明氏も『香港の水上居民——中国社会史の断面——』（岩波新書772、1970年）の中で「本書はわが国でほとんど知られていない中国の船上生活者をとりあげ、彼らが水上で何を考え、何を感じているのか、それをできるだけ社会全体との関連において具体的に捉えようとした」と語っている（p.203）。
（3）　拙稿「清代江南デルタ社会と犯罪取締りの変遷——労働力の流入、犯罪、そして暴力装置」岩井茂樹編『中国近世社会の秩序形成』京都大学人文科学研究所、2004年、pp.331-360、所収。
（4）　尹玲玲『明清長江中下游漁業経済研究』齋魯書社、2004年。
（5）　顧希佳「太湖流域民間信仰中的神霊体系」『世界宗教研究』第42期4号、1990年、pp.123-133。
（6）　陳俊才「太湖漁民信仰習俗調査」『中国民間文化』第5集、1992年、pp.80-113。
（7）　陳俊才「太湖郷志稿（選輯）」蘇州市地方志編纂委員会辦公室・蘇州市政協文史委員会編『蘇州史志資料選輯』総第30輯、2005年、pp.311-322。
（8）　濱島敦俊・片山剛・高橋正『華中・南デルタ農村実地調査報告書』大阪大学文学部紀要第34巻、1994年。なお、濱島・片山両氏による江南デルタ調査の成果と意義については、拙稿「中国地域社会史研究とフィールドワーク——近年における江南デルタ調査の成果と意義——」『歴史評論』第663号、2005年、pp.56-65及び同「民間信仰と封建迷信のはざまで」『アジア遊学』第56号、勉誠出版、pp.104-112で紹介した。
（9）　濱島敦俊『総管信仰——近世江南農村社会と民間信仰』研文出版、2001年、同「甦る大陸漢族の土神たち」『東方』249-261号、東方書店、2001-2002年。
（10）　東美晴『解放前中国江南農村におけるジェンダーの研究——婚姻と出産にみる女性の文化、社会的位置づけ——』甲南大学、1997年。
（11）　浅川滋男「東アジア漂海民と家船居住」『鳥取環境大学紀要』創刊号、2003年、pp.41-60。
（12）　羽原又吉『漂海民』岩波新書、1963年、pp.2-3を参照。
（13）　前掲可児・浅川・羽原の他、以下の研究を参考にした。中村治兵衛『中国漁業史の研究』刀水書房、1995年、李士豪他『中国漁業史』商務印書館、1937年、欧陽宗書『海上人家』江西高校出版社、1998年、頼青寿『九姓漁戸』福建人民出版

社、網野善彦『日本社会再考』小学館、2004年、網野善彦編著『海と列島文化4 東シナ海と西海文化』小学館、1992年、宮本常一『海に生きる人びと』未来社、1964年、宮本常一他編『日本の海洋民』未来社、1974年、河岡武春『海の民』平凡社選書104、1987年、野口武徳『漂海民の人類学』弘文堂、1987年、谷川健一『漂海民──家船と糸満』三一書房、1992年、金柄徹『家船の民族誌』東京大学出版会、2003年、可児弘明他『船に住む漁民たち』岩波書店、1995年、藪内芳彦『東南アジアの漂海民』古今書院、1969年、佐々木正哉「咸豊八年鄞県漁民の叛乱」『駿台史学』第16号、1965年、pp.27-55、姫田光義「中国近代漁業史の一齣──咸豊八年鄞県の漁民闘争をめぐって」『近代中国農村社会史研究』大安、1967年、pp.63-108、所収、三木聰「明代の福建における魚課について」『山根幸夫教授退休記念明代史論叢』上巻、汲古書院、1990年、pp.415-439、所収、高橋公明「中世東アジア海域における海民と交流」『名古屋大学文学部研究論集』史学33号、1987年、伊藤亜人「漁民集団とその活動」『日本民俗文化大系5　山民と海人』小学館、1983年、pp.319-360、所収。

(14) 民国期の保甲制度に関しては笹川裕史「「七・七」前夜国民政府の江西省農村統治──保甲制度と「地方自治」推進工作──」『史学研究』第187・188合併号、pp.72-93、1990年、聞鈞天『中国保甲制度』商務印書館、1934年など多数の研究がある。

(15) 『青浦民衆』民国23年（1934）11月25日付「青浦県政府布告」。『青浦民衆』は青浦区檔案館蔵、管見のかぎり民国22年（1933）10月から民国38年（1949）4月までが保存されている（欠号あり）。

(16) 『青浦民衆』民国23年（1934）11月25日付「中国国民党江蘇省青浦県執行委員会為本県開始辦理保甲告民衆書」。

(17) 『青浦民衆』民国23年（1934）11月25日付「区公所定期開　保甲宣伝大会」。

(18) 『青浦民衆』民国24年（1935）5月1日付「蘇民庁代電各県　規定保甲長訓練課程」。

(19) 『青浦民衆』民国24年（1935）8月7日付「青浦晋豊和印刷所為再版『保長訓練所講義』発売預約」。

(20) 青浦区檔案館蔵、分類番号：86-1-103。筆者が閲覧したのは僅か1冊にすぎず、2冊目があった可能性も捨てきれない。

(21) 船戸の語は漁戸と区別し、水運業者の意味で用いられる事例もしばしば見られ

(22) 『青浦民衆』民国24年（1935）9月4日付「県府令催各区造報　編査船戸費用清冊」によれば、漁民の保甲編成それ自体は9月4日までにすでに終了していたことがわかる。

(23) 侯楊方『中国人口史　第六巻　1910-1953』復旦大学出版社、2001年、pp. 86-89。

(24) 歴史人口学を専門とする侯楊方氏の見解によれば、かかる「地方性」を有した戸口調査史料は極めて珍しく他に殆ど例を見ないという。

(25) 徐涇志編纂委員会編『徐涇志』1992年。

(26) 東、前掲書、pp. 32-39。

(27) 以下、甲・戸の編号は煩雑さを避けるため、漢数字ではなくアラビア数字で表記する。

(28) 『徐涇志』第二編建置沿革、歴任郷鎮長。

(29) ここにおける「典産」の意味は、房主＝出典者が通例房屋売買代価の半額ほどの金融を相手（銭主＝承典者）から無利子で受ける代りに、その間相手に自己の房屋の使用収益を許し、対価を支払えば回贖できる、そうした状態の房屋をさすと考えられる。従って、被調査者にとって、現住家屋が承典することで所有権ではなく使用権を得たものであることを示している。

(30) 第15甲第8戸の戸長邵関泉は上海に本籍を有し青浦に寄籍して吉安公墓を管理する。同戸には公墓管理に関わって高受百（呉県籍）、呉龍茂（松江籍）、荘殿臣（南匯籍）の名が見える他、王厚法（寧波籍）・朱敝一（山東籍）・管宗勤（同左）など、新たに完成した青浦・上海間の鉄道の青滬汽車站を管理する站長・站員・站夫が含まれる。第16甲第14戸の戸長宗炳成は常熟籍で青浦に寄籍、黄炳生・銭洪生（共に常熟籍）とともに永楽公墓で石匠の仕事に従事している。以上から吉安公墓は上海・呉県・松江・南匯各県出身者の、永楽公墓は常熟県出身者のそれぞれの共同墓地と考えられる。また第15甲第9戸の戸長孟王永辰は女性で青浦籍、従業には農業試験場と記載され、息子の孟球雄は大学を卒業し、大学教員・参議員を務めた。このように第四保・第五保の漁民以外の戸についても調査表は興味深い情報を提供するから、別稿で詳細に検討してみたい。

(31) 『正報』民国36（1947）年2月18日付「実施戸口査記、省府規定辦法、実施三大要点」。

(32) 江蘇省呉江県でも同様の状況が看取される。1952年の「〔一九〕五二年水産工作総結」（呉江市檔案館蔵）によれば「主業戸多於市鎮水上居住、付業戸多於農村陸上居住」とあって、農業・養殖業の兼業農家（付業戸）の多くが農村に陸上居住するのに対し、漁業専業戸（主業戸＝船上生活漁民）は市鎮に水上居住していると指摘する。

(33) 調査表の教育欄における「無（＝不識字）」の意味内容については後述する。

(34) 第四保の計16甲では第1甲の甲長・秦裕香（28歳）のみ初小卒業だが、他の15甲の甲長は全て「無」＝不識字である。漁民を除く第五保の鎮（老宅鎮）の甲長が高い学歴なのに対し、第四保の農民、第五保の農民の各甲長は殆どが不識字であり対蹠的な状況を示している。従って、鎮の甲長の教育程度が高いのは鎮ならではの特色といえよう。かかる点は本書第Ⅰ部佐藤仁史論文に詳しい。

(35) 『青浦県志』第九篇漁業／漁業生産関係改革（pp.236-239）。

(36) 『徐涇志』第二章副業生産／第四節漁業（pp.132-133）。

(37) その他、西隣の呉江市の新編地方志『北厙鎮志』（呉江市北厙鎮地方志編纂委員会、上海、文匯出版社、2003年）、第一巻建置区画／第三章集鎮和農村（pp.37-58）／漁業村、同書第六巻商業／第三章商品流通（p.188）／水産品、『蘆墟鎮志』（蘆墟鎮志編纂委員会、上海、上海社会科学院出版社、2004年）、第一巻地理／第一章建置区画（p.75）／漁業村、南隣の嘉善県の新編地方志『嘉善県志』（嘉善県志編纂委員会編、上海三聯書店、1995年）第七編漁業／第四章漁民（pp.274-276）にも同様の記載があり、江南デルタの広大な地域に同様の状況が見られたことがわかる。

(38) 聴取調査に関しては現在出版準備中である。

(39) 可児、前掲書『香港の水上居民』、pp.92-95。

(40) 羽原、前掲書、pp.61-62。

(41) 鎮丁とはかつての地保と考えられる。本書山本英史論文を参照。

(42) 九姓漁戸については頼青寿『九姓漁戸』福建人民出版社、1999年を参照。

(43) 福武直『中国農村社会の構造』大雅堂、1946年、pp.30-32を参照。その他、代表的な研究に同著『福武直著作集第10巻　中国・インドの農村社会』東京大学出版会、1976年、同訳『中支農村経済の研究』生活社、1941年等がある。

(44) 表3では戸口調査表の戸をそのまま世帯として扱ったが、表4では、第14甲第3・5戸、第16甲第13戸の3戸が「友」を、第16甲12戸、第17甲第6・11・16戸

の4戸が「(長)工」を含むので「友」と「(長)工」を除いて統計した。従って**表3**と**表4**では統計上若干の相違がある。なお、第17甲に「(長)工」が多く見られるのは興味深い。これら「(長)工」は全て「販柴」に従事しており「捕魚」ではない。かかる事態は移住史で明らかにされてきた移住の初期形態——男性のみが単独で親族関係等を通じて移住し、その後安定した段階で家族を呼び寄せる——と類似しており、第17甲が興化籍(「(長)工」を含む)の人々から編成されていることとも密接な関わりを有するものと考えられる。

(45) 落合恵美子・周紹泉・侯楊方「中国明代黄冊の歴史人口学的分析——万暦徽州黄冊底籍に見る世帯・婚姻・承継——」佐藤康行他編『変貌する東アジアの家族』早稲田大学出版部、2004年、pp. 110-141。

(46) 第16甲第3戸の戸長金木英と妻管氏(2人世帯)について戸口調査表は他と同様、2人に関する諸情報を記載するが、管氏には「四月二十九日、死」の印と書込みがある。戸口調査表は現状を調査し過去に死亡した者を記載しないのが通例のようであるから、管氏はまさに調査の頃に死亡したと考えられる。本稿では生存しているものとして取り扱った。

(47) 落合等、前掲書、p. 124。

(48) 森正夫「江南デルタの郷鎮志について」小野和子編『明末清初の社会と文化』京都大学人文科学研究所、1996年、所収、同「清代江南デルタの郷鎮志と地域社会」『東洋史研究』第58巻2号、1999年、同「明末の社会関係における秩序の変動について」『名古屋大学文学部三十周年記念論集』名古屋大学文学部、1979年、同「明末における秩序変動再考」『中国——社会と文化』第10号、1995年(以上、すべて後に『森正夫明清史論集 第三巻』汲古書院、2006年、所収)、同編『江南デルタ市鎮研究——歴史学と地理学からの接近——』名古屋大学出版会、1992年。

(49) 林恵海『中支江南農村社会制度研究』上巻、有斐閣、1953年、pp. 31-43。

(50) 分類は林、前掲書、pp. 39-40の楓橋鎮の分類に従った。

(51) 兪新茂号、潘大昌号の名は『徐涇志』第六編金融・財税／第一章商業／第一節解放前商業概況(p. 159)の南貨業の項目にも確認できる。

(52) 青浦県志編纂辦公室・青浦県博物館編『青浦地名小志』老宅鎮、1985年、p. 20。

(53) 筆者は2006年8月23日に稲田清一、佐藤仁史、吉田建一郎、同年9月9日に陳來幸、佐藤仁史の諸氏と宅東村(老宅鎮)を訪問した。老漁民から簡単な聴取を

行った結果、すでにかつての鎮民は上海へと移り、現在の居民の多くは外地人であるとのことであった。

(54) 『徐涇志』第六編金融・財税／第一章商業／第一節解放前商業概況 (p.159)。
(55) 姜耀文（43歳、上海籍）と姜耀忠（41歳、上海籍）との間に親族関係があったか否かは判明しないが、輩行からして同族であった可能性は高いと思われる。
(56) 『徐涇志』第二編建置沿革／第二章行政村概況／水産村 (p.53)。
(57) 聴取調査については今後出版予定であり、漁覇・蕩主・魚行と内水面の所有権・使用権との関わりについては別稿で詳細に論ずる予定である。
(58) 氏は「清代における「賤」の観念——冒捐冒考問題を中心に——」『東洋文化研究所紀要』第144号、2003年、p.119で「浮動するもの」に対する「賤」の感覚を指摘している。
(59) 江南デルタにおける漁民の「陸上定居（陸上がり）」は1968年に漁業的社会主義改造（漁改）の名の下で実施された。漁改自体とそれが漁民に与えた影響に関しては別稿で論ずることにしたい。
(60) 樊樹志『明清江南市鎮探微』復旦大学出版社、1990年、pp.254-255。

1940年代末、江蘇省青浦県における地籍台帳と地籍公布図

稲 田 清 一

はじめに

　今回の調査で、われわれはいくつかの土地関係文書を見出した。本稿でやや立ち入って紹介しようとするのは、そのうち、青浦県佘山郷おいて1949年に作成されたと見られる地籍台帳と同郷広富林附近の2枚の地籍公布図である。

　日中戦争期の中断をはさみ1930年代と1940年代に、自作農創設を最終目標に掲げ、土地所有権を確定して税収を確保するために、近代的な測量をともなう土地整理事業が国民党政府によって企図されたことは、笹川裕史・山本真氏らの研究によって明らかにされつつある[1]。しかしこれらの研究の重点は、土地整理事業の機構的側面、政策的局面やそれへの地域からの反応などに置かれており、事業の展開過程で作成された原文書類——土地台帳や地籍図などには及んでいない。こうした資料が偶然の機会によってしか見出されえないという事情が、そうした理由の1つであろう。

　地籍図は、日本史や歴史地理学の研究においては、つとに利用されている、ありふれた資料なのかもしれない。しかしそれは中国史研究者にとって必ずしもなじみのある資料ではない。ただし明清史研究においては、土地台帳としての魚鱗図冊について一定の研究の蓄積がある[2]。それらはおおむね中国地主制にたいする関心に発しているが、同時に手書き資料そのものへの関心にも支えられてきたようにみえる。記述文書だけからでは十分にはうかがえない生の資料をあつかうことによって、中国社会により直接的に接近したいという意欲のあらわれでもあったように思われる。

　こうした意欲を受けつぎつつも、先に述べたような事情から、本稿の目的は

もっぱら地籍公布図と地籍台帳という資料を紹介することに置かれる。こうした資料を生み出した地籍整理事業そのものの評価を企図するものではない。以下ではまず様式などの概要を紹介したのち、聞き取り調査によるデータの検証を試み、最後に公布図をもとに初歩的な考察をおこなうこととしたい。

しかしまずこれらの資料の舞台となった佘山郷について一瞥しておこう。

1　地籍台帳と公布図

1-1　佘山郷

広富林鎮とその隣接農村を含む旧佘山郷は、青浦県城の東南およそ10km、松江県城の北西およそ10kmに位置する。郷の東方約10kmにはかつて米の集散地として名高かった泗涇鎮がある。民国『青浦県続志』に拠れば、郷名の由来となる佘山の附近には、陳坊橋・辰山・広富林・佘山という4つの市鎮が立地する。いわゆる岡身（微高地）地帯のすぐ西側に位置し、水稲＝小麦作地帯に属している。

4つの鎮のうち古くから著名だったのは広富林鎮である。広富林（またの名は皇甫林）は明代の地方志に初めて市として登場し、乾隆年間には交通の要衝として繁栄した。近代にいたるとこの地方の中心は陳坊橋鎮に移っていったようだが、広富林は20世紀にいたるまで農村部における基層的な市場町として存続した。日中戦争時期には衰微したが、戦後やや持ち直し、1946年ころには26の店舗と若干の露天商がみられたという。中華人民共和国成立後、土地改革や農業集団化の過程で市場町としての機能は失われてゆき、村民委員会所在地として現在にいたっている。2006年8月に当地を訪問する機会を得たが、商業施設としては新しく建設された自動車道路沿いに何軒かの商店が見られるのみであった。ただし住宅などの配置はなおかつての鎮容をとどめており、東西に走るかつてのメインストリート（幅3m、長さ500mに及ぶという）はすぐにそれとわかる。これがかつて市鎮として繁栄したころの広富林鎮の規模を示しているのであろう。ただし今そこに商店はない。

近代における佘山郷一帯の行政区画の変遷はめまぐるしい。この地区はもともとは青浦県に属しており、宣統元年（1909年）、地方自治の発足とともに青浦県内に成立した16自治区の１つとして陳広辰区が誕生した。民国18年（1929年）には、南京国民政府による新県制施行にともない県内が13区に整理されると辰佘区と改称され、同26年（1937年）、８区92郷鎮に再編されるとその第８区となった。日中戦争中は第２区に改編されたが、戦後は第８区に戻された。民国37年（1948年）、県内が２区に分けられその下に４鎮９郷が置かれると、県東半を所管する第１区の佘山郷となりそのまま解放を迎えた。中華人民共和国成立以後も行政区のめまぐるしい変遷は続くが、この地区は1955年には青浦県から松江県に移管され、松江県佘山区、同佘山郷、同佘山人民公社を経て84年に再び郷となった。1998年松江県が上海市の郊区の１つ松江区となった前後から、松江区の開発は加速される。佘山郷では山上に天主堂と天文観測所がある佘山地区一帯が「上海佘山国家旅游度暇区」に指定されるとともに、西隣の天馬郷を併せて新生「佘山鎮」が誕生するいっぽう、旧佘山郷南端の広富林一帯は、旧県城北部に展開する広大な「松江新城」計画区域の一部に組み込まれ、上海外国語大学など６大学を計画的に集中させた「松江大学城」の一角を占めることとなった。2006年８月の時点で大学城の建設は広富林鎮のすぐ南にまで及んでいる。都市近郊農村の姿をとどめるこの地区も数年後にはまったく景観を改め市街地化されていることだろう[3]。以下本稿でいう佘山郷とは、基本的には1940年代末時点でのそれを指す。

１－２　地籍台帳の概要

佘山郷の地籍台帳を収めた檔案には、まず「青浦県佘山郷／鎮土地籍面積冊」（青浦区檔案館蔵。分類番号：82-3-806）があり、この巻には２冊が収められている。また、これとは別に「青浦県地籍調査表1947年至1949年」（同前。分類番号：82-3-586）と題された案巻に綴じ込まれた残簡がある。ここではこれらに収められた台帳の形式について紹介する。まず前者の２冊から見てゆこう。

第１冊（便宜的これをＡ冊と呼ぼう）は縦長でＢ５版ほどの大きさであり、全

図1　地籍面積冊の表紙　　　　図2　地籍面積冊

```
青浦県佘山郷/鎮地籍面積冊
         第 二 段

  起迄地号  1-2691
  支号宗数  30
  共計宗数  2725
  造 冊 者  張四孫【印】
  校 対 者  茅世震【印】 顧其源【印】
  統 計 者  張四孫【印】
  検 査 員  茅世震【印】
  組  長  葉永鈞【印】
  分 隊 長  李錫九【印】

  中華民国三十八年3月　日
  青浦県戸地測量分隊
```

＊復原図。下線部は手書き記入部分、その他はガリ版印刷。

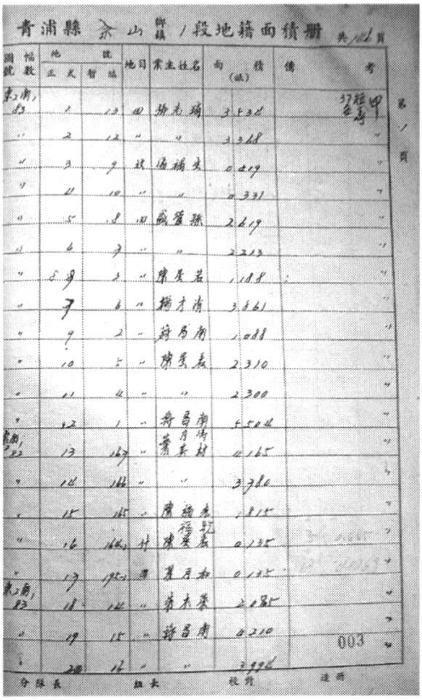

部で183葉ある。檔案館によって附された表紙をめくると、第1葉のおもてに「青浦県佘山郷／鎮地籍面積冊」と題された表紙があらわれ、表題につづいて段数、地号、台帳作成にかかわった人たちの氏名、作成年などが記されている（図1）。ここからこの台帳が佘山郷第1段についてのもので、民国38年（1949年）3月に作成されたことがわかる。

第1葉うらはガリ版印刷された「地籍面積統計表」で、横軸を国有・私有別、縦軸を地目別として第1段地区全体についての合計起数（土地の筆数）と合計畝数（土地の面積）が各欄に万年筆で書き込まれ、さらにこれを照合、修正し同じ形式、ただしすべて手書きで書かれた統計表が第2葉にとじこまれている。

つぎの第3葉おもてから1筆ごとの土地について、「図幅号数」「地号（正式・暫編）」「地目」「業主姓名」「面積（畝）」「備考」の各項目が記入された台帳のいわば本篇がはじまる（図2）。様式は表形式で活版印刷されており、1ペー

ジに20筆ずつ、1葉のうらおもてで合計40筆分記入することができるようになっている。上部欄外には「青浦県佘山郷／鎮1段地籍面積冊」とあり、この記録がどこの区域についてものかを示している。佘山郷は少なくとも3つの「段」にわけて地籍の登録がおこなわれたようで、この段を単位として正式の地号（すなわち地番）がふられた。第1段とは郷の北部、陳坊橋鎮を含む区域である。地片は正式地号順に1号から配列され、途中で2度葉を改め（328号と978号で始まる箇所）2691号までつづく。つぎに葉を改めて、台帳作成後に遺漏が発見されたり分筆されていることがわかったのであろう、「8-1」などと支号を伴った正式地号の地片が30筆ほどあり、再び葉を改め国有地の記載が2葉4ページにわたってつづき、第1段の部分はおわっている（全75葉）。国有地の地目は「水」と「道」のみであり、正式地号はつけられておらず、いくつかに地名・公路名とおぼしき名称が記入されている。これらによれば、ここの国有地はほぼ水路・道路に限られていたようである。またここから地号は民有地にのみふられたことがわかる。なおこの第1段の部分には、地目別に筆数と面積を計算した鉛筆での書き込みが随所に見られる。

しかしA冊はこれでおわってはいない。第1段国有地の項のつぎには、葉を改めて「第1頁」となり、上方欄外に「青浦県張家村郷／鎮三段地籍面積冊」とある記述がつづく。「張家村」のさらに上方に別の筆跡で「佘山」と記入されている。以下この欄には記入がないが、正式地号1161号からはじまる「第59頁」には「青浦県佘山郷／鎮　段地籍面積冊」（段数は空白でその上辺に「広富林」の書き入れがある）とある。つまり第1段につづいて、A冊第76葉からは第3段の台帳がはじまっているのである。第3段は郷の南部、広富林鎮を含む区域である。様式は第1段とまったく同様であり、正式地号1号の地片から配列がはじまり、それが「第213頁」の4258号までつづく。そのうしろには1ページ分のみ（ページ数は「第59頁」とある）正式地号に支号のふられた地片20筆が附されてA冊はおわっている。第3段には第1段冒頭にあった表紙と統計表がなく、末尾にあった国有地についての記載も欠けている。支号分についても段全体を網羅していないかも知れない[4]。これらは、恐らくは作成されたのであろう

が、いつの間にか失われてしまったのであろう。なお、第１段にあったような鉛筆による計算の跡は見られない。しかし第１段についてはもとより、末尾には支号分がまとめられ始めていることから、第３段についても全段の地片を基本的には網羅していると見なしてよいであろう。第１段と第３段の地籍台帳を１冊に綴じ合わせたのは青浦区檔案館の仕事だと思われる。

「図幅号数」以下各項は基本的にすべて記入されているが、その記載内容については後述することとし、ここでは「備考」にのみふれておきたい。第１段にのみ特徴的なのは、少数だがたとえば「37嚞短字圩」などという図名・圩名が記入されている（地号でいえば初めの300号くらいまで）。これらは当該地片の所在地を示しているものと思われる[5]。第１段「備考」欄にはまた、地目などその他の項のいかんにかかわらず、すべての地片ごとに「甲・乙・丙・丁」（少数だが「Ａ・Ｂ・Ｃ・Ｄ」というローマ字の場合もある）のうちのいずれかの文字が記入されている。何かの符号なのであろうが、何を意味するのか、今のところ手がかりがない。以上のほか第１段・第３段に共通しているのは、ところどころに「業主姓名」欄とは異なった人名が記されていることである。これも正確には何を意味しているのかはっきりしないが、土地所有権の移転があったことを反映しているのではないかと推測される。「業主姓名」欄に記されているのが以前の所有者で、「備考」欄に記されているのが新しい、したがって台帳作成時点での所有者であると解釈できるのではなかろうか。

さてつぎに「青浦県佘山郷／鎮土地籍面積冊」に収められたもう１冊のほうの紹介に移ろう。

この冊子（これをＢ冊と呼ぶ）はさきのＡ冊とは形状が異なっている。横長のＢ４版ほどの大きさであり、全73葉ある（檔案館でつけたと思われる葉数はＡ冊からのつづき番号となっており、Ｂ冊は第184葉からはじまる）。檔案館によって附された表紙をめくると、いきなり図３のような、上辺左方には「青浦県　　郷／鎮地籍調査表」、右方には「中華民国38年　月　日」と活字で印刷された表がはじまる。郷／鎮名・月日はともに空白だが、右上欄外に「佘山２段」、右辺欄外には「辰山」という書き込みがあり、この冊子が第２段の辰山鎮をふくむ区

図3　地籍調査表

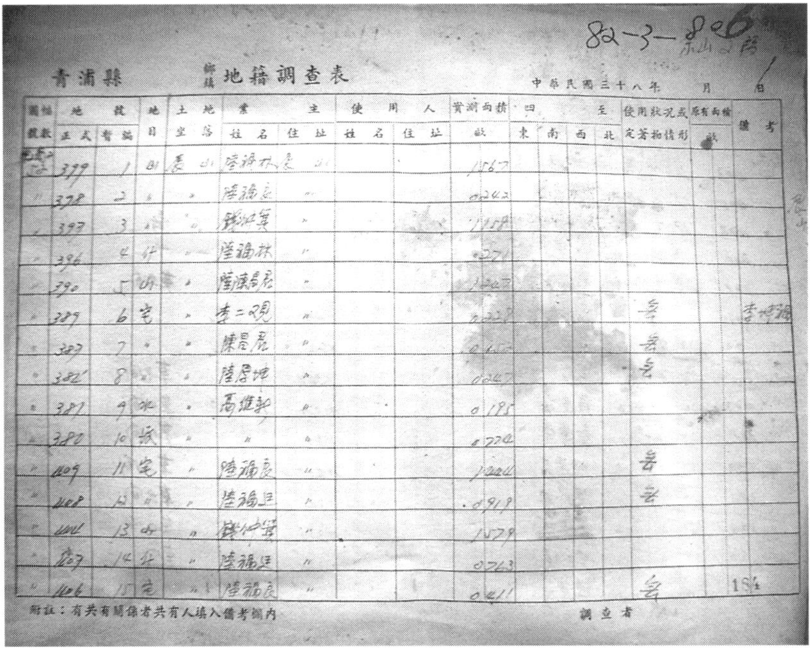

域についてのものであることが判明する。この区域は郷の中部地区に相当する。
　横軸にとられている項目はA冊にくらべ多い。すなわち「土地坐落」「業主（住址）」「使用人（姓名・住址）」「四至」「使用情況或定著物情形」「原有面積」の各項が加わっている。このうち四至と原有面積の欄には図3に掲げたページばかりでなく全ページにわたりまったく記入がない。その他の項目はおおむね記入されているが、空欄が皆無というわけではない。業主・使用人ともに住址欄には空白がやや目立つように感じられる。土地坐落・住址欄には土名とおぼしき地名が記載されており、1932年陸地測量部製版の2万5千分の1地図（上海近傍58号「天馬山」）などでおよその位置を推定できるものもある。使用情況欄には、家屋の有無、平屋か楼屋か、瓦葺きか草葺きかの別、間数についてのみ記入がある。したがって原則的には地目でいえば「宅地」について記入され

ることになるが、ごく少数の例外がないわけではない。備考の記載内容はＡ冊と同様、ところどころに「業主（姓名）」欄とは異なった人名が記入されている。その意味するところもＡ冊の場合と同じであったと推測される。

　Ｂ冊では１ページに15筆ずつ、１葉のうらおもてで合計30筆分の情報を記入することができるようになっている。配列はＡ冊とは異なり暫編地号（暫定的な地番）の順になされている。暫編地号のつけかたは通し番号ではなく、ひとつの「図幅」（「図幅号数」欄に記されている。これについてはなお後述）中で、あるまとまりをもつ一区域（「土地坐落」欄に記されている小地名）ごとに１番からつけてゆく、というものであった。したがって同一「図幅」においても区域（小地名）が異なれば改めて１番からはじまり、同一区域（小地名）であっても「図幅」が異なっていれば、そちらもまた１番からはじまるという具合になる。このように暫編地号順に配列されていることから、Ｂ冊はその表題のとおり、Ａ冊のような形式に整理される前の調査段階で作成されたものであること、またその調査は「図幅」ごとに進められたらしいことがわかる。なおＢ冊にはおよそ2169筆の地片が記載されているが、正式地号は１〜876号、1331〜2146号、および支号６筆分の記入があるいっぽう、476筆については暫編のみで正式地号が記されていない。この476筆から、「缺（号）」（地号のみあって土地の存在しないもの）10筆、「併入○○号」と注記されたすでに合筆された地片５筆をのぞくと、暫編のみで正式地号がふられていない地片は460筆余りとなり、これは正式地号の欠番877〜1330番の454筆分にほぼ等しい。しかしこれでＢ冊が第２段の全地片を網羅していると断定することはまだできない。2147番以降の地号をもつ地片が存在するかも知れないからである。

　以上とは別に、檔案館によって「青浦県地籍調査表1947年至1949年」（分類番号：82-3-586）と題された１冊がある。この冊は、実際には表題の時期における県下各地の雑多な一件書類を綴じ込んだもので、地籍調査表はそのごく一部分にすぎない（この部分をここでは仮にＣ冊と呼ぶ）。Ｃ冊は全８葉16頁ある。大きさや様式はＢ冊にまったく同じであり、記入の体裁も基本的に同様である。正式地号欄はすべて空白だが、暫編地号は記入されており、この８葉が一連の

ものであることはまちがいない。しかし第1葉おもての1行目の暫編地号が106番からはじまり、第8葉うらの15行目すなわち最終行まで記載がつづいていることは、C冊があるまとまりをもった台帳の残簡であることを強く示唆する。ただしそれがいずれの段に属するものであるかははっきりしない。上方欄外の郷／鎮名・段数の項が空白だからである。「土地坐落」欄には道字圩と垂字圩の2つの圩名があらわれ、これを民国『青浦県続県志』巻1・自治区域と対照すると、いずれも陳広辰区三十八保一区十三図に属していたことが知られる。また「図幅号数」からは、対象地域が辰山鎮の東2〜3kmやや北方に当たることが推定できる（後掲の図9を参照）。これらのことからC冊所載の地区が佘山郷内についてのもであることは明らかだが、第何段かは依然として不明である。前述のように第2段はB冊で完結しているとは限らないので、C冊が第2段の残余部分の一部であるとも考えられるが、他方で佘山郷に佘山鎮をふくむ第4段があった可能性も高く、C冊はそちらの残簡であるかも知れないからである。

　以上が青浦区檔案館でわれわれが閲覧した旧佘山郷の地籍台帳の体裁である。A冊にまとめられている第1段・第3段の「地籍面積冊」は、次節にのべる地籍公布図と一体のものであり、いわば地籍公布台帳とも呼ばれるべきものであったと見なされる。第1段の表紙からそれは1949年3月までに作成された。いっぽうB冊・C冊の「地籍調査表」はA冊のような「地籍面積冊」を作成するための調査の過程でつくられたものであり、調査は1948年に始められたものと考えられる。1930年代の土地整理事業の過程に照らし合わせれば、公布の後、土地台帳の作成と登記申請を経て所有者には土地証書が発給される運びとなっていたはずである。しかし1949年3月という時点は、江南地方が共産党軍によって席巻されるまでわずか3か月の時間しか残されていない。この事業がどこまで進展したのかはわからないが、佘山郷の土地証書は発見できなかった[6]。

　なお「地籍面積冊」「地籍調査表」はともに最終的な土地台帳ではなく、整理事業の各々の段階で作成される作業台帳であり、厳密な意味での台帳とはいえないのかも知れないが、本稿では両者あわせて地籍台帳と呼んでおきたい。

　次節では地籍公布図について紹介する。

1—3　地籍公布図の概要とその製作の背景

　この節では地籍公布図の様式について紹介する。われわれが青浦区檔案館で見ることができたのは、佘山郷の広富林鎮とその西に接する張家村（行政村）の２枚の地籍公布図である。前者は「青浦県佘山郷地図」（分類番号：82-3-452）、後者は「青浦県佘山郷地籍公佈図」（同前：82-3-568）と題された案巻にそれぞれ１枚ものの地図として収められている。両図の様式は基本的に同じである。縮尺はともに１千分の１で、水面が水色に着色されているほかには彩色はほどこされていない（図４）。

　前者すなわち広富林鎮の公布図（以下「広富林図」と略称する）は、縦約55.5cm、横約85cm、上方右寄りに「青浦県佘山郷地籍公佈図」と大書され、その下に「第三段第五幅（旧広富林鎮）」と図の対象区域を記し、さらにその下に「由1150起至1587止」と図に掲載された正式地号が書かれる。その脇には第五幅の位置関係をしめす小図が添えられている（図５）。下方に縮尺、左上に方角の表示がある。なお、この図にはペンの走り書きで圩名が書き込まれている。

　後者の張家村の公布図（以下「張家村図」と略称）は、縦約83.5cm、横約109cm、「広富林図」と同様、上辺に「青浦県佘山郷地籍公佈図」と大書され、その下にやや小さく「第三段第三幅」「713→1040」「（旧張家村郷）」と上から順に書かれている。数字はこの図所掲の正式地号である。縮尺は右下に記されているが、方角の表示はなく、圩名にかんする書き込みもない。

　１枚の公布図におさめられた空間的範囲は、適度な大きさの地図となるようクリークによって区切られた地形的まとまりにしたがって行政村の一部を切り取って調製されたようである。したがってそれは既存集落のまとまりなどを反映してはいない。広富林鎮の自然集落としての鎮域はクリークをはさんで図の南方にも広がっていたらしいし、後述するように、「張家村図」西北のクリークの向こうには自然村としての張家村の集落が展開していたはずである。

　さて地籍図としての固有の要素に注目すれば、これらの地図には、１筆の地片ごとの測量にもとづく土地割りが表示されている。これにより１筆の地片ごとの形状・大きさ・周囲との位置関係が視覚的に確かめられる。さらに１筆１

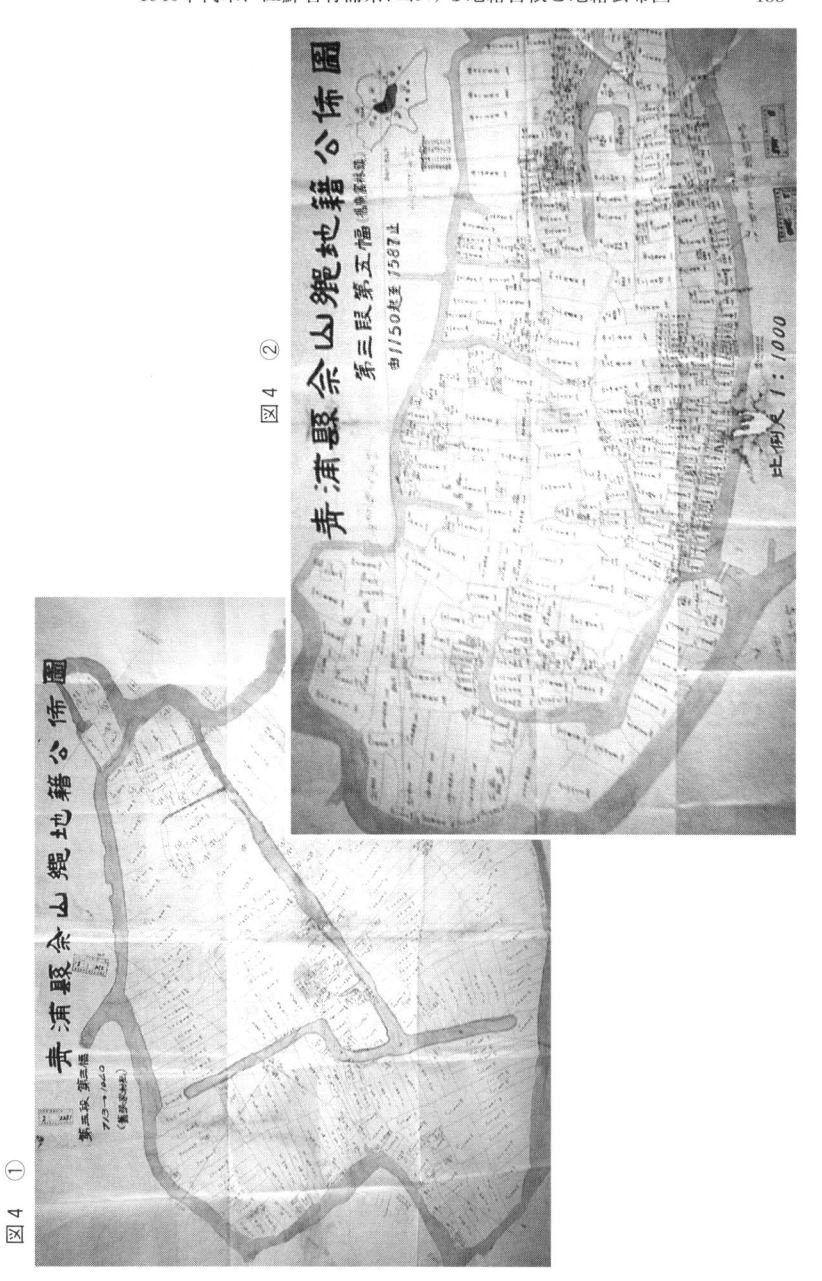

1940年代末、江蘇省青浦県における地籍台帳と地籍公布図　　155

図4 ②

図4 ①

図5 「広富林図」(部分)

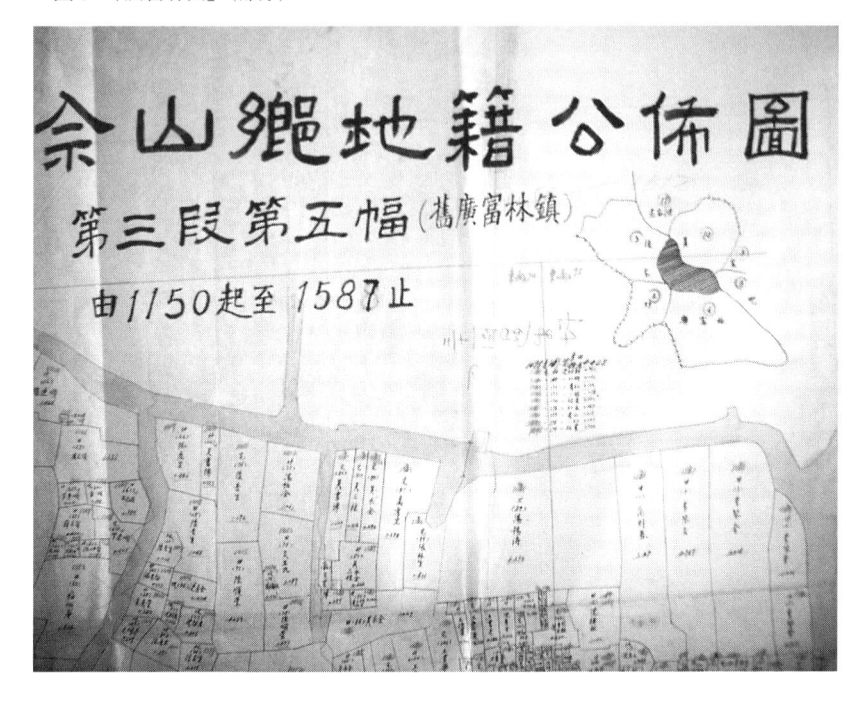

筆の地片について、正式地号（赤字）・地目・暫編地号・所有者名（以上は黒字）・土地の面積（黒字に赤で下線）がこの順に書き込まれている。これらの項目は、さきに紹介した地籍台帳（A冊＝「地籍面積冊」）の項目に完全に一致しているのみならず、記載されている個々の地片についての情報も第3段の台帳のそれと一致する。このことは、これらの地図の製作時期を推定する手がかりともなろう。両図からは製作時期を直接的にしめす書き入れは見出せなかったものの、それらは台帳が作成されたのと同じ時期すなわち1949年前半に製作されたと考えてまちがいなかろう。地図と台帳を一対として、土地の所在・所有権者を確定し、かつそれらを把握しようというものであった。土地整理事業において、公布図はもちろん最終のものではない。一定期間の公示、修正を経たのち、最終的な地籍図が製作されなおすべきものであろう。しかし前述のように、そう

した時間はほとんど残されていなかった。

　ところで以上のような地籍台帳や地籍図を残した1948～1949年ころの調査はどのようにおこなわれたのだろうか。今のところ直接的な手がかりが得られておらず、具体的な調査の過程については不明である。測量をともなう本格的な調査なら機器などを持ち込み相当期間をかけておこなわれたものと思われるのだが、現地広富林のお年寄りにも調査の記憶は残されていないようだ。この時期の国民党政府に経済的にも時間的にもそのような余裕があったとは思われない。おそらく日中戦争前1930年代に製作されていた「原図」を用いたのであろうと推測される。

　国民政府時期の土地整理事業には、自己申告にもとづく査報（陳報）系の「治標」策と戸地測量をふくむ本格的な「治本」策とがあったことはよく知られている。このうち後者は、江蘇省では1928年から着手され、まず江浦から鎮江・上海などを経て海へといたる東西の大三角測量が開始された（1934年6月完成）。1929年3月には県レベルの図根測量が、1932年10月には1筆ごとの土地を測量する戸地測量がいずれも鎮江を皮切りにはじまった。事業は経費と人材の不足からしばしば中断や計画変更を迫られたが、1936年末の時点で、主として江南に位置する合計22県で測量を完了したという。青浦県の戸地測量は1933年に着手され、1936年6月には完成していた。こうした過程で製作された地籍原図の大部分は、日中戦争がはじまると戦禍を避けて四川省へと運ばれ、江蘇省政府がそれを回収したのは戦後1946年6月のことであった[7]。

　原図とは、土地の所在、1筆ごとの境界・地号・地目・面積などを表示した地図であり、公布図や戸地図を調製するさいの元となるものである。「江蘇省土地局全省土地測量隊分戸測量暫行簡則」によれば、南北「縦」40㎝、東西「横」50㎝の長方形とすること、その縮尺については、一般の田地では2千分の1、都市部や地価の高い地域では1千分の1または5百分の1、山地・灘地・荒地および地価の低い地域では4千分の1から1万分の1のあいだとすること、などと規定されている[8]。

　ここであらためて「広富林図」「張家村図」をながめてみると、どちらにも

図6 原図と公布図

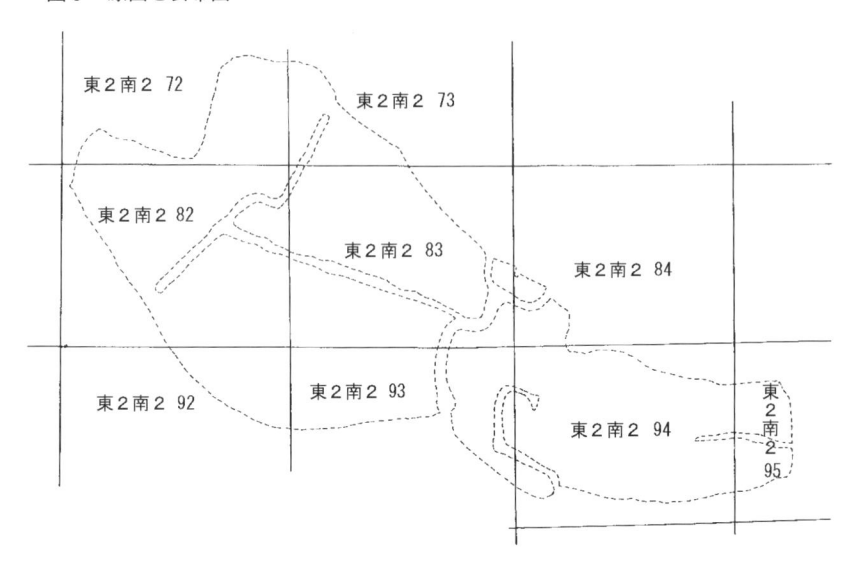

```
|東2南2 72    |東2南2 73    |           |
|東2南2 82    |東2南2 83    |東2南2 84   |
|東2南2 92    |東2南2 93    |東2南2 94  |東2南2 95|
```

　赤色で原図の範囲が示されており、「東2南2　94」などと原図番号が記入されていることに気づく。前節で紹介した地籍台帳にあった「図幅号数」とはこの原図番号のことであった。

　2つの公布図をつないで原図の範囲を示すと図6のようになる。原図の大きさは、規定にあったとおり、南北（縦）40cm、東西（横）50cmであり、このことは公布図が30年代の原図を元に調製されたことを示唆している[9]。この推定を裏付けるいま1つの根拠は「青浦県全境図」（青浦区檔案館蔵。分類番号：86-95）と題された案巻にふくまれる1枚の地図にある。

　「青浦県清丈業務進程概況図」と題されたこの図は、縮尺1万分の1、青浦県全域について清丈（戸地測量）区域を升目状に区切り、作業の進捗状況を色分けして示したものである（図7）。図の左辺上方には縦書きで「民国二十三年八月份」、同下方には「青浦清丈隊製」と墨書されており、1934年8月時点——前述したように、青浦県では1933年から戸地測量がはじまっているので、その第2年目にあたる——において測量当事者によって作成されたことがわか

図7　青浦県清丈業務進程概況図（1934年）

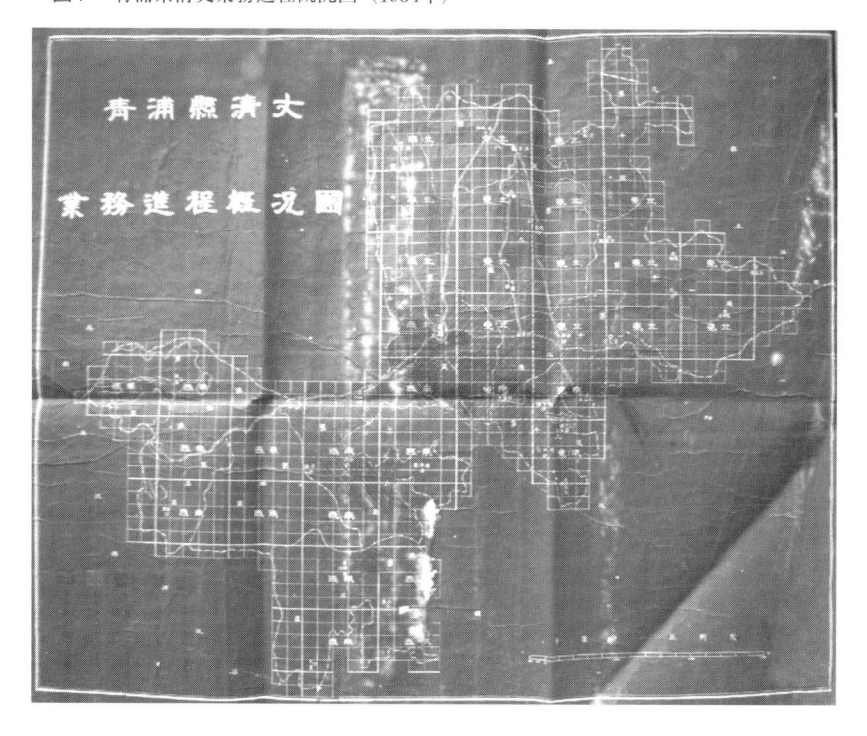

る。これによれば、県城周辺で作業がもっとも進行しており、県東部地方がそれにつづき、県西部地方はまだほとんど手がつけられていない。ちなみに佘山郷（図上では第13区とされている）は全域が「前月までに清丈が完成した区域」とされている。

　ここで注目したいのは清丈の単位としての升目の区切り方である。「青浦県清丈業務進程概況図」によれば、それは以下のような構造になっていた。南北4km・東西5kmのエリアを1ブロックとして設定し、県城の東南1km余りの地点を起点に、ブロックを四方にむかって網目状に配置する。たとえば起点を西北角に置くブロックは「東1南1」と番号がつけられ、そこから南へのびる列なら「東1南2」、「東1南3」……、東へのびる列であれば「東2南1」「東3南1」……となる。同様に起点を東南角に置くブロックは「西1北1」とな

第Ⅰ部　地方文献篇

図8　原図の配列

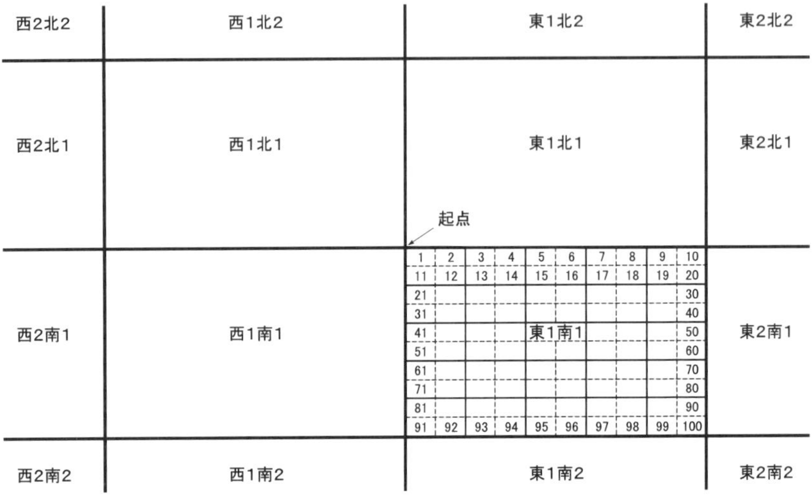

西2北2	西1北2	東1北2		東2北2
西2北1	西1北1	東1北1		東2北1
西2南1	西1南1	東1南1（1〜100の方眼）		東2南1
西2南2	西1南2	東1南2		東2南2

（東1南1ブロック内：起点より1〜10、11〜20、21〜30、31〜40、41〜50、51〜60、61〜70、71〜80、81〜90、91〜100）

る。「概況図」では、このブロックのなかをさらに縦横5列ずつ合計25の方眼に区切っている。したがってこの方眼1つは南北0.8km・東西1kmをあらわすこととなり、これを単位として原図（縦40cm・横50cm）を描けば2千分の1の地図となる。さきに見たように1千分の1の縮尺にするのなら、この方眼をさらに「田」の字型に4等分しなければならず、1ブロックは縦横10列ずつに区切られることになる。ブロックの左上（西北角）から右に1番から原図に番号をつければ1列目は10番まで、2列目は11番から20番、10列目の10番目すなわち右下（東南角）の方眼にあたる原図は100番となる。以上を図示したのが図8である。

　さてこれらを踏まえて「青浦県清丈業務進程概況図」で広富林の位置に相当する原図の番号を推定してみると、まさしく「東2南2」のブロックの94番にあたり、それが「広富林図」上および第3段の地籍台帳に書き込まれた「図幅号数」であることが確認できるのである。ちなみに「青浦県清丈業務進程概況図」を参考として地籍台帳A・B・C冊の「図幅号数」を配列してみると図9のようになる。

図9　地籍台帳のある区域

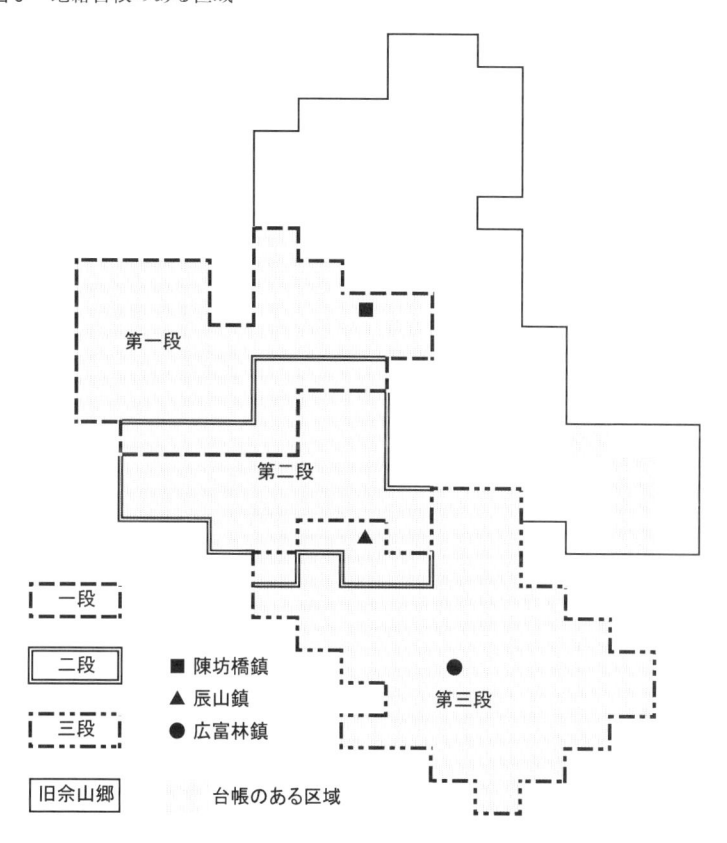

　1949年に用いられていた「図幅号数」は1930年代製作の原図番号と完全に一致する。ここからも1949年の公布図が1930年代製作の原図に依拠して調製されたと考えられるのである。国民政府をとりまく当時の大状況をも勘案するとき、1949年の地籍調査では、土地の測量はおこなわれず、あるいはおこなわれたとしてもそれは部分的、補助的なものに限られ[10]、所有権の確定など土地と所有者を関係づけることに重点をおくものだったのではなかろうか。

　それはどの程度まで実現されたのであろうか、換言すれば、1949年の地籍調査の結果はどれほど信頼できるのだろうか。この点について、たいへん不十分

ではあるが、節をあらためて検討しよう。

2　記憶による検証

　地籍台帳や公布図に記録された地域を実際に見てみたいとの思いから、われわれは2006年8月、科研最終年度の調査期間を利用して現地——旧青浦県佘山郷、現在は上海市松江区佘山鎮——へと赴いた[11]。とくにあてがあったわけではないが、あわよくば、台帳や公布図の「業主姓名」欄にでてくる名前の人物が実在したのかどうかを確認する機会があれば、とも考えていた。周知のように、過去の土地台帳などでは、納糧戸名であり土地所有権者名でもある糧戸名はしばしば単なる名義と化しており、実体としての人を必ずしもあらわしていなかったからである。現地の人々に「業主姓名」を見てもらうことで、1949年における地籍調査の信憑性がある程度測定できるのではないか。とはいえ公布図に記載された地片数は2枚分を合計すると800筆に近い。「業主姓名」には重複もあるが、それでも数百は下らないだろう。そこで焦点をしぼるために、2枚の公布図中に記載された宅地所有者名のリストを作成し、それを携えていった。宅地所有者であれば、その地で実際に暮らしていた者が多数を占めるであろうと予想したからである。

　現地では5名のお年寄りからお話をうかがうことができた。そのうち旧広富林鎮については鎮在住の周伯良氏、旧張家村については、やはり同村在住の徐妙発氏を中心に宅地所有者リストを確認してもらった。それは原則として通訳をとおしてリストの名前を1人ずつ現地音で読み上げるという形でおこなった。なお、2人の経歴などは後述する。

　「広富林図」のリストには、寺廟や同族公有地をのぞく113名の宅地所有者名があがっていたのだが、その中には偶然にも周伯良氏その人の名もあった。氏は113名中92人分の名前について「知っている」もしくは「聞いたことがある」、21名分は「知らない」とされ、さらに92人中10名ほどについては「今も健在だ」という。他方、「張家村図」のリストには44名の名前があげられていた（こち

らには寺廟・公有地はない)。徐妙発氏が「はっきりしない(不清楚)」とされたのは1名分のみ、その他の43名分については実在の人物名であることが確認された(その中には徐氏の父親の名もふくまれる)。うち現存者は1名、他はみな死亡した、とのことであった。

ちなみに公布図で確かめたところ、そしてご本人にも確認したが、周氏、徐氏2人とも、現在居住している場所は1949年当時の公布図における宅地の位置(徐氏の場合は父名義の宅地)そのままであり、引っ越していない(家屋はもちろん建て替えられている)。

結果はわれわれの予想をうわまわる高い一致率——広富林で81%強、張家村では約98%——であった。60年近い歳月の経過、市鎮は農村にくらべ人口が多く、流動性も高かったであろうことなどをさしひけば、「業主姓名」に名前のある人物が1949年当時実在していたことは、ほぼ確実となった。ここから単純に考えれば、1949年の地籍調査はたいへん精度の高いものであったと見なければならない。

しかしながら、なお考慮しなければならない点がないわけではない。3名の方々の略歴と土地所有をめぐる回想を紹介し、それを公布図や地籍台帳とつきあわせることによって、1949年の調査がどれほどの「深さ」に到達していたのかを、さらに探ってみたい。

【周伯良】 ご本人の話しによれば、1923年、広富林生まれ、84歳(2006年現在の数え年。以下同じ)。現在も広富林に居住。今の住居の位置は1949年当時に同じ。14歳まで広富林で学校に通い、その後丁稚奉公に出、松江県城の南貨店(大倉界にあった「協豊」)で働いた。兄弟はなし。父は周雪華、1897年、酉年生まれ。父母は鎮に店を借りて1945年ころまで小さなレストランを経営していた。店の家主は沈銀元。銀元は兄弟3人の真ん中で、兄は沈根元、弟は沈慶元(1920年代半ばころ死亡)といった。田地は所有していなかった。氏はまた、聞き取りの最中に「顧来新」という屋号の鍛冶屋があり店主は顧士根といった、とやや唐突に話された。住居の西および南隣は夏姓、東は費姓、北は覚えてい

図10　周伯良・徐根泉関連

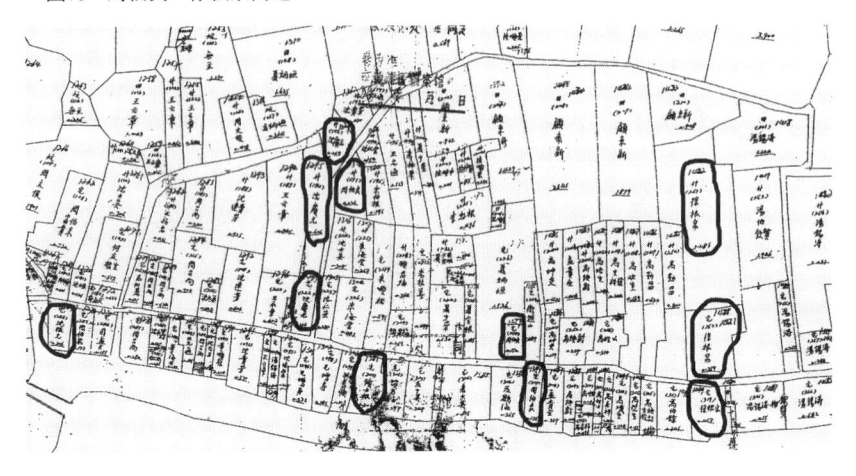

ない。

　この回想を公布図および第3段の地籍台帳と照合してみよう。父周雪華名義の土地はないが、周伯良名義で宅地2筆・什地1筆（合計0.661畝）が確認できる。うち宅地2筆については本人の所有であったことを確認した。レストランの家主だったという沈銀元の名はないが、その兄沈根元名義の宅地1筆、弟沈慶元名義の宅地1筆・什地2筆を見出すことができる。鍛冶屋の顧士根名義の宅地1筆も見出すことができる。これらの位置関係を「広富林図」にしめすと図10となる。西隣・南隣は話しのとおり夏姓だが、東隣は費姓ではなく衛姓である。

【徐根泉】　子息徐金龍氏によれば、本人は1929年、広富林の生まれ、78歳。初級小学（4年）卒業。1949年以降、村農民委員会副主任、郷民兵隊長、郷信用社会計などを歴任した。現在の住居地は1949年当時と変わっていない。母は本地（広富林）人で徐大妹といった。父の名は徐耕泉、沈帯里出身で徐家に入婿した（元の姓は王）。土地改革時の階級成分は中農で、土地12畝（すべて能字圩に所在、うち6畝は租田）を経営していた。当地の著名地主としては湯雪濤・周

表1 徐根泉名義の土地

地号（正式）	地目	面積（畝）	備考	図幅号数
1421	宅	0.759		東2南2／94
1422	什	2.285		東2南2／94
1449	宅	0.457		東2南2／94
1450	什	0.044	湯錫坤	東2南2／94
3160	田	2.031		東2南2／75
3234	田	2.478		東2南2／75

文俊・李琴奎、半地主（富農）に朱士其がいた。

これを同様に公布図・台帳と照合してみると、徐耕泉名義の土地は見出せない。しかし徐氏の現住居は公布図では徐根泉名義の宅地となっており、1949年には徐根泉と表記されたのであろう（耕と根はほぼ同音）。徐根泉名義の土地は表1のとおり6筆を見出すことができる。そのうち宅地と什地は広富林図上に確認できる（図10）。徐金龍氏には、インタビューに先立って抗清の志士として名高い陳子龍の墓に案内してもらったが、それは広富林の旧街区から東北方に歩いて10～15分ほどのところにある。氏によればそこが能字圩だという。台帳に記された田地の位置は、図幅号数から見て、能字圩の位置と一致する。著名な地主のうち、湯雪濤は本名を湯錫濤といい（雪と錫は現地音では同音）、第3段の台帳には両名義あわせて71筆196畝余りの記載がある（宅地5、什地3、墓地1、田地62）。また李琴奎名義の土地は5筆（田地2、什地2、墓地1）、合計9畝余り、朱士其名義のそれは田地1筆3畝弱がある。なお周文俊については後述する。

【徐文来】 子息の徐妙発氏にインタビューした。徐妙発氏自身は兎年生まれ（1927年）、80歳。代々王家村人[12]。現住居の場所は1949年当時と同じ。14歳で広富林にあった洋学堂（5年制）を卒業、以後農業に従事。人民共和国成立後は20年にわたり生産隊の会計をつとめ、その後は工場の食堂で働き、60歳過ぎに退職した。父の名は徐文来、23畝の土地を経営したがすべて租田だった。地主は顧学時（張家村人）と瞿子良（松江天馬人）。文来はまた解放の時まで29図

表2　徐文来＝徐昌栄名義の土地

地号（正式）	地目	業主姓名	面積（畝）	図幅号数
897	什	徐昌栄	2.291	東2南2／83
906	田	徐文来	4.026	東2南2／82
907	宅	徐文来	0.688	東2南2／82
908	宅	徐文秀／徐昌栄	0.898	東2南2／82
909	田	徐文来	4.027	東2南2／82
929	什	徐昌栄	0.381	東2南2／92
932	田	徐昌栄	3.565	東2南2／92
933	什	徐昌栄	0.702	東2南2／92

および33図の「保正」(現地では図正のことをこう称する。政府の発行する納税通知書を各納糧戸に配るのが主たる役目)をつとめた[13]。土地改革時の階級成分は下中農であった。文来には、文龍・文秀・文成という従兄弟（堂兄弟）があった。なお文来というのは一族の輩行にしたがった内々でもちいる名で、対外的には徐昌栄をもちいた。

　徐妙発氏の話にもかかわらず、「張家村図」および地籍台帳には、表2のように、文来＝昌栄名義の土地が、田地3筆をふくみ全部で8筆出てくる。また「張家村図」には顧学時名義の田地5筆があるが、瞿子良名義の土地はない。第2段・第3段の台帳によれば、顧学時名義では38筆（宅地1・墓地2をふくむ)、合計108畝余りの土地を見出すことができ、郷でも有数の地主であったことがうかがわれる。いっぽう瞿子良については、調査の範囲を拡げても第2段に田地1筆（1.747畝）が認められるにすぎない。従兄弟では、文龍2筆、文秀5筆の土地が「張家村図」に見出せるが、徐文成は公布図にも台帳にもその名はない。

　以上のつきあわせの結果をどう解したらよいのだろうか。お年寄りの記憶と1949年の記録とのあいだにある、いくつかの微妙なくいちがいは、年月の経過により記憶が曖昧になったためか、あるいは記録の側のちょっとした不正確さ――調査関係者の意図せざるミス――に由来するものであって、基本的には大

きな齟齬はない、と見ることも可能かも知れない。実際そうした原因によるくいちがいもふくまれていよう。しかしながら、現地の事情によく通じたものならいざ知らず、これらの公布図と地籍台帳だけから、まったく外部のものが、記載された各地片の所有者までたどりつけるか——これが安定した税収確保のためには求められていたし、地籍整理事業の目的の1つでもあった——といえば、必ずしもいつも可能なわけではないといわねばならない。たとえば湯雪濤と湯錫濤が、あるいは徐文来と徐昌栄が同一人物であることは、現地の事情を知るものにしかわからないのである。

　3人の話を公布図や台帳から検証するさいの困難さの1つは、こうした所有者名義の錯綜性にある。これをもたらした原因には以下のような事情が考えられる。

　まず第1に、所有権者の名前を記録するさいどの字をあてるか、判断に迷うことが少なくなかったであろうことが考えられる。庶民のあいだでは名前をどう表記するか、自身でもはっきりしない場合は多かったことと思われる。今日、われわれが聞き取りなどをおこなっても、人名や地名など固有名詞にどの漢字をあてるべきか、わからないことは多い。上の例で、徐耕泉か徐根泉かは、こうした事例の典型である。湯雪濤と湯錫濤もこのケースかも知れない。このほか徐金龍氏が著名地主の1人にあげた李琴奎と「李琴魁」はどうか（奎と魁は同音）。また半地主とされた朱士其と「朱士祺」はどうだろうか。もしこれらが同一人物ならその所有地は、前者は合計して9筆22.5畝余り、後者は8筆22畝弱、さらに6筆の共有地を加えれば62畝をこえる（共有地の1つは水面で17畝弱）。こうした事例は疑いだせばきりがないほどである。

　第2の原因としては、前の所有者が亡くなったり、売買などによって所有権が移転しても、名義の書き換えがなされない場合がある。周伯良氏の父周雪華の家主はこの事例に相当すると考えられる。周雪華の家主は沈銀元だというが、既述のように台帳などにその名はない。ところが早くに亡くなったという弟の沈慶元名義の宅地は存在する。実際の大家は沈銀元だったのかも知れないが、周雪華がレストランを開いた場所は沈慶元名義の宅地だったという可能性は高

いであろう。広富林・張家村一帯をふくむ30図・31図の保正（図正）をつとめたことのある湯伯泉氏よれば、土地の習慣で、所有権の移転があれば必ず保正にそれを知らせたが、役所にまで行って正式に名義の変更手続きをするものはむしろ少数だった、費用がかかり過ぎるからだ、という[14]。

　第3に、社会的慣行として複数の名前がもちいられており、それらが名義に反映したと考えられる場合がある。徐妙発氏の父の場合がこれにあたる。また、今回のインタビューで誰もが広富林きっての資産家として名をあげた周文俊の事例もこれであろう。周文俊は著名な地主であるとともに、鎮で最大の商店「恒泰昌」という南貨店を持っており、本人も確かに鎮に住んでいたという（徐金龍氏による）。にもかかわらず「広富林図」にも台帳にも周文俊名義の宅地は確認できないのである。ちなみに宅地以外のすべての地目については、第2段・第3段の台帳に合計31筆約78畝の業主としてその名は見えている。宅地は別の名義で登録されていたと考えるほかあるまい。広富林鎮の中心街西辺に集中して宅地6筆を所有する周呂尚はその1つではないかと考えらるが、決め手はない。

　最後にもう1つの事情は、所有権を結局のところ誰に認めるか、という問題にかかわっていたのではないかと思われる。周知のように、かつて江南地方では一田両主制がひろく行われており、当地においても田面、田底ということばは、説明の必要もなく使われている。さきの自有地はなかったという徐妙発氏の話と1949年の記録との不一致は、この慣行に起因している可能性があるのではないか。また既に述べたように、1949年当時の地主として徐妙発氏があげた瞿子良は1筆の業主としてしか出てこないが、台帳をながめていると、松江天馬在住の瞿姓は、名義はさまざまだが佘山郷に相当ひろく土地を所有する不在地主であったことがうかがわれる。徐文来＝昌栄名義の田地の附近にも瞿姓の所有地は見出される（図11）。徐文来＝昌栄が田面をもち瞿姓が田底をもつ土地が、前者名義で登録された可能性も排除できないのではないかと考えるゆえんである。

　ところで、以上のような諸原因に由来する所有者名義の〈ぶれ〉は、結局の

図11　徐文来＝昌栄関連

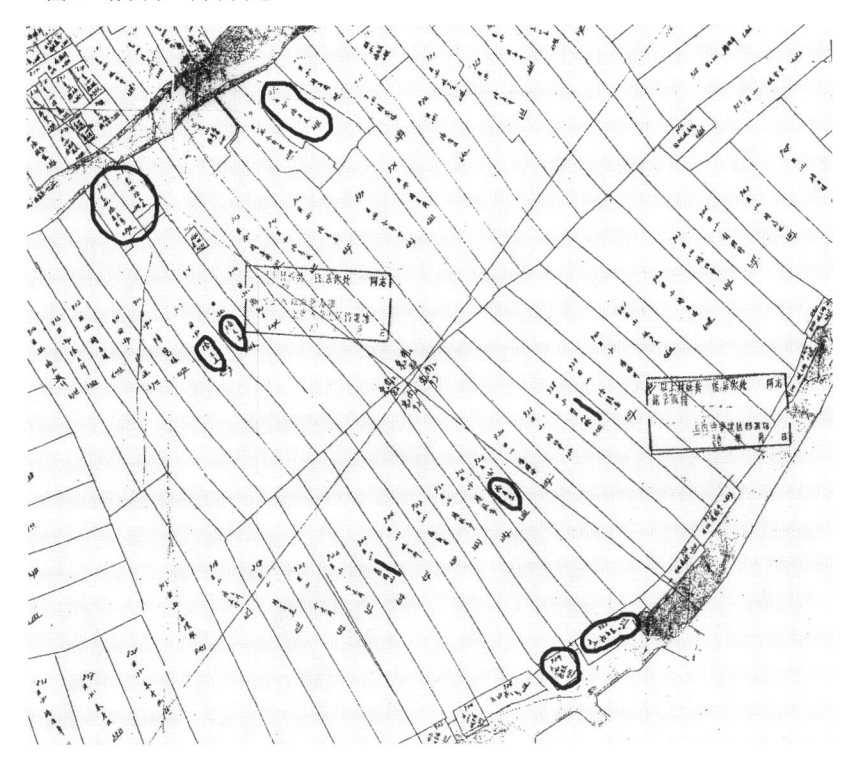

ところ所有者に行き着くことを困難にする。それは単に調査技術の不十分さ、地方の慣行などによって、いわば意図されずしてもたらされた結果だろうか。たとえば周文俊の事例などを見ていると、明清時代以来の「花分」などを連想するのは筆者のみではあるまい。そうした行為がどこまで意図的になされたのか、にわかには判断できないが、地図の精緻さにのみ目を奪われるのは危険であろう。

　このように検討してくると、1949年の地籍調査には必ずしも十全であったとは言い難い側面も見えてくる。しかし近代的な測量を基礎とする中国の地籍関係資料はこれまで本格的に紹介されたことはなく、その意味で貴重な資料であることにちがいはない。本節で検討したような難点があることをふまえたうえ

で、この資料から何が見えてくるのか。次節ではその一端を考察したい。

3　土地利用をめぐる初歩的考察

　ここまで本稿で紹介してきた公布図と地籍台帳は、明清時代の魚鱗図冊を念頭におくとき、一般に1筆ごとの土地の形状や位置関係・面積などがより精密に示されていると考えられ、なかんずく田地などの直接的な生産用地のみならず、すべての土地が地目別すなわち用途別に記載されているところに、その特徴があるように思われる。また、われわれの見出した2枚の公布図は、たまたま一方が広富林鎮という市鎮＝都市的集落をふくむ区域であり、他方はそれに隣接する純農村区域のものであった。ここでは市鎮と農村部の対比を念頭におきつつ、対象を公布図の地域にしぼり、その土地利用のあり方について初歩的な整理・考察を行いたい。

　図12と図13は「広富林図」と「張家村図」を地目別に整理しなおしたものである。両図を比較してまず目につくのは、市鎮がある「広富林図」の宅地の多さである。後掲の表3にもあるように、宅地では筆数はもとより総面積でも広富林が張家村を上まわる。図の南辺、東西約500mにわたり宅地が密集している通りが、鎮の中心街を構成していたことがわかろう。「張家村図」の宅地の配置を見ると、図中央の集落を核としつつもやや周辺に分散する傾向があるようにも見られる。しかし前節に紹介した徐妙発氏の説明によれば、図中の東北から西南へ斜めにのびる〈浜〉（北浜頭・南浜頭と称される）を境として、東側が自然村としての王家村、西側は自然村としての張家村であるという。ちなみに広富林側のクリーク（辰山塘）から西へのびる〈浜〉を王家浜と呼ぶ。宅地についていえば、王家浜に面したそれと北浜頭西岸の2筆までが王家村民の住居、西北辺の5筆の宅地は張家村民の住居とされる。なお自然村としての張家村の集落は、「張家村図」西北のクリークをはさむ対岸にも展開していたはずであり、戸数はむしろそちらに多かったものと思われる。この部分すなわち自然村としての張家村の部分をのぞき、自然村である王家村を1つの単位として見れ

図12 地目別「広富林図」(カラー口絵参照)

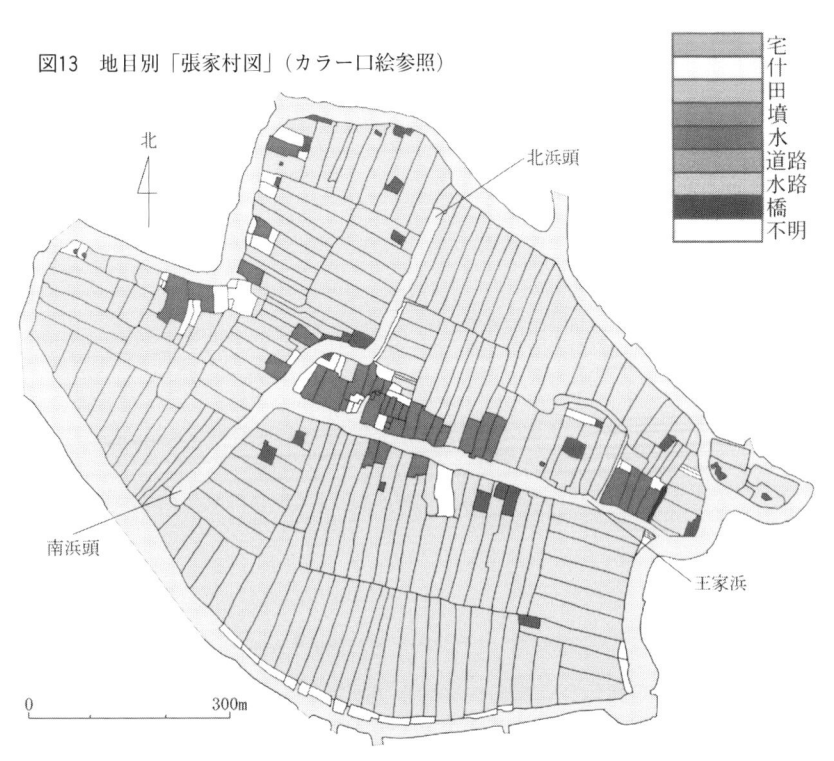

A:城王廟
B:福城庵
C:三元宮
D:双忠寺

図13 地目別「張家村図」(カラー口絵参照)

北浜頭
南浜頭
王家浜

宅
田
墳
水
道路
水路
橋
不明

図14　村民別所有地

■ 王家村民所有地
▨ 張家村民所有地

ば、それは江南地方の低地地帯によくある、〈浜〉のつきあたり周辺に集落を形成する集村であったといえるだろう。なお、「張家村図」中にある宅地所有名義者の全所有地を地目の別にかかわらず自然村別に示せば図14のようになる。村境は絶対的なものではなかったようである[15]。

　田地に目を転じれば、農村部を対象とする「張家村図」において圧倒的に高い割合をしめる。地目別に筆数と合計面積をしめした表3によれば、筆数で61％余り、面積では90％近くにのぼる。他方「広富林図」ではそれぞれ21％余、51％余をしめるに過ぎない。こうした量的な面での対照性にもまして注目されるのは、田地の配置と形状の相違である。前者では短冊型の細長い形状で、どこか一辺で水路に面するよう整えられていることが見て取れるのに対し、「広富林図」のそれはしばしば団塊型であり、配置は錯綜して直接水路に面してい

表3　地目別統計

	広富林図					張家村図				
	筆数	畝数	筆数	畝数	畝/1筆	筆数	畝数	筆数	畝数	畝/1筆
宅	146	66.344	33.3%	20.4%	0.454	38	35.536	11.6%	5.2%	0.935
什	115	57.050	26.3%	17.5%	0.496	58	25.791	17.7%	3.7%	0.445
田	94	166.681	21.5%	51.2%	1.773	201	616.288	61.3%	89.5%	3.066
水	2	1.962	0.5%	0.6%	0.981	2	1.005	0.6%	0.1%	0.503
坟	81	33.828	18.5%	10.4%	0.418	28	9.784	8.5%	1.4%	0.349
不明(坟)	—	—	—	—	—	1	—	0.3%	—	—
総計	438	325.865	100.0%	100.0%	0.744	328	688.404	100.0%	100.0%	2.105

図15　田地規模の比較

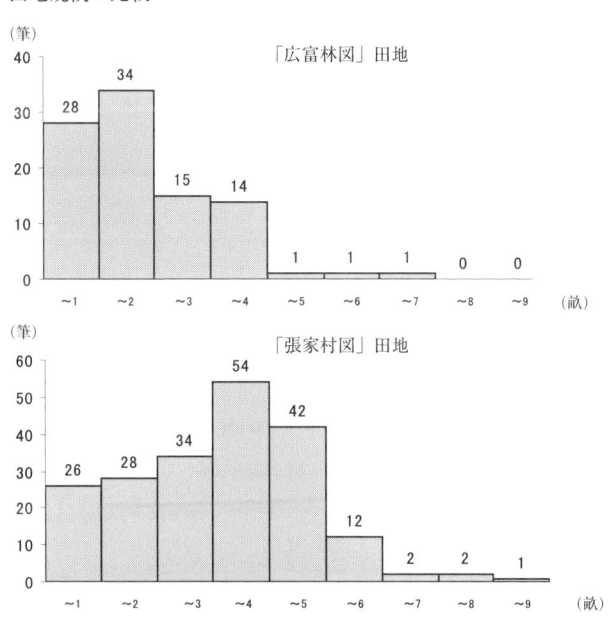

「広富林図」田地

～1	～2	～3	～4	～5	～6	～7	～8	～9
28	34	15	14	1	1	1	0	0

「張家村図」田地

～1	～2	～3	～4	～5	～6	～7	～8	～9
26	28	34	54	42	12	2	2	1

ないものも多い。1筆ごとの面積も前者は広く、後者では狭いという傾向がある（図15）。農作業の利便性は明らかに前者で高い。都市の周辺で墓地面積のしめる割合が高くなることはすでに観察されているが[16]、ここの事例でもそれは顕著である（表3）。墓地の多さ、宅地密度の高さが、広富林鎮周辺の耕地整理を阻んだ要因かも知れない[17]。

表3によれば、什地のしめる比重も見過ごせない。広富林では筆数で宅地につぎ、張家村では田地につぐ。合計面積では双方において宅地に迫る。什地とは単なる荒地ではない。しいて訳せば雑地と訳せようか。現地でのインタビューによれば、それは家屋の前後にある空き地で野菜などを植えたりする、今でいえば自留地のようなものだ、解放以前には「什基田」といった、という（湯伯泉氏による）。本来、宅地とセットで、菜園あるいは作業場や家畜・家禽類の飼育場など多様な用途にあてられた土地を指すのであろう。一般にそれほど広くなく、広富林地区では0.5畝を、張家村地区では0.75畝をこえることは稀であった（図16）。図12、13を見ると、確かに宅地に隣接して立地する什地が多い。いっぽう宅地から離れ、たとえば圩岸沿いに立地する什地も「張家村図」南辺には見られる。おそらく水田には不向きな土地が基本的にはさきの用途と同様の目的で使用されたもので、位置は庭先ではないが自らの耕作地に隣接するものが多かったものと考えられる。たとえば、前節で紹介した徐文来＝昌栄の場合がそうである（図11、参照）。

試みに宅地の所有者と什地の所有者が同一のエリア内でどれほど一致するかを検証してみると、まず「広富林図」の範囲では、同図内に宅地を所有する113名義中、半数近くの55名義は什地をも所有している。同様に「張家村図」においては、宅地所有名義者44のうち3分の1強にあたる15名義が什地をも所有する。これだけを取り上げればさして高い一致を示さないかのようだが、宅地所有名義者の所有する什地の筆数と合計面積においては、広富林で93筆、44.593畝、張家村で31筆、13.345畝となり、全什地に占める割合は、前者でそれぞれ81％、78％程度、後者でも53％、52％ほどとなる（表4）。すでに検討したように、同一人物が複数名義で登記されるなど所有者名義にはかなりの〈ぶれ〉がふくまれていることを考えれば、この数字は決して低くないように思われる。宅地所有者がそのまま居住者とは必ずしもいえないし、居住者のすべてが宅地所有者でもなかったろうが、宅地所有者が近似的に居住者数を反映していると見ることが許されるなら、居住者にとって生活の場に什地をもつことはかなり一般的な傾向だったと考えられよう[18]。なお、それは必ずしも農民に

図16 什地規模の比較

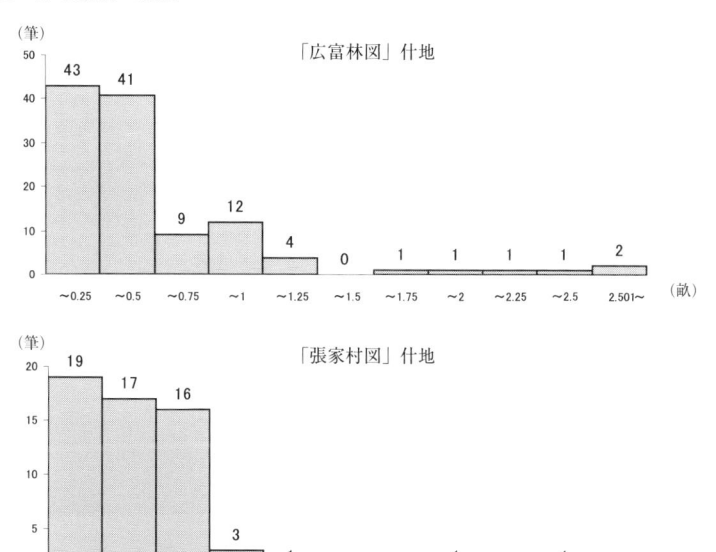

「広富林図」什地

「張家村図」什地

表4 宅地名義者の所有する什地の比率

	全体		宅地名義者の所有する什地	
	筆数	畝数	筆数	畝数
広富林図	115	57.050	93	44.593
			80.9%	78.2%
張家村図	58	25.791	31	13.345
			53.4%	51.7%

かぎらない。たとえば前節で紹介した周伯良氏の場合、農業従事者ではないが――父はレストラン経営、本人は商店勤務――什地を所有していた。図12、13を比較してみると、むしろ市鎮である「広富林図」のほうに宅地つづきの什地がめだつ。じっさい表3でも広富林地区における全土地筆数・面積にたいする什地の比重は、張家村地区より高いのである。

この点で示唆的なのは、農民による宅地・宅基地所有のもつ意義について検討した森正夫氏の論考である[19]。氏の紹介する農民の証言によれば、宅基地

図17　宅地規模の比較

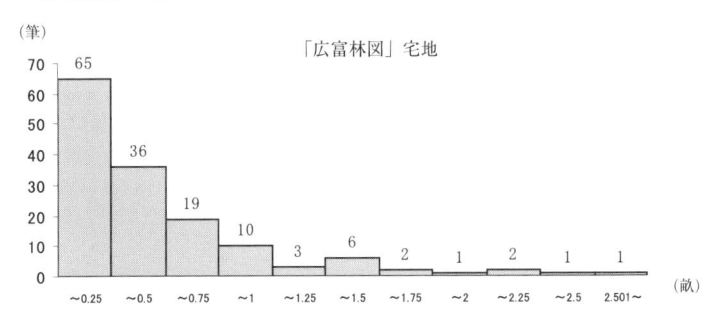

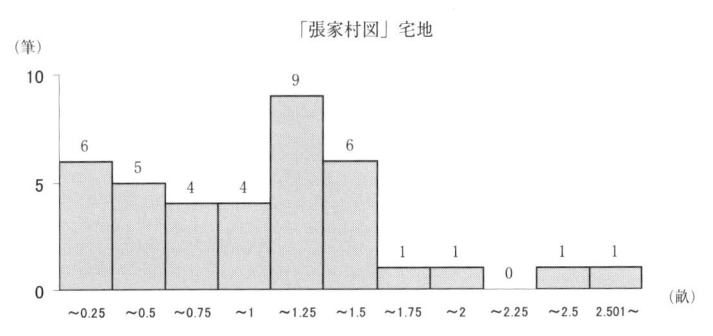

「広富林図」宅地

「張家村図」宅地

とは、家を建てるための敷地としての文字通りの「宅基」の部分とその残りの、場合によってはいくばくかの耕作にも供される、狭義の「宅基地」の部分とからなる、という。この狭義の「宅基地」が、内容からいって、本稿でいう什地・什基田に相当すると見て誤りはなかろう。いま広富林と張家村の宅地規模を比較してみると（図17）、前者では0.25畝に満たない狭小な地片が卓越するのにたいし、後者では1畝をこえる敷地がピークをなす。ここから農村部においては、宅地にいわゆる「宅基」と狭義の「宅基地」——すなわち什地が分離されないままふくまれる傾向があったことが推測される。

　什地あるいは什基田という語は文献にはほとんど見出せないが[20]、ここまでの議論と関連すると思われる「宅基田」という語の用例を1つ報告しておきたい。それは清末の減租論者として名高い陶煦の『租覈』末尾におかれた「剔耗蠹」篇にある。〈減租〉についてはここまで詳しく述べられているが、〈自耕

自食〉する自作農に関する〈賦〉についてはどう考えるか、との問いに答える形で、納税のさいの胥吏や催徴吏による不当な搾取を述べ、〈出郷〉の害に言及したのち、陶煦はこう記している。すなわち「更に謂う所の宅基田有り、其の漕銀も亦た私自収受する者多し」と。注目すべきはこの文に附された割註の部分で、それには「此れ佃者を幷せて同じく其の累を被る」とある。この部分を、耕地を有しない佃農であっても宅基田は所有しているものだ、だから徴税にさいしては佃農も自作農と同様に累をこうむるのだ、と解したいのだがどうだろうか[21]。「宅基田」という語からは、宅基に什地を加えた、いわば広義の宅基地が想像される。

　ところで、什地は人々の生活のなかでどのような役割をはたし、どれほどの重要性をもっていたのだろうか。今それを直接的に検討する材料を持ちあわせないが、什地は現地の人々によってしばしば自留地に比定されていることが手がかりとなるかも知れない。生産請負制が始まって30年になろうとする今日、少なくとも江南地方においては、自留地のもつ経済的意義はほとんど意識されていないように思われる。しかし1960年代初めころ、大躍進政策によってもたらされた危機のさなかには、自留地の有無あるいは多少は農民にとって死活にもかかわろうかという一大問題であった。当時の言説として、たとえば、自身の故郷・青浦県小蒸人民公社での現地調査をふまえた陳雲（1905-1995年）の「青浦農村調査」（1961年）がある[22]。陳雲はそこで、個別農家による私的養豚の是認とその拡大、強引な二期作化から伝統的な二毛作への回帰、そして自留地の復活と拡張を提言している。最後の点について陳雲は、自留地には「大田」と呼ばれる穀物を生産できる耕地を転用するばかりでなく、庭先や道ばたなど「十辺地」[23]と総称される、耕地としては用い難い零細な空間を積極的にあてるべきことを強調したうえで、自留地の農家にとっての利点をつぎの５点にまとめている。①穀類を栽培し、自家不足分を補給できる、②豚の飼料を栽培し、かつ厩肥をも得ることができる、③野菜を自給できる、④家禽を飼って卵を現金にかえるなどして、雑支出をまかなえる、⑤竹林を回復させて資材を確保し、農具などを作ったり、補修したりできる。このうち①は緊急時の策という感が

つよいが、明清時代以来、おおむね生存線上に生きてきた農民の姿を想起するとき、いずれも見逃せない指摘だといえよう。陳雲の提言は直接的には農村・農民を念頭においてなされているが、自留地の提起する問題は、大躍進によってもたらされた危機的状況への一時的な対処策という側面をこえて、また農民ばかりでなく市鎮など中小都市に住む零細な非農業従事者にとっての生計維持という観点からも、より長い歴史的展望のなかで考察される必要があるのではないか、そしてそのさいには什地あるいは什基田という概念が1つの手がかりを与えてくれるように思われる。

おわりに

　民国時代の地籍整理事業の過程において作成された生の地籍関係資料が紹介されることはこれまでほとんどなかった。そうした希少性に鑑み、本稿では、われわれが偶目することのできた旧青浦県佘山郷の2枚の公布図と地籍台帳がどのようなものであるか、今の時点でできるかぎり詳細に紹介しようとつとめてきた。その内容をここで改めて要約し、くりかえす必要はないであろう。今後、同種の資料がさらに発掘され、それらを利用しようとするさいに多少なりとも参考となるところがあれば幸いである。

　とはいえ、こうした作業は始められたばかりである。佘山郷第1段から第3段までの1万筆にも及ぼうかというデータの整理・分析はいまだその途上にあるし、1949年の調査事業の具体的な過程については空白のままである。本文中にも示唆したように、調査結果の信憑性についてもなおさまざまな角度から検証してゆかねばならないであろうし、公布図の地図としての精度を検証することも必要であろう。われわれがこの種の資料をその特性をいかしつつ本格的に利用することができるまでには、なおしばらく時間がかかるのかも知れない。

註

（1）　笹川裕史『中華民国期土地行政史の研究』（汲古書院、2002年）および山本真

「日中戦争期から国共内戦期にかけての国民政府の土地行政——地籍整理・人員・機構——」(『アジア経済』第39巻12号、1998年)。

(2)　魚鱗冊を包括的に紹介した最近の研究として、夏井春喜『中国近代江南の地主制研究』(汲古書院、2001年)がある。

(3)　以上、本項の記述は、『青浦県志』(同志編纂委員会編、上海人民出版社、1990年)、『松江県志』(何惠明・王健民主編、上海人民出版社、1991年)および欧粵『話説松江』(世紀出版集団・漢語大詞典出版社、2006年)を参照した。

(4)　ちなみに最終行の地号は「3030-1」である。

(5)　出てくるのはいずれも37図所属の圩名で、短・方・南難・西難の4圩である。これらを民国『青浦県続県志』巻1・自治区域と対照してみると、前3者はあるが西難は見あたらない。

(6)　土地整理事業が始まった1920年代末において計画されていた作業工程とその過程で作成されるべきとされていた文書の種類については、拙稿「民国期、江浙における地籍整理事業の作業過程」(『近代東アジア土地調査事業研究ニューズレター』第2号、大阪大学文学研究科片山剛研究室、2007年)参照。なお青浦区檔案館には1948年発行の土地証書(土地の所在は青浦県城廂区)が収蔵されている(「青浦県土地所有権状等」。分類番号：86-10)。

(7)　以上の記述は『江蘇省志・土地管理志』(江蘇省地方志編纂委員会編、江蘇人民出版社、2000年)154-158頁、および笹川裕史『中華民国期土地行政史の研究』前掲の第5章・第10章に拠る。なお笹川著書所掲の表「戦後江蘇省各県地籍原図一覧」(263頁)には青浦県はあげられていない。

(8)　「江蘇省土地測丈」『地政月刊』第2巻7期、1934年。

(9)　1930年代の地籍調査事業では面積の表示は市畝を使用することと決められていた。1千分の1の縮尺で縦40cm・横50cmの地図をつくると、その面積は400m×500mで2,000aすなわち300市畝となる。試みに台帳をもちいて、任意の1枚の原図に属する全地片を抜き出し、その総面積を求めると、おおよそ250畝前後から280畝代という値がえられる。台帳および公布図の「実測面積」欄が市畝を単位として表示されていることが推測される。

(10)　2000年前後に公刊された中国各地の土地志・土地管理志の類には、日中戦争後、おもに都市部やその周辺の行政中心地で再測量がおこなわれたという記載がある。たとえば『江蘇省志・土地管理志』前掲157頁、『丹徒県土地志』(同志編纂委員

会編、上海社会科学出版社、1998年）170頁など。
(11) 2006年8月21日に広富林を訪れ、周伯良、湯伯泉、徐金龍の各氏に、翌22日には張家村を訪れ、倪愛根、徐妙発の各氏にお話を聞くことができた。まったく突然の訪問であったにもかかわらず時間をさいて丁寧に対応してくださった上記5名の方々に感謝したい。なお聞き取りの内容に関しては別に出版を予定している。
(12) 本稿第3章170頁を参照。
(13) この保正（図正）については本書・山本英史論文が扱っているので参照されたい。
(14) 湯伯泉氏は、1914年寅年生まれ、93歳。祖父湯錫昆のあとをうけ、1945年から土地改革前まで30図・31図の保正（図正）をつとめたという。
(15) 中国村落における空間組織を考察したものに、小島泰雄「満鉄江南農村実態調査にみる生活空間の諸相」（『神戸市外国語大学外国学研究所研究年報』第30号、1992年）がある。本稿の事例は、必ずしも経営地についてのものとはいえないが、小島氏が提出したモデル——集落とそれを中心に村民の経営耕地がゆるやかにとりまく耕作圏とからなる村落——に合致するものであると考えられる。
(16) 林恵海『中支江南農村社会制度研究・上巻』（有斐閣、1953年）89頁。
(17) 足立啓二「宋代以降の江南稲作」（『アジア稲作文化の展開——多様と統一——』〈稲のアジア史〉2、小学館、1987年、所収）。
(18) 浙江省H県（海寧県と思われる）にある陳家場（自然村）を事例として、中華人民共和国成立後における農村の変遷を克明に記述した曹錦清・張楽天・陳中亜『当代浙北郷村的社会文化変遷』（上海遠東出版社、1995年）に、陳家場の土地改革以前における階級別・職種別の土地所有状況をしめす表が掲載されている（21～23頁）。それによれば、地主から貧農・雇農、非農業従事者をふくむ全57戸のうち、「宅基」を有するのは41戸（全戸数に対する割合は約72％）、「雑地」を有するのは46戸（同約81％）、「宅基」「雑地」ともに有するのは34戸（同約60％）である。いずれも高い一致をしめしている（表5）。「雑地」とは「家屋の周囲の零細な地片、あるいは墓地・竹園などを指す」（同書24頁）という。墓地がふくまれる点で本文の什地・什基田とは異なるが、ほぼ同種の地目と見てよかろう。ちなみに、中農以上ではすべての戸が「雑地」をもち、貧・雇農でも21戸中「宅基」「雑地」をあわせ有するものは7戸、どちらも有しないのは1戸にとどまる。
なお、同地区は、青浦県佘山郷とは異なり、養蚕地帯に属しており、全戸数の

表5 陳家場村の「宅基」「雑地」所有

	戸数	宅基(戸)	雑地(戸)	宅+雑(戸)	田(戸)	地(戸)	備考
地主	3	3	3	3	3	3	工商兼地主1戸を含む
富裕中農	2	2	2	2	2	2	
中農	11	9	11	9	8	11	佃中農1戸を含む
貧農	20	12	13	7	7	18	
雇農	1	1	0	0	0	1	
高級職員	3	3	3	3	2	2	
職員	7	4	6	4	3	5	
商	3	2	2	2	1	2	
自由職業	1	1	1	1	0	1	
工人	6	4	5	3	1	0	
合計	57	41	46	34	27	45	
全戸数に対する割合	—	71.9%	80.7%	59.6%	47.4%	78.9%	

* 『当代浙北郷村的社会文化変遷』図表1「1951年陳家場村民田畝公布表(草)」により作成。

8割近くにのぼる45戸が桑畑(「地」。同書24頁)を有していることは注目される。

(19) 森正夫「1930・40年代の上海平原農村における宅地所有について」(『森正夫明清史論集』第1巻、汲古書院、2006年、所収。初出は1993年)。森氏は、農民による宅地・宅基地所有のもつ「本源的意義」にふれ、それは「耕地一般とは異なり、貧・雇農の場合にも、いわば農民家族の生活の基地として維持されてきた……一種の生活・生存の基地」であり、「いわば不動の聖域としての性格が見出される」とする。氏は、1990年刊行の『青浦県志』に紹介された、土地改革以前における階級別土地所有状況に関する統計表をとりあげ、「少数の地主が多くの土地を所有している一方、耕作に従事するものは土地をもっていなかった」という編纂者の概括に同意しつつも、地主以外の、貧農・雇農をもふくむ「農民の全階級が何らかの形で自己の土地を所有」していたことに注目することにより、青浦県における聞き取り調査のなかから、それが宅地・宅基地の所有に関連づけらることを示唆された。

(20) 本稿1-3で紹介した1930年代の「江蘇省土地局全省土地測量隊分戸測量暫行簡則」前掲にも、地目として「雑地」は掲げられているが、「什地」には言及がない。

(21) 読み下しは鈴木智夫『近代中国の地主制』(汲古書院、1977年)171頁にしたがったが、同書176頁の解釈はこれとは異なる。

(22) 『陳雲文選（1956-1985年）』中共中央文献編輯委員会編、人民出版社、1986年、所収。

(23) 「十辺地」とは、耕地以外の「田辺」「場辺」（農作業場の傍ら）「路辺」「溝辺」「塘辺」（池の傍ら）「圩辺」「岩辺」「屋辺」「坟辺」（墓の傍ら）「籬辺」（垣根の傍ら）などで植物の栽培できる空き地をいう（『陳雲文選（1956-1985年）』360頁、注釈102）。

第Ⅱ部　フィールドワーク篇

太湖流域漁民の「社」「会」とその共同性
―― 呉江市漁業村の聴取記録を手がかりに――

太　田　　出

はじめに――聴取調査（ヒアリング）と歴史学

　2005年8月14日午前3時20分頃、筆者は佐藤仁史（滋賀大学）、呉滔（中国・中山大学歴史人類学系）とともに眠い目をこすりつつ、江蘇省呉江市盛沢鎮の常宿を車で出発した。車窓から農村の風景を眺めようかと思ったが、夜の帳があたり一帯を包み込み、一体何処を走っているか皆目見当もつかない。我々の目的地は江蘇省呉江市西部、太湖の南岸に位置する一漁業村であった。旧知の老漁民の承諾を得て彼らの信仰活動に密着取材することを許されたからである。4時過ぎに該村に着くと、「香頭」の指示の下、老若男女あわせて100名前後の「香客」の漁民たちがすでに準備を整え、2輛の大型バスに争うように乗り込んでいた。かつてなら多数の旗幟を立てた漁船に乗り込んでいざ出発というところだが――別の機会には漁船でやって来る漁民にも接触した――、現在はバスに分乗するのだから時代も変わったものである。
　夜が白々と明ける6時頃になると、バスは湖州市郊外の放漾蕩興華廟に到着、該廟の数百メートル手前で降りた。全員がただちに黄色の頭巾をかぶり、黄色の上着に橙色の帯をしめ、緑色のズボンを穿く（これが太平天国に由来するという説もあるが真相は不明である）。手に旗幟や木製の矛戟を持つ者、「香会」（信仰活動を行う組織。後述）の名称や「進香」という文字を大書した旗を持つ者、「粛静」「公務」「廻避」「正堂」の牌子を掲げる者もいる。しばらくするとドゥワーン、ドゥワーンと銅鑼を打ち鳴らし隊列を組んで興華廟へと進みはじめた。農村をゆく姿はまるで一条の黄龍が飛んでいるかのようだ。我々もカメラ・ビ

デオを片手に追走してゆく。しばらく行進して興華廟に到達すると、舞龍など様々な儀式が繰り広げられる。一糸乱れぬ鮮やかさだ。終了すると一旦散会、各自が蝋燭(ろうそく)を手に持って主神の黒虎大王（後掲表1参照）に参拝する。その後再び号令と共に隊列を組み銅鑼・太鼓を鳴らしながら、まるで潮が引くように帰途に就いた。

　筆者の文章能力の限界もあって、漁民の信仰活動をヴィヴィッドに読者に伝えられたか甚だ心許ない。筆者が伝えたいのは今なお残る漁民の神霊に対する信仰心の深さである。彼らの気力漲る信仰活動は我々見る者を圧倒し感動すら覚えさせるものであった。

　しかし当然に参与観察のみで満足してはならない。参与観察は手段であり目的ではない。現場に自らを放り込み、現地感覚を養うことは重要であるが、むしろこれを手がかりに現地の人々とより良い関係を取り結び、後日の聴取調査（ヒアリング）実施に向けて環境を整えていく必要がある。中国の場合、農漁民から聴取しようとすれば、聴取対象者との間により良い友人関係を築かねばならない。突然村に現れて聴取したいと言ったところで、彼らは決して喜ばないし、警戒されて拒否されるか、適当にあしらわれて終わりである。村落内部に深く分け入ることは不可能なのである[1]。2004～2007年の約3年間で筆者らは農漁民の村落や宣巻藝人の自宅、上演現場を10回以上訪れ、彼らの様々な活動に参与し可能なかぎり友人として或いは宣巻のファンとして時を過ごし、研究に限らぬ生活上の話題について語り合った。全てが直接研究に反映できるわけではないが、地道な関係作りが聴取に好結果をもたらし、我々の農漁村認識にも無意識のうちに血肉となったと信じている。

　また一方で、筆者らはともに歴史学を専門とする者である。文献史料なしに歴史学は語れない。本書でも地方文献（地方新聞、地方檔案、郷土史料）に重点を置き、それを分析した諸論文を掲載している。しかし歴史学が文献史料批判（text critic）の学問であることに固執し、聴取調査をはじめとする現地調査を軽んじ、文化人類学・社会学の方法として安易に捨象してしまうとすれば問題があろう。分野によってかかる比重が異なるのも確かだが、少なくとも社会史

を標榜するならば、文献史料と聴取調査を組み合わせてこそ、より実態に近づいた歴史世界の構築が可能になるのではないかと考えている。

かかる学問的立場に拠りながら、敢えて区別すれば、筆者は漁民、佐藤は宣巻藝人、呉滔は農民を追いかけた。分担はあくまで形式的で、聴取調査には基本的に全て参加し自らの対象を相対化するよう心がけた。生活上の多様な出来事を契機として彼らと接触し信頼関係を取り結んだ結果、聴取調査にたどりつくことができた。そこには彼らの切々とした語りのみでなく、信頼関係の下に閲覧・撮影させてくれた文献史料もある。それら史料を分析すると同時に、登場する人名・地名を手がかりに再び新たな出会いやその場所をさぐっていく。友人関係からたぐりよせていく方法である。かかる方法は試行錯誤の中で実施されたものであり、普遍的な方法たりうるかは今後議論していく必要があろう[2]。

本稿では、上記のごとき参与観察をへて得られた関係に頼りながら、太湖流域漁民の信仰活動とその実質的な組織＝「社」「会」（総称する場合は「香会」とも記す）、その成員＝「香頭」「香客」について検討を加えていく。本来ならば、まず信仰する神霊について詳細な検討を加えるべきであるが、ここでは紙幅の関係から簡単に紹介するにとどめ、本格的な分析は別稿にて行うこと、予め断っておきたい。また文献史料と聴取記録＝口碑資料をつきあわせつつ分析を進めていくが、太湖流域漁民の香会に関する文献史料は甚少なため、聴取記録に比重を置かざるを得ない。聴取調査・記録の有効性と意義、その限界に関する議論は別の機会に譲ることとし、本稿では聴取記録を中心に検討しながら、信仰面からみた太湖流域漁民社会の「共同性」——斯波義信氏のいう「祭祀共同体」——の問題について考察してみたい[3]。

1　神霊と廟会——漁民社会の共同性への手がかりを求めて

筆者は本書の地方文献篇で「郷鎮戸口調査表」を分析し、南京国民政府の漁民掌握の1つ＝保甲制度の側面から太湖流域漁民社会について簡単な検討を試

みた。その結果、太湖流域漁民は基本的に非定住の船上生活を行って固定した陸上生活を営まず、分散して捕魚していた。ゆえに保甲は船を家屋と見なし、船を市鎮の碼頭に結びつけるかたちで編成された。各甲は姻戚関係を含む同族を中核に、同郷の他姓の者を組み込んで編まれていたが、内部に何かしらの「共同性」を有するか否かは今後の検討課題として残された。また彼らが集中的に停泊・管理された、老宅鎮を中核とする地域社会では、鎮民・農民と同じ空間にありながら社会関係を殆ど共有せず「共同性」を構築することも無かった。鎮上の魚行との間に一定程度の経済関係を有するのを除けば、陸上の民と水上の民をめぐる社会関係は殆ど交錯すること無く全く別個のものであったといいうる。前者が後者を蔑視していたことは「網船鬼」の語に明確に示されている。すなわち現在のところ、漁民は内部にも──同族・姻戚関係ないし同郷関係を紐帯として生活を営んでいたのは確かであるが──、或いは外部社会との間にも明確な「共同性」を見出すに至っていないのである。

　かかる結果を前提として、本稿では社会生活の一断面として、信仰の側面から太湖流域漁民内部の「共同性」の有無を検討したい。かつて濱島敦俊氏が指摘した如く、民間信仰の分析は民衆の思考様式、社会結合の特質などを映し出すからである[4]。太湖流域漁民の信仰については陳俊才氏がすでに基本的な部分に関して調査・研究を行っている。1949年以前、漁民が信仰した神霊は多数存在した。それを整理したのが表1である。禹王、水平王等をはじめ計18の神霊が挙げられ、天候・波浪など自然の影響を強く受ける漁民の信仰心の深さが指摘されているが、同時にそれらが「封建迷信」であり、1949年以後共産党の政策下で姿を消したこと、近年「封建迷信」が「復活」しつつあることが述べられている[5]。

　表1で興味深いのは東・西・南・北朝湖神という観念である。東朝湖神は上海呉淞口とのみあって具体的な神霊名は判明せぬが、西朝湖神は平望鎮趙家港の四親伯、南朝湖神は蓮泗蕩の劉猛将、北朝湖神は常熟北直涇の五公・六太（六爺）[6]を代表とする。かつて濱島氏は「南朝聖衆」の語に注目し「「南朝」は南北朝の南朝ではなく、朝南（南面する）の意味では無いか[7]」と推測して

表1 太湖流域漁民の信仰する神霊

寺廟名	信仰神霊	所在地	神霊に関する情報
禹王廟	禹王	太湖中の四嶼	北嶼：杜圻州（平台山）在太湖中央　南嶼：西山消夏湾衆安州 西嶼：冉嘴山南鄭涇港口　東嶼：西華三洋州 明代に出現したらしい。乾隆年間以降、南嶼・西嶼の禹王廟は次第に衰落、北嶼のみ隆盛。無錫の輝嶂山、呉県の金墅等にも廟あり
水平王廟	漢郁使君	南嶼、馬迹山等	官は雍州牧を拝し禹を佐け治水を行う。漁民は「水路老爺」と称す。南嶼：宋・慶暦7年（1047）建。禹王と共祀。太湖馬迹山分水嶺：宋・慶暦年間に祀典に列せられた。後に廃せらる。明・嘉靖年間重修。他に太湖衝山島上にもあり
天后廟	天后聖母	太湖西山島頭嶼山下衝里	清・康熙39年（1700）太湖営遊撃胡宗明建設。漁民は海神として尊し天后聖母とも称す。太湖南呉興大銭口にも天妃宮があり、当地では娘娘廟と呼ぶ
劉王廟	劉錡	嘉興蓮泗蕩等	1つに神は劉錡。南宋8大名将の一、韓世忠・岳飛と並ぶ。宋・景定年間に揚威侯・天曹猛将之神に封ぜられた。一説に劉承忠ともいわれる。駆蝗神。漁民は「南堂大老爺」と称し、同時に兄弟3人を祀り、大老爺・二老爺・三老爺と称す。清明節前後と8月13日の2回廟会を行う。嘉興北部蓮泗蕩の劉猛将は**南朝湖神**の代表、香火は最も隆盛、大小船の漁民は皆これを祀る
北堂城隍廟	姓氏不明	呉・常熟両県交界の北雪涇	神は北堂小城隍で、漁民は「五公、六太」と称す。北朝湖神の代表。3月28日の廟会には太湖北部の漁民が参集する
四親伯廟	呉姓、名と出身は不詳	呉江平望鎮趙家港→呉県東山楊湾	漁民は「西海四親伯」と称す。**西朝湖神**の代表。神像は平望鎮趙家港に在ったが、1930年代後半に東山楊湾へと移され廟が建てられた。正月12日と7月12日に大規模な廟会が挙行され小船漁民は皆参集する。**東朝湖神**は上海呉淞口に在るが、太湖漁民は行かない
黒虎大王	姓氏不明	太湖西南湖州西北部南家橋	神像は黒色円臉、眼珠会動、凶猛可怕である。湖上の除暴安良、漁民の保護平安に霊験がある。正月12日と7月12日の両日廟会を挙行、大船漁民は皆参集する。西海四親伯と廟会の期間が同じ、同一神の可能性あり
太湖神廟		東山渡水橋東の太湖口	清・順治年間建。伝説に拠れば神は明代長興籍の官員、嘉慶16年（1811）に蘇州・湖州2府により太湖の神となった。漁民は「湖神老爺」と称す。漁船が初めてここから太湖に出入りする際には必ず進香する
五老爺廟	肖王第五子九龍	太湖西山島上の元山	捕魚を司る。漁民は「元山五老爺」と称す。大漁船が元山の湖面を通過する時、船上で焚香点燭する。3月の廟会は極盛で、漁民が参集し保太平・多捕魚を祈る
五通神	上方山娘娘	蘇州西石湖上方山	黄狼が仙人の術を修め、観音に求めて上方山の一角の地を得て建廟したため、五聖堂は極小であるという。康熙24年（1685）、巡撫湯斌の弾圧で神像が毀された。上方山娘娘（五通神の母親）は法力が大きく、毎年8月18日、漁民は太母廟会を開き、小船漁民は必ず参集する。各地の香客が雲集し、規模は甚大である
王二相公	王二	太湖西南長興新塘	漁民は「麻鞋公公」と称す。王二は貧困の出身で紅菱を販売し、84歳に漸く妻を娶った。太湖で風雨が強まり危険に遭遇した時、「王二、我を救けよ」と叫ぶと、布衣を身につけ麻鞋を穿いた神が湖面に出現し、風浪は平静となったという
利済侯廟	金元七	呉県東山金湾	漁民は「金七相公」と称す。元・至正年間、海運を陰翊し総管に、さらに利済侯に封ぜられた

寺廟名	信仰神霊	所在地	神霊に関する情報
馬当廟	―	呉県香山堅里	漁民は「風神老爺」と称す。太湖衆船は皆ここに集まる。大船は湖心に停泊し岸には近づかない。専ら暴風駛帆するのを待ち「大樹連起、小樹着天飛」と神に祈禱する。風暴が多ければ、その年は豊収であるという。香火は極盛
水仙廟	柳毅	呉県東山豊圻胥口香山	匯利徳水城隍洞庭君に封ぜらる。10月初6日は神の生誕日、多数の漁民が参集する
三大先鋒廟	―	無錫馬迹山桃蒲湾	神は禹を佐け治水した3名の大将で、祠山大帝と共に祀られる。毎年7月初7日に廟会が行われ、大船漁民は皆参集する
胥王廟	呉相伍子胥	呉県胥口胥山	呉県東山楊湾霊順宮にも廟がある。始建年無考。元・明に重建、漁民も祀る
関帝廟	関羽	沿湖各地	呉県東山新廟、翠峰塢、白沙湾、西山衙里の関帝廟は規模が大きい。漁民も祀る
観世音	―	杭州等	観音菩薩は漁民にとって至高無上の神である。毎年2月19日と9月19日前後、漁民は自ら組織的に杭州へと赴き焼香する

※典拠：陳俊才「太湖漁民信仰習俗調査」『中国民間文化』第5集、1992年、pp.84-87

郷土史家・顧希佳氏の同意を得ている。この語は清・呉荘「六桅漁船竹枝詞」にも「巫女は「跳神」（神降し）し神は語を降し、北朝聖衆は南朝〔聖衆〕に答ふ[8]」とあって、清代すでに漁民にも北朝聖衆・南朝聖衆の別があったことを窺わせる。これら北朝聖衆・南朝聖衆と湖神とが如何なる関係にあるかは不明だが、湖神の場合、東・西・南・北と全方位に湖神が設定されているから南北朝と無関係なのは間違いなく、おそらく太湖を中心に東・西・南・北面するの意であろう。まず北朝聖衆・南朝聖衆の別が成立し、後に東朝・西朝の別が加えられたのかもしれない。聖衆という表現からそれぞれ太湖の東南西北を管轄する複数の湖神があり、その代表が上記の神々だったと考えられる。

また表1に見える神霊全てが全漁民に、或いはあらゆる場合に濃淡無く均一に信仰されたわけではない。筆者が2004〜2007年の約3年間、江蘇省呉江市の各漁業村で複数漁民から聴取調査[9]を行ったところでは、年中行事として焼香拝仏に赴くのは浙江省嘉興市王江涇鎮の蓮泗蕩劉王廟（主神＝劉王、上半年農暦清明前後〈網船会〉、下半年農暦8月12日）、江蘇省呉江市蘆墟鎮の荘家圩廟（主神＝劉王）、上海市青浦区金沢鎮の楊爺廟（主神＝楊震、上半年農暦3月中旬、下半年農暦9月初9日）、蘇州上方山（網船会、主神＝上方山太太〈姆姆〉、農暦8月18日、太湖の全漁民が焼香に行く）を中心に、その他、浙江省湖州市石淙鎮の太君廟

（主神＝太君神）、湖州市の放漾蕩興華廟（主神＝黒虎大王）、江蘇省常熟市の鳳凰涇城隍廟〈北雪涇、網船会、農暦3月28日〉等の廟であった。さらに杭州霊隠寺〈拝観音〈上天竺、中天竺、下天竺〉、2月19日前〉、浙江普陀山にも行かぬわけではないが、遠距離のため毎年赴くわけではないという（後掲図1参照）[10]。特に蓮泗蕩劉王廟、荘家圩廟、楊爺廟、上方山の4つはほぼ全ての漁民が異口同音に必ず焼香拝仏すると答えており、呉江市の漁民にとって最も重要な神霊であるといって過言ではなかろう。

ここで注目されるのは蓮泗蕩劉王廟（農暦清明前後）、上方山、鳳凰涇城隍廟の廟会がいずれも網船会と呼ばれる点である。網船会としては蓮泗蕩劉王廟が著名であり[11]、蓮泗蕩劉王廟の廟会こそが網船会であると思われがちだが、漁民からすれば網船（漁船）が押し寄せる如く焼香に赴く廟会は全て網船会なのであろう。上方山と鳳凰涇城隍廟の廟会がはたして何時頃より網船会と呼ばれるに至ったか確認しえていないが、少なくとも現在、漁民にとって上記3つの廟会のいずれもが網船会なのである。

また表1の禹王廟は太湖で操業する漁民の熱心な信仰を集めるものの、太湖以外の内水面で捕魚する漁民は殆ど赴かない。なぜなら琵琶湖の約3倍の面積をもつ太湖[12]では波浪による沈没を避けるため巨大な船体の漁船が必要なのに対し、太湖以外の内水面では水深が浅いため小さな漁船で十分であり、結果として漁民間で漁撈の範囲が明確に区別・認識され、後者の漁民にとって太湖の神を祀る禹王廟は無縁だったからである。

もう1つ重要な点は漁業村内部には、各農村に見られる土地廟など一切の村廟が存在しないことである。筆者が訪問した呉江市の漁業村[13]では1つの例外も見出せない。かかる状況の背景には、1968年以前全ての漁民が漂泊と漁撈の船上生活を送ってきたこと、陸上生活が未だ浅く農民が土地に有するような観念や信仰心を持ち合わせるに至っていないこと、捕撈（農家副業としての養殖でなく）を生業としてきた漁民にとっては土地との結びつきより、内水面という生活・生業の場における、自然に対する畏怖の念、生命の保全、豊漁の祈願等の方が切実なものであったこと等を推測できる。「陸上定居（＝陸上がり）」

して約40年が経過した現在でも漁業村に村廟がないことは、漁民がかつて船上生活を送っていた頃の観念・慣習がいまだ根強く残存し、漁業村という戦後政策的に形成された村落に信仰の「共同性」を求めることの難しさを示唆するものであるが、今後さらに陸上生活を続ける中で彼らの観念・慣習が変容を遂げ、信仰面においても新たな「共同性」を生成・獲得していく可能性は十分にあり、継続的な観察を続けていく必要があろう。

　さて、漁民は信仰する代表的な神霊の廟会にどのように参加したであろうか。たとえば個人、或いは組織団体で参加したか。ここでは呉江市の漁民が1949年以前に赴いたとされる（1）蓮泗蕩劉王廟・荘家圩廟の劉姓神（2）金沢鎮楊爺廟の楊姓神（3）蘇州上方山の上方山太太〈姆姆〉（4）石淙鎮太君廟の太君神の4つの神霊を取り上げ、最初に神霊の来歴、御利益、霊異説話について簡単に紹介した後、漁民の信仰活動の実態を示す事物[14]について検討を加えてみたいと思う[15]。

（1）蓮泗蕩劉王廟・荘家圩廟の劉姓神

　蓮泗蕩劉王廟（浙江省嘉興市王江涇鎮、写真1）の劉姓神は南朝湖神の代表である。現在、該廟が劉承忠紀念館と呼ばれ傍らに劉承忠像が立てられているように、劉王は明朝大将軍徐達の大都攻略の際に元朝に殉じて投身自殺した漢民族の武将劉承忠であるとされる。しかし江南デルタでは劉承忠がお仕着せの闖入者にすぎず、多くが劉鋭（南宋末の地方官）ないし劉錡（北宋末の武人）であったこと、濱島氏が夙に指摘するとおりである[16]。江南デルタにおけるこの神の御利益は劉承忠に語られる蝗害駆除より、むしろ疫病・災害・外敵からの防護にあるとされ、その後、江南デルタの社会経済史的過程に適応しつつ、施米神或いは牧童の空腹を満たす神へと変身を遂げていったと考えられている[17]。

　一方、現在の廟内には写真2の絵画が奉納されており、漁民との関わりが明確に認識されている。漁民とともに捕魚する些か珍妙な武将の姿であるが、「与民同漁（民と同に漁す）」の文字が見える。漁民はなぜかくも熱心に劉王を信仰したのであろうか。かかる点については聴取調査によって「赤脚劉王」と

写真1　蓮泗蕩劉王廟の劉王像

写真2　廟内の「与民同漁」図

写真3　荘家圩廟

いう興味深い説話が得られている[18]。「赤脚劉王」とは「保佑水上平安」と「治病消災」に霊異説話を有するもので、これら2種類の説話の獲得が漁民・水運業者の信仰心につながったと考えられる。

蓮泗蕩と同様、劉王を祀る荘家圩廟（江蘇省呉江市蘆墟鎮、写真3、本書・呉滔論文を参照）は三白蕩畔の泗洲禅寺境内に付設されている。文献史料では劉姓神と明確に断言せぬが（神の姓名を不明とする）、水面に関わる祟り神としての淫祀＝荘家圩神の説話が記され[19]、これが劉王とすれば、同じ神であれ場所が違えば、地域的にかなり限定された性格の異なる説話を有すること、水上生活を送り水面を生活・生業の場とした漁民にとって保護神と祟り神とが表裏一体となった劉王が重要な信仰対象となっていたことがわかる。

（2）金沢鎮楊爺廟の楊姓神

楊爺廟（上海市青浦区金沢鎮）は楊震廟・楊王廟等とも称され後漢の楊震を祀

る。神像は黒臉を特徴とし「照天侯王楊老爺」と呼ばれた（写真4）。廟の説明書きによれば、黒臉は投井自殺（正史では服毒自殺）した際、泥で全身が黒くなっていたからだとする。神像が安置された楊震殿の左廂房には「三夫人」の神像が奉られる（写真5）。

ところが文献史料を博捜しても江南デルタ各地の楊爺廟の主神を楊震とするものは殆ど皆無に近い。紙幅の制約のため詳細は別稿に譲るが、楊姓神は複数存在し、楊姓神＝楊震説も否定しきれぬものの、東嶽大帝の下で劉郡王祠の劉郃（字は仲堰）[20]とともに「生死帳簿管理」に当った楊文聖に比定する方が一般的であろう、と筆者は判断する[21]。

写真4　金沢鎮楊爺廟内の楊爺像

写真5　三夫人像

また楊姓神と漁民との関係については、楊姓神と夫婦になぞらえられ並祀された「三夫人」＝陳三姑信仰に注目すべきではないかと考えている。2006年10月30日、筆者と佐藤仁史が金沢鎮楊震廟の廟会を訪れた際、廟内は多数の「香客」で賑わっていたが、突如１人の若い女性がトランス状態となり託宣を告げ始めた。彼女の周囲にはあっという間に老婦人の人垣ができ頻りに拝んでいる。聞けば、楊震夫人＝三夫人が憑依したとのことで、場所も三夫人神像の正面であった。三夫人＝陳三姑の仮説が妥当であるとすれば、現在も陳三姑信仰は生きていたといえよう。

　陳三姑なる神は、実は姦淫の故に怒った父親に蕩（水面）に沈めて殺され、死後も怨みを残して多数の犠牲者を道連れにし「厲鬼（ほうれい）」として祟りをなしたいわば祟り神であった[22]。蕩（水面）を場とする怨念説話は水面に生きる漁民を突き動かし、陳三姑を畏怖の対象として祀らせることになった。そして同時に「生死帳簿管理」説話を有する配偶者＝楊姓神をも祀ることで、より確実な生命の安全を祈願したのではないかと推測されるのである。

（３）蘇州上方山の上方山太太〈姆姆〉
　蘇州市上方山は現在、国家森林公園に指定されている。山頂には楞伽寺塔（りょう）があり、付設の廟宇には上方山大老爺・二公子など多数の神像が祀られる（写真６）。上述の如く、毎年農暦８月18日には上方山太太を主神とした、網船会と呼ばれる廟会が挙行され、太湖の全漁民が参集するという。ただし廟会それ自体は漁民に限ったものではなく、蘇州の城郷は勿論、上海、無錫、常熟、嘉興、湖州等から数万人が押し寄せてくる。

　この上方山にはかつて五通神廟が有り、清代・康熙24年（1685）に蘇州巡撫湯斌によって淫祠として毀壊された話は有名である。五通神の御利益は「借陰債」説話に代表される求富・求財・借富等で、商品経済の進展と深いつながりを有すると考えられている[23]。五通神には清代にすでに「五通神の母親」が出現しており[24]、現在の上方山大老爺・上方山太太〈姆姆〉との関係を想像させるものである。なぜ漁民が網船会と呼ぶほど信仰するか、現在詳細な分析

写真6　上方山大老爺像

は不可能であるが、「借陰債」説話が経済的に極貧に置かれた漁民の切実な願いに適応したものであったからではなかろうか。

（4）石淙鎮太君廟の太君神

太君廟（浙江省湖州市石淙鎮）は北宋末の泗洲直州兵馬都監・陸圭を祀る。廟内の匾額に「鎮海潮王」と大書されるとおり、潮神として人々の信仰を集めている（写真7）。

陸圭は方臘の乱（1126年）の討伐に向かった後、銭塘江で卒したため、治水を司る潮神となったとされる。この神は他の江南の神々に見られる「施米神」「駆蝗神」説話をも獲得したようだが、やはり重要なのは銭塘江の潮勢を鎮めた「潮神」説話であった。南宋の淳祐年間（1241-1252年）に銭塘江が大決壊を起こした時、神は3人の女性と空中に出現して治水に成功し、その事が朝廷に上奏されると、協順の廟号を賜り広陵侯に封爵されるとともに、妻・姚氏を花

錦夫人、3人の女性を顕済、永済、通済と為し、陸圭の故郷・石塚（石㳬）に廟を設けたのである。咸淳10年（1274）には曾孫・陸子宣の依頼で、昭慶軍節度掌書記・簽書枢密院事・知嘉興府を歴任した文及翁が「廟記」を著している[25]。

この陸圭＝太君神が漁民の信仰を集めたのは潮神、すなわち広義における水神と見なされたためと考えられる。たとえば民国『双林鎮志』巻15、風俗が「〔正月〕11日は太君神の生誕日である。

写真7　太君神像

漁船・射船等は競って石塚（石㳬）に往き祭賽を挙行する。本鎮（双林鎮）ならば放生橋〔の太君神〕廟で賽る。この日は朝から晩まで演戯を行い、包頭業（請負業者）及び黒坊中人（黒坊？の幹旋業者）が主催する。その他の者も「社」を結んで〔太君神の生誕を〕祝い〔供物を〕献ずること、紛々として絶えず、男女は雲の如く集まり、廟の旁らには舟が密集停泊していた」と述べるとおり、太君神の生誕日＝正月11日に漁民は石㳬鎮太君廟に競って参集していた。

ここで注目したいのは廟に赴く際に「結社」している点である。これは濱島敦俊・片山剛両氏の調査報告中の「作社（做社）」であろう[26]。本史料のみから漁民が「結社」するか否かは断定できぬが、漁民も「結社」する可能性を示唆している。しかし残念ながら文献史料では、漁民の「社」についてこれ以上

検討することはできない。
　そこで以下では、上記5つの廟参集者をさぐる手がかりとなる事物を、廟の内外及び廟会で観察されたものから選び出し検討することにしたい。表2は筆者が偶目した事物に記された参集者に関する情報である。情報源となった事物は主に廟内の匾額・柱、廟外の碑文・鼎等、廟会参集時の旗幟などで、その性格上これらのみをもって全ての参集者が判明するわけではない。ただし参集者に関する一定の有効な情報を提供するであろうこともまた事実であり、ここではその限界を認識しつつ分析を加えてみたいと思う。
　表2には個人参集者に関する情報は含まれていない。当然に個人による焼香拝仏は少なからぬ割合を占めるが、漁民社会における共同性を検討するのが本稿の目的であるから対象とはしない。□□□は主に個人名を伏せた箇所だが、あくまで漁民の団体・組織の可能性を有するものだけを掲載している。さて、ここに掲げられた名称をみると、組織・団体名と考えられる「社」「会」（以下、カッコをとる）と、漁業郷ないし漁業村（漁民村・水産村・捕撈村）とに大別される。後者は上述の如く、1968年の漁業的社会主義改造（漁改）に伴う漁民の「陸上定居（＝陸上がり）」によって政策的に形成された集落で、規模の大きなものは郷、小さなものは村と名づけられたものである。ここに江南デルタ各地の漁業郷・漁業村からの漁民の参集を読みとることが可能であるが、一方で、これら漁業郷・漁業村は多くが個人名を伴った、実質的には漁民個人による参集であり、また蓮泗蕩劉王廟「公園賛助名単」のように集体賛助の例を見出せれども、郷・村の成立過程を考慮する時、そこに漁業郷・漁業村を単位とした共同性を想定することは難しいのである。
　それに対し後者の社・会は極めて興味深い。具体的には横涇新湖興隆社、太湖長生社周氏堂門、嘉興南六房老長生分会、太湖公義社、太湖公義二社、太湖興隆社徐家公門、南潯東柵新大社、南潯公義房社、烏青共和社、解差社、解糧社、八坼孫紅弟社、塘甸銭新社等の名称が確認できる。これら全てがすぐさま漁民の組織・団体と見なせるわけではないが、そもそも漁民が多数参集する廟宇だから1つの手がかりとなるのは間違いない。また、これら個々の社・会が

200　　　　　　　　　　第Ⅱ部　フィールドワーク篇

表2　蓮泗蕩劉王廟・荘家圩廟・楊爺廟・太君廟に参集する「社」「会」と漁業村

廟　　　名	来　源	団体名ないし漁業村（漁民村・水産村・捕撈村）名
蓮泗蕩劉王廟（劉承忠紀念館）	開発劉王廟公園賛助名単（1993年7月）	〔五百元以上〕武進市林前郷水産村 〔四百元以上〕蘇州市横涇新湖興隆社 〔集体賛助〕無錫市漁港郷、崑山市漁船□信士総香客、平湖市・嘉善県漁民村、呉江県盛沢漁業村、嘉興市郊区歩雲郷水産村信士総香客、蘇州市太湖郷、上海市青浦県朱家角鎮漁民、江蘇省呉江市廟港鎮漁業村、蘇州崑山市・呉県・南港・六直鎮漁民衆香客、呉江市同里鎮漁業村、嘉善県千冾鎮漁業村、崑山市陸家鎮孔巷漁業村
	廟内匾額	「太湖長生社周氏堂門、過房劉中原、陳家香文頭房子孫□□□」 「普佑上天王、江蘇呉江黎里漁業□□□贈、2002年9月18日」 「劉爺献霊！重病求安！求神必応！心誠必霊！蓮泗蕩普佑上天王！常州武進十七水産村□□□敬贈、98年3月初6日呈」 「四海昇平、長勝社」 「劉府上天王、長生分社、嘉善□□□・青浦□□□、199?年、香主□□□」 「歌功頌徳、劉公園、嘉興六房老長生分会、同里□□□贈、辛未年1月20日」 「普佑上天皇、分長勝社、総香客、甲申年11月18」 「普佑上天王、□□年陰暦12月18日、□渭塘漁業村」 「普佑上天王、古伝為民、嘉興南六房老長生分会、里人□□□、庚午年2月20日立」 「普佑上天王、公主社」 「一帆風順、太湖公義二社□□□敬贈、公暦2003年3月」 「蘇州市呉県太湖郷、蓮泗蕩、大二老爺先鋒□□□贈、2000年贈」 「保国愛民、公元93、□□□、旗傘社」 「頌揚功徳、新二社献」 「周才宝全家、江蘇省常州市横林捕撈村、1996年8月立」 「送普佑上天王大老爺、江蘇太倉南郊水産村□□□」
	正殿内の柱	「……捨己救人留得万民頌揚、嘉興南六房老長生分会、八坼漁業劉家香客、□□□」 「……一代忠良、崑山周荘漁業贈、戊寅年12月立、□□□」
	廟内の双龍船	「嘉興南六房老長生分会、有劉家香客□□□敬劉王廟、千歳王爺双龍船一条、敬送人□□□有□□保管、2005年農暦2月24日」
	廟内の太鼓	「海塩県石泉郷漁業水産大隊麦弓老長生社贈、1987年9月1日」
	劉公園入口	「蓮泗蕩劉公園、崑山市陳墓鎮漁業村、□□□贈、1993年」
	廟会参集時の旗幟	「劉府上天王加封五龍王、戊寅年夏月、江湖社信士□□□叩贈」 「劉府上天王、青龍旗、□氏祖師、丙子年□月望日、浙江嘉善県羅星水産弟子□□□敬立」 「普佑上天王、銭橋社」 「普佑上天王、嘉興姚塘門海寧香火漁」 「普佑上天王、由嘉興南六房老長生分会、呉江市八坼劉家本堂香客□□□」 「嘉興南楽房老長生分会、有劉家香客□□□子贈」 「由嘉興南楽房老長生分会、有劉家香客□□□贈」

太湖流域漁民の「社」「会」とその共同性　　　　　201

		「嘉興南六房老長生分会、有劉家本堂香客、有在同里漁業組□□□准旗保大小人口太平、生意興隆、水産興旺」
		「由嘉興南六房老長生分会、有劉家香客在蘇州市呉中区渡村鎮漁業村□□□遵旗保全家人口、太平養蟹養魚、連年商産、水産興旺、生意興隆、公元2002年農暦2月18日」
		「劉公園、由嘉興南六房老長生分会、呉県東山漁業村□□□敬立」
		「由嘉興南六房老長生分会、劉家本堂総位香客贈、東金沢楊爺」
		「劉府上天王加封五龍王、戊寅年夏月、江湖社信士□□□叩贈」
		「劉府上天王加封烏龍神位、庚辰年仲夏月吉日、嘉善県大舜漁業村、弟子□□□敬立」
		「原太湖興隆社、香戸□□□座願」
		「南北四朝通用、門旗、老聖四社」
		「蓮泗蕩、上天皇、孫四社」
		「太湖公義長生社」
		「太湖公義長勝社周」
		「老宮門、常州武進皇里郷水産村」
		「太湖興隆社」
		「太湖興隆社　徐家公門」
		「太湖老興隆社、徐家老先鋒」
		「太湖老興隆社、進香」
		「南北両堂、太湖公義社」
		「普佑上天王、興隆会日、南潯東柵新二大社」
		「普佑上天王、南潯東柵新二大社」
荘家圩廟（劉王廟）	廟内匾額	「贈贈荘家圩大老爺、浙江省嘉善県大雲鎮漁民村□□□」
		「浙江省嘉善県大雲鎮漁民村□□□、2005年陰暦8月初3日」
		「浙江省嘉善県大雲鎮漁民村□□□」
		「保佑全家、人口太平、生意興隆、浙江省嘉善県□□郷漁民村□□□、2005年陰暦8月初6」
		「浙江省平湖市単橋郷漁業村□□□」
		「浙江省嘉善県干窑鎮漁業村□□□」
		「蘆壚泗洲寺劉王殿、浙江省嘉善県汾玉郷漁民□□□、農暦甲申年8月13日」
楊爺廟（楊震廟）	廟内匾額	「太湖長深社周字堂門、2004年農暦3月初8」
		「楊爺千歳、浙江省嘉善県姚荘鎮漁民村第二組二十九戸」
		「浙江省嘉善県姚荘鎮漁業村今送金沢楊爺建設社、第一組十三戸、経手人□□□、8月初8敬」
		「楊爺廟、浙江省嘉善県里沢水産二組、1992年□月初9」
		「有求必応、先鋒総社里沢水産二社、庚辰年9月18日敬献」
	正殿内の柱	嘉興南六房老長生分会八圩劉家香客敬立水産興旺香名
	廟会参集時の旗幟	先鋒社
太君廟	鼎	解差社　　老共和社　　洋南田共和社　　新塍老公門　　烏鎮共和社　　解糧社　　呉家老社
	石淙太君廟重建戯台功徳碑（2004年）	太湖公義社　　塘甸銭新社　　太湖長生社　　南潯公義房社　七都新茂堂　　下昂介糧社　　楊乃田共和社　　下昂張六林社　湖州老社　　西山　　東山阮介社　　趙福弟社　　姚林根社総戸

	石湖大社　　太湖公義二社　　南潯東柵新大二社
	太湖老興隆社徐家公門　　新市介義社　　湖州新立社
	平望老共社　　公益社　　虎坵北路房社　　新義大社
	八圻孫紅弟社　　晟舍新明社　　姚家墕村　　烏鎮共和社
廟内匾額	「鎮海潮王、太湖公義社助、已卯年9月16日」
	「嘉善漁民村衆客、香頭□□□」
	「太湖長勝会、妹妹□□□、2002年12月月半」

　どこまで歴史的に溯及しうるか、1949年以前の伝統中国の系譜を引くものなのか、或いは1980年代の改革開放以後、新たに創出されたものなのか等、慎重に腑分けして考えていく必要があろう。

　さらに、そうした検討を進めるにあたって陳俊才氏による1949年以前の漁民の社・会に関する聴取調査が参考となる。それを整理したものが**表3**である。陳氏の調査も当然に全てを網羅したものではないから、あくまでも１つの手がかりに過ぎぬが、興味深い情報を含んでいることも確かである。以下に本表で注意すべき点を列挙してみよう。

　第１に、**表２**の名称と比較すると、太湖長生社、嘉興長生社（嘉興南六房老長生分会）、太湖公義社、〔太湖〕興隆社、先鋒社、石湖大社、北六房社（表２の八圻孫紅弟社。後述）の７つが一致する。まずこれら諸社から検討するのが有効といえよう。第２に、石湖大社（1864年成立）の１例を除くと、各社の成立年代は清代まで溯らない。記憶の限界を示すものかもしれぬが、漁民の「結社」の登場の相対的な"遅さ"を表すものかもしれない。また全ての社は1960年代初頭には活動を停止し、現在は存在しないことになっている。第３に、各社の香客の戸数は約10〜140戸とかなりばらつきがある。特に興隆社はかなり多くの香客を集めているが、香客はどこから来たか、香頭―香客間関係は如何なるものだったかが重要な検討課題となろう。第４に、各社結集の紐帯は①蘇北籍と本地の区別（同郷関係）、②大型・中型・小型漁船の区別（太湖漁民と内河漁民など漁場・操業規模の区別）、③一定程度の地域性（興隆社・大鑼班には複数の香頭があり分割管理）が考えられる。その他、姑娘社・花会のごとき婦女・未婚女性によって結成されたものもあり興味深い。第５に、第４の特徴と連関して、

表3 太湖流域漁民の香会組織

社名	期間	香客戸数	漁民・漁業規模	信仰神霊・参加廟会
老宮門社	1930-1961年	約30戸	太湖中の北洋船	西山徧里天妃、蓮泗蕩劉王廟会に参加
宮門社	?-1961年	65戸	積載量20-30トンの中型漁船（大漁船の分支）	禹王等の水神を祭奉
太湖新宮門社	1936-1952年	77戸	積載量60トン前後の七梡大漁船	毎年正月平台山祭昂、春秋両次南皋橋大王廟会に参加
呉江新宮門社	?-1961年	17戸	東太湖蘇北籍漁民	香頭は神漢が担当、祭社時に「封口」「跳神」等の巫術あり
太湖長生社	1919-1961年	34戸	南太湖作業区小船漁民中心	毎年蓮泗蕩劉王、東山楊湾四親伯の廟会に参加
嘉興長生社	1915-1961年	28戸	神漢が蘇北塩城から太湖へ移動・捕魚した後に組建。東太湖・蘇州市郊の蘇北籍漁民中心	毎年蓮泗蕩劉王、上方山太母の廟会に参加
新長生社	1935-1962年	—	蘇北籍小釣幇の神漢が組建。後に光福一帯で捕魚する絲網幇（公興班）と、膏口一帯で捕魚する放鴨幇に分離	
太湖公義社	1928-1958年	55戸	南太湖浙江境内で捕魚する10トン前後の中船漁民中心	毎年蓮泗蕩劉王、南皋橋大王の廟会に参加
横扇公義社	?-1961年	約50戸	東太湖呉江境内で捕魚する小船漁民中心	
興隆社	1932-1963年	約140戸	太湖小船漁民中、範囲最大・影響較大の組織。香頭は神職を利用して敵偽勢力と結びつき、1932年に活動を開始、1937年に興隆社を組建。東太湖漁民の香客約140戸、蘇州市郊等の内河漁民にも信徒あり。5人の香頭が各地の香客を分別管理、1956年だけで「分子銭」3,949元を香客から徴収した。1961年の取締りで大規模な活動を停止、小香頭が1963年まで僅かに活動を続けたが停止	
先鋒社	1906-1961年	14戸	呉県横涇林渡港沈姓漁民。1952年以降、社主を輪流とした	
義務社	?-1961年	10戸	東太湖で捕魚する呉江八圻漁民中心	
金家社	?-1961年	18戸	東太湖を捕撈区とする呉江平望金姓小船漁民中心	
石湖大社	1864-1949年	8戸	石湖を作業区とする呉県蠡墅境内漁民。香頭は毎年輪流	
北六房社	?-1961年	約80戸	呉江八圻境内の東太湖を作業区とする小船漁民中心	
大鑼班	1930-1951年	約50戸	蘇州市郊内河蘇北籍漁民が多数を占める。5人の香頭が蘇州市郊・呉県越渓・斜塘等の香客を分別管理	
公興班	?-1961年	55戸	大部分が光福一帯の絲網幇の漁民	
打槍会	?-1951年	30戸	呉県横涇毛岐港打野鴨の「槍幇」漁民	
姑娘社	—	28戸	嘉興長生社の分支、東太湖を作業区とする蘇北籍未婚女漁民	観音・太母等の女性神像を供奉。神軸は船の後方に掛けて祭祀
花会	1930-1949年	—	8名の大船上の婦女が組織	

※典拠：陳俊才「太湖漁民信仰習俗調査」『中国民間文化』第5集、1992年、pp.88-91

信仰する神霊や参集する廟会にも区別がある。「結社」の紐帯により神に期待する御利益が異なるからであろう。陳氏によれば、漁民の信仰は、太湖の大型漁船の禹王、劉王、天后聖母（天妃・媽祖）、本地小型漁船の劉王、四親伯、蘇北籍の劉王、上方山太母に大別できるという[27]。第6に、氏の調査時期の社会背景によるものであろうが[28]、調査内容をそのまま丁寧に記す部分と、社や香頭の活動を"反動的"なものとして批判的に表現する部分とが混在している。我々はかかる記述の影響を排除し香会の活動、香頭—香客間関係を検証し、漁民社会の特質を浮きぼりにすべきである。

以上の内容を踏まえたうえで、筆者らも現地で老漁民から聴取を行った。筆者らが観察した蓮泗蕩劉王廟の劉王生誕会（2004年9月26-27日）と網船会（2005年4月1-6日）、金沢鎮楊爺廟の廟会（2006年10月30日）に参集していた老漁民に接触し、訪問を快諾してくれた場合に漁業村まで赴いたのである。本稿では、表2に見える諸社のうち香頭への聴取にまで辿り着けた太湖興隆社徐家公門、嘉興南六房老長生分会、平望北六房（八坼孫紅弟社）を事例として漁民の社・会の実態を検討してみることにしたい。

2　太湖興隆社徐家公門の場合──漁民の社・会の事例（１）

太湖興隆社徐家公門は江蘇省呉江市廟港鎮漁業村（図1）──現在は「太湖大閘蟹交易市場」として有名──に在って活動している。本稿冒頭の放漾蕩興華廟への焼香拝仏も彼らの信仰活動の一部である。太湖興隆社徐家公門は表3の興隆社の系譜を引くかと考えられ、太湖小船漁民中、範囲最大・影響較大の組織と称される該社の検討は、太湖流域漁民の香会を理解するうえで極めて重要な事例の１つであるといえよう。

現在、太湖興隆社徐家公門の香頭を務めるのは徐貴祥氏である。我々は①2005年8月3日に筆者、佐藤仁史、稲田清一、呉滔の4名、②同年12月22日及び③2006年3月23日に筆者と佐藤の2名で計3回にわたる聴取を行った[29]。氏の簡歴を紹介すると、小名を徐金官といい、①の時点で75歳、1931年農暦10

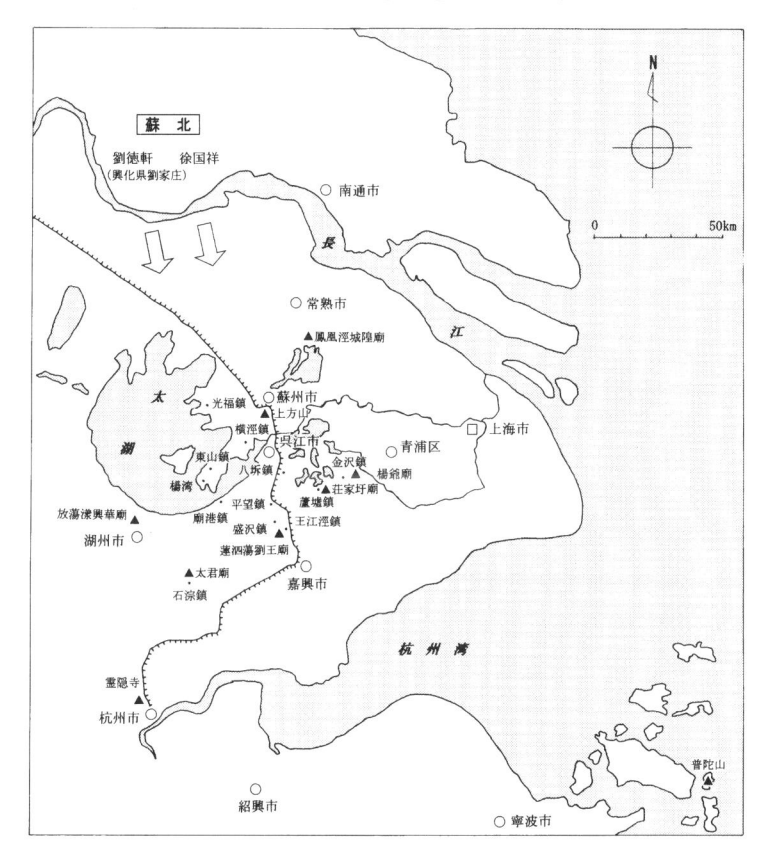

図1　太湖流域漁民が参拝する廟宇と移住経路

月生まれの「本地（廟港大明港）人」である。2男2女をもうけ、かつては「打魚」「打（裝）簖[30]」を生業としたが、現在はすでに「退休」した。漁民としては珍しく私塾に学び「初中」程度の文化教養を身につけている。しかし1949年以後、行政上の幹部に当たった経験は皆無である。

以下では、我々と徐貴祥氏との間で行われた質疑応答の一部を紹介しながら、太湖興隆社徐家公門の実態を個別具体的に明らかにすることから始めたいと思う。まず現在の太湖興隆社徐家公門について検討してみよう（丸付き数字は上記の聴取日時に対応）。

①問：あなたは興隆社の主宰者ですか？

　答：そうです、興隆社徐家公門の香頭です。

　問：興隆社と徐家公門とはどのような関係ですか？

　答：昔、私の太太公の時、この社を興隆社と呼ぶようになりました。徐家公門は祖宅のことで、老祖宗を祭拝するための組織です。

　問：徐家公門が老祖宗を拝むものならば、興隆社は何ですか？

　答：これは社なのです。すなわち太湖興隆社は「出会」[31]の時に用いる名称です。興隆社〔と称する社〕は7～8つ有ります。

氏の語りから、太湖興隆社徐家公門が現在「復活」していることは明白であり、上述のとおり表3の興隆社の系譜を引くと考えられる。「5人の香頭」と如何なる関係にあるか明確でないが、氏は香頭を自称し徐家公門を管理している。太湖興隆社徐家公門は太太公の時に成立し（後述）、興隆社とは「出会」時の名称すなわち信仰活動時の、徐家公門とは祖先祭祀の団体組織名をさしていた。氏は同じく太湖興隆社を名乗る社が7～8つ有るとも語っており、これらの相互関係は興味深い検討課題となろう。

　次に香頭の徐貴祥氏と太湖興隆社徐家公門の香客に関する質疑応答を見てみよう。

①問：興隆社徐家公門は徐姓のみ加入できるのですか？

　答：いいえ、奚姓、施姓、孫姓、呉姓などがいます。

　問：これらの人々はどのような条件を満たしたうえで加入できたのですか？

　答：祖輩（祖先）がずっとここ（廟港）にいたからです。……

　問：もし新たに加入したい人が有れば、あなた方は同意しますか？

　答：太君老爺に問わねばなりません。「開口人」すなわち解釈人がいます。〔太君〕老爺が憑依して口を開くのです。（中略）

②問：現在、興隆社には〔香客が〕何人ほどいますか？

　答：〔昔〕始めた頃は7戸、7戸で組織しました。現在は70戸有ります。文化大革命の頃に散々となり、現在に至って元の場所（廟港）にもどって来ました。実際、我々の〔漁業〕村にはまだもどって来ていない者が

数百戸有ります。七都の100戸以上も我々〔の興隆社の香客〕の一部でしたが、皆なもどって来ませんでした。

問：興隆社へは一家全員で加入するのですか、それとも……？

答：一家全員です。

問：興隆社に加入する時にはどのような手続きが必要ですか？

答：有りません。太湖漁民であれば加入できます。加入の際には何の手続きも必要ありません。（中略）

問：父母は加入したいが、私は加入したくない、こうした場合はどうするのですか？

答：実際にたとえば父親と2人の息子が有って、1人の息子は〔父親と興隆社に〕加入したが、もう1人は別の社に加入した例も有ります。全て自由なのです。ここに不満があるなら出ていっても構いません。現在、宗教信仰は自由であり、本人の判断に任せればよいのです。（中略）

問：廟港鎮漁業村人のみ興隆社に加入できるのではないですか？

答：そうではありません。かつて〔祖先が〕我々興隆社の人であれば加入できます、そうでなければ加入できません。（中略）

問：加入する時、その他に条件は……たとえば全てが徐姓であるとか？

答：いいえ、ただし香頭は必ずや徐姓でなければなりません。（中略）

問：以前〔漁業村には〕廟が有りましたか？どんな菩薩を祀っていたのですか？

答：我々の村には廟はありませんでした。族祠は〔廟港鎮〕漁業村の徐家に在ります。

この一連の聴取記録から以下の諸点を指摘できよう。第1に、太湖興隆社徐家公門は香頭が必ず徐姓でならぬうえ、香客は徐姓を中心としていたと考えられる。該社は徐家公門としての側面、徐姓の同族による祖先祭祀を目的とした、血縁関係を中核とする団体組織としての性格を持っていた。第2に、しかし決して他姓を排除するものでなく、太湖興隆社として香客に多数の他姓漁民を含んでいた。つまり血縁関係のみならず信仰を紐帯とした地縁関係も看取できる

のであって、血縁・地縁関係の両面を持ち合わせていたことに注意せねばならない。ただしその地縁性は廟港鎮漁業村という現住の集落にではなく（漁業村に廟は無く、村を単位とした信仰活動も無い）、むしろ太太公による太湖興隆社成立以来の関係、つまり蘇北、或いは太湖流域に最初に辿り着いた呉県横涇以来の関係──徐姓の移住史については後述──に基礎を置いていた可能性が高いと考えられる。第3に、太湖興隆社徐家公門は成立時、僅か7戸に過ぎなかったが、後に300-400戸（後述）に増加、現在は70戸にまで減少している。この間、太湖興隆社徐家公門の歴史の中で、最も重大な影響を与えたのは文化大革命であった。所謂「破四旧[32]」による弾圧であろう。第4に、太湖興隆社徐家公門への加入は、過去の興隆社との関係が問われ戸を単位に行われた。加入には神降しの儀式を通した神＝太君神（太湖興隆社徐家公門にとって最も重要な神であったと考えられる）の承認が必要であった。「開口人」と呼ばれる、神の言葉を解釈する宗教職能者＝濱島氏のいう「憑依型シャーマン」[33]の存在が推定される。

　ここではさらに「進香香客名単（リスト）」を分析し、太湖興隆社徐家公門の香客について掘り下げてみたい。「名単（リスト）」は2005年に蓮泗蕩劉王廟、金沢楊爺廟、蘇州上方山、石涼太君神廟等の廟会に赴いた際に作成された（写真8）。そこに記された香客は毎回概ね70戸、内訳は徐姓6戸、李姓12戸、奚姓15戸、施姓16戸、朱姓6戸、呉姓5戸、蒋姓1戸、陳姓3戸、孫姓2戸、宋姓2戸、蔡姓1戸、王姓1戸の12姓となっている。70戸という数値は先の聴取記録に一致するから、現在の香客の全体像を把握することが可能となろう。すなわち歴代香頭を務めてきた徐姓は戸数自体僅か6戸と少なく、むしろ施姓・奚姓・李姓など他姓漁民が圧倒的な多数を占めていた。筆者らは②で李才生（71歳、1935年農暦7月初7日生、太湖興隆社「経済」担当）・李四宝（67歳、1939年農暦7月17日生、太湖興隆社「管帳」担当）両氏[34]から聴取を行ったが、李姓も徐姓と同様に呉県横涇から来たと述べている。他姓については確認しえていないが、聴取記録から類推するかぎり、香頭─香客間関係は多くの場合、呉県横涇以前に遡ることができるのではないだろうか。

太湖流域漁民の「社」「会」とその共同性　　209

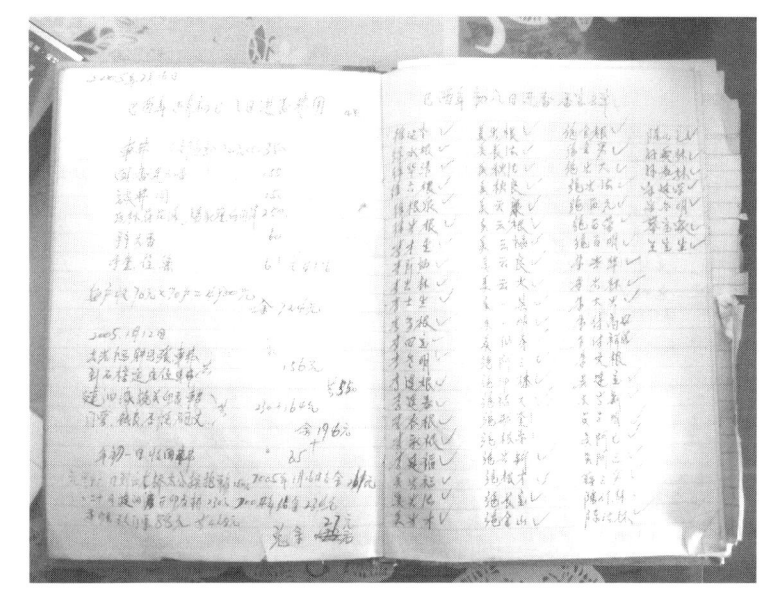

写真 8　太湖興隆社徐家公門の香客リスト

もう少し太湖興隆社徐家公門の香客に関する聴取記録を補ってみよう。
① 問：なぜ香頭が必要なのですか？
　答：たとえば石涼に廟を建てる時、〔地方〕政府は資金が無いので、香頭に〔香客を〕組織させ〔資金を集め〕るのです。船 1 隻ごとに一定の額を拠出させて廟の建設の一助とするのです。（中略）
　問：興隆社徐家公門の活動経費は誰が支出するのですか？
　答：集体で支出します。舞龍や船の費用は全て戸ごとに平等に分担します。
② 問：現在、螃蟹の養殖等で資金を欠く時、〔香客が〕興隆社から資金を借りることはありますか？
　答：有りません。経済上の関係は無く、純粋な信仰組織なのです。つまり顔役（香頭）が〔香客を〕組織して焼香拝仏したり、廟の建設を行うのです。
　問：興隆社徐家公門には他に社としての共同活動は無いのですか？

答：共同活動は有りません。
　　問：焼香拝仏活動の費用はどのように分担するのですか？
　　答：平均して分担します。全ての費用を戸ごとに割り付けます。人数の多
　　　　寡は問いません。
この聴取記録から指摘しうる最も重要な事は、太湖興隆社徐家公門が現在、殆ど純粋に信仰に関わる共同活動を挙行するための組織であるという点である。換言すれば、太湖流域漁民は信仰を紐帯として社に結集していたのであり――当然に全漁民が社に参加しているわけではない――、社は信仰的共同性の象徴であったと見なしうる。具体的には焼香や「出会」等の信仰活動のための経費が集体、すなわち社内の戸ごとの平等負担を原則として支出されていた。地方政府との関係においても廟宇建設のための資金調達の役割が強調され、自らの社の必要性、信仰活動の正当性が語られている。一方で、経済的な関係など他の全ての共同関係は否定され、社に信仰以外の共同性を求めることは不可能であるといえよう。
　続いて太湖興隆社徐家公門と徐姓の歴史について分析してみよう。
①問：解放前、県には〔漁民の〕組織は有りましたか？
　　答：有りません。解放後1950年代になって漸く設けられました。
②問：興隆社はいつ頃成立したのですか？
　　答：200年には達していません、政龍太太公の頃です。彼は〔呉県〕横涇
　　　　前庄村の人でした。〔興隆社は〕光福〔鎮〕の火山で成立しました。火
　　　　山には東嶽廟が有ります。
　　問：解放前、興隆社はどのような活動を行っていましたか？
　　答：「出会」や焼香です、香客を組織して。「出会」の時には旗号が有っ
　　　　て○○社○○（姓名）と上に書くのです。
　　問：解放前、興隆社に参加した人は全て漁民ですか？　太湖で捕撈する人
　　　　ですか？　或いは別の場所（内水面）で捕撈する人ですか？
　　答：全て漁民です。皆な太湖で捕撈します。以前には300-400戸ほどもい
　　　　ました。（中略）

問：あなたの〔政龍〕太太公たちは皆な漁民でしたか？
答：皆な漁民でした。漁民は当時家屋が無く、生まれたところが故郷となります。漁民は船を以て家と為していたので、移動先が家と同じなのです。
問：香頭という語を聞いたことがありますか？
答：私が香頭です。太太公政龍も香頭でした。香頭は帯頭人（顔役）のことで、香客を組織して廟宇へ行き焼香させる者なのです。「出会」の時には香頭が必要です。
問：どのような人が香頭になったのですか？
答：特別な条件は何もありません。香客にいつ「出会」するか告げるだけだから……。
問：〔社の漁民によって〕選出されるのですか？比較的威信の有る人がなるのですか？
答：選出ではありません、皆なに信任される人がなるのです。香頭は悪いことはできません、悪いことをしたら皆な彼を信じなくなります。以前では、漁民が香頭になることは頭頭（顔役）になるのと同じでしたが、何も特別な組織はありませんでした。昔は漁民の組織はありませんでしたから、香頭は現在の我々の行政村支部書記のようで、事を処理するのに公正でしたから保長のような存在といってよいでしょう。
問：以前には、漁民間の紛糾にも香頭が表に立って解決したのですか？
答：そうです。

　まず冒頭の記録から1950年代以前、漁民には組織が無かったと認識されていること、つまり民国期の保甲も漁民の有機的な組織と見なされていなかったことがわかる。筆者が確認しえたかぎりで、社・会は1949年以前から続く、唯一漁民が自律的に組織した集団（共同性を有する）であったといいうる。
　次に解放前の太湖興隆社徐家公門の歴史が語られている。しかし内容を理解するには徐姓の移住史が整理されねばならない。図2は記憶から復原した徐氏の系譜である。大太太公徐国祥は蘇北人で、蘇北から蘇州太湖の東山へと船で

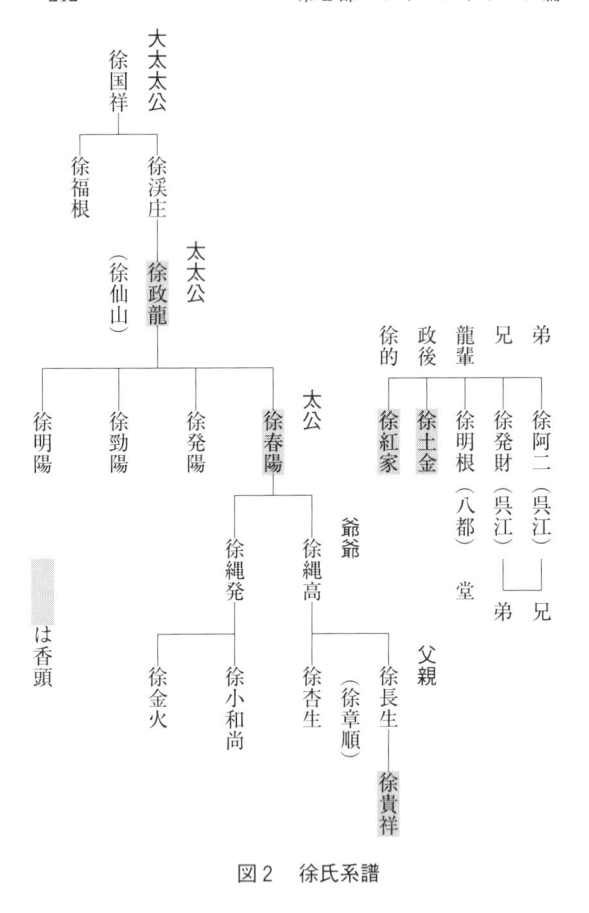

遷ってきた。息子徐福根は東山に留まったが、徐渓庄は呉県横涇前庄村へと遷った。太太公徐政龍（仙山）の時に捕魚しながら光福鎮火山へと移動し、その後さらに太公徐春陽の時に廟港鎮大明港に到達したという。そして徐貴祥氏は大太太公徐国祥―徐渓庄―太太公徐政龍―太公徐春陽―爺爺徐縄高―父親徐長生と下る系譜の第7代に位置づけられる。徐氏の移住は蘇北――具体的な地名は記憶から消え失せている――から江南デルタへという、太湖流域漁民に広く確認される移住伝説のマクロな枠組みの中で(35)、太湖東山から呉県横涇、光福鎮火山、さらに廟港鎮大明港へというミクロな地名と具体的な人名を伴った内容となっている。

　蘇北在住の頃の生業については確認の方法が無いが、大太太公徐国祥は蘇北から太湖へと入った漁民だった。太太公徐政龍に至って光福鎮火山の東嶽廟で太湖興隆社を成立させ香頭となった。この時も「船を以て家と為」す船上生活漁民(36)だったのであり、社の成立は土地・家屋の獲得、それに伴う地域社会への定着を意味するものではなく、徐姓内部および共に移住してきた他姓との

図2　徐氏系譜

（図中の系譜：大太太公　徐国祥 ― 徐福根／徐渓庄 ― 太太公　徐政龍（徐仙山）― 徐明陽／徐勁陽／徐発陽／太公　徐春陽 ― 爺爺　徐縄高／徐縄発。徐縄高 ― 徐杏生／父親　徐長生（徐章順）― 徐貴祥。徐縄発 ― 徐小和尚／徐金火。右側に「徐的龍輩 兄弟」徐阿二（呉江）・徐発財（呉江）、「政後龍輩 堂兄弟」徐明根（八都）、「徐的」徐紅家、徐土金。■は香頭）

関係の維持を目的とするものであったと考えられる。

　以上を踏まえて、聴取記録から若干の点を指摘しておくと、第1に、社の香頭は香客による選出ではなく、徐姓の中の比較的信任されていた者が務めたようである。第2に、解放前の社の性格はすでに検討した如く現在と同様、信仰を紐帯とした組織であった。第3に、しかし現在と微妙な相違を示すのが、香頭は現在の行政村支部書記、民国期の保長に比定されるように、かつては漁民間の紛争にも表に立って解決することが有ったことである。つまり社が信仰活動のみならず、漁民間の秩序を維持する最末端の行政的な役割をも担っていた可能性がある。かかる点は漁民の信任に支えられた、漁民社会内部における香頭の威信の強さを語るものであるが、それは香頭の一方的な権威・支配を示すものではなく、むしろ信任を裏切った場合の社内部における規制・拘束・制裁をも伴うものであった。たとえば、次に紹介する香頭・徐紅家の罷免はまさにその典型的な事例であるといいうる。必ずしも関係の無い部分もあるが、一連の質疑応答を引用しておきたい。

②問：現在香頭の主要な仕事内容は何ですか？〔漁業〕村の人々は問題が起こった時、あなたをさがすのですか？

　答：現在の興隆社には組織も有るし領導もいます。〔漁業〕村には支部書記、村主任がいます。現在、私〔の職務〕は焼香だけです。政治（行政）方面の事は全て彼らが解決し、私は焼香を管理するだけです。呉江にも興隆社が有り徐姓です。徐姓〔の興隆社〕は皆な"正宗"です。徐姓でないものは"正宗"でない。〔呉江には〕ただ2家の"正宗"が有るだけですが、現在、香頭は4家有って、八都にも1家有ります。

　問：現在、興隆社には"正宗"が4家有るという意味か？

　答：3家です。徐阿二と徐発財の2家、皆な呉江紅光大隊〔の者〕です。そして我々廟港の徐家。〔香頭は〕政龍太太公後が春陽太公、太公後が紅光大隊の徐土金です。（中略）

　問：春陽太公はその後香頭を誰に譲ったのですか？

　答：徐紅家です。しかしこの人物は良くない事をしました、つまり不正徴

収（或いは横領）したのです。爺爺徐縄高は社規に従って処理し〔香頭〕
を〔徐〕土金に換えました。

問：徐紅家は香頭を罷免された後も興隆社の香客だったのですか？

答：そうです、〔しかし〕1年後に亡くなりました。〔社規による〕処理は
厳格でした。

問：徐紅家の事件が発生したのはいつ頃でしたか？

答：民国30年頃のことです。

まず聴取記録の後半部分に注目してみたい。太湖興隆社徐家公門の香頭は記憶で溯りうるかぎり、太太公徐政龍に始まり太公徐春陽、徐紅家と継承された。ところが、徐紅家は香頭の地位を利用して漁民の信頼を裏切る行為を行ったため、爺爺徐縄高が社規[37]に従って処理し、結果香頭の地位を追われることになったのである。この事例から太湖興隆社徐家公門が社規を有し、それに依拠した制裁行為をも執行しうる組織であったことがわかる。

一方、前半部分では徐貴祥氏は香頭として他の興隆社に対する自らの社の"正宗"観＝正統性を主張している。ここには太湖興隆社徐家公門のほか、呉江の徐阿二と徐発財（両者は弟兄関係）を挙げ、徐姓のものだけ"正宗"であるとする。ただ③の際には八都の徐名根、東山の徐福根、横涇の徐根福（金南）の興隆社をも含めた6社を"正宗"と述べていて記憶に若干の問題を残すが、徐姓のみを"正宗"とする点では一貫している。200年弱にわたって継承されてきた興隆社に対する強烈な帰属意識を窺うことができよう。

さらに1949年以後から現在までの活動について氏の記憶を辿ってみよう。

②問：解放時の香頭は誰でしたか？

答：まだ徐土金でしたが、〔社の〕活動は活発ではありませんでした。後に上級から活動禁止の通達があったので活動を停止しました。1952年頃のことです。

問：あなたは何年間香頭を務めましたか？ 香頭の活動はいつ頃恢復しましたか？

答：私は17年間務めました。1989–1990年に活動を再開しました。徐発財

が最初に始めました。それは我々が再開する2年前のことです。彼らは16-17年間活動を停止しましたが、我々は13年停止しただけです。徐阿二は我々と大差ありません。

問：なぜ活動を停止したのですか？

答：毛主席が焼香してはならぬと号令しました。禁止したのです。従わねば「戴高帽子」され引き回されました……。(中略)

問：活動停止時期、組織はどうなりましたか？

答：組織は無くなりました。過年、過節、冬至等に家で秘かに〔信仰活動を〕行いました。宗教信仰が再開されたのは後の事です。そうでなければ辛い仕打ちを受けることになるので、私にはできませんでした。(中略)

問：興隆社が信仰活動を恢復した主な理由は何ですか？

答：我家の老太婆の体が悪く17ヶ月も病んでいました。それで西の〔太君神〕廟へ行き〔太君神に〕尋ねたのです。そこの盲人は「以前あなた方〔の徐家〕はとても大きかった、現在も人口が増加している、なぜ体が悪いか、〔太君神は〕あなたにこれら〔の人々〕を組織させたいのだ」といいました。私に香頭になれということだったのです。

この一連の聴取記録から、1952年から改革開放に至るまで、太湖興隆社徐家公門の活動は殆ど停止していたことがわかる。上述の如く、おそらくは文化大革命の戦闘的無神論の実践によって公の活動は殆ど停頓したといってよかろう。しかし完全に断絶されたわけでなく、実際には各家庭レヴェルで継続されたようである。擡老爺・演劇・宣巻等の活動のあり方や、太保・仏娘（巫婆）等の宗教職能者に対する評価に少なからぬ影響があったことは間違いないが、そうした変容を遂げながらも信仰それ自体は地下で脈々と受け継がれてきたのであった。かかる実態を踏まえてこそ、改革開放後における順調な信仰活動再開も初めて理解できる。再開の契機は極めて私的な事柄に関わることであるが、それを神の意志（太湖興隆社の場合は太君神）と判断するところに彼らの信仰心の根深さを読みとることが可能であろう。

最後に、太湖興隆社徐家公門と他の漁民の社との関係について検討しておく。
①問：「出会」の排列表は〔漁民の〕各社の組織人が会議を開いて決定する
　　のですか？　それはどこで開くのですか？　主宰者は誰ですか？
　答：会議を開きます。太君廟で。〔その時の〕「出会」の顔役が開きます。
　　　（中略）
　問：これら14社は全て漁民の社ですか？
　答：そうです。
　問：農民の社は有りますか？
　答：有ります。南潯東柵新大二社、太湖公義社、南潯公義房社、塘甸錢新
　　社、横涇新湖社、太湖長生社、環渚水産隊は漁民、七都新茂社は農民と
　　漁民がいます。（中略）
　問：前回、蓮泗蕩劉王廟の廟会であなた方は「出会」を行いましたか？
　答：行いました。4つの社が参加しました。太湖公義社、太湖興隆社、周
　　進宝の太湖長生社、塘甸錢新社です。
　問：これら4つの社はどのように組織されたのですか？　あらかじめ蓮泗
　　蕩で会議を開いたのですか？
　答：いいえ。蓮泗蕩の領導の一声で決定するのです。「あなた方は某日に
　　「出会」に来なさい」といわれれば行くのです。蓮泗蕩の領導は陸姓で
　　す。たとえば南潯東柵新大二社は焼香するだけで「出会」しませんでし
　　た。「出会」するなら予め連絡を取らねばなりません、勝手に「出会」
　　してはならぬのです。

聴取記録中の排列表は①の際に徐貴祥氏が筆者らに提示してくれたもので、2004年農暦9月15日に実施された太君廟の廟会の「游行隊伍排列表」である（写真9）。そこには太湖興隆社徐家公門を含め15社の名称、負責人＝香頭の姓名が見える。説明によれば、廟会では表のとおり南潯東柵新大二社、太湖公義社、南潯公義房社、塘甸錢新社、七都新茂社、太湖興隆社徐家公門、楊乃田社、横涇新湖社、太湖長生社、環渚水産隊、烏鎮共和社、下昂介（解）糧社、新市介（解）差社、平望水産村、七都の順序で「出会」を行う。これらは殆ど全て

漁民の香社――七都新茂社が農民と漁民で構成されている点は興味深いが、現在のところ理由は不明――であり、廟会の際には互いに連絡をとっているらしい。また蓮泗蕩劉王廟の廟会では、村民委員会（民主村＝劉王廟村）レヴェルかと思われる領導の承認・時間配分のもとに「出会」を行わねばならぬようである。この事例から類推するかぎり、太君廟の「游行隊伍排列表」も村民委員会との交渉の中で作成されたと思われる。

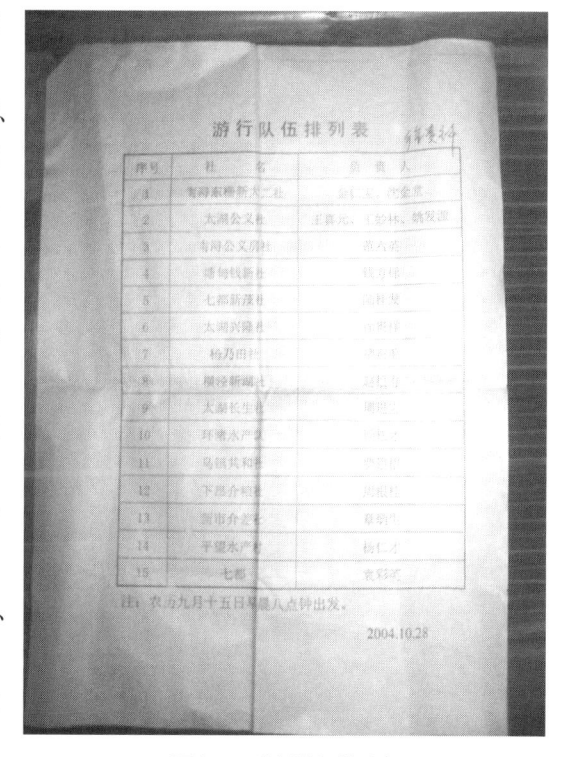

写真9　游行隊伍排列表

　かかる廟会の順序をめぐる香会間の横のつながりは1949年以前からあったと想像されるが、村民委員会など地方政府機関との関わりは、おそらく1949年以降基本的に信仰活動が停止された中に在って、近年活動を再開するに至って初めて出現したものであり、むしろ暗黙裏とはいえ信仰活動が歴史上初めて政府の直接的なお墨付きを得た――一定の秩序を維持しさえすれば――ことを示すものといえよう。

3　嘉興南六房老長生分会と平望北六房の場合
　　――漁民の社・会の事例（2）（3）

　さらに別の事例として嘉興南六房老長生分会と平望北六房を取り上げてみよ

う。これら2社はともに江蘇省呉江市八坼鎮漁業村に在る香会である（図1参照）。1つの漁業村に少なくとも2社以上の香会があるわけで、漁業村1村に1社の如き、漁業村を単位とした「共同性」を求めることの難しさを示している。

　嘉興南六房老長生分会（以下、南六房と略す）と我々との出会い・交流は2005年4月3日の網船会に始まる。我々が早朝から蓮泗蕩劉王廟で網船会を取材していると、前掲表2の蓮泗蕩劉王廟「廟会参集時の旗幟」に見えるように「普佑上天王、由嘉興南六房老長生分会、呉江市八坼劉家本堂香客」等と大書した旗幟を多数目撃した。暫くすると「普佑上天王」と記した横断幕を先頭に、人混みの中から「提香（人の肘に針金で香炉をぶら下げる行為）」した集団が姿を見せた。これが南六房との出会いであった。後に判明するのだが、南六房は蓮泗蕩劉王廟内の匾額、正殿内の柱、双龍船等にも名称を見出せるうえ、我々の「なぜかくも熱心に劉王を信仰するか」との質問に「劉王の子孫だからね」と応ずる劉姓の人物を香頭とする集団であった。

　また南六房は表3の嘉興長生社ではないかと考えられる。「神漢」が蘇北塩城県から太湖へ移動・捕魚した後に組織し、蘇北籍漁民を中心とするという。

　南六房の現在の香頭は劉小羊氏である。氏への聴取は①2005年12月23日、②2007年3月22日ともに筆者、佐藤仁史の2名で行われた。氏は①の聴取時に51歳、1955年正月14日生まれの呉江市同里鎮漁業村人[38]で、1968年に八坼鎮漁業村に遷った。「捉魚」「養魚」を生業とする。遷移の理由は呉江県の統一水面規画（漁場画分）──漁業的社会主義改造に伴うものであろう──の際、同里鎮には200戸以上もの漁民が集中し、逆に八坼鎮には20戸前後しかなかったからであり、氏を含めて22戸が同里鎮から遷移した。祖先は蘇北興化県の劉家庄から来たといい（図1参照）、氏の妻君・韓亜琴女史（54歳）も蘇北阜寧人である。太湖興隆社徐家公門の徐貴祥氏と同様、劉小羊氏も蘇北人意識を明確に有している。

　一方で、氏は自らを第4代と述べている（図3）。これも徐貴祥氏と同様、蘇北から江南デルタに遷移した後のことを語っており蘇北の頃は含まれていな

い。父劉坤祥、爺爺劉永富、太公劉德軒、老太公劉得仙（承福）と5代まで記憶を遡りうるが、確実に江南デルタに移住していたのは劉德軒以降の事らしい。劉得仙は特殊な才能（仙法）を身につけ、劉德軒は簡単な治病を行えたという。

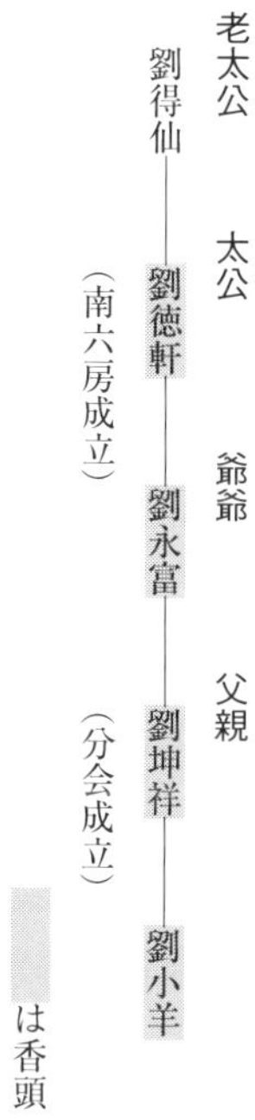

　嘉興南六房老長生分会の名称の由来は残念ながら判明しない点が多い。しかし劉小羊氏は我々の「なぜ南六房というか？」という問いに「幾つかの「房」から構成されていたのではないか。たぶん「五房」「四房」もあったと思うがはっきりしない。南六房は蓮泗蕩〔劉王廟〕を管理し〔劉王を拝み〕、北六房は平望〔鎮〕趙家港を管理し七老爺を拝む[39]」と答えている。注目すべきは後半部分で南六房が相対的に南に位置する嘉興市の蓮泗蕩劉王廟（南朝湖神の代表）を管理し、北六房が相対的に北に位置する呉江市平望鎮趙家港の四親伯廟（西朝湖神の代表。現在は東山鎮楊湾に移された。表1・図1参照）を管理すると述べる点である。北六房については後述するが、嘉興南六房の名称の由来は彼らの信仰活動が嘉興市の蓮泗蕩劉王廟を中心に展開されていることと関係があろう。

　次に聴取記録に依拠しながら、南六房と香頭の劉氏との関わりを検討してみる。

②問：南六房は太公の時に始まったのですか？
　　答：そうです、劉德軒の時に。父の爺爺（＝太公）の時に分会が成立しました。老長生会が本家で、南六房は分会なのです。
　問：太公の時、香客は何戸有りましたか？
　　答：多かった、200戸以上。上海、盛沢にもいました。文化大革命時に散々になりました。鄧小平が政権を握った後に再び成立しました。爺爺の劉永富〔の香客〕も大差ありません。

図3　劉氏系譜

老太公　劉得仙
太公　劉德軒　（南六房成立）
爺爺　劉永富　（分会成立）
父親　劉坤祥
劉小羊　は香頭

問：父の時は如何でしたか？

答：父の時には文化大革命が始まり、〔南六房は〕無くなりました。当時私の父は同里の領導（香頭）を務めていましたが、迷信活動は許されませんでした。鄧小平以後は改められ、小廟が次第に建てられるようになりました。父の時、〔香客は〕20餘家に過ぎず、その後〔彼は〕病気で亡くなりました。私が領導（香頭）となり現在〔香客は〕70戸以上有ります。体調が良くないとか、菩薩を拝むとか、〔そうした事情が有って〕私は本来の〔香頭の〕仕事にもどりました。毎年多くなり今年は2戸、昨年は10戸増えて、将来はきっとさらに多くなるでしょう。体の調子が悪くて、焼香して神に問う、こうした人は多くなっています。

① 問：〔現在の〕香客はここ（八坼鎮漁業村）に住んでいるのですか？

答：いいえ、多くの場所にいます。太湖、同里、屯村にも八坼、東山、屯村、浙江省の丁柵にも多くいます。他の場所はほぼ同じですが、八坼鎮が最多です。私の弟の劉三宝は屯村に住んでいます。

② 問：あなたの香客はどこから来たのですか？

答：主としてここ八坼〔鎮漁業村〕です。東山から来る者もいる。上海はまだ有りません。東面（東側）は最も遠くは浙江〔省〕丁柵〔鎮〕から、西面（西側）は東山答村から来ています。南面（南側）・北面（北側）は有りません。

問：南六房と香客の関係は固定されているのですか？

答：基本的に固定されています。全て〔劉王に〕同意するか否か問うたことがあります。たとえば、あなたが参加したいなら、私は老太爺（劉王？）に問います。見て下さい。我々は先に焼香し〔劉王〕菩薩に問います、〔その結果〕3つ出たら（写真10）、〔劉王〕菩薩は同意したということです（劉王は相手の信仰心を読めるという意味）。

問：現在の約70戸〔の香客〕と太公の時〔の香客〕と何らかの関係が有りますか？

答：関係ありません。私の太公はちょっとした病気（小毛病）なら治せた

ので、すごいと思わせたのです。

以上、一連の質疑応答の中から南六房の香頭と香客について若干の点を指摘してみたい。

第1に、嘉興南六房老長生分会は太公劉徳軒の時に本家たる老長生会から分離独立した分会であった。老長生会も漁民の香会であったと推測される(40)。おそらく劉徳軒が老長生会の香頭から香客を分けられ——

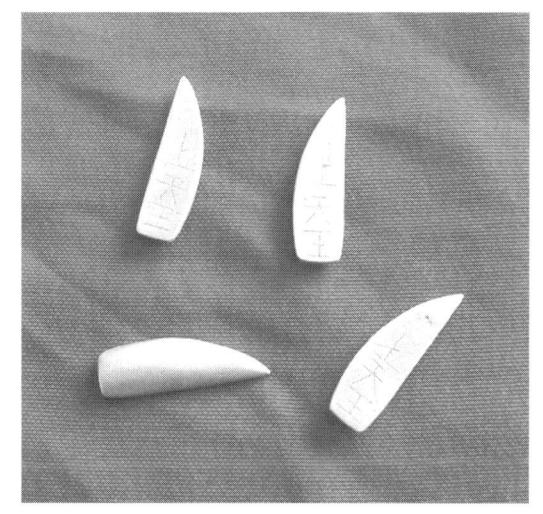

写真10 「上天皇」と刻まれた聖筊＝ポエ（これを振って劉王に神意を問う）

第2の特色を勘案すると、劉氏の中で幾つかの支派が誕生したことを意味するのだろうか——、自ら香頭を名乗って分会を立ち上げたと考えられる。第2に、南六房の香頭は太公劉徳軒—爺爺劉永富—父劉坤祥—劉小羊と継承されてきた。太湖興隆社徐家公門では徐姓でなければ香頭たりえなかったが、南六房では劉氏の嫡系による世襲が行われてきたのである。また上述の如く、治病など巫術に類するような行為が可能であった者が香頭となっている点が興味深い。太湖興隆社徐家公門、南六房ともに特定の姓で占められ、漁民が輪流で香頭に当たるような状況は確認されない。第3に、南六房は八坼鎮漁業村に止まらず、東は浙江省嘉善県丁柵鎮から西は呉県東山鎮まで広く香客を集めていた。南六房は八坼鎮漁業村という集落を単位としたものでないこと明白であろう。第4に、香頭—香客間関係は基本的に固定されている。さすれば、そもそも香頭—香客間関係はいつ頃どのようにして結ばれたか。劉小羊氏は現在の香客と太公時のそれとの関係を否定するが、一方で蘇北から共に移住してきた者の中に香客があったとも述べている(41)。太湖興隆社の事例から類推すれば、蘇北以来の関

係が中核部分占めている可能性は少なくない。第5に、1949年以降では文化大革命が南六房に最も大きな影響を与えた。これも太湖興隆社とほぼ同じ状況が看取される。また南六房は1992年、父の劉坤祥の時、老人から「我々は老長生分会である」という話を聞いて活動を再開しているが[42]、漁民の諸香会の活動再開に呼応したものであろう。第6に、現在、新たな香客が加入を求めた場合、劉王に神意を問う儀式を通して賛否が決定されている。ここには宗教的職能者が介在していないが――さきに表3で指摘した如く、香頭自身に宗教的職能が有ると見なされている可能性が高い――南六房にとって劉王が極めて重要な神霊だったことがわかる。

　さらに南六房の香客の「名単(リスト)」を補って検討してみよう。写真11は劉小羊氏が筆者に提示した「名単(リスト)」である。そこには「経手人」として劉小羊・劉三宝・王錦高の3戸、「香名（香客名）」として金姓11戸、戴姓5戸、王・潘・陳・張・朱姓各4戸、劉姓3戸、胡・沈・姜・夏・呉・陸姓各2戸、顔・許・周姓各1戸の計57戸（香客は54戸）が記されている。劉小羊氏にとって劉三宝氏は弟、王錦高氏は徒弟である[43]。香客では金姓が圧倒的に多く、戴姓がそれに続き、劉姓は僅か3戸にすぎない。「名単」のみでは経手人と香客の関係が明らかでないが、南六房が同族関係を紐帯とした集団でないことは明確であり、蘇北から江南デルタへの移住以来の関係が推測される。

　続いて、南六房の性格を考えるうえで重要な信仰活動における経費負担、信仰以外の面における共同活動の有無について考えてみよう。

　　問：衣服、提香、舞龍等の費用は如何にして集めるのですか？
　　答：香客で平均分担します。戸に按じて毎戸約30-40元ぐらいです。(中略)
　　問：八圩鎮漁業村には廟が有りますか？
　　答：有りません。
　　問：焼香以外に南六房〔の香頭・香客〕は関係がありますか、生活上等で？
　　答：有りません。(中略)

ここには南六房が純粋に信仰活動を目的として組織されたこと、しかしそれは八圩鎮漁業村所在の廟宇を中心とした信仰ではないこと、信仰活動以外の社会

太湖流域漁民の「社」「会」とその共同性　　　223

写真11　南六房の香客リスト

関係において香頭─香客間に何らの結びつきも見られぬことを指摘できよう。これら諸特徴は太湖興隆社徐家公門の事例と完全に符合するものである。

　最後に、検討しておきたいのが南六房と北六房の関係である。同じ八圻鎮漁業村に在る2社は歴史的にも興味深い変遷をへてきている。我々は南六房を取材する過程で、北六房の存在を知った。現在では南六房の香頭劉小羊氏の自宅と北六房の香頭孫根栄氏のそれとは同村内というより、むしろ隣宅といった方が適当なほど近接している。

　北六房の香頭孫根栄氏は、聴取を行った2006年8月26日当時60歳（生日は不明）、爺爺の孫進富、父の孫留根はともに八圻鎮漁業村出身、母の任杏宝は同里鎮漁業村出身であり、全て漁民であるという。しかし残念ながら氏自身の体調不良もあり、我々の質問を殆ど聞き取れぬため、息子の孫紅弟氏（当時41歳、螃蟹養殖業、現在八圻孫紅弟社の香頭）が代わって質問に応じてくれた。幸いにもこの聴取により表2の太君廟の「功徳碑」に見える八圻孫紅弟社が北六房であ

ることに気づいた。

　現在、北六房は孫根栄・孫紅弟父子以外に成員はいない。香頭は孫根栄氏に至るまですでに13代をへるほど伝統的な香会であった。しかし文化大革命期の「破四旧」で北六房の香客は散々になったうえ、香頭の孫根栄氏は８年間にもわたって監禁された。現在ではもはや香会を組織して焼香することはないが、父ないし子で焼香を続けており、それは「破四旧」の間でも途絶えることはなかったと回想している[44]。

　さて、すでに紹介したとおり、南六房劉小羊氏の記憶によれば、南六房は蓮泗蕩劉王廟を管理し、北六房は平望鎮趙家港の四親伯廟を管理していた。活動拠点とする廟宇の位置、すなわち南北の別でそれぞれ香客を組織していたというのである。ところが、孫根栄・孫紅弟父子の言はこれと異なっている。ここでは孫紅弟の言を検討してみよう。

　　問：解放前には攛老爺を行いましたか？
　　答：行いました。以前北六房の劉王廟は焼香が乱れていました。蕩の中は揺船で溢れていました。攛老爺の時、ややもすれば喧嘩を起こしたのです。その後、我々は上海へ行って新宮門と老宮門に頼んで事を全て解決してもらいました。なぜなら我々はその頃船が本当に多すぎたのです。奶奶によれば、〔香客が〕400-500戸も有り、蕩の中は溢れていました。揺船の時にも舞龍の時にも喧嘩したので、上海老宮門に頼ったのです。かくして管理者がいるようになりました。以前はありませんでした。あの頃はとても乱れていましたが、嘉興から来た香客は北六房が管理していました。
　　問：嘉興からここ（八坼）まで？
　　答：奶奶によれば、解放前、嘉興から来た香客は焼香拝仏する時、我々北六房を通さねばなりませんでした。
　　問：解放前、北六房に何戸の香客がいたのですか？
　　答：あの頃は300-400戸ぐらい有りました。最初の頃は500戸前後でした。〔その後〕焼香しなくなり、……現在では散々になってしまいました。

現在、北六房は焼香の時、彼ら〔香客を〕組織するのではなく、〔香客が〕自分で来る、自ら〔一緒に焼香に行こうと〕願って来るのです。

（中略）

問：南六房と北六房はどのように区別されているのですか？

答：つまり劉王廟を中心として、南六房は南側の嘉興の香客を、北六房は北側の嘉興の香客を管理するのです。嘉興・蘇州から来た香客は我々〔北六房〕が管理していたのですが、現在は管理していません。

この一連の質疑応答は2つの部分から構成されている。前半の北六房と上海の新宮門・老宮門との関係、後半の北六房と南六房との関係である。

後半部分から分析してみよう。孫紅弟氏によれば、かつて北六房は南六房を上回るほどの香客を有する組織であった。最大500戸以上の香客をかかえ、嘉興の香客は北六房が管理したという。それは、劉小羊氏の説明の如く活動拠点とする廟宇の位置による分管ではなく、蓮泗蕩劉王廟を中心に南側を南六房が、北側を北六房が管理するというものであった。すなわち蓮泗蕩劉王廟に参集する香客のうち、嘉興北部や蘇州から来た者は北六房の下に組織された、との意味だと考えられる。

現在のところ、劉氏と孫氏のいずれの記憶が正確なのか判断し難いが、総合的に勘案すれば、以下のように推測される。表1の四親伯廟の記述にも見えるとおり、該廟は1930年代後半に平望鎮趙家港から東山鎮楊湾へと移建された。それ以前、北六房と南六房はそれぞれ四親伯廟と蓮泗蕩劉王廟を拠点として香客を組織し、信仰活動を展開していた。ところが、理由は判明せぬものの、四親伯廟が東山鎮楊湾に移されると、北六房は活動拠点を失い、蓮泗蕩劉王廟へ拠点を移さざるを得なくなった。その後、共産党政権の戦闘的無神論の下で信仰活動の停止を余儀なくされ、現在では活動を再開したが、香客はすでに散々となり、北六房はもはや解体寸前のところまで来ているのである。ゆえに北六房の旗幟はすでに無く、八坼孫紅弟社の名称で細々と活動を続けているのであろう。

然りとすれば、太湖興隆社徐家公門、南六房・北六房の事例から次のように

考えることもできよう。漁民の香会は表1に見える様々な神霊を信仰し複数の廟会に焼香・「出会」しているものの、香会における各廟の位置づけは決して一様ではなく特定の廟宇を拠点とした信仰活動を展開していた。特定の廟宇・神霊と結びつき——時として巫術にも似た特殊な能力を身につける——求心力を持つことで、香頭ははじめて多数の香客の支持を集め自らの組織を鞏固にしえた。しかし一旦、活動拠点の廟宇を失い、香頭が依拠すべき神霊を無くすと、香会は急速に遠心力が働き解体へと向かった。香会の盛衰を考える場合、当然に政治的変動の影響も考慮すべきであるが、神霊（廟宇）—香頭—香客間関係のあり方の変容をも十分に視野に入れるべきであろう。

　さらに前半部分も後半部分とのつながりを考慮すれば、以下のように推測することも可能となる。孫紅弟氏のいう、かつて北六房の蓮泗蕩劉王廟における焼香が乱れ、擡老爺・舞龍などの儀式の際にはしばしば対立・喧嘩が発生したという事態、これは果たしていつの事で誰と対立・喧嘩したか。現在、筆者は前後半の内容の整合性を考慮する時、四親伯廟が東山鎮楊湾に移建され、北六房が活動拠点を蓮泗蕩劉王廟に移した頃ではないかと考えている。つまり新来者である北六房が500戸にも及ぶ多数の香客を伴い蓮泗蕩劉王廟に移動してきたとすれば、南六房をはじめとする劉王廟を拠点として活動する香会にとっては極めて不都合な事であったに相違ない。そのため廟会の儀式をめぐって喧嘩が生じ、両者の対立はもはや押さえきれぬものとなり、北六房は仲裁者として上海に拠点を置く老宮門・新宮門に頼りこれを収拾してもらう必要があった。ここにいう老宮門・新宮門が如何なる組織なのかは判明しないが、表1から推測すれば、南六房の拠点＝蓮泗蕩劉王廟は南朝湖神の代表、北六房の拠点＝四親伯廟は西朝湖神の代表であり、上海にも東朝湖神代表の廟宇があったこと、老宮門・新宮門が南六房、北六房と対等に交渉できる立場に在ったことから、老宮門・新宮門はこの東朝湖神代表の廟宇を拠点とする香会だったかと考えられる。

　以上、推測に推測を重ね、曖昧な部分も残されているが、太湖流域漁民の社・会の特徴が少しずつ明らかになってきたように思う。最後に、かかる事例を

「共同性」の問題に如何に位置づけられるか、これを整理・検討することで本稿の結びとしたい。

結語──太湖流域漁民社会の共同性と「社」「会」

　本稿で検討した個別具体的な諸事例から、太湖流域漁民が1949年以前より社・会と呼ばれる組織を「做社（結社）」してきたことが判明した。ここでは太湖興隆社徐家公門、南六房、北六房の３つの事例を紹介・分析するにとどまったが、他にも南潯東柵新大二社、太湖公義社、塘甸銭新社、横涇新湖社、烏鎮共和社、下昂介（解）糧社など多数の社・会が確認され、現在でもかかる組織が漁民間に普遍的に見られることがわかった。

　これら社・会の性格を検討すると、現在では諸経費を共同負担しながら焼香・「出会」を行うなど信仰活動のみを目的としたものであって、漁民の主要な生産活動たる漁撈・養殖や他の経済的側面では「共同性」を有する活動を見出すことができぬ点に特徴がある。ほぼ純粋な信仰組織であると断定してよい。しかし1949年以前は顔役たる香頭が「出面」し矛盾・紛争を解決する場合もあったから、漁民間の秩序を維持する最末端の行政的な役割──特に治安面──を担っていた可能性も残される。それは斯波義信氏が「中国の祭祀共同体」について今堀誠一[45]、戒能通孝[46]、旗田巍[47]、平野義太郎[48]、Kristofer M. Schipper[49]の研究を引用しながら整理した「社は近隣の秩序維持の如きミニマムな行政を執行するが、機能の最大の比重は祭祀行事におかれている[50]」との指摘とほぼ符合する[51]。

　一方、社・会の組織性の広狭や組織原理については、斯波氏が主に華北農村を念頭に置きながら「極めて多様かつフレキシブルであり、必ずしも一村一社、一邑一社と割り切ることができない。恐らく基底となる組織は、今堀、シッパー両氏のいう街巷を単位とする近隣宗教団体であろう。……社の集団凝集性を支えているものは、経済というより寧ろ宗教、地縁であり、その連帯観に立って社規、役員、資産を備えるが、その規則はつねに宗教的に表現される[52]」と

述べ、その多様性を指摘しながらも地縁的な宗教団体像を想定した。また濱島氏は江南デルタの"村落住民の共同性"を検討した中で「明確に"村落住民の共同性"が看取される基層社会が、文中（同治『双林鎮志』巻15、風俗：引用者補）、或いは「社」、或いは「村」、或いは「社村」の用語も以て互出し、相互置換的に用いられているのである。我々は、基層社会を（江南農村に存在した地縁的社会集団についての、集村・散村双方を包含し得る：引用者補）統一的に表現する名辞として、「社」を想定できるであろう[53]」と指摘し、社を地縁的結合が基層組織となった集団として捉えている。

しかし太湖流域漁民の社・会はこれと大きく異なっていた。なるほど太湖興隆社徐家公門・南六房はそれぞれ中核を香頭の血縁関係＝徐姓・劉姓が占めながらも、同族（宗族）関係の組織内部に占める比率は低く、血縁的結合の重要性はさほど高くない。むしろ地縁的結合の方が主要な紐帯となっているといってよい。しかしここにいう地縁は現住の集落と全く関係がない。漁民が陸上がりし土地に定着して漁業村を形成するのは1968年の漁業的社会主義改革（漁改）以降のことである。太湖流域の漁業村の形成過程は今後検討していかねばならぬ課題であるが、現在、漁業村それ自体に農村の如き"共同性"を認めることはできない。固定した土地・家屋を有さぬ漂泊、個々の家族労働に頼った零細な漁撈生活を営んだ漁民と、基本的に固定された集落に家屋を有して居住し、移動せぬ農地を耕作していた農民とでは、結合のあり方に相違があって当然であろう。現在の漁民の記憶を溯った時、そこに窺える地縁とは彼らの祖先の故郷たる蘇北——蘇北在住時の関係をいうより、むしろ蘇北から江南デルタへという移住過程に関わる記憶——であった。すなわち漁民の地縁的な"共同性"を社・会に求めることは可能であるが、現住集落でなく、香頭—香客間に共有され続けてきた蘇北以来の関係（蘇北から移住して以来、すでに数世代をへているにもかかわらず）＝「共有された（移住の）記憶」を紐帯とした信仰組織であったといえよう。

社・会の顔役たる香頭の性格については、華北農村を事例に活発に議論されてきた。近年、内山雅生氏は著書で会首・会頭研究について「平野—戒能論争」

を中心に回顧している(54)。氏の整理を参照しながら重要な論点を挙げてみたい。まず香頭と会主・会首の関係については、福武直氏が華北農村の場合、「村公会の理事者達は、普通、会主、会首、首事人等と呼ばれ、又董事と称せられる地方もある。更に村公会の仕事を廟の焼香祭祀を主要なる目的とした上供会や善会が兼ね行った名残りとして香頭といはれることもある(55)」と述べ、本稿で検討した香頭と会主・会首とが一致する場合が見られることを指摘した。当然に太湖流域漁民の香頭と華北農村の会主・会首とを安易に比較することには注意が必要だが、ともに行政との関わりではなく自生的に成立した組織である点を考慮すれば、比較検討することも十分に意義の有ることと判断する。

　さて、平野義太郎氏も香頭に関して「現在の村公所は、いづれも廟（関帝廟・老爺廟）の建物に置かれ、廟産も公会の財産と共に……廟を中心とした自然部落たる「会」の部落有財産である。村の自治機関たる会首のことも、廟の世話人たる香頭といった方が判りがよい(56)」「廟の世話人たる「香頭」の方が村の世話人たる「会首」の原身だとさへ想はしめる(57)」「いづれにしても、この名称だけでなくこれらの質問応答の間にも公会の会首と廟の香頭とは実に錯雑し混同して用いられている位に、村の会首と廟の香頭とは不可分一体である(58)」「香頭は廟の世話をし村の代表者として、焼香し上供する善会の構成者であった。廟の祭日に宴会に参列し御馳走を食べる資格のある者の謂ひである。しかるに実際に廟の世話をする者三人乃至五人は「値年的香頭」であって毎年輪流する(59)」と言及し、会首はむしろ香頭と称した方が理解しやすいこと、廟を中心とする祭祀の主宰者たる香頭こそが世話人の原義であると考えられること、廟には複数の香頭があって焼香拝仏を挙行していたこと等を指摘する。さらに氏は別に「保甲制・隣閭制や国家の行政組織の単位たるべき行政村とは異なるところの自然的生活共同態たる「会」がある。この「会」こそ村民の自然的な生活共同態である。この「会」は廟を中心とし、地理と歴史とによって自然に発達した村民の自然集落に外ならない(60)」と述べるとともに、村民の会首に対する内面的支持を強調している(61)。村松祐次氏も「彼ら（会首：引用者補）は事実上の支配者であり……力による支配関係でありながら、会首であれ村長

であれ、一方では村民の間の「人望」を決して無視できない。……村長や会首の「支配」的地位は決して著しく安定したものではない」と、会首の二面性を鋭く指摘した(62)。

これに対し、戒能通孝氏は平野氏の所説を批判し「村の予算を決定し、決算を審査し、村の公益事業を監督する役割は、一村の中堅農民たる自作自営の農民にあるのではなく、有産有閑の地主たる会首一同にあると解するのであって、此処に支那農村内部に於ける高持本百姓意識の缺缺と、支那農村そのものの支配団体的性向を可成顕著にみせつけられざるを得ぬのであろう(63)」と述べて、会首の支配的性格を主張している。

華北農村の会首＝香頭の性格は以上のとおり、中国農村に日本のごとき村落共同体を想定しうるかという問題設定に基づいて検討がなされ、その「支配的性格」と「内面的支持」の二面性のいずれを重視するかで議論が分かれたままとなっている。こうした村落共同体をめぐる一連の研究を回顧した内山氏は、村民と会首・会頭との関係がまず明らかにされねばならぬとし、特に「内面的支持」の有無、その「支持」の源泉を分析した。その結果①財的条件、②会首集団内のバランス、③行政処理能力・経済力・組織力、等を重要な要件として提示している(64)。

本稿で検討した香頭は太湖流域漁民といういわば特殊な事例に属するやもしれぬ。しかし平野氏の「廟の世話人たる「香頭」の方が村の世話人たる「会首」の原身だとさへ想はしめる」との言に注目する時、太湖流域漁民の事例を対置させておくこともあながち無意味なことではなかろう。まず太湖興隆社徐家公門の徐貴祥氏は香頭の条件として「信任」を強調した。該社は徐氏という特定の家系が香頭を継承する、一見すれば徐氏の「支配」的な組織でありながら、現実的には他姓が成員の多数を占め、香頭は衆望を集める人物であることが求められた。その源泉は内山氏の①②ではなく③に近似する。ただし氏は③では「村政に遺漏なき」村落運営の実現(65)を重視するが、徐貴祥氏の場合、「村政」には全く関係なく、むしろ香頭の本来的な職務たる順調な信仰活動の実行力(66)、換言すれば、誰を香頭とすれば確実に神霊とつながれるかが最大の要

件であったと考えられる。南六房の場合、さらにそれが直接的に表現されている。該社も劉氏という特定の家系にのみ香頭が継承されるが、歴代劉氏の香頭は治病など巫術のごとき能力を有する、いわば宗教的職能者に類する存在だったと推測されるからである。かかる事例は南六房に限らず、表3の呉江新宮門社、嘉興長生社、新長生社にも「神漢」が香頭として社を組織したことが見えている。また表中の興隆社、すなわち現在の太湖興隆社徐家公門にも「香頭は神職を利用」したとされていることから、徐貴祥氏のいう「信任」も現代的な変容の結果であり、原来は南六房等と同様、宗教的職能者だった可能性がある。当然に、全ての香頭が宗教的職能を背景に成員の「信任」を獲得したというわけではないが、漁民の香頭の場合、少なからぬ事例が見出せるのである。かような香頭の性格は社・会という集団が純粋に信仰組織であることを示すと同時に、香頭―香客間関係から成る漁民集団が宗教的価値観を共有し、それが集団の凝集性を高める役割を果たしていたと考えられるのである。しかしその裏返しとして、北六房の事例に見られる如く、香頭が衣拠すべき廟宇と神霊を失った場合、急速に求心力を無くし、集団の解体へと進んだのである。

　最後に、太湖流域漁民と移住先の地域社会との関係について検討しておきたい。すでに言及したように、徐貴祥・劉小羊両氏ともに明確な蘇北人意識を保持している。徐氏は「本地人」＝廟港（現住地）人という言葉を使用するが、蘇北からの移住者であることを太湖流域移住後すでに7世代を経過しながらはっきりと記憶している。かかる状況は両氏に限らず、太湖流域漁民の多くに共通して見出しうる。我々の「あなたは何処の人か」との問いに完全に躊躇無く「本地人」と答えるのではなく、未だに残る蘇北人意識との狭間で揺れ動いているようにも見える。彼らのアイデンティティ（自己同定意識）は極めて複雑だといえよう。そして彼らの「蘇北人」らしさは言語面に象徴的に見出せる。我々が廟会に参集する漁民らしき人々に直接声をかける際、友人の楊申亮氏が進んで通訳を買って出てくれたが、氏は漁民の言葉を聞くや否や「彼らは漁民で、祖先は蘇北から来たに違いない。口音（発音）に特徴がはっきりと残っている」と、にこやかにかつ自信ありげに説明してくれた。かような特徴は言語

のみならず習俗にも見える。詳細は記さぬが、祖先以来の「蘇北人」性を数世代にも亙って保持してきたのである。それを彼らの蘇北人意識の表象と読むこともできようが、一方で移住先の太湖流域社会で在地社会──特に農民など陸上の民の世界──に溶け込めなかったことの証左であることも見落としてはならぬであろう。社・会という蘇北以来の関係＝「共有された記憶」を紐帯とする組織の存在が、蘇北人意識を持続させると同時に、かえって在地社会に溶け込みにくくさせる作用を果たしたのではなかろうか。社・会は確かに信仰的「共同性」を有した組織であったが、図らずも漁民を在地社会から隔離させた状態のまま維持させる一役を担ったと考えられるのである。

註

（１）　我々もある村落に宣巻藝人の調査に赴いた際、かつて軍人であった村民から「採訪？ 不允許！（インタビュー？ 許さないぞ！）」と怒鳴られたことがある。その場は友人の藝人が笑いながら「彼らは私の宣巻を聞くのが好きなだけだ。何の問題もないよ」と庇ってくれたため事なきを得た。

（２）　中国地域社会史研究と現地調査については本書、序、拙稿「太湖流域社会調査の概要と方法」および佐藤仁史「地方新聞が描く地域社会、描かない地域社会──1920年代、呉江県下の市鎮の新聞と新南社──」、拙稿「中国地域社会史研究とフィールドワーク──近年における江南デルタ調査の成果と意義──」（ともに『歴史評論』第663号、2005年）でもふれている。

（３）　太湖流域漁民の「共同性」に関する視点については拙稿「歴史学と現代社会──中国・太湖流域漁民からコモンズを考える──」特定領域研究『持続可能な発展の重層的環境ガバナンス』グローバル時代のローカル・コモンズの管理班・ディスカッションペーパー（2007年刊行予定）で簡単な整理を行ってみた。なお、「祭祀共同体」と「社」「会」については斯波義信「中国の祭祀共同体について」『社会経済史学』第44巻4号、1979年を参照。

（４）　濱島敦俊「江南劉姓神雑考」『待兼山論叢』史学篇、第24号、1990年（後に同著『総管信仰──近世江南農村社会と民間信仰──』研文出版、pp.53-66、所収）

（５）　陳俊才「太湖漁民信仰習俗調査」『中国民間文化』第５集、1992年、pp.80-113、陳俊才『情係太湖』中国文史出版社、2005年を参照。

（6）　陳氏の論文を見るかぎり、北朝湖神の代表が五公（公）・六太（爺）か、或いは小城隍か曖昧である。暫定的に五公・六太としたが、北堂城隍廟の五公・六太と小城隍の関係については今後の検討課題としたい。なお小城隍については濱島敦俊・顧希佳「浙江省蕭山県小城隍調査報告——城隍廟覚書（１）——」『大阪大学文学部紀要』第39巻、1999年が参考になる。
（7）　濱島、前掲書、p.236およびp.277を参照。
（8）　陳、前掲論文、p.85、所載の清・呉荘「六梡漁船竹枝詞」
（9）　聴取記録については今後中国語で出版を予定しており、現在整理中である。
（10）　民国『儒林六都志』風俗には「朱号の一圩〔の人々〕はみな捕魚を生業と為し、小船を家とし、〔船の舳先は〕尖って〔船体は〕軽く、〔船底は〕浅くて〔船体は〕細長く、１人で櫓を揺ぎ、捷きこと飛ぶが如く、出れば数百艘で群れを為し、声は風雨の如く、勢いは疾走するかのようである。１つの蕩漾に至ると、群舟は周囲を漁網で囲い、魚を駆り中に追い込んで捕まえる。……清明節に至るたびに、合圩の人々は震沢に出遊して腕を競い、これを「打篙鋒」という。翌日には又た群れて杭州天竺に進香に赴く」とあり、杭州霊隠寺に進香したことのほか、共同捕魚していたことを示しており興味深い。
（11）　網船会の写真集として張覚民『網船会影像』上海人民美術出版社、2003年がある。
（12）　太湖の形成や自然環境等については、宗菊如他主編『中国太湖史』（上・下）中華書局、1999年を参照。
（13）　2004-2006年に筆者が聴取調査で訪問したのは盛沢鎮、平望鎮、八坼鎮、松陵鎮、金家壩鎮、幸塔鎮、蘆墟鎮、北厙鎮、黎里鎮、七都鎮、廟港鎮の各漁業村である。
（14）　ここにいう事物とは廟内の匾額・柱・双龍船・太鼓、廟会参集時の旗幟、廟外の碑文・鼎等をさす。
（15）　拙稿「劉姓神・楊姓神・太君神考——太湖流域漁民の土神信仰初探」（仮題）で詳細に検討する予定である。ここでは結論のみを記すことをお断りしておきたい。
（16）　濱島、前掲論文、p.3を参照。
（17）　濱島、前掲論文、p.15を参照。
（18）　王水「従田神向水神転変的劉猛将——嘉興蓮泗蕩劉王廟会調査」同著『江南民

間信仰調査』上海文藝出版社、2006年。
(19) 光緒『周荘鎮志』巻6、雑記。
(20) 沢田瑞穂「駆蝗神」『中国の民間信仰』工作舎、1981年
(21) 乾隆『斐県志』巻10、祠廟、東嶽廟等の記載による。
(22) 道光『分湖小識』巻6、別録下、霊異等の記載による。
(23) 蔡利民『蘇州民俗』蘇州大学出版社、2000年、pp.146-151を参照。
(24) 乾隆『呉江県志』巻38、礼儀。
(25) 民国『双林鎮志』巻九、廟寺、太君堂。
(26) 「作社（做社）」は濱島敦俊・片山剛他「華中・南デルタ農村実地調査報告書」『大阪大学文学部紀要』第34巻、1994年、pp.5-301に頻出する。
(27) 陳、前掲論文、p.88を参照。
(28) 陳氏は調査日時を明記していないが、陳、前掲書、pp.413-415の研究経歴を見るかぎり、1960-1970年代から本格的な資料収集・整理を始めたようである。
(29) 上述の如く聴取記録は今後出版の予定である。本稿では日本語訳を載せることとする。
(30) 籪とは竹等で製った柵のことで、これで一定の河面・湖面を囲い込んで養魚を行う。「魚籪」ともいい、これを扱う者を「籪戸」という。さしあたり『浙江風俗簡志』浙江人民出版社、1986年、p.345、「魚籪」を参照。
(31) 「出会」は「出巡」ともいわれ焼香とは区別される。焼香が廟宇を訪れ蝋燭を灯して参拝するだけなのに対し、「出会」は舞龍・提香・擡老爺などの儀式を伴っている。
(32) 「破四旧」の「四旧」とは文化大革命期に掲げられた4つの古い悪、すなわち過去数千年来の全ての搾取階級が残してきた古い思想・文化・風俗・習慣をさす。小島晋治・丸山松幸『中国近現代史』岩波新書336、1986年、p.257を参照。
(33) 濱島、前掲書、pp.97-100を参照。表3の呉江新宮門社等にも巫術を使う者があったことが見える。
(34) 「経済」とは所謂渉外担当、「管帳」とは会計（帳簿）担当にあたると考えられる。
(35) 濱島氏もかかる点を指摘する。濱島、前掲書、p.63を参照。
(36) 1968年の漁業的社会主義改造（漁改）以前、江南デルタに広く船上生活漁民が確認されたことについては地方文献篇の拙稿・註（37）を参照。

(37) 「社規」それ自体は明文化されたものとして存在しておらず、観念的に「悪い事を行ってはならぬ」というのみであった。
(38) 当時、同里鎮漁業村は成立していないはずなので、地方文献篇・拙稿で検討した如く、同里鎮の碼頭に集中・停泊して船上生活を送っていたという意味であろう。
(39) ②の聴取記録（劉小羊）による。
(40) 表3の嘉興長生社と推定される。
(41) ②の聴取記録（劉小羊）による。
(42) ①の聴取記録（劉小羊）による。
(43) ②の聴取記録（劉小羊）による。
(44) 聴取記録（孫根栄・孫紅弟）による。
(45) 今堀誠一「清代における村落共同体」『歴史教育』第13巻9号、pp.38-51。
(46) 戒能通孝「支那土地法慣行序説──北支農村に於ける土地所有権と其の具体的性格──」『支那農村慣行調査報告書』第1輯、1943年（後に同『法律社会学の諸問題』日本評論社、1943年、所収）。
(47) 旗田巍『中国村落と共同体理論』岩波書店、1973年。
(48) 平野義太郎「北支村落の基礎要素としての宗族及び村廟」『支那農村慣行調査報告書』第1輯、1943年（後に同『大アジア主義の歴史的基礎』河出書房、1945年、所収）。
(49) Kristofer M. Schipper："Neighborhood Cult Association in Traditional Taiwan" in *The City Late Imperial China*, ed. by G.W.Skinner, Stanford U.P., 1977.
(50) 斯波、前掲論文、p.103を参照。
(51) その他、「村落共同体」論を明確に意識した代表的な論攷には、仁井田陞「中国の村落共同体」などを含む【特集1】中国史上の共同体の諸問題を掲載した『歴史教育』第13巻9号をはじめ、濱島前掲書及び同「中国中世における村落共同体」『中世史講座』第2巻、学生社、1987年、夫馬進「明代白蓮教の一考察──経済闘争との関連と新しい共同体」『東洋史研究』第35巻1号、1976年、三谷孝『農民が語る中国現代史』内山書店、1993年、内山雅生『現代中国農村と「共同体」』御茶の水書房、2003年などがある。
(52) 斯波、前掲論文、pp.102-103を参照。
(53) 濱島、前掲書、pp.149-150を参照。

(54)　内山、前掲書、pp.163-217を参照。
(55)　福武直『中国農村社会の構造』大雅堂、1946年、p.407を参照。以下、傍点は引用者による。
(56)　平野、前掲論文、p.136を参照。
(57)　平野、前掲論文、p.137を参照。
(58)　平野、前掲論文、p.138を参照。
(59)　平野、前掲論文、p.138を参照。
(60)　平野義太郎『大アジア主義の歴史的基礎』河出書房、1945年、p.158を参照。
(61)　内山、前掲書、pp.165-166を参照。
(62)　村松祐次『中国経済の社会態制』(復刊)、東洋経済新報社、1975年、pp.161-162および内山、前掲書、pp.168-170を参照。
(63)　戒能、前掲論文、p.255を参照。
(64)　内山、前掲書、特にp.197を参照。
(65)　内山、前掲書、p.197.を参照。
(66)　それには本論で紹介したとおり、氏が「初中」程度の文化教養を身につけていることとも関係するかもしれない。

一宣卷藝人の活動からみる太湖流域農村と民間信仰
　　——上演記録に基づく分析——

　　　　　　　　　　　　　　　　　　佐　藤　仁　史

はじめに

　現代中国における民俗文化や「伝統的」社会組織の分析が、香港の新界や台湾、華僑社会などの「残された中国」を対象にすることを余儀なくされていた時期あった[1]。これに対して、改革開放政策実施以降における経済発展や外界との交流の進展によって、中国東南部を中心に民俗文化の復興ともいえる現象が顕著になっている[2]。人類学の分野においては、具体的な村落の親族組織や信仰、村落と外界などの関係について主に現地調査に拠りつつ微視的に掘り起こす作業が進められ、一定の成果をあげている[3]。

　民俗文化の復興現象は本書で対象とする太湖流域社会でも例外ではない。近年では大都市における急速な経済成長とライフスタイルの欧米化への変化に伴い、周辺の市鎮は大都市住民の観光地として整備され、暫し歴史を消費する空間へと変貌を遂げている。古建築を模倣した土産物屋や飲食店、宿泊施設などが観光客を目当てに軒を連ねる市鎮の景観はどこを訪れても大同小異である。しかしながら、市鎮から足を伸ばして村々を訪ね、いくつかを仔細に観察すれば、江南農村においても民俗文化が様々な形で再び出現していることを確認することができる。景観の中で特徴的であるのが極めて多くの村に小廟が再建されている点であり、旧暦の1日と15日には焼香する老婦女の姿が見られ、運がよければ廟会や民間藝能を目撃することができるかもしれない。

　ここで浮上してくるのが、民俗文化の復興がどのような背景によるものであるのか、現在行われている行事がどのような内容で、解放前のいわゆる伝統中

国期とはいかなる違いがあるのかを分析する必要性である。江南民俗文化の特徴としての村廟の存在は戦前・戦中の日本人研究者による社会学調査において夙に着目されていた。林恵海は江南農村の景観を特徴づけるものとして「農地・農家・農神」に言及し、福武直も市鎮と農村周辺との関係の多面的な分析において、土地廟と上位の廟との間の「解天餉」の如き慣行の存在から村を越えて広がる信仰圏の存在を指摘している[4]。これらの成果を歴史学の立場から解読したのが、濱島敦俊氏の大著である[5]。土地廟と鎮城隍廟・東嶽廟との間に形成された従属関係や「土神」の変質についての指摘に集約されているように、濱島著書においては地域社会の重層性とそれぞれの階層における「共同性」の鍵として民間信仰が捉えられている。論拠の一端を担っているのが氏自らが実施した現地調査である[6]。ところが、その調査は商業化の進展によって明末に顕著となった「伝統社会」の構造を近代から照射することに重点が置かれており、近現代期の民間信仰の変容に関する問題群、すなわち、近代期における変容過程、中華人民共和国建国以降の禁止の実態、改革開放後における復興の実態と解放前とに如何なる違いがあるのかといった問題はなお検討すべき余地が残されていると思われる。

　本稿は、宣卷藝人の活動を分析することによって上述の問題を考察するための手がかりを得ることを目的としている。宣卷とは宝卷を宣唱する「宣唱宝卷」を略称したものであり、元明清期に仏僧が教理を講釈するために編んだ宝卷を大衆に講釈宣唱していたものが、清代に民間の伝説や故事などを取り入れて藝能化した、民間藝能の一種である。宝卷は従来宗教史や説唱文学の領域において研究が進められ、専らテキストそのものに即した分析がなされてきた[7]。これに対して本稿では、社会史的な観点から宣卷藝人の活動空間の社会的文脈、すなわち宣卷の上演場所や上演場面、宣卷を組織する人の性質や在地社会における位置から、江南農村社会の構造や変容を捉えることを目指したい。

　本稿の着想のきっかけとなったのは、江蘇省呉江市の農村部において活発な活動を展開している宣卷藝人朱火生氏との出会いと交流である。朱氏には実際の上演場面の参観や聴取調査を受けいれていただいたばかりでなく、『生意表』

と記された上演記録や本人が所蔵する宝巻の抄本20種あまりの閲覧・撮影の依頼にも快諾いただいた。『生意表』に記録された活動状況に関する極めて具体的な情報を、解放前に活動した老藝人や現在活動中の藝人に対する聴取調査、幾つかの村落における実地調査と相互に検証しながら分析することによって、上述の課題を宣巻藝人という切り口からアプローチすることが可能となった。

以下、第１章では老藝人に対する聴取調査に拠りつつ、民国期から1980年代以降の復興期における宣巻をとりまく状況について概観する。第２章では、近年における宣巻藝人の典型といえる一藝人の上演記録に基づき、その活動空間の特徴を分析する。第３章では宣巻の上演場面の特徴を類型化した上で、宣巻と密接不可分の関係にある民間信仰の特徴について初歩的な分析を行う。第４章では、藝人を呼ぶ側に焦点を合わせ、村の行事における宣巻の意味や宣巻の組織者の地域における位置などについて考察する。このような作業を通じて、「伝統文化」復興の態様を明らかにするばかりでなく、所謂伝統中国期に遡及してそれぞれの特徴を比較することによって、農村における社会的文化的統合の変容を分析する手がかりを得ることも本稿のねらいとするところである。

1　宣巻の変遷

1－1　清末民国期

先ず、新編『呉江県志』の記載を手がかりに、清末民国期における宣巻の特徴と変遷を確認しよう。少々長いが、以下に県志の記載を訳出する[8]。

> 宣巻　呉江県内における宣巻の伝播には百年近くの歴史があり、僧侶の講経を起源とする。上演時には、四角テーブルに布を張り、正面に「××社文明宣巻」と記した。１人の宣唱者に対して、相方２人（２人以上の場合もある）が合わせ、宣唱者は「醒目」という木片で２つの木魚をたたき、宝巻の上に「経蓋」をかぶせた（ハンカチには仏像と社名を刺繍した）。当初は宣唱者が先ず木魚や磬をたたいてから宝巻を宣じた。内容の大多数は、例えば、『妙蓮』『雪山太子』『観音得道』『目蓮救母』『二十四孝』『孟姜女』

『双奇冤』などの仏典であり、相方は「南無阿弥陀仏」と唱えた。後に、宣唱する内容は次第に民間の伝統的な故事や評弾、篤班（越劇の劇団）の台本をとりいれ、宣じながら唱うようになった。民国に入ると宣巻は絲弦宣巻へと変貌を遂げた。始まりに木魚を用いず、胡琴や蛇皮線、琵琶、揚琴、笛などの絲竹楽器を用いて、6人から7人で『梅花三弄』『龍虎闘』『快六』などの曲を演奏した。宣巻の節は一般的に七字句で構成されており、曲調には梅花調や彩字調、弥陀調、書派調、十字調などがあった。絲弦宣巻に発展した後、宣巻の基本的な節以外に、藝人は各自の特徴を発揮し、滬劇や錫劇、揚劇、越劇といった地方劇の曲調を取り入れたので、民衆は宣巻を「什景呉書」とも称した。

　宣巻藝人の多くは農民及び市鎮の貧民であり、上演費用は米を単位に計算をした。宣唱者が半分を得て、相方は米1斗を得た。絲弦宣巻班では股を単位に計算をし、宣唱者の2股に対して、他の構成員は1股という比率であった。

　1940年代に呉江県において活発に活動した宣巻団体は20班あまり、藝人は50人あまりにのぼった。影響力があり、技藝が比較的高かった藝人には、呉県宣揚社の許維鈞、藝民社の閔培伝、鳳儀閣の徐銀橋が挙げられる。解放初期、宣巻藝人には宣伝活動に参加した者もいた。後に活動は次第に減少し、現在では絶滅の危機に瀕している。

長期的な変化の特徴として指摘できるのは藝能化と総括できる変化である。宝巻の変遷に関する概説的な理解を澤田瑞穂による古典的な研究に即してみよう[9]。宝巻は嘉慶10年を画期として古宝巻時代と新宝巻時代とに大別される。古宝巻時代は、羅祖が正徳4年に刊行した五部六冊以前の仏書に類する原初宝巻期、五部六冊とそれに影響を受けて編纂された「説理本意の宝巻、一宗の教典としての宝巻」が盛行した、ほぼ17世紀末から18世紀初頭にかけての教派宝巻期、清朝政府の邪教取り締まりと宗教活動の隠密化による教派宝巻沈衰期に細分されるという。対して、新宝巻時代は嘉慶10年を転機として民国期までに至り、清末までの宣巻用・勧善用宝巻期と民国以降の新作読物化期に細分

される。

　古宝巻時代の宣巻がどのようなものであったかを示す信憑性の高い史料はないと澤田は言うが、『烏程県志』の「近来、農村では俗化した勧世文を仏経に挿入したものを群相唱和することが流行っており、名を宣巻という。蓋し白蓮の名残である。郷村の老婦人が主であるが、多くは狡猾な僧に惑わされたのであり、大いに善俗の累となっている」という記述は、僧尼を中心とする古宝巻時代の名残を伝えているものと思われる[10]。

　本稿と深く関わるのは新宝巻時代の宝巻である。この時期には通俗倫理を説く勧善懲悪調の色彩が濃厚になり、小説や戯劇、弾詞、民間伝説などで知られた物語が宝巻化するようになった。これは宣巻の藝能化・職業化の潮流と軌を一にするものと言えよう。上述の新編県志において、仏典を中心とする木魚宣巻→戯劇や弾詞、民間故事を吸収→絲弦宣巻への発展という流れが清末民国期に顕著と捉えられているのは、編纂当時存命であった老藝人に対する聞き取りに拠りつつ纏めたことが影響したものと思われる。

　澤田瑞穂の研究に大きな影響を受けつつ、中国内外の宝巻の精査によって宝巻研究に深みを与えている車錫倫氏は、清末民初の新宝巻最盛期における江浙の特徴として、宣巻藝人の班や社が郷村ばかりでなく、市鎮や県城、上海や蘇州、杭州といった大都市にまで活動範囲を広げていたことを指摘している[11]。かかる現象は宣巻の藝能化による藝人の活動空間の拡張と表裏の関係にあった。そのことを論証する１つの証左を示そう。蘇州では、座唱形式から崑劇の上演藝術などを吸収して戯劇の一種へと変貌した蘇灘という地方劇が城内を中心とする周辺一帯で人気を博していた。蘇灘藝人范少蘭の追憶に拠れば、民国初年に宣巻は絲弦宣巻へと発展して「新法宣巻」と称するようになっていたが、実際は完全に蘇灘を模倣したものであったという。上演形式が似通ったことによって蘇灘藝人は商売を奪われていると感じ、1920年前後には蘇灘藝人公所に報告して官に訴え出たため、両者の間で長期にわたる紛争が発生した。宣巻には胡弓１本のみの使用を許し鼓板の使用を許さないこと、「文明宣巻」と明示することなどの指示が官より出されたが、状況は殆ど改善されず、紛争は解決され

なかった(12)。この逸話は一大藝能都市である蘇州城内においてすら地方劇の1つと利害が競合するほどに宣巻が藝能化していたことを示すものである。

とはいえ、呉江県における宣巻の藝能化は一律に進行したわけではなく、藝人や演出地によって違いが見られた。解放前に活動を行った老藝人の言をみてみよう。影響力の大きい藝人として新編県志に言及される呉県宣揚社の許維鈞(1909-1991)と鳳儀閣の徐銀橋の特徴について、許維鈞の弟子呉卯生氏(1927－　)は、許が呉江に初めて絲弦宣巻の形式を持ち込み、他の藝人は木魚宣巻であったことを指摘した上で、「許維鈞が有名なのは蘇州評弾と類似している点にあったが、農村部では評弾は殆ど受けなかった。これに対して、徐銀橋の特徴は農村にあり、主に農村の婦女に受けた。彼は農村出身で専ら農村部の婦女を対象とし、声がよく、ユーモアにあふれ、分かり易かったからである」と対照する(13)。また、徐銀橋の弟子胡畹峰氏(1924-　)は「徐銀橋の特徴は滑稽さにあった。今の言い方をすれば、仕草や声がよく、上演に優れていた。許維鈞の特徴は文雅にあり、文化がある人は彼の宣巻が好きであった。というのも彼が書生かたぎであったからである。彼の宣巻は書派宣巻とも呼ばれ、蘇州の説書に似ていた」と回想している(14)。蘇州の評弾や説書の要素を取り込み、藝能化を推し進めた許維鈞の「書派宣巻」が市鎮の富裕層などに好評を博したのに対し、徐銀橋の演劇化を抑えた「通俗易懂」のスタイルが農村部の婦女に受けたという対比は、2人の印象においてほぼ一致している。なお、本稿では、解放前に呉江県下で活躍し、改革開放後の再開期を担う弟子たちを育てた藝人を便宜的に第1世代と呼称することにする(15)。

1－2　改革開放期

中華人民共和国成立後、一部の宣巻藝人は政府の宣伝工作に参与し、政策の内容を脚色して上演したという。解放前に短期間活動した老藝人沈祥雲氏(1922-　)に拠れば、1950年代に入ると宣巻の上演には当局における登記を経て、紹介状を発行してもらう必要があった。藝人仲間の顧茂豊に同里に登記に行くように誘われたが、彼自身は行かなかったという(16)。多くの藝人が一般

農民として生活を行い、文革期まで上演することがあったが、あくまでも秘密裏に散発的なものであったという証言も得られている[17]。

改革開放期に入ると、宣巻は農村部を中心として再び上演されるようになった。この時期の宣巻と農村社会との関係については第2章以降において詳細に分析するので、以下では清末民国期との対比において3点の特徴を示しておく。

第1点は、当局の管理と近年の観光資源化の流れである。1980年代初頭、同里文化站は「演唱証」を発給し、4人の班子について1年につき1,800元を徴収したと芮士龍氏（1940－　）は述べる[18]。また、別の証言に拠れば、同里周辺における上演には同里の曲藝隊に登記し、どのような台本を用いるか、迷信的色彩や扇情的内容がないかどうかの審査が必要であった[19]。その後登記は有名無実となっている。近年では同里鎮の人文建設のために、同里宣巻を伝統文化として保護することが提唱され、同里宣巻は藝人等に対する調査をへて蘇州市の「非物質文化遺産」に申請されている[20]。これは同里鎮の観光地化の展開と歩調をあわせて伝統文化を観光資源としての観点から保存せんとする流れである。

第2点は、宣巻藝人の世代についてである。改革開放期初期に活躍したのは、解放前に第1世代に師事して短期間の活動歴を有する第2世代ともいうべき藝人たちである。代表的人物を列挙すれば、許維鈞の弟子呉卯生氏、徐銀橋の弟子胡畹峰氏、呉江で最も早期に活動した呉仲和の弟子沈祥雲氏などである[21]。1990年代初に編纂された県志では「絶滅の危機に瀕している」とされ、車氏も調査を踏まえて同様の印象を有していたが[22]、筆者が調査を行った2004年9月から2007年3月の期間においては、第2世代の一部と第3世代の藝人達が活発な活動を行っており、藝能の継承が行われていることが確認できた。第3世代の筆頭としてあげられるのは閔培伝の弟子芮士龍氏で、現在活動中の藝人の最高齢である。その他、芮士龍氏の弟子で最も人気の高い張宝龍氏（1950－　）、沈祥雲氏の弟子朱火生氏（1948－　）、呉卯生氏の弟子肖燕女史（1968－　）、胡畹峰氏の弟子江仙麗女史（1977－　）などがいる。第3世代の特徴は解放後、とりわけ改革開放期に宣巻を学び、80年代以降に活動を展開している点にあり、現

在20組あまりの班子が活動していることを確認した。

　第3点は、上演場面や上演に際して取り結ぶ関係の変容についてである。まず上演場面についてであるが、結婚、嬰児の「満月」（誕生1ヶ月のお祝い）、老人の長寿祝い、新宅の落成、廟会や仏会などの年中行事、家庭の太平祈願や商売繁盛に対する願掛けや願ほどきなどに宣巻が行われることに大差はないが、その比率には変化がみられるという(23)。解放以前の上演は市鎮の「牌話」という仲介人を通じて決定されたが、解放後に消滅し、名刺や口コミを通して電話で連絡が取られる点が最近の現象である。

2　一宣巻藝人の藝能空間

2−1　朱火生氏の経歴と『生意表』

　第3世代の宣巻藝人のうち、中堅として活発に活動している朱火生氏に即して、藝人の活動空間の特徴について具体的に分析を進める。筆者と朱火生氏との交流は、張舫瀾氏の紹介を通して蘆墟鎮近隣の村で2004年9月27日に行われた氏の上演を参観したことに始まる。当日簡単な聴取調査を実施して以来、合計11回にわたって聴取調査や上演の参観を行い、後に上演記録や所蔵宝巻の閲覧・撮影を依頼した(24)。以下、朱火生氏の経歴を紹介した上で、本稿の主要資料である上演記録について説明を行う。

（1）朱火生氏の経歴

　朱火生氏は1948年旧暦7月生まれ、呉江県八坼鎮龍津行政村の出身である。父朱其林（1937−　）は県公安局の老幹部であり、母朱林宝（1938−　）は農業に従事していた。八坼鎮の初級中学を卒業後、数え年18歳の時に理髪を学び、後に理髪業に従事した。文革期には兼業で金星大隊（現龍津行政村）の毛沢東思想文藝宣伝隊に加入して宣伝工作に参加した。宣伝隊に加入できたのは父が官職についていたことの「条件」のよさが大きく作用していたこと、また声がよく歌がうまかったことが関係していたという。宣伝隊において『沙家浜』や宣

伝隊が独自に編集した『好人好事』などの様板戯（模範劇）を上演したことが藝能との本格的な関わりであった。

文革後、30歳の頃から孟宗竹の売買や魚の養殖などに従事し、45歳の時に沈祥雲氏に師事してからは専業の宣巻藝人としての活動を始め現在に至っている。当初は沈祥雲氏や他の藝人の琴師（胡弓奏者）や下手としての活動が多く、自らの班子を率いて活動するようになるまで技藝を磨いていたものと思われる[25]。また、呉卯生氏は朱氏を「過堂徒弟」として言及し、正式な徒弟関係ではないものの、しばしば教えを請いに訪れたことを語っている[26]。最近数年間は自らの班子を率い、張宝龍氏に次ぐ人気を博するに至っている。

ところで、筆者は朱火生氏の御好意により氏が所蔵する宝巻17種を撮影することができた。その内訳は、『金枝玉葉』（許維鈞手抄本）、『殺狗勧夫』『玉璉

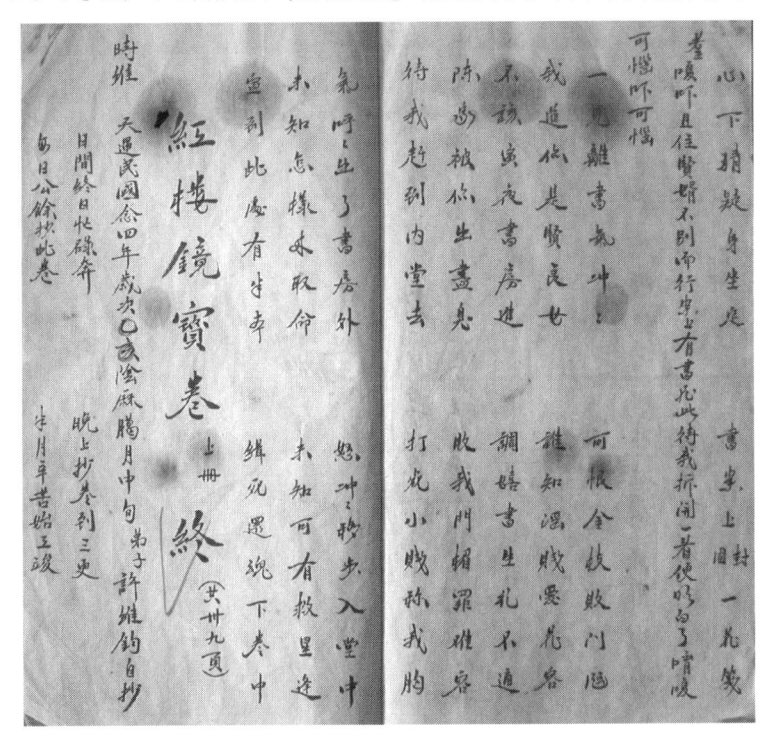

写真1　許維鈞手抄本『紅楼鏡宝巻』（別名を『金枝玉葉』『金枝宝巻』という）

環叙録』『絲羅帯宝巻』（以上、沈祥雲氏手抄本）『劉王巻』『叔嫂風波』『白鶴図』『盗金牌』『玉蜻蛉』『三線姻縁』『三更天』『観世音伝奇』『玉蓮涙』『新郎産子』『双美縁』『魚龍記』『半夜贈銀』（以上、朱火生手抄本）である。表紙や最終頁の内容は、『金枝玉葉』が許維鈞の手抄本、『絲羅帯宝巻』など3種が沈祥雲氏の手抄本であることを示しており、師弟関係を通じて朱氏の手元に所蔵されるようになったことが判明する。ある程度纏まった量の宝巻が1人の藝人によって所蔵され、さらに所有者の師弟関係や上演環境の世代差が一定程度明らかになることは、これらの宝巻がどのような特徴を持ち、どのような変容を経ているのかといった諸点を藝能研究や説唱文学の領域から分析する際にも益するところがあると思われる。

（2）『生意表』について

　筆者が宣巻藝人の調査を開始した当初、上演場面の性質や宣巻活動を組織した人物、宣巻と民間信仰との関係などについては個別のインタビューを通じて理解を深めていくことを考えていた。しかし、調査で得られた個別の事例が藝人の活動の中にどのように位置づけられるのかを知るには現地に長期間滞在して彼らと行動を共にするしかなかったが、長期滞在による調査は現実的には不可能であった。朱氏に対する聴取調査の際に氏が上演記録をつけていることを知り、そこから一藝人の活動のサイクルや具体的状況を俯瞰できるのではないかと着想してその閲覧を依頼したところ、氏の快諾を得ることができた[27]。

　上演記録はB6サイズの「工作手冊」というメモ帳が使用されており、見開きには18種の宝巻名が記されている。頁を捲ると1999年以降の活動について記録がつけられており、2000年からは「生意表」と記されている。本稿では生意表を上演記録と呼称する。上演記録の基本的な書式は、旧暦の日付、演出場所の鎮名や村名（行政村や自然村名、生産隊名）、上演演目、宣巻の組織者の名前や性質、下手の名前、上演回数という内容である。うち、上演場所については行政村名、自然村名、生産大隊名が単独で記されることも複数が記されることもある。組織者名や性質も同様に一定しておらず、とりわけ2回目以降の上演で

は朱氏が状況を把握したためか省略されることが多い。また、廟で行われる場合には、「廟上」「土地廟」「観音堂」のように記されていることもあり、この点も次第に省略される傾向にある。演目の記録は重要である。というのも、多くの上演場所においては、次年度や年に数回上演を依頼されるために、内容が重複しないように配慮する必要があるからである。幾つかの場所については1年後の上演予約が既に書き込まれていた。

　簡略化された部分は聴取による補充を試み、朱氏の記憶は逐一鮮明であった。しかし、長時間にわたる聴取が上演や練習に影響すると考えたため、上演情報を簡略化しないで記すことを依頼したところ、宣巻藝人の活動を記録に留め、宣巻に対する理解を広げるために重要なことであるとの賛同を得ることができた。2005年8月からは、宣巻の組織者、組織者の性質、上演の性質について記録が再開されている。概要を簡潔に説明しておくと、宣巻の組織者の欄には姓名が記され、「水産養殖」「汽車運輸」「仏娘」など従事する職業が附されている。上演の性質の欄には新宅の落成や願ほどきなどの内容やその際に願をかけた神明の名前が記されている。この部分の調査を更に推し進めていけば、村廟の位置、廟会・仏会の日時、廟会・仏会の組織人に関する情報をある程度網羅的に知ることが可能になる[28]。

表1　朱火生氏の年別上演回数

年	1999	2000	2001	2002	2003	2004	2005	2006
回数	25	45	73	88	104	208	231	237

　表1は朱火生氏の1999年から2006年までの上演回数である。1995年前後に宣巻藝人としての活動を始めて以来、当初は沈祥雲氏や他の藝人の琴師や下手として専ら活動していた時期には上演記録はあまり必要ではなかったが、1999年前後からは宣唱者としての活動も始めたことが記録をつける必要性を生じさせた要因である。自らの班子を率いるようになった当初の上演数は多くなく、記録にも下手を務めたと明記されていることもあり、他の藝人に協力したことも

あったようである。2003年に入ると弟子である陳鳳英女史（1965-　）が下手として固定されるようになって班子が安定したこと、第2世代の藝人の高齢化によって上演機会が増えたこと、農村の富裕化の進展による上演の増加といった諸要素が複合して上演回数が急激に増加・安定化している。特に2004年以降は年に200回あまりに達しており、呉江の宣巻藝人の中でも指折りの上演回数を誇るようになっている[29]。

2—2　上演地の分布とその特徴
（1）上演地の変動

　上演記録から上演場所に関する情報を集計してその空間的な特徴をみてみよう。まず、1999年から旧暦2007年1月までの計1038回の上演地を、呉江市内については鎮レベルの行政単位毎に、市外については区・県毎に集計し（杭州市のみ例外）、表2に示した。図と表の元になっている行政区の変遷について触れておきたい。1983年の人民公社解体後、郷の復活と鎮郷合併によって7鎮22郷が成立し、1985年には7鎮17郷に改編された。1987年以降の「撤郷建鎮」の推進によって1992年には18鎮5郷となり、2000年以前には23鎮となっている[30]。図1の区画は1985年の7鎮17郷時代の状況を反映しており、盛沢鎮と盛沢郷とが分離したままである以外は1990年代末まで続く23行政単位の状況を示している。上演記録に記されている鎮の名称も例外を除けばこの時期の名称であり、朱火生氏や彼を招いた郷民における地域認識の一端が表れていよう。上演地の傾向として顕著なのが県東部に集中していることであり、1回でも上演したことがある鎮は計14、複数回の上演に限定すると11である。複数回の地域に着目すると、運河が通っている鎮とその東部で行われているという事実が明らかになる。また、これらの地域と隣接する江蘇省蘇州市呉中区郭巷鎮、崑山市周荘鎮、浙江省嘉興市秀洲区などにも上演範囲が及んでいる。蘇州市や崑山市、上海市青浦区、嘉興市などにおいても宣巻が行われていることが文献資料や調査報告から確認できるが[31]、朱氏の活動範囲が呉江県を範囲としている背景には物理的な制約もある。宣巻藝人は一般的に上演地にバイクで出かけ、居住地

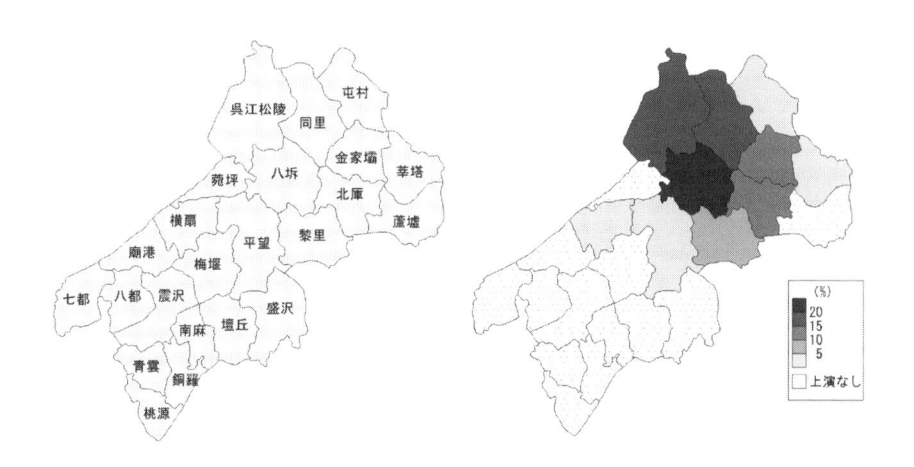

図1 呉江市の行政区分　　　　図2 上演地（1999年〜2002年）

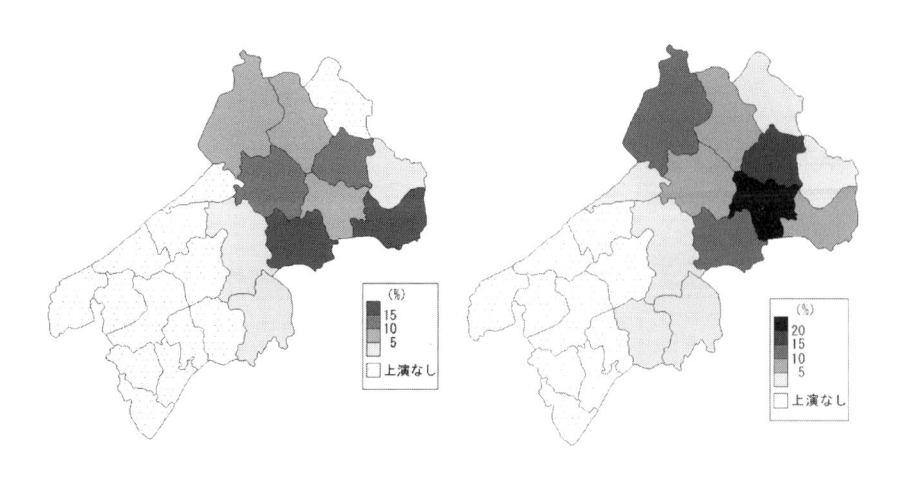

図3 上演地（2003年〜2004年）　図4 上演地（2005年〜2007年1月）

表2　上演地（全体）

演出地		回数	割合
市区名	鎮名	（回）	（％）
呉江市	北庫	180	17.3
	金家壩	144	13.9
	呉江	136	13.1
	黎里	124	11.9
	同里	109	10.5
	八坼	109	10.5
	蘆墟	85	8.2
	莘塔	30	2.9
	盛沢	29	2.8
	屯村	23	2.2
	平望	16	1.5
	苑平	1	0.1
	横扇	1	0.1
	壇丘	1	0.1
蘇州市呉中区	車坊、郭巷	13	1.3
嘉興市秀洲区	王江涇など	11	1.1
嘉興市嘉善県	汾玉、陶荘	7	0.7
崑山市	周荘	5	0.5
上海市青浦区	商塌	2	0.2
湖州市南潯区	石淙	1	0.1
杭州市		1	0.1
浙江その他		5	0.5
不明		5	0.5

表3　上演地（1999年～2002年）

演出地		回数	割合
市区名	鎮名	（回）	（％）
呉江市	八坼	48	20.8
	同里	46	19.9
	呉江	44	19
	北庫	30	13
	金家壩	29	12.6
	黎里	15	6.5
	莘塔	5	2.2
	平望	2	0.9
	屯村	1	0.4
	横扇	1	0.4
崑山市	周荘	3	1.3
嘉興市秀洲区	南匯	2	0.9
不明		5	2.2

表4　上演地（2003年～2004年）

演出地		回数	割合
市区名	鎮名	（回）	（％）
呉江市	蘆墟	61	19.6
	黎里	47	15
	金家壩	44	14.1
	八坼	34	10.9
	同里	28	9
	北庫	28	9
	呉江	28	9
	盛澤	10	3.2
	平望	7	2.2
	莘塔	4	1.3
嘉興市嘉善県	汾玉、陶荘	7	2.2
蘇州市呉中区	郭巷	5	1.6
嘉興市秀洲区	田楽など	3	1
浙江その他		2	0.6
上海市青浦区	商塌	2	0.6
崑山市	周荘	2	0.6

表5　上演地（2005年～2007年1月）

演出地		回数	割合
市区名	鎮名	（回）	（％）
呉江市	北庫	122	24.6
	金家壩	71	14.3
	呉江	63	12.7
	黎里	62	12.5
	同里	35	7.1
	八坼	27	5.5
	蘆墟	25	5.1
	屯村	22	4.4
	莘塔	21	4.2
	盛沢	19	3.8
	平望	7	1.4
	壇丘	1	0.2
	苑平	1	0.2
蘇州市呉中区	車坊、郭巷	8	1.6
嘉興市秀洲区	王江涇、田楽	6	1.2
湖州市南潯区	石淙	1	0.2
杭州市		1	0.2
浙江その他		3	0.6

から当日に往復できる範囲で上演するからである。他地域の宣巻藝人にもこのような制約が存在するものと考えられる。

　時期を分けて上演地を集計すると上演地域の広がりに変動があることが浮かび上がってくる。表3は1999年から2002年までの計231回の上演地を、表4は2003年と2004年までの計312回の上演地を、表5は2005年1月から2007年1月までの計495回の上演地をそれぞれ集計したものである（図2～4も参照）。朱氏の活動内容の変化に即して考えると、表3の時期は自らの班子を率いて活動を始め、徐々に顧客を増やしていた時期に当たり、この頃の下手は安定しておらず合計7名が確認できる。朱氏に宣巻を依頼した同里鎮張塔行政村の江大庵の管理人に拠れば、当時朱氏は同里鎮在住の藝人仲間である龐金福氏と強い協力関係にあった。江大庵で年に3回行われる宣巻の1回は龐金福氏が朱火生氏に紹介したものであり、彼の紹介によると思われる上演も少なくとも数回確認できる。八圻や同里、呉江における上演頻度の高さは、同里の協力者やその紹介による顧客を通した口コミ、また出身地域の人間関係の口コミを通した上演依頼に依存していた事実を物語っている。

　2003年以降、下手が陳鳳英女史に固定されたことで班子の運営が安定に向かったことを先に言及したが、表4の時期が最初の2年にあたる。表3の時期に上位を占めた呉江市北部3鎮の比率が落ち、蘆墟、黎里、金家壩という市西部と中部の3鎮が半数を占めている。うち、蘆墟においては陳女史の出身村である栄字行政村における上演が目立ち、上演記録にも「鳳英娘家」「鳳英妹妹家」という文字が散見される(32)。また、大きく上演回数を伸ばした黎里は陳女史の現居住地であり、在所と嫁ぎ先の両方において上演回数が急増していることは偶然の一致ではなく、彼女が有する人間関係やそれを通じた評判によって上演が依頼されたことを示しているものと思われる。

　表5の時期において上演回数が多い鎮の上位は表2の順位と近似しているが、これは表5の時期の上演回数が全体のほぼ半分を占めることが数値に影響しているからである。特に目を引くのは、従来突出して多いとはいえなかった北厙における上演が122回、24.6%にのぼり、他を圧倒している点である。当該時

期の上演記録を通覧すると1つの村で連続して数日間にわたり上演する場合が急増していることに気がつく。3日以上連続の上演を全て抽出すると計13の事例が得られた。内訳は、北厙鎮東方行政村潘水港村（8日間を2回）、北厙鎮朱家湾行政村（5日間1回）、蘆墟鎮中星行政村中浜里村（5日間1回）、朱家湾行政村半爿港村（4日間1回、3日間1回）、北厙鎮大長港行政村大長浜村、北厙鎮北珠行政村、莘塔鎮呉湾行政村第5・第6生産隊、金家壩鎮垼上行政村5隊・6隊・9隊、金家壩鎮群衆行政村懐字村、松陵鎮蘆蕩行政村匠人港村、盛沢鎮上昇行政村9隊、嘉興市王江泾鎮双塔行政村東全港村（以上、3日間1回）である。これらの村での上演回数は計57回、表5の11.5％にのぼる。普通話と呉江方言の通訳を務めた楊申亮氏は、潘水港村は近年新たな住宅地である「新区」として整備されつつあり、事業で成功した住民が居を構えていること、近隣に知られた関帝廟があり、事業者や商売人を中心に信仰を集めていることなどの情報を示した。朱氏の上演は関帝廟の管理人を通したものである可能性が強い。朱家湾行政村における上演の殆どは仏娘という宗教職能者を通していたことが判明している。このように、廟の管理人や仏娘、とりわけ名の知られた彼らとの関係ができることは、数日間にわたる大口の上演を得る上で重要な要素である。朱火生氏が表5の時期に彼らとの関係ができた背景には、2003年以降における評判の上昇と無縁ではないだろう。また、潘水港村や朱家湾行政村のような大口の上演を行うことは朱氏の評価を高め、上演の依頼が増加するという相乗効果が表5の時期における上演回数と関連していると思われる。

（2）上演地からみる市鎮と農村

ここでは市鎮と農村との違いや両者の関係に着目して解放前と現在の上演地の特徴を比較する。上演記録から市鎮の街区で行われたか、その可能性が高い事例を抽出したところ、37回の上演が確認できた。これは上演全体の約3.6％に過ぎない。もう少し詳しく内容をみてみると、年次別では、2000年1回、2003年4回、2004年と2005年がそれぞれ11回、2006年8回、2007年2回（1月のみ）という内訳であり、鎮別では、蘆墟10回、金家壩9回、屯村6回、北厙

3回、黎里3回、呉江2回、八坼2回、苑平1回、平望1回という内訳である。詳細な上演場所の内訳をみてみると、市鎮に設置された敬老院における上演が9回、鎮街区にある廟における上演が4回、工場や娯楽場が3回、その他が21回である。敬老院における上演が純粋な文化活動として行われたことを、「老人の精神活動に配慮し、重陽節にあたって、〔敬老院の〕領導が代表者として取り仕切ったものである」という上演記録のメモが示している(33)。廟における上演4回のうち、3回は屯村鎮街区にある劉王廟であり、残りの1回は八坼鎮の「神皇廟」すなわち城隍廟である。屯村の劉王廟は「大孟將廟」と書かれており、一般的な村廟とは異なるようである。工場や娯楽場における3回は、それぞれ「上米廠」「設備廠」「舞庁」とあり、経営者による願掛けや願ほどきによる上演であると思われる。その他の21回は単に「鎮上」と記されている場合が多く、具体的な状況に関する情報を得られることができない。また、鎮街区で行われた可能性がある事例もあるが、これらを含めたとしても市鎮における上演は全体の5％を超えているとは考えがたく、宣巻の上演地は殆ど農村部であること、市鎮における上演も廟や願掛けなどの民間信仰と密接に関連しているという特徴をさしあたって指摘することができる。

　近年における宣巻の上演状況は解放前とどのような違いがあるのかを地方志や老藝人からの聴取調査をもとに比較してみよう。『北厙鎮志』によれば、1950年代以前には、劇団と連絡を取り上演を紹介する「牌話」という仲介業が存在していた。「牌話」は様々な業種の人間が出入りする市鎮の茶館や理髪店などが兼業することが多く、その名称は店内の目立つところに木製の牌を掲げ、牌に貼った赤い紙に班・社の名称や演目などを記したことに由来するという。「牌話」による仲介の実態は次の通りである(34)。

　　〔市鎮の〕街・坊や農村において新居落成や嬰児の満月祝い、長寿祝いといった慶事を祝う時には、"牌話"を通して劇団と連絡し、各家庭において上演を行い、娯楽に供したり家門の繁栄を示したりした。また、群衆が醵金して祭祀を行ったり、農閑期や休祭日に娯楽生活を充実させたりするために劇団を招く時にも皆"牌話"を通して予約した。上演回数は組織者

側の経済能力や需要に拠ったが、一般的には昼と夜の2回であった。

　劇団を招きたい者は、先ず"牌話"がいる場所に来て気に入った劇団を選び、演出日と演目を示す必要があった。"牌話"は客の要求に応じて人を派遣したり手紙を出したりして劇団の領班に知らせた。〔領班に〕異議が無ければ日時を決定した。そして、"牌話"の立会いのもと双方が定単（協議書）を交わし、上演日時、劇目、費用などを確定した上で三方がサインをして最終決定をした。不測の事態が起こらない限り、双方とも決定を反古にすることはできず、契約を破ったほうが賠償する責任を負った。

ここには農村部における交易や情報の中心地として市鎮が有する機能の一側面が端的に表現されていよう。費孝通が示したように、市鎮の茶館は商談や結婚相手の紹介、「喫講茶」と言われる紛争処理などが行われる社会生活の重要な場であった[35]。また茶館は娯楽場としての機能もあり、附設された書場においては評弾や評話といった極めて簡素な形式の藝能の上演があり、市鎮住民や郷民たちの娯楽に供されていた[36]。

　ただし、宣巻の場合は茶館における上演はほとんど無く、茶館などが兼業する牌話の紹介機能が宣巻藝人と市鎮住民や郷民達の需要と供給を支えるという関係であったことが、藝人の証言によって知られる。例えば、沈祥雲氏が述べた「牌話は八坼最大の第一楼茶館や蘆墟や黎里の茶館にもいた。牌話を通して商談が成立すると茶館の主人は10％を受け取った。これは『老規矩』（古い掟）である。牌話を通じた上演が6割、其他のルートによるものが4割を占めた」という記憶は、茶館と牌話との関係、商談成立時の牌話の取り分、上演に占める牌話の位置について具体的な状況を示している[37]。師匠から伝え聞いた話として、芮士龍氏は「茶館での上演は殆どなかった。なぜなら店の主人への支払いの必要があるからである。〔牌話を通した上演は〕茶館が5％をとり、藝人が95％とった」と茶館での上演がほとんどなかったことを明示している[38]。この理由として、決して高いとは言えない収入の中で茶館への支払いが割に合わなかったこと、宣巻を呼ぶのは圧倒的に郷民が多かったことなどが考えられよう。解放前に市鎮の牌話が担っていた情報の結節点としての機能は近年では

名刺や携帯電話によって担われており、全く確認することができない。もともと郷民の嗜好と親和性が高く市鎮における上演は多くなかったことに加えて、農村部における娯楽圏に対して市鎮が果たしていた機能が消失したことによって、農村における宣巻は市鎮における娯楽との差異を際だたせていることが近年の特徴である[39]。

3　上演記録にみる農村の民俗

3－1　宣巻の上演場面

　宣巻の上演目的が記されているのが「選巻性質」という欄であり、2005年8月から2007年1月までの合計358回の情報を得ることができる。うち、2006年3月16日以降の194回については宣巻藝人を呼んだ組織人に関する「戸主性質」の記録があり、この2つの欄を組み合わせて判断すると上演の性質を詳しく知ることが可能になる。以下では、宣巻に関する先行研究を参照して上演場面の類型化をし、それに即して上演場面の特徴をみてみよう。農村生活のサイクルという観点から、循環性があるものから希薄なものへという順に、Ⅰ年中行事、Ⅱ人生儀礼、Ⅲ願掛け・願ほどき、Ⅳその他、Ⅴ詳細不明、と分類する。

表6　月別の上演回数

	1月	2月	閏2月	3月	4月	5月	6月	7月	閏7月	8月	9月	10月	11月	12月	合計
2001年	15	10		9	7	0	1	1		14	4	6	2	4	73
2002年	9	6		8	3	7	6	7		15	9	9	7	2	88
2003年	9	14		12	5	2	2	0		15	15	14	11	5	104
2004年	22	29	14	23	9	5	4	10		28	24	19	12	9	208
2005年	27	27		30	22	10	4	17		28	22	15	14	15	231
2006年	27	27		30	26	15	6	9	8	26	24	17	16	6	237

　先ず、朱火生氏の2001年から2006年における月別の上演回数を表6に掲げる。年間上演回数が前半3年と後半3年とで相当程度異なるので単純な比較はできないが、共通する傾向として5月から7月にかけてと年末に上演回数が激減す

表7　宣巻の上演場面

類型	内訳	内訳回数	回数
Ⅰ年中行事	集団活動（廟会など）	60	61
	観世音誕生日	1	
Ⅱ人生儀礼	誕生日・満月など	9	42
	長寿祝い	6	
	大学入学	4	
	新居の落成	18	
	結婚・婚約	5	
Ⅲ願掛け・願ほどき	病気や事故	9	167
	発財	126	
	その他	32	
Ⅳその他	文芸・娯楽活動	7	14
	その他	7	
Ⅴ詳細不明	詳細不明	74	74

　る時期があること、上演回数の増加につれて激減する期間が短縮されているという傾向を読み取ることができる[40]。上演回数が激減する時期は農繁期にあたり、この時期には上演を休み、芝居を見に行ったり本を読んだりして上演内容の充実に努めるという[41]。

　Ⅰ年中行事に分類される上演は、寺廟における廟会・仏会やそれに類する行事であり、村が集団で行う共同性が強いものと任意の性格が優勢なものが混在しているが、計61例を得られる。廟会や「観世音生日」と明記されている事例はそれぞれ1例ずつのみであるが、幾つかの事例を個別に調査していくと、実質的に年中行事であることが判明する。例えば、当地においては3月19日、6月19日、9月19日は観世音の誕生日とされており[42]、朱氏は2001年、2002年、2005年の3月19日に同里鎮張塔行政村の江大庵において上演している。その運営者は近隣に仏娘として広く知られる老婦女である。また、2006年6月19日にも黎里鎮奇士行政村原黄港村の観世庵において上演されており、これも観世音の誕生日を祝ったものであろう。

　他にも、8月22日に開催される蘆墟鎮草里行政村の荘家圩廟の廟会にもほぼ毎年招かれて上演していることが、2003年8月22日、2004年8月22日、2006年

8月22、23日の上演記録から確認することができる。なお、荘家圩廟は多くの村落にみられるような小廟ではなく、近隣から広く信仰を集める廟であり、信仰圏の広がりを考察する上で極めて興味深い対象である[43]。視点を村廟に移して宣巻と年中行事との関係をみてみると、幾つかの村落において年中行事として宣巻が行われていることが判明する。北厙鎮大長港行政村大長浜村には、集落の最南部に蓮花庵と呼ばれる劉王廟が解放前にかつて存在し、現在は簡素な掘っ立て小屋が廟として再建されている。ここでは毎年7月1日に宣巻が催されることになっており、上演記録に拠れば、2002年7月1日、2日、2004年7月1日、2005年7月1日～3日、2006年7月1日とほぼ固定して朱火生氏が呼ばれている。現地の老人に拠れば、解放前においてかつては「青苗会」という作物の発育を祈願する行事があり、近年の行事は以前の「老会規」(古い掟)に従っているものであるという[44]。「青苗会」は他の事例も確認することができ、近隣の村落において広く行われていた行事であったことが推測される。大長浜村の宣巻と村廟との関係、解放前における村廟の運営と村落、解放前と近年の「青苗会」の違いなどについては、第4章において詳細に検討する。

Ⅱ人生儀礼については内容が明確に記録されているので特定は容易である。新居の落成が18件あるのは近年の農村の富裕化を反映したものであろう。現地調査の過程において多くの村を訪問する機会を得たが、蟹の養殖をはじめとする水産業や建築業で富を築いた住民が新築した豪華な住宅を目にすることは決して少なくなかった。その他、子供や孫の誕生日や満月のお祝い、長寿祝い、婚約・結婚や大学入学祝いなどにも宣巻藝人が呼ばれたが、計41回であり11.4％を占めるに過ぎない。解放前と現在の状況に違いについて呉卯生氏はいみじくも次のような対照を述べている[45]。

　問：1980年代以降の宣巻の上演状況にはどのような特徴がありますか。
　答：長寿祝いや嬰児の満月祝いに対する上演は比較的少なくなった。一般
　　　的には老板が金を儲けたので、〔願ほどきのために〕老爺を招いたり、
　　　〔村で〕神仏に奉納したりする上演が多い。

他を圧倒しているのが、Ⅲ願掛け・願ほどきに関わる上演であり、とりわけ

「発財」、すなわち商売繁盛を祈願したり、商売の成功に感謝の意を表したりするために神仏に奉納する宣巻がそのうちの大部分を占めている。「戸主性質」をみていると、「老板」（経営者、個人事業主）と記録されている場合が多く、加えて建設業や水産業といった業種も記されている。近年では大都市における消費生活の奢侈化にともない、上海や蘇州に供するために蟹や蝦といった水産物の養殖が盛んに行われていることを反映して、戸主の欄には「経営水産」「承包水産養殖」「養蝦老板」「蟹老板」と記されている点が目を引く。これらの「老板」は殆ど例外なく都市在住の農村出身者や農民乃至は漁民であることが、自らの商売繁盛と神仏祈願の民俗とを深く関連づけて考えていることの背景であるといえる。

　ところで、願掛け・願ほどきに際しては「仏娘」と呼ばれる宗教職能者が介在することが多い。願掛け・願ほどきは「仏娘」らが自宅に敷設した仏堂や彼女達が管理する廟において行う。霊験があるという評判が立てば、多くの有力な「香客」（参拝客）を集めることとなり、近隣にその名を轟かせることになる。願掛け・願ほどきに関わる上演記録には、明示されているものだけでのべ38人の仏娘を見いだすことができ、「大仏娘」と記されている女性もいる。この事実は多くの自然村において仏娘が遍在していると述べた現地住民の言葉を裏付けるものでもある。

　Ⅳその他に分類される活動して、敬老院における文藝・娯楽活動がある。とはいえ、宣巻自体が娯楽としての性格が極めて濃厚であり、娯楽活動としての側面と他の側面と截然とは分かちがたいが、単独で記されているのは神仏に関わる儀式が行われなかったことを示していると思われる。Ⅴ詳細不詳に数えられる74例は、上演記録に「奉敬菩薩」とのみ記されており、具体的目的は不明である。先に述べたように、上演記録の記述方法が変化しているため、簡略な記述の時期に集中している。その内訳は、Ⅰ～Ⅳの比率にほぼ準じるものであると考えるのが妥当であるように思われる。

3―2　宣巻と民間信仰

　藝能化した絲弦宣巻においても民間信仰とは密接不可分の関係にあったことが、廟や廟会、仏娘、願掛け・願ほどきといった存在から十分に推測することができる。宣巻の上演場面おいて神仏がどのように扱われたかについては、老藝人胡畹峰氏の言をみてみよう[46]。

　　問：宣巻の順序は一般的に、先ず神仏を迎え入れた（接仏）後に上演し、
　　　　上演が終わった後に、神仏を送る（送仏）のですか。
　　答：はい。神仏を迎え入れ、それから宝巻を宣唱する。例えば、ある村に
　　　　行ったとする。到着したら、まず神仏を迎え入れなければならない。迎
　　　　え入れたら点心を食べる。食べ終わったら宝巻を宣唱し始め、夕飯まで
　　　　唱い続ける。夕飯を食べ終わったら再び唱い始め、10時頃に終了する。
　　　　終わったら神仏を送る。接仏は接神とも称する。

極めて簡素化されてはいるものの、宣巻の上演に際しては、「接仏」と「送仏」という儀式が行われ、宣巻も「娯神」すなわち、神仏に対して奉納されるものであることが端的に述べられている。では、奉納の対象である「老爺」とはどのような神であり、どの程度の頻度で現れるのかを上演記録から集計する。詳細が判明する358回のうち、329回において神明の存在を示す書き込みが確認でき、1回で複数が記されている場合もあるので、のべ342の神仏名が明らかになる[47]。それらを整理したのが表8である。全342の神明のうち、「菩薩」「金堂菩薩」などと記されていて具体名は明らかにできないものが134例にのぼるが、これは上演記録の記述方法が詳細になる前のものが大半を占める。最多は駆蝗神や施米神として知られ、江南地方で特に信仰を集める劉猛将軍であり[48]、計65例、具体名が判明する212例のうちの31％を占めている。上演記録において劉猛将軍は「劉王菩薩」「猛将」「大猛将菩薩」「劉皇」などすぐに劉猛将軍であることを連想させる記述以外に、「大老爺」「本方大老爺」と記されている場合も多い。次に、様々な観音菩薩や仏たちが続き、計25例、そして、財神21例、関聖帝君14例、という順である。観音菩薩は老婦女を主体とする「仏会」やそれに類似した存在を示唆するものであり、財神や関聖帝君は商売

表8　神明の集計

神明名	上演記録に表れる他の呼称	合計
菩薩	太平庵菩薩、大廟菩薩、金堂菩薩、全堂菩薩	134
劉猛将軍	劉王菩薩、本方大老爺、本村大老爺、荘稼圩大老爺、本方劉王爺、大猛将菩薩、蓮水蕩大老爺、猛将菩薩	65
観音・仏	観音菩薩、送子観音、千手観音、普陀山観世音、如来仏菩薩	25
財神	五路財神、本方財神菩薩、路頭菩薩	21
関聖帝君	関公菩薩	14
茅山堂老爺		7
土地公公		7
玉龍太子		6
人王菩薩		5
史家庫	史家庫大老爺・小公主	4
仙阿爹菩薩		4
四海龍王		3
斉天大聖		3

注：上演記録に表れる全342の神明のうち、3回以上現れるものを集計したものである。

繁盛に関する願掛け・願ほどきと密接な関連にあるものである。

　次に、表8が示す神明の特徴に即して、信仰圏の地域的な広がりと地域社会との関係について3点に分けて考えてみたい。第1は、基本的には1つの自然村を範囲とする村廟である。月別の上演回数において上述したように、廟会や「青苗会」といった村落単位での集団活動が村廟を中心として開催されている。呉江市下の農村部においては多くの村廟の本尊は劉猛将軍であり、「劉王廟」や「猛将堂」と呼称される村廟が多見される。独立した廟や堂を有していなくても、平時は個人宅に保管され、村落の共同祭祀の際に登場する劉王像が所有されている場合もしばしば確認できた[49]。解放前において村廟の共同祭祀は村内で選出される会首を中心として運営されており、江南基層社会における「共同性」の様相を考察する上で重要な分析対象である。この点については解放前と現況との比較を中心に第4章において検討する。また、農村の老婦女を中心として組織される「仏会」やそれに準ずる宗教的集団も基本的には自然村を範囲とするものが多くを占める。仏会は青苗会のような村落全体の共同行事ではなく、婦人による任意の組織であることが特徴であり、かつてのように僧

尼が主催する形式は限定されているようである。

　第2は、村の範囲を超えて近隣から広く信仰を集める神仏である。この類型に属するものとして北厙鎮潘水港村の関帝廟や金家壩鎮梅湾行政村の茅山堂が挙げられ、商売繁盛に霊験あらたかであるという評判が流布していて、多くの「老板」が願掛け・願ほどきの際に施す布施によって運営されている[50]。同様に、特に霊験があるとされる「大仏娘」は村内や近隣の村々というよりも、評判を聞きつけてやってくる「老板」に依存する度合が強い。任意の会員が参拝し、評判に依存する部分が大きいこれらの廟や神仏の信仰圏は評判を集める事ができなければ参拝者を失うため、信仰圏は可変的であり、不安定であるといえる。

　第3が、県や市の範囲を大きく超えた広域の信仰圏を有し、歴史的に知られる廟の神明である。この範疇に入る寺廟では神明の生誕日や清明節など廟会が開催される期日に省域を超えて太湖流域一帯からの参拝客で賑わう。仏娘や太保などの宗教職能者や敬虔な老婦女、漁民が組織する社や会が、毎年かかる神明を何カ所かを巡礼している事実が聴取調査から明らかとなった[51]。かかる信仰圏を有する寺廟の存在は上演記録にも明白に反映されており、①嘉興市秀洲区王江涇鎮民主行政村の劉承忠記念公園、②蘆墟鎮草里行政村の荘家圩廟（泗洲寺）、③上海市青浦区金沢鎮楊震廟、④蘇州上方山の楞伽寺、⑤杭州霊隠寺、を確認することができた。①は解放前にも蓮泗蕩劉王廟として名を轟かせていたが解放後に破壊され、1986年に劉承忠記念公園として再建されたものである。清明節と中秋節に年2回行われる「網船会」という廟会を訪れる参拝客は万を数えるという[52]。②も解放前は劉王廟であり、現在は泗洲寺という仏教寺院の中に劉王殿を擁する形式をとっているが、現地住民はみな劉王廟として認識している[53]。③は東嶽廟の跡地に建立され、清官として知られる楊震やその三夫人を祀っている廟である。旧暦9月9日の節句に開催される廟会には農漁民が焼香に訪れ、筆者等が調査した廟港の漁民が組織する太湖興隆社も社をあげて訪れていた[54]。④蘇州上方山の頂上の楞伽寺は五通神を祀るものであるが、他にも上方山姆姆や三太太が祀られており、特に婦女の信仰を集め

ている。廟会は五通神の生誕日である旧暦 8 月17日前後に開かれている[55]。⑤杭州霊隠寺は西湖の霊隠山嶺に位置し、東晉時代に創建されたとされる禅宗十刹のうちの 1 つである。民衆においては済公ゆかりの寺院としてとりわけ著名である[56]。

　①から⑤の寺廟において、朱火生氏が直接赴いて上演したのは、②③⑤の 3 カ所である。特筆すべきは②の 8 月22日に開催される劉猛将軍の廟会において2003年、2004年、2006年とほぼ固定して上演している点である。①④は現地に赴いてはいないものの、信仰対象が 2 カ所の神とされていたものである。特殊な事例としては、②の荘家圩廟の神像は願掛けや願ほどきの際に廟外に貸し出される場合があり、朱火生氏に拠れば、「老板」が大枚をはたいて借り出してきた荘家圩廟の神像の前で上演をしたこともあるという[57]。マクロリージョンに準ずる地域を範囲とする広域の信仰圏の存在は、所謂「小伝統」の範疇に属する価値観を緩やかに共有する空間の広がりとして捉えることも可能であるように思われる。

　以上、一宣巻藝人の活動範囲からみた信仰圏が、自然村を主とする範囲、村の範囲を超えた近隣の地域を広く含む範囲、マクロリージョンに準ずる広域の信仰圏、の 3 つを想定できることを述べたが、本稿の主要検討課題である近年の民俗文化の復興が解放前の状況とどのような差異を有しているのかという課題との関連において想起されるのは、農村と外社会との様々な関係、すなわち、農村間の関係や市鎮を中心とする信仰圏の広がりである。この点については戦中期に現地調査を実施した福武直による指摘があり、土地廟が必ずしも各村落に 1 つあるわけではなく、その管轄範囲が往々にして一村落を超出していたこと、土地廟と高次の廟との関係によって形成された信仰圏が存在したことなどの諸特徴が指摘されている[58]。土地廟と高次の廟との関係のうち、土地廟と鎮城隍廟との間に形成された「解銭糧」慣行が、明末以降の商業化により「社村」と市鎮との間に形成された社会経済圏を反映したものであるという濱島敦俊氏の明晰な指摘がある[59]。

　これに対して、宣巻を通してみられる江南の信仰圏の諸相において市鎮の大

廟が占める役割は極めて少ないものであることが、解放前との比較において近年の最も顕著な特徴であるといえる。「解銭糧」慣行において中心的役割を果たす鎮城隍廟は現在でも保存乃至復興しているものは極めて少なく、上演記録においても八圻鎮の城隍廟における上演1回を確認できるのみである。また、視点を村廟に移してみてみた場合でも、社会集団としての村落単位で挙行されていた「青苗会」や廟会のような行事が復興している廟でも、かつて行われていたように劉猛将軍の神像を担いで鎮城隍廟や東岳廟を訪れるという慣行の復活は全く確認することができない。老人の記憶に拠れば、劉猛将軍の神像を担いで巡行する「攛劉猛将」では、必ずしも鎮城隍廟に赴くわけではなく、近隣の劉猛将を訪問する点に重点が置かれていたが、かかる村落間関係も現在ではみることはできない(60)。

　近年、民俗文化の復興の一現象として現れる民間信仰にみられる特徴は、村廟の運営に集団としての村落の共同行事的な側面がやや残存しているものの解放前とは大きく異なっており、他の信仰圏のあり方と同様に参加者の任意に依るところが大きい点が挙げられる。空間的な特徴を言えば、村廟と鎮城隍廟との関係や近隣村落間との関係が絶無になっている点を指摘することができよう。

4　宣巻藝人を呼ぶ人

　以下では、宣巻藝人を呼ぶ側に着目し、村の行事における宣巻の意味や解放前との相違点、宣巻の組織者の地域社会における位置について初歩的な考察を行う。先に指摘した信仰圏の諸位相を踏まえ、第1の類型に分類される、村廟における宣巻と村落の共同性の問題と、第2の類型に顕著にみられるような任意による信仰の中心に位置する寺庵の管理人の事例をそれぞれ取り上げる。

4―1　村廟における共同祭祀と宣巻
　　　　――北厙鎮大長浜村の青苗会
　上演記録の「戸主性質」の欄において、「集体資助」すなわち集団の醵金に

よって宣巻が行われたことが判明する村の1つに北厙鎮大長港行政村大長浜村がある。大長浜村は1,000畝あまりの耕地を有する大長圩のほぼ全域に広がる村落であり、圩の中心部を流れるクリークに沿って集落が連なっている。港東、すなわちクリークの東側の最南端に蓮花庵と呼称される小劉王廟があり、老農民によれば少なくとも百年の歴史を有しているという。聴取によって遡及できるのは1930年代末から解放までの時期にかけての状況であり、1920年代以降の農村における民俗行事の簡素化の影響を被っていることを考慮に入れる必要があるが[61]、複数の証言から復元すると次の通りである。第1に、蓮花庵の廟会は年2回行われ、旧暦正月2日と3日に行われた「出会」「過年会」「水会」などと呼称される廟会と、旧暦7月1日の「青苗会」とがあった。前者では、劉猛将の神像を担いで近隣の村々を巡り、劉猛将がいる村については神像同士が顔を会わせる「老爺碰面」が行われたという。「老爺碰面」が行われた村々の中には現在同一行政村に属する翁家港村が含まれており、大長浜の老人達は、翁家港村の劉猛将と大長浜村の劉猛将との関係を舅甥（母方のおじ）と外甥との関係であると異口同音に述べ、春節に行われる「走親戚」（親戚まわり）に比定した。これに対して、「青苗会」とは劉猛将の神像を担いで大長圩をほぼ一周して水稲の発育と豊作を劉猛将に祈願するものであり、戯班による京劇の堂名も恒例とされていた[62]。すなわち、正月の「過年会」が村落間の関係を主眼とした行事であったのに対して、「青苗会」は大長浜村内部が対象であり、関係性や地理的な広がりという点において行事の性格の違いは明快である。なお、3月の春台戯も村の行事として重要で、京劇の劇団がよばれたという。

第2に、廟の運営方式についてみてみる。過年会や青苗会において劉猛将を家に迎え入れて接待し、2行事の実務を取り仕切る役割を担ったのが大会首であった。大会首の選出単位は村内の4つの段、すなわち、クリークを挟んで南北に広がる集落の東側（港東）2段、西側（港西）2段であり、大会首は当番となった段から毎年輪番で選出された[63]。「出会の費用は田の面積に応じる。保長・甲長を通じて支払う」と述べられているように、2つの廟会や春台戯の費用が戸を単位として均等に徴収された以外に、大会首は納税が免除された

「老爺田」(廟産) 3畝を耕作し、その収益を自由に使用する権利があたえられ、一部は任務を遂行するために使用された[64]。このように、蓮花庵の運営は全村民による共同行事であり、村落内における繋がりを確認する文化的な機能を有していたことがみてとれよう。

　大会首の任務や廟会・春台戯の費用の負担が全村民に割り当てられ、文化的な位相において村民意識の確認として機能したことは、廟運営の平等性を必ずしも示す訳ではない。過年会において劉猛将が近隣の村落に出巡する際には保長は治安の責任を負い、劇団など外部との連絡においても保長が表に立ったという指摘もある[65]。隣村の大長港の住民も同様の印象を持ったようであり、蓮花庵の出巡は保長が取り仕切っていたと述べる者もいる[66]。老人達に言及されているのは長期にわたって保長を務め、土地改革期に個人地主に分類された楊少山であり、彼は「社」レベルの基層社会を担った指導層の典型的人物である。以上を概括すれば、富農層を中心とする「社」社会の経済的・政治的な秩序を土台に、村廟の行事を村全体で実施する慣行の存在を指摘することができよう。

　1980年代後半に入ると大長浜村においても小劉王廟が復興され、年中行事も一部再開されることとなった。解放前との相違点を3点指摘しておく。第1点は廟会の形式の変容である。春節の過年会は完全に消滅し、青苗会は「老会規」に従って1999年より再開されることになったものの、「擡老爺」は行われていないこと、堂名の替わりに宣巻が行われるようになったという変化がみられる[67]。

　第2点は、復興した小劉王廟や青苗会の運営方式の相違点である。まず、段を単位とする大会首の選出はなくなり、村全体の共同行事というよりもあくまでも任意による参加の形式に変化している。1999年以降の青苗会の宣巻に対する醵金の状況を記録した『大長浜宣巻帳目』からは、拠出した金額が任意である点に参加の任意性を、またほぼ全員が何らかの形で拠出している点に共同行事としての性格をそれぞれ確認することができる[68]。

　第3点は、廟の運営者や青苗会の主催者の状況である。興味深いのは、聴取

から得られた内容と上演記録との間には必ずしも一致しない点があることである。大長浜の老人は青苗会を主導するのが信心深い老婦女達であることに口をそろえて言及している。対して、上演記録に現れるのはこれらの老婦女の名前ではなく、2002年の場合「頭頭」(顔役)として楊前方氏の名前を見いだすことができる。楊前方氏は楊少山を含めた村の有力一族楊氏のメンバーであり、土地改革期には楊氏一族内に地主と富農に分類された者がそれぞれ1名と10名を数えた。かかる政治的な背景によって、楊前方氏は成績優秀であったにも拘わらず高校進学の途を閉ざされ、村において農業に従事することを余儀なくされた[69]。改革開放政策実施以降の情勢の変化により、大長浜村の力関係も解放前の状況に回帰したかのような様相を呈している[70]。青苗会を開催するに当たって楊氏が、「頭頭」として宣巻藝人との連絡を任にあたったのは、「出面」できる資質、すなわち、外部の世界と適切にやりとりができる資質を備えていると村民に考えられ、信任されているからである。なお、現任の幹部はかかる活動に直接参与することはなく、醵金も配偶者や母などの関係を通じて拠出する場合が多いという。このように、改革開放以降において村の共同行事として宣巻は、ほぼ全村民による醵金で実施されている点においてかつての「共同性」の片鱗を残存させてはいるものの、あくまでも任意の活動に変容した点が顕著な相違点である。また、村廟・小廟の運営や関連活動に対する関わり方についてみてみると、積極的に行う老婦女を中心とする人々の繋がり、外部の世界に「出面」できる資質や名望を備えた人物(多くの場合男性)、活動には直接参加しない「公的」な世界にいる人物という重層性を指摘することができ、村の政治・社会構造とほぼ一致していた解放前との違いを鮮明にしている。

4－2　宣巻の組織者としての仏娘

　宣巻藝人が数日間にわたって連続で行われる大口の上演機会を得る鍵となるのが「仏娘」と呼ばれる宗教職能者である。信仰圏についてみてみると、多くの仏娘が奉ずる神明の影響力は自然村の範囲を超えるものではないが、霊験があるという評判が広がれば、有力な「香客」が願掛けや願ほどきに訪れ、結果

として信仰圏の類型2に分類されるような性質へと変貌することがある。宣巻藝人も宣巻の組織者について次のように言及している[71]。

> 香頭には何種類かのタイプがある。第1は師娘つまり仏娘である。第2は神明の参拝者の責任者であり、師娘でなければ最も帰依している人である。このような人を香頭と呼ぶ。女性が多く、男性もいるが少ない。……仏娘は菩薩（神仏）に頼り、願ほどきをしたり、宣巻や堂名を組織したりして暮らしを立てている。

仏娘の呼称には師娘以外にも、現地方言で「仏囡児」というものもある。宣巻を組織する「香頭」を務めるのが仏娘かそうでなければ神に最も帰依した老婦女であること、仏娘が宣巻の組織や願掛け・願ほどきを行うことで得た収入に依拠して生活していることが端的に示されている。筆者は仏娘として認知された老婦女数名を訪問し、その生い立ちや仏娘になったきっかけ、具体的な活動内容などに関する基礎的な事項について聴取を行った。比較的詳細が判明した2名に即して具体的な内容をみてみよう。

まず、仏娘となった経緯であるが、中年期以降に突然神懸かりとなったり（老爺上身）、病気の治療を目的に参拝した際に神仏の声を聞いたりしたことがきっかけとなったと述べている場合が多い。例えば、金家壩鎮長巨行政村の某仏娘は次のように述べる[72]。

> 問：あなたはいつから仏娘として活動し始めたのですか。
> 答：仏娘は、私が杭州に焼香に行った際に、大老爺（劉猛将軍）が私を気に入ったのでなったのです。なって15年になります。私は心根がよいと大老爺は仰った。私が杭州に焼香に行った時に大老爺が口を開いてそう仰ったのです。
> 問：どの老爺が口を開いたのですか。
> 答：大老爺です。〔大老爺は〕杭州の旅館で私に白羽の矢をたてたのです。旅館には客が多かったものの、電灯がありませんでした。その時、誰かがタバコを渡してくれましたが、その時それが老爺のタバコだと私はわかりませんでした。みなが吸うので私も吸い、皆が食事をするので私も

食事をしていたところ、大老爺が口を開き、自分は大老爺であり、この娘の心根を気に入って3年になると仰った。私は間抜けなので、〔大老爺が憑依して〕口を開いているのを当時はわからなかった。

同里鎮張塔行政村江大庵の運営者も杭州に焼香に行った帰りに転倒して気を失った際に神懸かりになったと述べている。濱島敦俊氏はその大著において、土神信仰の創出者として巫師を捉え、①ある死者の生前の義行と悲劇的な死という説話の創出、②死後に霊異を顕し、民に恩恵をもたらして死者が「神」に変貌すること、③皇帝による認定や封爵の偽造、が主要構成要素であると指摘している[73]。筆者が調査した数名の仏娘について言えば、神の子孫であることや他の巫師との継承関係、宗教職能者としての特別な訓練の存在を本稿執筆時までにおいては確認することができなかった。また、信仰の根拠なる自らが奉ずる神明について霊異説話もきかれなかったこともあげておきたい[74]。

解放前との共通点として顕著なのが、宣巻藝人に「仏娘は菩薩（神仏）に頼って暮らしをたてている」と映っているように、仏娘の活動が営利活動としての側面が濃厚であるという点である。営利活動と直接の関連性があるか否かは検討の余地があるが、筆者が訪問した仏娘は全員が貧農家庭の出身であるか貧農に嫁いでいるという共通点があり、この点も仏娘の営利活動としての側面に少なからぬ関係があるように思われる。

次に、仏娘の活動内容を、周期性を有するものと有さないものとにわけてみてみる。周期性を有する活動として先ずあげられるのは、廟や庵において毎月1日と月半（15日）に焼香に訪れる参拝者の接待である。神仏の誕生日は廟の年中行事にとって最も重要であり、江大庵では観世音の誕生日とされる3月19日、6月19日、9月19日において、宣巻が行われている。活動の規模は仏娘が奉じる神明の権威を示す点において重要であり、宣巻に際して料理の卓をいくつ準備していくらの費用を用いたかがその指標として考えられているようである。例えば、長巨行政村の仏娘が2005年3月16日に組織した宣巻では、「香客」に対して14卓の料理や酒を振る舞い、3,000元あまりを用いたという。劇団を呼ぶことは宣巻に比してより「正式」で体裁がよいことであるとみなされてお

り、江大庵の管理人は2004年9月19日に10人によって構成される劇団を呼んで3日間連続で上演をおこない、6,000元の費用を要したことを誇らしげに語った(75)。宣巻や演劇の費用はクライアントである「香客」に依拠しており、その規模も擁している「香客」の数や彼らが出しうる布施の規模が、食事の卓の規模や組織する演劇の種類や内容と関わってくる(76)。

 問：〔宣巻の〕3,000元の費用は本村民が醸出したのですか。
 答：〔費用を出した香客は〕各地の人がいますが、本村民は却って少ないです。〔各地の香客については〕老板が100元を醸出したり、老板娘が50〜60元を醸出したりしました。本村についていえば、20〜30元、40〜50元を出してくれる老板娘がおり、100元を出すものもいます。最近勃倒厅（臨時に設置する掛け小屋）全部の費用を出す肝っ玉の大きなものもいます。近年は損になることはありません。損をして私たちが不足分をうめるような事態はいけません。

「本村民は却って少ない」こと、「老板」「老板娘」と称されるクライアントに依存している状況を端的に伝えている。体裁がよい宣巻活動を組織し、それを誇示することは、自らに取り憑く神明の権威を示すことであり、羽振りのよいクライアントの注目を集めることにもなる。そのほか、周期性を有する活動として、霊隠寺をはじめとする杭州の名刹、蓮泗蕩劉王廟、蘇州陽山、五峰山、上方山といった名山を毎年「巡礼」し、焼香することもあげられる。先にあげた信仰圏の類型3に属する寺廟への巡礼が大きな意味をもっているのは興味深い事実である。

 周期性を有しない活動の筆頭には願掛け・願ほどきがあり、多くのクライアントは「老板」「老板娘」である。神仏の誕生日に行われる宣巻が、これらのクライアント以外に廟の神仏を信奉する多くの老婦女達からの寄付が醸出されるのに対して、願ほどきに際して行われる宣巻はほぼ「老板」「老板娘」に依存していると考えてよいであろう。そのほか、病気の治療を行う仏娘もおり、その際に神懸かりになるかどうかはそれぞれの資質や状況によるようであるが、衛生観念が浸透した現在においてはまず医者に診てもらうことを勧めると異口

同音に述べていた。

　以上、宣巻藝人にとって大口の顧客の1つである仏娘という宗教職能者が、郷村生活においてフォーマルな力が行き届かない空間において事実上浸透していること、その活動は営利的色彩が濃厚であり、近年の急速な経済発展に伴い勃興してきた「老板」と呼称される個人事業主や経営者を主要クライアントとしていること、彼らの注目を集めるために、体裁がよい宣巻活動を組織し、それを誇示することによって、自らに取り憑く神明の権威を示すことが肝要であると考えられていることが明らかになった。

おわりに

　本稿では、江蘇省呉江市で活動する一宣巻藝人の上演記録に基づき、数人の宣巻藝人や幾つかの村落における聴取調査を参照しつつ、宣巻という切り口から民間信仰と太湖周辺農村との関係について初歩的考察を行った。その際、近年の民俗文化復興の態様を明らかにするばかりでなく、伝統中国期との比較によってそれぞれの特徴を対照させ、農村における社会的文化的統合の変容を素描することに努め、以下のような手がかりを得た。

　①新編『呉江県志』の記載や老藝人の証言を総合すると、解放前の宣巻は戯劇や弾詞、民間故事を吸収して藝能化し、絲弦宣巻へと変容する趨勢にあった。宣巻の藝能化は一律に進行したのではなく、市鎮の富裕層などに好評を博した「書派宣巻」に対し、農村部の婦女には分かり易い木魚宣巻が受けたという対比があった。改革開放以降宣巻は再開され、解放前に活動歴がある第2世代の藝人や彼らの弟子である第3世代が活躍し、県志における「絶滅の危機に瀕している」という記述とは対照的な状況にある。

　②近年の中核を担う第3世代の特徴は、改革開放期に宣巻を学び、1990年代以降に活動を展開している点や、第1世代や第2世代の藝人との間に師弟関係、宝巻の継承など明確な継承性を有している点にある。本稿で取り上げた朱火生氏も第3世代の中堅としての立場にあり、また30代や20代の宣巻藝人も活動し

③朱氏の上演記録に基づきその活動空間の特徴を分析すると、班子の運営の安定にしたがって活動範囲が呉江市東部を中心に蘇州市や嘉興市などにも拡大していること、活動範囲は原則的にバイクで日帰りができる地点に限定されていることが判明した。上演地点の特徴を微細にみてみると、出身地域の人間関係、協力者やその紹介による顧客を通した口コミ、下手の人間関係や口コミ、大口の上演をもたらす仏娘や著名な廟の管理人との関係などによって変動しており、具体的な人間関係の中での評判に依存していることを看取できる。

④市鎮と農村との関係に着目して活動の特徴を解放前と対照してみると、解放前には市鎮の牌話という仲介人が担っていた情報の結節点としての機能は、近年では名刺や携帯電話によって代替され、全く確認することができない。もともと郷民の嗜好との親和性が高く市鎮における上演は多くなかったことに加えて、農村部における娯楽圏に対して市鎮が果たしていた機能が消失したことによって、農村における宣巻は市鎮における娯楽との差異を際だたせている。

⑤上演記録の「選巻性質」を、農村生活のサイクルという観点から、循環性があるものから希薄なものへという順に、Ⅰ年中行事、Ⅱ人生儀礼、Ⅲ願掛け・願ほどき、Ⅳその他、Ⅴ詳細不明、と分類して集計し、その特徴を概観した。圧倒的多数を占めるのが、Ⅲ願掛け・願ほどき、すなわち商売繁盛を祈願したり、感謝の意を表したりするために神仏に奉納する宣巻である。次いで、Ⅰ年中行事に分類される廟会や仏会であるが、村の集団的行事として行われるものがここに分類されている。解放前に比して減少しているのがⅡ人生儀礼であり、とりわけ冠婚葬祭は簡略化される傾向にあるようである。

⑥宣巻の上演場面を民間信仰の角度から集計・分析した結果得られた神明の内訳と信仰圏の特徴は次の通りである。判明するうちの3割を劉猛将軍が占めているのは神明の地域性を反映したものである。次いで、観音菩薩と諸仏については老婦女を主体とした仏会の存在を、財神や関聖帝君については商売繁盛に関する願掛け・願ほどきとの密接な関連を示唆するものである。信仰圏について言えば、自然村を主とする範囲、村の範囲を超えた近隣の地域を広く含む

範囲、マクロリージョンに準ずる広域の信仰圏、の3つを想定できる。指摘すべき点として、解放前に存在した土地廟と鎮城隍廟などの上位の廟との関係や近隣村落間との関係が絶無になっていること挙げることができる。

⑦宣巻藝人を呼ぶ側に焦点を合わせ、ⅰ）村落の共同行事として行われる宣巻の性質と、ⅱ）宣巻の組織者としての仏娘についてそれぞれ事例を取り上げた。ⅰ）についていえることは、ほぼ全村民による醵金で実施されている点においてかつての「共同性」の片鱗を残存させてはいるものの、あくまでも任意の活動に変容しているという点である。村廟・小廟の運営や関連の活動に対するスタンスには、積極的に行う老婦女を中心とする人々の繋がり、外部の世界に「出面」できる資質や名望を備えた人物、活動には直接参加しない「公的」な世界にいる人物という重層性が存在することを指摘できる。

⑧ⅱ）については、宣巻藝人にとって大口の顧客である仏娘という宗教職能者が郷村の生活空間において事実上浸透していること、その活動は営利的色彩が濃厚であり、「老板」と呼称される個人事業主や経営者を主要クライアントとしていること、クライアントの注目を集めるために、体裁がよい宣巻を組織してそれを誇示することによって、自らに取り憑く神明の権威を示すことが肝要であると考えられていることが明らかになった。

以上、近年の民俗文化復興の一端を示す宣巻に着目し、一藝人の上演空間に即して太湖周辺農村の娯楽圏や信仰圏の実態を分析した。農村部における娯楽圏や信仰圏に対して市鎮が果たしていた機能の喪失、市鎮と村落との関係の変容、村落の「共同性」の変質などが複合し、少なくとも娯楽圏や信仰圏については、農村と市鎮との乖離が際だっていることが本稿の指摘する要点である。とはいえ、本稿で言及した幾つかの論点については他の事例を蓄積することによる検証が必要であり、自然村を超出した管轄範囲を有する土地廟の実態やクライアント側からみた宣巻や民間信仰の意味、神明の霊異説話などについては殆ど調査を行うことができなかった。これらは今後の課題としたい。

註

（1）　可児弘明『民衆道教の周辺』風響社、2004年、257-285頁。代表的な成果として瀬川昌久『中国人の村落と宗族——香港新界農村の社会人類学的研究』弘文堂、1991年、がある。

（2）　三尾裕子「東アジア沿海地域に『民俗文化』の意味——20世紀末における再生・創造」三尾裕子編『民俗文化の再生と創造——東アジア沿海地域の人類学的研究』風響社、2005年、所収、では国民国家のよる統合規範によって排除されてきた「民俗文化」がグローバリゼーションの進展によって再生される現象を、中華文明グローバリゼーションの東アジア沿海部における広がりとして捉えている。

（3）　王銘銘『渓村家族——社区史、儀式与地方政治』貴陽、貴州人民出版社、2004年。James L. Watson, Rubie S. Watson, *Village Life in Hong Kong: Politics, Gender and Ritual in the New Territories*. Hong Kong: Chinese University Press, 2004.

（4）　林恵海『中支江南農村社会制度研究』上巻、有斐閣、1953年、1-2、27-30頁。福武直『中国農村社会の構造』〈福武直著作集第9巻〉東京大学出版会、1976年、217-220頁。

（5）　濱島敦俊『総管信仰——近世江南農村社会と民間信仰』研文出版、2001年。近代江南の民間信仰については、小田『在神聖与凡俗之間——江南廟会論考』北京、人民出版社、2002年、がある。

（6）　濱島敦俊・片山剛・高橋正『華中・華南デルタ農村実地調査報告書』『大阪大学文学部紀要』第34巻、1994年。

（7）　宗教史の分野の成果として、浅井紀『明清時代民間宗教結社の研究』研文出版、1990年、を、説唱文学の領域における代表的な成果として澤田瑞穂『宝巻の研究〔増補〕』国書刊行会、1975年、車錫倫『中国宝巻研究論集』台北、学海出版社、1997年、同『信仰・教化・娯楽——中国宝巻研究及其他』台北、学生書局、2002年、をあげておく。近年の調査として、磯部祐子「生き続ける宝巻（上）（下）」『東方』第188・189号、1996年、同「浙江における灘簧系演劇の再興」『富山大学人文学部紀要』第45号、2006年、が参考になる。

（8）　呉江市地方志編纂委員会編『呉江県志』南京、江蘇科学技術出版社、1994年、第21巻文化、第3章文学藝術、第4節民間戯曲曲藝。

（9）　澤田前掲書、34-38頁。

(10)　光緒『烏程県志』巻28風俗。
(11)　車前掲『中国宝巻研究論集』8頁。車錫倫『中国宝巻総目』台北、中央研究院中国文哲研究所籌備処、1998年、は氏によるもっとも網羅的な宝巻目録である。
(12)　蘇州市文化広播電視管理局編『蘇劇研究資料』第2輯、蘇州市文化広播電視管理局、2002年、37頁。当該資料は1960年代初に編纂されたものであり、掲載される老藝人に対する聞き取りの記録は貴重である。なお、当該資料の複写は張舫瀾氏に提供いただいた。
(13)　呉卯生氏聴取調査記録（2005年4月1日、2006年8月27日、日付は聴取調査実施日を示す。以下同じ）。なお、中国曲藝音楽集成編委会編『中国曲藝音楽集成・江蘇巻』北京、中国ISBN中心、1994年、1464頁、の、許維鈞の人物伝には、呉茂声と顧茂豊が弟子として下手を務めたことが言及されている。呉茂声は呉卯生氏であると思われる。
(14)　胡畹峰氏聴取調査記録（2005年3月31日、12月27日）。
(15)　前掲『中国曲藝音楽集成・江蘇巻』1464頁。
(16)　沈祥雲氏聴取調査記録（2005年9月9日、2007年3月23日）。楊申亮氏が呉江市文教局で入手した檔案によれば、顧茂豊は自らが属する公社外における1963年1月15日の上演に対して臨時上演唱証を申請し、許可されている。「関于流動藝人登記証的批復（1963年1月11日）」呉江市檔案館蔵。
(17)　呉卯生氏聴取調査記録。
(18)　芮士龍氏聴取調査記録（2005年8月12日）。
(19)　呉卯生氏聴取調査記録。
(20)　『呉江日報』2006年6月12日「"同里宣巻"完成蘇州市非物質文化遺産申扱工作」。
(21)　沈祥雲氏は許維鈞に師事したこともあった。
(22)　車前掲『中国宝巻研究論集』30-32頁。その後、車前掲『信仰・教化・娯楽』147-150頁、ではこの部分に関する記述を修正し、儀式の簡略化と娯楽性の増加や新世代の藝人の登場によって活動空間を見いだしているとしている。
(23)　呉卯生氏聴取調査記録。
(24)　朱火生氏聴取調査記録（2004年9月27日、12月26日、2005年4月4日、8月5日、8月6日、8月20日、12月21日、2006年3月28日、8月29日、10月29日、2007年3月18日）。
(25)　沈祥雲氏聴取調査記録。

(26) 呉卯生氏聴取調査記録。
(27) 同様の上演記録は書式の差こそあれ、多くの藝人が記録している。管見の限りでは胡晥峰氏、芮士龍氏、江仙麗女史が上演記録を有していた。
(28) 濱島敦俊「甦る大陸漢族の土神たち」『東方』第249-261号、2001-2002年。
(29) 新編県志に言及される上演報酬の宣唱者の2股、他の構成員は1股という比率は現在でもほぼ踏襲されている。宣巻1回に対する班子全体の報酬は400元前後が相場である。
(30) 『呉江県志』第1巻建置区画、第2章行政区画。また、近年の行政区の変化については、http://www.xzqh.org/quhua/32js/0584wj.htm を参照のこと。
(31) 嘉善県志編纂委員会編『嘉善県志』上海、三聯書店、1995年、第30編文化、第2章民間文藝、第3節宣巻、嘉興市志編纂委員会編『嘉興市志』北京、中国書籍出版社、1997年、第42編文学藝術、に拠れば、嘉善宣巻は蘇州・呉江から伝わったという。1990年代初頭に活動中の藝人として大瞬郷の宣巻班子に言及されている。崑山市地方志編纂委員会編『崑山県志』上海、上海人民出版社、1990年、第22編文化、第3章文学藝術、第2節戯劇曲藝、は、周荘郷から宣巻が広がったとし、上海市青浦県志編纂委員会編『青浦県志』上海、上海人民出版社、1990年、第28編文化、は、改革開放後商榻郷で宣巻が盛行していると述べる。
(32) なお、栄字村は半農半漁の郷民が多数を占める特殊な村落である。蘆墟鎮志編纂委員会編『蘆墟鎮志』上海、上海社会科学院出版社、2004年、第1巻地理、第1章建置区劃、第4節鎮区農村、によれば1960年代に多くの漁民がいたが、後の漁業改革に伴って純粋な漁民は蘆墟鎮や幸塔鎮に設置された漁業村に移住したことが聴取調査により判明した。
(33) 朱火生『生意表』2006年9月1日の条。
(34) 呉江市北厙鎮地方志編纂委員会編『北厙鎮志』上海、文匯出版社、2003年、第17巻文化・体育。
(35) 費孝通『江村経済——中国農民的経済生活』北京、商務印書館、2004年、91頁。
(36) 樊樹志『江南市鎮——伝統的変革』上海、復旦大学出版社、2005年、463-471頁。また樊氏は1946年に実査された茶館営業調査檔案を分析して呉江県の市鎮には約69戸につき1軒の茶館があったことを明らかにしている。同書458-461頁。
(37) 沈祥雲氏聴取調査記録。
(38) 芮士龍氏聴取調査記録。他の藝人がほぼ10％であったとしているのに対して、

芮士龍氏のみが 5 ％としている。
(39) 最近の傾向として指摘しておくべき点は、市鎮の周辺に設置された新区における上演が増加していることである。新区には開発対象となった農村から住民が集団移転している場合が多く、移転前の風習をそのまま保持している傾向があるものの、将来市鎮の街区と一体化する趨勢にあることが推測されるため、今後の変化に注視する必要があろう。
(40) 2006年12月の上演回数は 6 回であるが、これは朱氏が10日間入院していたことが影響したものであり、入院が無ければ2005年並の上演回数になったと述べている。
(41) 朱火生氏聴取調査記録。
(42) 観世音の生誕日は一般に 2 月19日とされており、このような「勘違い」も興味深い現象である。窪徳忠『道教の神々』講談社、1996年、117頁。
(43) 現在、荘家圩廟の跡地には泗洲禅寺が建立されており、新編地方志でも泗洲禅寺として扱われているが、現地住民には荘稼圩廟と認識されている。『蘆墟鎮志』第13巻文物古跡、第 3 章古建築。
(44) 浦愛林氏聴き取り調査記録（2005年 8 月 7 日、12月25日）。「七月半」（亡人節）という年中行事では祖先祭祀が行われたが、この期間には行われるのが青苗会であり、「待青苗」「待仏」とも称された。村内で醵金して民間藝人や劇団を招いて上演させ、神仏に平安や豊作を祈願した『北厙鎮志』第18巻社会、第 1 章民間風俗、第 1 節時令節日。
(45) 呉卯生氏聴取調査記録。呉江の宣巻藝人は「白喜事」（葬儀）の際の宣巻を行わないと述べているが、筆者は2004年12月25日に黎里鎮毛家池村において道士によって行われた死者の死亡日から35日目に行われる脱白儀式（做五七）の後で、朱氏が宣巻を行うのを参観した。車錫倫氏に拠れば、民衆の需要に対応した地域の民間信仰活動の変容にしたがい、宣巻は葬儀においても行われるようになっているとする。車前掲書、147-149頁。
(46) 胡晩峰氏聴取調査記録。なお、接仏を行う際には「請仏調」という曲調が用いられる。朱火生氏聴取調査記録。
(47) 廟では主尊以外にも一般には陪神が祀られていることに贅言は要さない。窪前掲書、110-114頁。
(48) 劉猛将軍信仰の詳細については、車前掲『中国宝巻研究論集』199-233頁、濱

島前掲書、53-65頁、などを参照。

(49) 例えば、隣村の翁家港村の集落はクリークを挟んで港北と港南に分かれていたがそれぞれ村民宅に劉王像が保管され、廟会の際に引き出されたという。金宝栄氏聴取調査記録（2006年9月13日、10月29日）。

(50) 上演記録に現れるこの類型に準じる廟には同里鎮葉沢行政村史家庫村の府城隍廟や松陵鎮南庫行政村の城隍廟や財神堂などが挙げられる。城隍神であることや南庫行政村が曾ては小鎮であったことを考えるとむしろ上位廟としての性格の残滓と考えるほうが自然であるかもしれない。小城隍については、濱島敦俊・顧希佳「浙江省蕭山小城隍廟調査報告――城隍廟覚書（1）」『大阪大学文学部紀要』第39巻、1999年、を参照のこと。

(51) 本書第Ⅱ部太田論文参照。

(52) 網船会については、『嘉興市志』第45編社会風俗方言、王水『江南民間信仰調査』上海、上海文藝出版社、2006年、などを参照。近年の様子を捉えた写真集に、張覚民『網船会影像』上海、上海人民美術出版社、2003年、がある。

(53) 『蘆墟鎮志』第13巻文物古跡、第3章古建築。荘家圩廟については本書呉滔論文参照。

(54) 楊震廟と漁民の信仰については、太田前掲論文参照。現在の楊震廟はかつての東嶽廟跡地に再建されたものであり、民衆の信仰を集める「楊老爺」は必ずしも楊震であるとは限らないようである。『金沢小志』巻1風俗、及び巻3祠廟。嘉善県政協文史委員会・嘉善県志弁公室編『嘉善文史資料第10輯――嘉善風俗小志』1995年、132頁、では厳嵩の学生の息子という説に言及している。

(55) 横塘鎮志編纂委員会編『横塘鎮志』上海、上海社会科学院出版社、2004年、第15章民俗、第4節上方山廟会。旧時巫婆の中には自らを上方山姆姆の「乾女児」（義理の娘）と称する者もいたという。

(56) 清末の杭州の風俗を記した『杭俗遺風』に拠れば、正月から2月にかけて蘇州や嘉興、湖州、杭州一体の郷民が雲集し、城内の城隍廟や天竺や四大叢林にある各寺廟の参拝に訪れたという。范祖述『杭俗遺風』（同治3年手抄本、本稿では成文出版社の中国方志叢書収録の影印本を参照した）時序類「下郷香市」。

(57) 朱火生氏聴取調査記録。

(58) 福武前掲書、217-220頁。筆者が調査した村落における宣巻は村落の共同祭祀として行われている場合でも参加者はほぼ自然村を範囲としており、自然村を超

出した管轄範囲を有する土地廟における上演を目撃することはなかった。また、「作社」を行う土地廟の下位ユニットと土地廟の領域との関係についても、濱島等前掲『華中・華南デルタ農村実地調査報告書』の成果を踏まえた上で、今後聴取を進めていく必要がある。今後の手がかりになると思われる事例に1つだけ言及しておきたい。筆者が集中的に聴取調査を行った大長浜村における宣巻は近年では自然村を範囲として行われており、解放前における廟会も大長浜村を範囲としていたとする老農民が多い。しかし、同一行政村に属する大長港村がかつては廟会に参加していたとする証言や、大長港が独自に関帝廟を有していることを考慮すると、大長浜と大長港を範囲とする土地廟の管轄範囲の存在を推測させる。以上の課題については今後の現地調査に期したい。

(59) 濱島前掲『総管信仰』205-219頁。当該の論点は、呉滔「清代蘇州地区的村廟和鎮廟——従民間信仰透視城郷関係」『中国農史』2004年2期、などでも検討されているが、濱島氏の影響が強い。市鎮における廟会については、樊前掲書、425-443頁。

(60) 詳細は第4章を参照のこと。

(61) 例えば、濱島敦俊氏は青浦県練塘鎮泖甸行政村における聴取に基づき、1920年代後半から1930年代にかけての伝統的風習の解体を指摘している。濱島等前掲『華中・華南デルタ農村実地調査報告書』124頁。

(62) 楊愛林氏聴取調査記録（2005年8月7日、12月28日）。

(63) 村落の下部組織の段については費前掲書、98-101頁、でも言及されている。また、蘆墟鎮北草里では複数の「角」があり、「角」が輪番で廟会の「当会」（責任者）を務めた。呉滔前掲論文参照。

(64) 楊愛林氏聴取調査記録。

(65) 楊小龍氏聴取調査記録（2006年9月6日、2007年3月17日）。

(66) 楊徳卿氏聴取調査記録（2006年9月5日）。

(67) 解放前に村を挙げて行われていた春台戯も近年では殆ど行われなくなった点にも言及しておく。

(68) 当該帳簿は文字や数字の記録をつけるのが苦手である宣巻の組織人の老婦女にかわって徐海龍氏が記録をしていたものである。

(69) 楊前方氏聴取調査記録（2004年9月5日、2005年12月28日）

(70) 秦兆雄氏による湖北の事例に拠れば、改革開放後に富裕化したのは解放後「悪

い階級」とされた家族であり、その一因として「家風」が指摘されている。秦兆雄『中国湖北農村の家族・宗族・婚姻』風響社、2005年、307-312頁。
(71)　呉卯生氏聴取調査記録。
(72)　長巨行政村の仏娘聴取調査記録（2006年12月25日、2007年3月22日）。
(73)　濱島前掲『総管信仰』97-111頁。
(74)　可児氏も信仰の担い手の中核をなす婦女子におけるかかる傾向を指摘しつつも、漢族文化の地方化のプロセスに着目する立場から民間文化における道教の残滓を強調する。可児前掲書、9-13頁。
(75)　張塔行政村江大庵の管理人聴取調査記録（2005年8月20日、2007年3月22日）。
(76)　長巨行政村の仏娘聴取調査記録。

荘家圩劉王廟と村落社会

呉　滔
（吉田建一郎訳）

はじめに

　近年の民間信仰研究は、信仰が農民に社会的共同性を形成させる重要な契機となるだけでなく、外部に対する集団的な「帰属意識」が表出したものであるとの視点から進められつつある。かかる視点を有する研究の多くは華南地域を対象としたもので、相対的に江南デルタ社会に関する研究は少ない。多数の研究者の関心は今なお水利、徭役、商品生産などを紐帯として形成された「はっきりと目に見える」共同体に払われている。

　かような研究動向にあって、濱島敦俊氏は祭祀ないし信仰の中に共同体的関係と組織を見出しうるのではないか、さらにそこに農民の日常生活中の諸関係、たとえば民衆の思考様式や社会結合の特質が反映されているのではないかと考えた。そして1980年代以降、地方文献の収集と聴取調査（フィールドワーク）に積極的に取り組み、その成果に基づいて、共同体的信仰構造が江南デルタの社会経済史的過程に適応しつつ変動したことを明らかにした。具体的には、明末清初以降の江南デルタにおける鎮城隍と「解銭糧（解天餉）」慣行の出現は農村の商業化・都市化、市鎮の発達、「郷脚」の形成の宗教的表現であること、小農経済と市場との関係が深化するに伴って、農民の日常生活圏が「村」の範囲を超えて、特定の市鎮を中心とする一定の地域範囲に拡大したことを明晰に描出した[1]。

　一方、リチャード・ヴォン・グラン（Richard Von Glahn）氏は、太湖盆地における12〜19世紀の社会アイデンティティ、宗教信仰とその実践との間の関係

について重点的に考察を加えた。そこでは都市と農村の間に階層性があることを確認すると同時に、宗教祭祀の論理と構造において両者は基本的に一致すると考えた。彼は、一元化された国家によって厳格に規定された階層性の視点から地域の宗教を理解することの限界性を指摘し、さらに民間祭祀を家祭神、保護神、主宰神の3つのレヴェルに分け、ある神が行使しうる権力は他の神々より大きいが、いずれの神にも特化された御利益があり、それも時と場所によって変わりうることを主張した[2]。ヴォン・グラン氏の分類は、確かに江南デルタの民間信仰の多元的で複雑な地域的特性を表現しているが、各地域で霊験があり信仰されている「土神」の出現と変容の背景に、それぞれ歴史的な民間故事・霊異説話が存在することを見過ごしてしまっている。それに対し濱島氏は史料上の制約の中で、推論によりつつ論理を組み立てざるを得なかったが、「土神」にまつわる民間故事・霊異説話の分析を通して地方社会の変遷を透視しようとするその研究手法は、極めて有用であり広く提唱されるべき価値を具えていることは疑いない。

　江南デルタは文献史料が豊富ではあるが、士大夫によって記述・編集された随筆、文集、地方志等には土神に関する記載は少なく、聴取調査によって手がかりをつかむ他ない。しかし一方で、聴取調査によって得られる口碑資料は、往々にして文献史料のような明確な時間的序列が欠如している。また、もし村民個人の心情と経験から出発すれば文化的象徴を見出すことは可能であろうが、地域社会の有する「集団の記憶」と歴史的な歩みとの相互作用が軽視されるならば、おそらく地域社会の素顔を理解することは難しくなるであろう。我々は「集団の記憶」としての民間故事・霊異説話の中に、しばしばこれら故事・説話が形成された時期の特定の歴史的環境に相応した社会的文化的意味が含まれ、また廟宇の空間的配置と諸廟宇間の関係にも長期にわたる歴史的変遷の中で何重にも累積されてきた様々な意味が内包されていることを見落としてはならないのである。

　2003年以来、筆者はたびたび江蘇省呉江市蘆墟鎮等を訪れて景観調査と聴取調査を行い、特に蘆墟鎮草里村の荘家圩廟、該廟と周辺村落・市鎮との関係に

ついて検討してきた。荘家圩廟について記された最古の記録として光緒『周荘鎮志』、費善慶の手になる『垂虹識小録』などの文献史料があり、廟宇の起源について重要な手がかりを与えてくれる。ただしこれらの文献の僅かな記述のみでは、廟の管理運営や「出会」（廟の老爺をかついで村々にある圩の周りや附近の郷鎮を巡回すること）の情況を詳細に知ることはできない。1990年代に至ると、蘆墟鎮在住の地方文史工作者であった朱文華、陳明経、柳義南等各氏がそれぞれ幼少期に偶目にした荘家圩廟の廟会について回想しているが[3]、蘆墟鎮人の立場から記述されているという性格が強く、そこから草里村及び近隣村落の人々の声を汲み取ることはできない。蘆墟鎮在住の郷土史家である張舫瀾氏は数回にわたって草里村を訪問し、「呉江荘家圩猛将会調査」という一文（未定稿）を執筆した。訪問した老人の一部は現在すでに他界しているため、その調査の価値は極めて高いものとなっている。ただし惜しむらくは、聴取対象となった老人たちの略歴が述べられていないうえ、聴取で得られた情報がいつの頃の事かという時間の問題に十分な意識が及んでいないことであろう。

　荘家圩所在の草里村は蘆墟鎮の西北に位置する。南は孫家湾、屠家柵の2村に隣接し、西は小白蕩、北・東も三白蕩と呼ばれる水面に面していた。三白蕩は太湖流域で風浪が大きなことで有名で「蘆墟三白蕩、無風三尺浪、有風丈二浪[4]」という諺言がある。2005年8月〜9月に筆者は草里村とその周辺村落、蘆墟鎮の15名の老人を訪問し、20世紀初における荘家圩廟の組織管理と「出会」の情況について聴取を行った。聴取対象とした15名の略歴は次頁に掲げる表のとおりである。

　聴取対象者のうち最高齢は張四慶氏で1915年生まれ、最も年齢が低いのは孫奎林氏で1931年生まれである。聴取の過程で、筆者が耳にした内容に矛盾が生ずるのは免れがたいことであるが、矛盾それ自体が人々の荘家圩廟に対する認識の違いを表している。そうした認識が形成されるまでに実際には絶えず「選択」が行われているのであって、自己にとって都合のよい内容は強調され、不都合なものは忘れさられてしまうのである。以下では、聴取記録を詳しく紹介し、文献史料をつきあわせながら、それらの背後に示される都市と村落および

表 取材対象者一覧表

聴取対象者	居住地	生年	文化レヴェル	土地改革時の身分	幹部経験の有無
徐栄春	北草里	1916年	私塾で5年間学ぶ	中農	無
張四慶	北草里	1915年	勉学期間は1年未満	貧農	無
呉宝和	中草里	1920年	通学経験なし	雇農	無
顧富章	南草里	1919年	2年間の勉学期間	下中農	生産大隊長
張其生	南草里	1922年	通学経験なし	貧農	無
張金寿	孫家湾	1922年	通学経験なし	雇農	生産隊副隊長
孫奎林	孫家湾	1931年	村の私塾で3年間学ぶ	中農	無
屠宝奇	屠家柵	1924年	古書をいくらか読んだ経験はあるが多くはない	下中農	生産隊長
顧庭棟	西張港	1926年	私塾で7年間学ぶ	貧農	生産隊の会計
袁勁松	蘆墟鎮	1927年	私塾で5年間学ぶ	職工	無
陸金鑫	蘆墟鎮	1927年	私塾で5年間学ぶ	職工	無
朱文華	蘆墟鎮	1929年	6年間の勉学期間	職工	供銷社の書記
陳明経	蘆墟鎮	1928年	小学校卒業	職工	公社の書記
王剣秋	蘆墟鎮	1929年	5年間の勉学期間	貧農	大隊の書記
陳海生	城司	1925年	古書を読んだ経験あり	中農	大隊の書記

村落間関係について検討していく。

1 「南北三草」と荘家圩廟

　新編『蘆墟鎮志』の記載によると、草里村は北草里と南草里という2つの自然村から構成され、中卿・北既・大既・南既・北室・西既の6圩と南室圩の半分を管轄していた（図を参照）(5)。歴史上この地域は「南北三草」と呼ばれた。つまり北草里、中草里、南草里である。北草里は大既・南既・西既・北既を含んでいた。南草里は北室圩と南室圩の半分を含み、中草里も南室圩にあった。中草里の所在地は「小圩」とも呼ばれた。中草里は僅か数戸のみだったので、

しばしば南草里の一部であると見なされ、「小南草」とも称された[6]。荘家圩廟は南室圩上に在った。

徐栄春氏が聴取で述べた内容と新編『蘆墟鎮志』のそれとの間の食い違いは少ない。張四慶、呉宝和、顧富章の3氏は皆な、北草里は南既・大既・西既圩のほかに「新田圩」と「北田圩」を含んでいるとしたが、「北既圩」については言及しなかった。新田・北田の2圩

図1　荘家圩廟と周辺村落

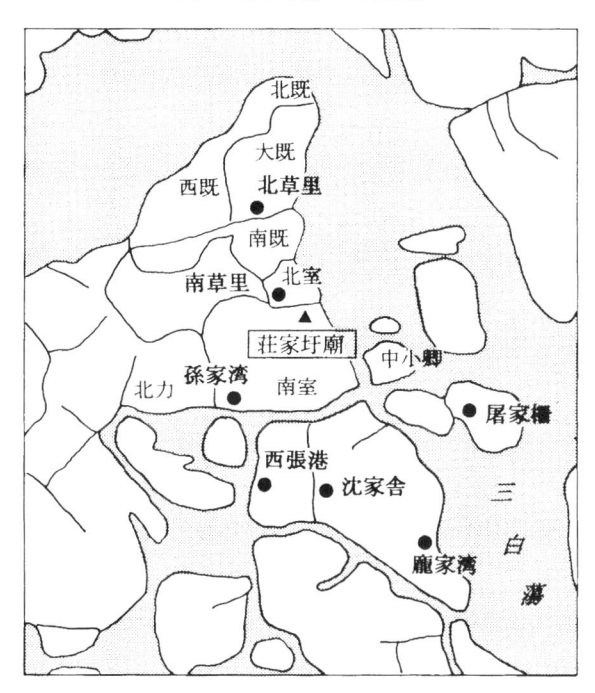

は北既圩の別称なのかもしれない。康熙24年（1685）の『呉江県志』と乾隆『呉江県志』の記載によると、南既・北既・西既・大既・南室・北室・北力の7圩はもともと呉江29都9図に属していたが、順治14年（1657）に呉江県知県の雷珽が均田均役法を実施して、全県を対象に改めて区画編制を行った結果、上記7圩は28都8副扇48図に属することとなった[7]。このように北既等の圩の歴史は少なくとも清初にまで溯ることができると思われるが、残念なことに2つの『呉江県志』には7圩に対応する村落について言及がない。現在、村落と図圩との対応関係を記した最も古い地方文献は、呉江市図書館古籍部に所蔵されている光緒年間の抄本『江震両邑圩目冊』であり、次のように記されている。

　　廿八都八副四十八図汾七圩附近蘆墟

大既	戈家草
南既	又
西既	戈家草
北既	又
北力	孫家湾
孫湾南室	又
戈草北室	戈家草[8]

　ここから28都8副扇48図は2つの村落、すなわち戈家草と孫家湾を含んでいたことがわかる。ここに見える戈家草は草里と考えられるが、戈家草から草里にいつ改称されたかについては知りえない。聴取調査でも戈家草という名称を知っている人は無かった。『江震両邑圩目冊』の第1頁にある「光緒二十五年」という言葉から推測すると、草里が戈家草に改称したのは清末民初以後のことであろう。一方、孫家湾は草里の西南に位置する村落で、歴史的には戈家草（＝草里）と同じ図に属し、北力圩と南室圩の半分を含んでいる。草里付近の村落としては他に屠家柵、沈家舍、西張港、石家湾、江家湾などもある。これらの村落は29都1正扇2図、つまり明代の29都10図に属していた。また現在、草里村が管轄する中卿圩は清代には龐家湾に属していた[9]。

　ここで疑問点として浮かんでくるのは、これほど多数の圩名が登場するにもかかわらず、「荘家圩」が全く見えないことである。筆者はかかる点について徐栄春氏にたずねた。

　　問：ここに荘家圩と呼ばれる圩はありますか？
　　答：ありません。この〔村落の〕地基は荘家圩といいます。廟も荘家圩といいます。昔の言い方をすれば、荘とは田舎、村里のことで、家は人家、圩は圩のことです。
　　問：荘家圩という圩は無いのですね？
　　答：圩は南舍圩といいます。

　徐栄春氏の説明はやや字義に偏る傾向がある。周知の如く、江南デルタの圩名の多くは「千字文」に従っていた。「凡田、区以領図、図以領圩、圩以字拆

号、以数編賦⁽¹⁰⁾」とあるように、これは賦役制度の下で区画された序列の一部であった。こうした官憲側の区画とは別に、民衆は自らの独自の呼称を有していた。上記の「新田圩」「北田圩」という名称はその一例であろう。張四慶氏が言及した、南草里に属する圩名もまた、他人の呼称とは完全に異なっていた。彼は南草里が「小卿圩、低田圩及び本圩から構成され」、さらに本圩が荘家圩であると話した。

　この荘家圩という呼称が広がったために、荘家圩廟について記した最古の文献の中で遂に廟宇所在の村落を「荘家圩村」としたのかもしれない。光緒『周荘鎮志』巻6「雑記」には次のようにある。

　　我呉自湯文正公毀除上方山五通神像、淫祀遂絶。乾嘉以来、此風漸熾、郷里姦巫往往託為妖言以惑衆。有陳三姑娘者、鎮南之郷人因犯淫、其父怒而沈諸宗家蕩、未暮年所狎十七人皆死、同為厲鬼。人病詣卜、輒云三姑為祟、三四十里間、謹事之、且絵其像以鬻於市、金沢・張堰等処亦有其廟。毎歳三四月、廟中香火如繁星、艤舟者至、不能容人趾相錯於途、而平時以牲帛酬神者尤無算。金沢三姑廟旁又有楊爺廟、与三姑相若、亦為世俗所崇奉。同治壬申夏五月、応方伯宝時命青浦令毀其像、封其廟、幷及三姑。然居民逐什一者、因廟祀以為利、故未幾即復。近一二十年間、又有荘家圩神者、在鎮西南三白蕩濱之荘家圩村、瀕水立廟、奉像其中、神不知其為何姓名、而遠近争伝。其異謂、夜嘗有火光入廟、為廟祝者不敢寝於廟中、寝則比寤、而身已在廟外、臨臥水濱、一転側将溺矣。因是求嗣者、求利者、求医薬者甚有士人而往求科名者、香火牲帛之盛、無日無之。得一効、則酬神之家、或迎神以帰、侈陳鼓楽酒食而祀之、尽日乃畢、以為敬。初僅一神、不足以給衆人之迎、遂増塑其像、故迄今髣髴者有六七神焉、而廟中猶時有無神之日。廟祝皆村中人、輪流為之、為其獲厚利也。此皆淫祠之継五通而滋萌者。

　この『周荘鎮志』を陶煦が編纂したのは光緒8年（1882）のことであったから、荘家圩廟の出現は同治年間であると思われる。費善慶（呉江県人）『垂虹識小録』にも『周荘鎮志』の後半部分が引用されている。内容はほぼ同じであるが、唯一の相違は「近一二十年」を「近二三十年」に書き換えていることであ

り、これは『垂虹識小録』の成立がやや遅かったためであろう。また『周荘鎮志』の前半部分は道光年間の柳樹芳『分湖小識』に見られる。そこには以下のように書かれている。

> 我呉自湯文正公毀除楞伽山五通神像、而淫祀遂絶。百餘年来、流弊漸生、郷里姦巫、往往託為妖言以惑人漁利。近蘆墟東有陳三姑孃者犯淫、父沈諸宗家蕩、未周年所狎十七人悉招下地、同為厲鬼。人病詣卜、咸云三姑為崇、三四十里間、皆謹事之、至有三姑神馬鬻于店、始行於郷、漸流城市、近且松属金沢・張堰等鎮各有其廟、糜費人間、牲帛、歳以万計。習俗之愚、一至於此、是在長民者有以禁之也。

ここから康熙年間に湯斌が淫祀を拆毀した後、乾隆・嘉慶年間に至るまでに、江南デルタ各地で土神の廟が多数出現し、陳三姑娘や楊爺などの土神が次第に信仰を集めるようになっていったことがわかる。荘家圩神の出現はやや遅いものの、広く信仰を集め、人々は争って神を迎えた。ゆえに廟宇を管理する廟祝は巨利を得ることができた。上記の『周荘鎮志』には「神不知其為何姓名」とあるが、筆者の聴取調査によれば、廟宇に祀られている「荘家圩大老爺」とは「劉皇老爺」、すなわち「劉猛将軍」である。

「劉猛将軍」と江南に古くから根強く存在する劉姓神信仰との間には深い関係がある[11]。雍正3年（1725）に直隷総督の李維鈞は、劉猛将軍（劉承忠）が蝗害をよく防いだことから、国家の祀典に列入するよう雍正帝に上奏した[12]。これ以後、以前から江南デルタに多数存在した劉姓神信仰が、劉猛将軍（劉承忠）に収斂されることになった。劉姓の人格神の圧倒的大多数は本来、劉猛将軍（劉承忠）と何の関係も無かったが、信仰する神を劉猛将軍（劉承忠）であると公言しさえすれば合法性を獲得しえた。猛将堂と劉王廟は広く郷村に普及し「遠近各村無地無之、甚有一村而分立数祀者、祀神之所亦不一、或立小廟、或附于庵院、或供于家[13]」とも記された。荘家圩廟が「劉猛将軍」を祀るのもまさにこうした背景があったかもしれない。徐栄春氏は、先祖代々の言い伝えによれば、荘家圩廟はもともと決して大きくなく「2回の変動があった（そのとき初めて大きくなった）が、具体的な時間ははっきりしない」と回想してい

る。同治年間の建廟はおそらく2回目の変動であろう。廟宇は2進の奥行きがあり、両側には廂屋、前には牌楼があった。新編『蘆墟鎮志』の記載によれば、1950年代初まで、廟の匾額には荘家圩の3文字があり、祠・廟の呼称は無かった。1950年代後期に至ると、廟宇は次第に破壊され、現在の廟宇は草里の村民が1990年代初に再建したものである[14]。該廟には3つの劉皇老爺が祀られ、それぞれ「大老爺」「二老爺」「三老爺」と呼ばれる。また徐栄春、張金寿、呉宝和ら3氏の回想によれば、かつてさらに2つの「小老爺」が祀られ、徐栄春氏と張金寿氏はそれらを総管老爺であると言い、呉宝和氏は劉皇老爺の雇用人であると説明した。これら2つの「小老爺」と劉皇老爺の間、3つの劉皇老爺の間にそれぞれ如何なる関係があるかを明確に説明しうる人はすでに存在しない。上記の『周荘鎮志』に見える「初僅一神、不足以給衆人之迎、遂増塑其像、故迄今髣髴者有六七神焉」の一文が何らかの手がかりを与えてくれるかもしれない。

　草里村には荘家圩廟のほか、さらに大既圩に1間2進の三官堂があって、中には三官老爺と楊伯老爺を祀る。西既圩にも1間の「小廟」があり、財神菩薩と土地公公を祀っている。張金寿氏の回想によれば、草里と同じ図に属した孫家湾には1間の観音堂があった。荘家圩廟について詳しい、孫家湾村の村人である孫奎林氏は、孫家湾には単独の廟はないと断定するから、観音堂は村にとって取るに足らぬものであったと考えられる。

　ところで、筆者が屠家柵という村落を訪問した際、屠宝奇氏から聴取したところによれば、かつて孫家湾と草里との間に荘家圩廟の帰属をめぐって大きな紛争があったという。氏は次のように語った。

　　解放前、孫家湾と荘家圩はこれ（廟の帰属）をめぐって争いを起こしたことがあります。なぜならこの廟の「公禄」と土地はともに草里に属していましたが、孫家湾にも田を有していたからです。……後に草里に住む金家の者が仲介者となって問題を解決しました。

　荘家圩廟所在の南室圩は南草里と孫家湾がそれぞれ半分を占め、孫家湾と草里（＝戈家草）も長期にわたって1つの図を共にしていた。孫家湾と草里の2

つの村落間で発生した紛争は、劉皇老爺の故事の信憑性を大きく高めるものである。孫家湾の張金寿氏を訪問した時、筆者はより多くの情報を得ることができた。

問：荘家圩はあなたがた（孫家湾）に属しているのですか、それとも草里に属しているのですか？

答：草里です。かつてこの廟（の帰属）をめぐって草里と争ったことがあります。南室圩に「百脚田埂」があり、該廟はまさに「百脚田埂」の上に在りました。争いに勝った方が「百脚田埂」（廟）を得たのです。

問：それはいつのことですか？

答：かなり前のことです。太太公（曾祖父）の時にはすでにありました。

問：荘家圩側が「百脚田埂」と呼んだのですか？

答：そうです。「百脚田埂」とはまさにその時の孫家湾との境界で、その向こう側が荘家圩でした。争いが起きた時は、……草里は人が多く、孫家湾は勝てませんでした。だめでした。

問：その時、北草里の金家が仲介して問題を解決したことを知っていますか？

答：それは知りません。金家はあります。名門です。嘉興の人です。

問：「百脚田埂」は解放前にはもうすでにありましたか？

答：ありました。

問：これが２つの村落の境界だったのですね？

答：そうです。境界線です。

問：荘家圩は境界線の外にありますか、それとも内にありますか？

答：今はどちらでもなくなりました。解放後に取り払われ、南北が通じるようになったのです。南側がわれわれ孫家湾で、北側が草里です。

問：南側を孫家湾とし、北側を草里としているのですね？

答：はい。

問：荘家圩廟はちょうど境界線上にあるのですか？

答：はい、真ん中です。廟から出るとそこが「百脚田埂」でした。

　草里と孫家湾の間の紛争が如何に処理されたかについて、張金寿氏と屠宝奇氏の話には食い違いがある。屠氏は草里の金家が表に立って解決したといい、張氏は人数で優勢な草里が孫家湾に勝ったといった。いずれの記憶が正確かは知るよしも無いが、たぶん以下のように推測できよう。荘家圩廟はちょうど孫家湾と草里の境界（百脚田埂）上に建てられ、廟の帰属は明確でなかった。しかし廟祝が「巨利を得られる」という理由から、帰属が重大な争点となった。つまり帰属争いの背景には利益の争奪があったのである。孫家湾は人数が少なかったため草里に敗れ、該廟は「南北三草」に帰属することとなった。たとえ草里の有力者が仲裁を行っても、孫家湾の面目を保つにすぎず、孫家湾もそれに感謝の念を持つはずはなかった。

　さらに興味深いのは、『江震両邑圩目冊』の中で「南室圩」を孫家湾の下に記し、さらに「南室圩」の前に「孫湾」の２字を書き入れて強調し、「北室圩」の前にも「戈草」の２字を書き入れていることである。これは隣接する南室圩と北室圩の間の境界線が、戈家草と孫家湾の境界であることを意味していよう。そうでなければ強調する意味がない。廟の帰属をめぐる２つの村落間の紛争が『江震両邑圩目冊』作成以前か否かについて判断する材料はない。ただしこの紛争が２つの村落の間に新たな境界を画す１つの契機となった可能性はある。もし南室圩がかつて孫家湾にのみ属していたのであれば、紛争後に二分され、その一部が草里に含まれた可能性が高い。もしその一部が草里の人々に「荘家圩」と呼ばれたと推測するならば、廟名の由来に関する一切の疑問は氷解する。上述の如く、徐栄春氏は「この〔村落の〕地基は荘家圩といいます。廟も荘家圩といいます」といい、張四慶氏も荘家圩を「本圩」と呼び、いずれも荘家圩廟の地基が相対的に独立しているという「歴史的記憶」を有している。２つの村落間関係における廟をめぐる紛争の意義はかなり重要だったと考えられ、廟の帰属の決定と同時に村落の境界も確定したのであった。

　時が流れるにつれて、「金家の者が仲介した」ことは孫家湾の人々の記憶から次第に消えていき、傍観者的立場にある屠家柵の人々がかえって事件の細部

を記憶に「保存」してきたのである。「百脚田埂」の話は孫家湾の人々の脳裏からずっと離れないでいた。たとえ彼らが後に荘家圩廟の帰属を黙認しても、なお過去の紛争については忘れることができなかった。

一方、勝利者である草里の人々にとってその紛争を記憶する必要は全くなかった。なぜなら、もう孫家湾の人々は自分たちのライバルたりえぬからであった。「南北三草」における聴取では、その紛争について何の情報も得られなかった。聴取対象者に紛争について質問すると、彼らはすぐに否認したり話題を換えたりしようとした。たとえば、徐栄春氏とのやりとりは以下のとおりである。

問：この廟をめぐる争いについて聞いたことはありますか？

答：ありません。

問：金家が仲介となって問題を解決したという話を聞いたことがありますか？

答：ありません……争いは……昔ありました。大勝の「出会」の時にありました。一緒に舟をこいだら、孫家湾側の老爺が小さくて荘家圩に及ばず、舞龍に参加した人も少なかったので、争いが始まりました。東浜の沈家が助けにきました。それは数百年も前のことです[15]。

問：彼ら（孫家湾）の老爺は何ですか？

答：劉皇です。

問：それは老人から聞いた話ですか？

答：そうです。老人から聞きました。昔から伝わっている話です。

問：大勝と沈家はどんな関係にあるのですか？

答：彼ら（沈家）も劉皇老爺、われわれも劉皇老爺を祀ります。草里の劉皇老爺は霊験があり、舞龍に参加した人が多く、揺会船[16]中でも彼らは納得できず、争いが起きたのです。

問：それが沈家とどのような関係があるのですか？

答：沈家は自らの仲間を助けたのです。沈家側の老爺は嘘をついたのです。

徐栄春氏の話から、草里と大勝との紛争で草里が敗れたことを推測できる。彼は東浜の沈家が大勝側を助けたことを繰り返し強調し、さらに怒りをもって

「沈家側の老爺は嘘をついた」といった。この件は後に有耶無耶になってしまったが、草里の人々が孫家湾の人たちと同様の心理によって自分たちの「集団の記憶」を伝承してきたことを明確に見てとれよう。類似の事件はしばしば耳にするが、事件がいつ起きたことなのかということが発話者の最大の関心事ではなく、むしろ周辺村落との関係こそが重要だったのである。さらに重要なことは、彼らの語りはすべて意識的な「ふるいわけ」と「再創作」を経たものであり、村人たちの「歴史の記憶」は現実生活の歴史的背景を「合理的に」説明しようとするにすぎず、それは歴史的事実そのものではないのである。とはいえ、村人たちが我々に提供する歴史的背景は農村の歴史の「事実」を理解する際の有効な方法の1つたりうる。少なくとも孫家湾と草里の紛争から、我々は多かれ少なかれ村落の境界画定に関する歴史の細部を明らかにすることができる。村落の境界が如何に画定されるかという問題は、以前から多くの研究者を悩ませてきたが、聴取調査を通じて得られる在地の人々の「記憶」が1つの新たな手がかりとなるかもしれない。

2　猛将会の組織と「出会」の経路

老人たちの回想によれば、20世紀初、毎年正月5・6日の2日間、荘家圩廟で盛大な「出会」が行われた。5日は蘆墟鎮に、6日は莘塔鎮に赴き、それは「猛将会」と呼ばれ非常に盛大であった。民間における正月の猛将会の挙行は、明末までにはすでに形式が整えられた。地元の葉紹袁の『湖隠外史』社賽には次のように記されている。

> 正月初三日、出猛将会、当時民家殷実、争効繁華旗幟羽葆之類。毎年迭増鮮彩、紅彩錯迤、笙管雑奏、繽紛陸離、透迤村巷。年来不能得矣、旆旌輿杖、僅以備観、惟金鼓之声不絶于耳者、一二日而已。

ここに描かれた状況は荘家圩廟の「出会」と酷似している。相違点は日程のズレが見られるのみである。このズレについて張舫瀾氏は、我々に重要な手がかりを提供した。すなわち「昔、「出会」は蘆墟鎮でのみ行われた。1930年、

蘆墟鎮・幸塔鎮・北厙鎮の3鎮は呉江県の第6行政区に組み込まれた。当時、区長の凌某は幸塔出身なので、彼は区公所を幸塔に設けた。そして荘家圩の猛将会を開催するにあたって、6日に幸塔鎮で「出会」を行うことを強制した。もともと城司の大老爺が6日に「出会」を行うことになっていたが、やむなく1日延期して7日に行うこととなった(17)」。かかる張氏の指摘は、「出会」の時間変更の背後にはこれと類似した事件があること、そうした事件の発生は一定程度古い伝統を変え、さらに「新たな伝統」を創造することを示唆する。呉宝和氏の回想によれば、抗日戦争終結後の1946年、北厙鎮も猛将老爺の神像を鎮上にまで擡いで来ることを要求したため、その年の正月7日に北厙鎮で「出会」が挙行された。ただし北厙鎮の「出会」はこの1回かぎりで、後は継続されなかった。

　猛将会の「出会」の活動は以前から「南北三草」が主宰してきた。「出会」の伝統に基づいて「南北三草」は4つに分けられる。つまり北草里が「港南」と「港北」の2つに分けられ、さらにこれに中草里と南草里が加わって「四只角（4つの角）」（或いは「四圩地」）を構成した。「四只角」は港北、港南、中草里、南草里の順で「出会」を主宰し4年で1回りした。毎年、担当の「角」では「大会首」に1戸を選出し、「大会首」が「出会」に関わる全ての責任を負った。「大会首」の選出は「拾鈎子」で行われた。「拾鈎子」とは一般にいう「くじ引き」のことで、1枚の紙に「当」の文字を書き、その他には何も書かず、「当」の字の書いた紙を引きあてた家が1年間「大会首」を引き受けることになった。抽選に当たったことのある家は、次の「拾鈎子」から外された。一方、「大会首」の担当が一生回ってこなかった場合には、自分の子孫に期待するしかなかった。

　「拾鈎子」に参加する家は「廂屋」を単位として参加し、1戸を1廂屋とすることもあれば、数戸を1廂屋とすることもあった。張四慶氏の回想によれば、港北には20余り、港南には16、南草里には10余りの廂屋があったが、中草里は10に満たなかった。ある廂屋が「大会首」に選ばれると、その廂屋が属する「角」の廂屋の全てが手伝いにやってきた。これらの人々は「隔壁郷隣」と呼

ばれた。

　「大会首」は大晦日の夜に三老爺を「戸」に迎え、正月3日には大老爺と二老爺も「廂屋」に迎えた。「出会」の前夜まで、「大会首」は自分を手伝ってくれる「隔壁郷隣」に夜食を提供する義務がある。張金寿氏の回想によれば、「当時は経済的な余裕も無かったため、〔夜食には〕枝豆、豆腐、野菜などを準備しただけでした。大会首になると安全面と経済面の心配をしなければなりませんでした。もし雨が降れば5日に「出会」を行えず、晴天になるまで待たねばなりませんでした。諸費用は大会首が負担することになっていて、「隔壁郷隣」が吸う煙草や飲むお酒はすべて大会首によって提供されました」という。

　正月5日は正式な「出会」の日である。「出会」の時、老爺は皆な大小数台の輿子に置かれ、北草里の人が擡ぐのを担当した。輿子の前には「粛静」「回避」と書いた木牌や様々な木製の武器が並べられ、色鮮やかな旗幟が揺れ動き、まるで昔の官員が視察に出る時のような様子であった。大老爺と二老爺の輿子は8人、三老爺は4人、小老爺は2人で擡いだ。中草里と南草里の人々は老爺を擡がなかった。彼らの役割は輿子の傍らで大声を出して盛り上げ威勢を高めることであった。老爺をなぜ北草里の人々が擡ぐかについて、現地の人の説明では、北草里は人が多く、南草里・中草里の労働力が十分でないからという。その他に、北草里と孫家湾との衝突とその結果もおそらく関係しているであろう。老爺を擡ぐ役割と輿子の傍らで大声を出して盛り上げる役割は、いずれも代々世襲されたのであり、部外者が手出しすることはできなかった。

　2日間にわたる「出会」の出発時間はいずれも早朝6〜7時前後であり、戻ってくるのは午後5〜6時頃であった。正月5日の「出会」の経路は草里―孫家湾―沈家舎―西張港―倪家扇―田鶏浜―高樹港―大樹下―銭長浜―窯港（接渡）―蘆墟鎮―飯屋上（接渡）―高樹港―龐家湾―屠家柵―草里の順であった。正月6日の「出会」の経路は草里―三白蕩（接渡）―汾港上―東伝―西伝―幸塔鎮―寒棚江（接渡）―城司―楊沙坑―冠渓―時基湾―陸方圩―汾港上―草里であった。

　「出会」の経路について聴取対象者の記憶にそれぞれ食い違いがあるのは免

れ難い。ただし5日・6日の両日の「出会」で、蘆墟鎮と幸塔鎮に向かう途上にある諸村落を可能なかぎり通過しようとしていたことは確認できよう。1つの村落を通過するたびに、絶えず「出会」の隊列に加わる人がおり、隊列は1～2里にも及んだ。隊列に加わった人々も舞龍・舞獅といった娯楽の上演に参加した。これらは「舞会」と呼ばれた。張舫瀾氏の調査によれば、どのような上演を行うかについては村落ごとにそれぞれ役割分担があった。「出会」の前日、「大会首」は周辺の諸村落へ人を派遣し、銅鑼を打ち鳴らして各村落がそれぞれの上演をしっかり準備するよう知らせた。これらの上演は「役色」と呼ばれた[18]。この表現から各村落には猛将会で必ず果たすべき「差役」があったと見なしうる。いくつかの村落はさらに沿道で料理や茶菓子を準備して「出会」の隊列を招いた。

　張四慶・徐栄春両氏の回想によると、龐家湾を通過する際には「老爺碰面」という儀式があった。龐家湾の老爺は荘家圩の老爺の舅舅（母方のおじ）だからである。「碰面」の儀式の具体的な状況は「擡老爺の隊列が龐家湾に到着すると、龐家湾の老爺を招いてきて、諸老爺たちを一斉に台の上に置き、皆な焼香し、食事を取ってお茶を飲む」というものであった。かかる「老爺碰面」の儀式は呉江の多くの廟会で広く見られた。老爺間の関係から2つの村落間の親密さの度合いを映し出すことができるのである。

　「出会」の隊列の最前部は、数名の若者で構成され、「前鋒隊」或いは「野力武」と呼ばれていた。彼らは上半身に絹の服を着て、腰には藍色の布の前掛けをつけ、手には鈴がついた湾曲した籐の蔓を持ちながら、決められた経路に沿って駆け回った。さらに市鎮に入ると、彼らは「出会」の隊列が必ず通過する道の一切の障害物——たとえば、商店の看板が低すぎる位置にかかっていたり、露店が通りに大きくはみ出して営業していたり、通りの傍らに洗濯物が干されていたりする等——を目にするとすべて取り除こうとした。

　次に蘆墟鎮の「出会」の状況について説明しよう。老爺の轎子が蘆墟鎮に入り、泗洲寺から観音橋を通って市河に着くと、橋を渡らずに市河の東側に沿って南へ向かい、最南端の登雲橋で橋を渡り、北へ引き返して市河の西まで行き、

そこからずっと北へ向かって鎮を後にした。隊列が懋福和、生禄齋、陸泰豊といった大商店の前を通過すると、商店の者は爆竹を鳴らしたり花火を燃やしたりして、老爺の轎子を店の前に停止させ、菓子類を差し出し、轎夫（かごかき）等を慰労して縁起をかつごうとした。「出会」の隊列がどの商店の入口で停まったかを回想した時、いずれの聴取対象者も自らの経験に基づいて答えたため、あたかも隊列が鎮上の多数の商店に停まったように思わせるが、聴取対象者が口を揃えて挙げたのは懋福和南貨店のみであった。なぜ当店に停まったかについて、蘆墟鎮で長年にわたって生活してきた袁勁松、陸金鑫、朱文華、陳明経の4氏は、懋福和に停まることは一種の「規矩」であり、他の商店は「出会」ごとに決められるものであると認識していた。さらに朱文華氏は3つの理由を挙げた。第1に、懋福和は「出会」の儀式の「規矩」に則り、太く長い爆竹を用意したので、点火して長い時間を経てようやく光を放った、ゆえに老爺の轎子は自ずと停めざるを得なかった、第2に、懋福和の入口前の界隈は特に広く、轎子を停めやすいという恵まれた地理的条件を具えていた、第3に、懋福和の主人は相当な身分の持ち主で、資本力も有していた。

一方、袁勁松氏が掲げる理由は比較的簡単であった。「懋福和の主人である黄氏は荘家圩廟を熱心に信仰しており、普段からしばしば焼香に行っていた。ゆえに「出会」の隊列が彼の店の前に来ると格別に敬虔さを示したのである」と。

懋福和南貨店のほか、「出会」の隊列が他の商店の前にも停まることはあったが、どの商店に停まるか決められているわけではなかった。隊列は途中で「出会」を遮る者たちに出くわし、何か見せなければ通過させないぞと騒がれた結果、彼らの要求を満足させねばならなくなり、轎子を停めて舞龍・舞獅等を披露した。かかる事態が何時どこで発生するかはわからないし、何時発生してもおかしくはなかった。しかしその日のうちに草里にもどらなければならぬため、その場を適当に繕って通過した。

もう1つ興味深いことは、隊列が蘆墟鎮の泗洲寺・東嶽廟・城隍廟等を通過する際、そこに停まることはなく、また「老爺碰面」も行わなかったことであ

る。村落の廟宇に対して市鎮の廟宇が上位廟であることを示す「解銭糧」慣行は、荘家圩廟の猛将会では全く見られない。それどころか、荘家圩廟をはじめとする農村の廟宇は相当大きな自主性を保持しており、決して自らを都市の廟宇の下位に位置づけようとしたわけではなかった。かかる点を踏まえた時、江南デルタ全体の神々の体系を調和性があるものとして捉え、安易に支配―被支配関係、或いは上位―下位関係から概括しようとするのは全く不適切である。ヴォン・グラン氏が考えたように「地域宗教は歴史上単一の断続的な線形が推戴・扶植されたものとして表現されるのではなく、主宰神と世俗の信徒が相互に重なり合った大きな合成体[19]」である。村落を中心とした民間信仰の体系は、神の御利益でランクづけられ、明確に固定された上下関係は存在しない。特に御利益があるとされた廟宇はその神を祀る中心となった。もし我々がある地域の土神の体系を理解しようとすれば、あらかじめ仮定された神々の体系や、社会・市場に存在する階層にとらわれるべきではない。なぜなら民間信仰が地域社会の歴史過程で果たしてきた主動的な役割を見落とすことになるからである。

　猛将会の蘆墟鎮における「出会」の最後は「拆渡」と呼ばれるものである。隊列は泗洲寺北の瓜墩に到着すると河を渡らなければならない。あらかじめ蘆墟鎮の窯業者が10数隻の「接渡船」を準備し、各船に平らな板を敷き、各船をつないで1つの浮き桟橋をつくった。老爺を擔いだ人々が渡し場に着くと、慣習どおりに轎夫（かごかき）は老爺を刺繍の帯で轎子に括り付けたうえで飛ぶように走って河を渡った。「きまり」では、最後の轎子の轎夫が1つ目の船に足を踏み入れた時、各船は櫓を動かし前進して離れてよいことになっていた。ゆえに轎夫と最後の旗手は敏捷でなければならず、まず岸上で数回動作を繰り返したうえでスパートをかけ、人々の気が緩んでいるうちに急ぎ足で走り、船を渡って対岸に上った。もしこの一連の動作が遅いと、船は岸を離れてしまい岸へ上がることができず、面子を失ってしまうことになる。

　正月の「出会」以外に、荘家圩大老爺は普段から鎮や農村の有力者に迎えられ、手厚く祀られた。こうした活動は「待仏」と呼ばれた。待仏の日、大老爺

を迎え入れる家は廂堂を清掃し、蠟燭を並べた、貢物を供える台を準備し、茶菓子や果物を並べた。さらにその前には大きな香爐が置かれ、線香の煙が渦巻いていた。当日、大老爺を迎え入れる家は班子（劇団）を招いて日夜音楽や演唱（「堂名」）を披露させた。この班子はもともと「絲竹班」と呼ばれ崑劇や徽劇を演じたが、後に京劇を演ずるようになった。「堂名」が行われる時、近隣に住む人々は焼香拝仏にやって来て、ついでにそれを鑑賞した。光緒『周荘鎮志』に「酬神之家、或迎神以帰、倣陳鼓楽酒食而祀之、尽日乃畢、以為敬」と表現されているのは、まさにこの「待仏」のことをいっているのである。徐栄春氏の回想によれば、猛将会の後、荘家圩大老爺は同里鎮に引き取られていき、約2ヶ月間その住民たちによって「待仏」された。二老爺は周荘鎮に引き取られ1ヶ月間「待仏」された。大老爺と二老爺が同時に「待仏」で留守の時には、三老爺は通常外へ出ず廟の中に留まった。普段「待仏」の求めがあれば、老爺は迎えられていき、無ければ老爺は廟内に留まったのである。廟の規定によって「大老爺を迎える場合には、銀洋2元を納めねばならず、二老爺や三老爺を迎える場合には、納入額は半額であった[20]」。

　農暦7月の農閑期、呉江一帯の農村では「待青苗」の活動が行われた。そこでは風調雨順、五穀豊登、消災降福が希求され、形式は「待仏」に類似していた。この期間中、老爺はひっぱりだこの状態となった。7月1日から9日までは草里村の「待青苗」にあたり、この時期、荘家圩廟の全ての老爺は外部への貸出が禁止され、1日は南草里で、2日は中草里で、3日から9日までは北草里で順番に「待仏」が行われ、「堂名」が披露された。付近の村落が「待青苗」を行うならば、草里と日程をずらさねばならなかった。ただし孫家湾と屠家柵だけは間隙をぬって数日老爺を自分の村落まで迎え入れて、演唱が終わるや否やすぐさま返却した。

　孫家湾はかつて長期にわたって草里と1つの図に属していた。さらに荘家圩の帰属をめぐって草里との間に紛争を起こしており、両者の関係は今さら言うまでもない。屠家柵にも1つの劉王廟があり、その劉王は荘家圩の劉王の娘舅になぞらえられており、かかる点について草里の人々も異議はない。こうした

関係によって、孫家湾と屠家柵の人々は荘家圩大老爺を自らの村落に迎える際、他の諸村落が享受できない価格面での優待を受けることができた。徐栄春氏は「待青苗で老爺を迎える際、彼ら（孫家湾・屠家柵）の受ける優遇は多かった。たとえば他の人が1元なら5角で、他の人が2元なら彼らは1元であった」と述べている。他の村落には値段を交渉する機会さえ与えられなかった。

3　「復興」の伝統

　1949年以降、中国政府の宗教政策の変化によって、荘家圩廟は次第に衰落していった。顧富章氏の回想によれば、廟が拆毀された1962年以前、なお密かに焼香する者がいた。神像と轎子は廟が破壊された後、北草里に保管されたが、文革期には探し出されて焼き捨てられた。文革終了後、草里の人々はもとの場所に草棚を建て、再び劉皇老爺の神像を祀るようになった。その後、地方政府による取り壊しと草里の人々の手による再建という一進一退を繰り返し、1993年にレンガ造りの劉王廟がようやく復活した。この大規模な土木工事はおそらく蘆墟鎮の楊公祠の移設と関係がある。楊公祠は明末の抗清義士楊廷枢を記念して建てられた。1986年、呉江県人民政府は楊公祠の県級文物保護単位への指定を公布した。1990年9月5日、蘆墟鎮政府は呉江県政府に「蘆墟大橋を再建するため、楊公祠を取り壊す必要がある」と申請した。県政府は移設・再建を認可し、その際に出たレンガ、石、木材はしばらく分湖公園で保存することとした。1993年、呉江市政府231号文件によって蘆墟鎮政府（93）47号呈文「関於重建蘆墟楊公祠的請示」が承認され、「楊公祠を蘆墟鎮草里村に移設すること、具体的な移設地は鎮と市の文化局が相談し、文物の原状を変えないという原則を厳守して工事を実施すること[21]」が同意された。ただし現在でも楊公祠は再建されておらず、原因は不明である。楊公祠の移設は地元の人々が荘家圩廟の再建を実現する口実に過ぎなかったかのように見える。

　この間、荘家圩廟の管理は「南北三草」の「香火」が行った。「香火」とはまさに光緒『周荘鎮志』に登場する「廟祝」である。「香火」の経験を有する

張其生氏の回想によれば、「香火」は草里の人でなければならず、他の村落の人はなれなかった。たとえ草里の人であっても、60歳になってようやく「香火」になれる資格を得る。「南北三草」には全部で36人の「香火」がいて焼香に来た「香客（参拝客）」を接待する責任を負っていた。廟宇の諸経費及び「香火」の給与は主に線香や蝋燭の販売に頼っていた、と。

　荘家圩廟では正月の猛将会が復活することはなかった。ただし人々はやはり正月5日より以前に廟へ行って焼香した。さらに新しい「伝統」がこの時期に創造された。農暦8月22日が劉皇老爺の生誕日と定められ、正月5日と同様に重要な日となったのである。付近の村落の信徒がその日に廟へ行って焼香拝仏するという状況は現在も続いている。呉宝和氏によれば「8月22日は解放前には如何なる活動も無かった。これは現在の人々、中でも船上人（漁民）が考え出したものだ」と語っている。捕魚・養殖等によって豊かになった漁民が、1980年代以降次第に一定の経済的基盤を形成するようになった。これによって彼らは「迷信」に対してより多くの資金を投入するようになった。さらに彼らは経済的条件の改善の理由をしばしば劉皇の加護に求めたため、劉皇の「天佑」と漁民の「酬神」の相互関係が絶えず強化され、漁民の提供する金銭が荘家圩廟の安定した資金源となった。彼らは固有の規範の束縛から相対的に逃れていたのであり、換言すれば、柔軟かつ機敏に「非制度化」された様態を見せた。そして所謂「劉皇の生誕日」を設けることで、彼らは固有の儀式と地域社会に溶解することに成功したのであろう。

　信仰の拡大と分化に伴って、「南北三草」の権威と地位も衰落した。1998年、蘆墟鎮政府は鎮建設の必要性という理由から、鎮所在の泗洲寺を草里村南室圩に移転し、鎮全体の仏教活動の場所とすることを決定した。これで荘家圩廟は合法性について心配する必要はなくなり、新建された泗洲寺の一部分となった。しかし鎮政府はその後すぐに上海から住持と僧侶を招き、これまで「36人の香火」が行ってきた廟の管理を彼らに委ねることとした。これは草里村の人が「廟祝」になるという清末以来の伝統が断ち切られたことを意味する。

　歴史は繰り返す。明・弘治『呉江志』によれば、元代において呉江では仏教

が非常に盛んとなり、県全体で仏寺が1,000ヶ所余りにのぼった。

　　寺観者、釈老二氏之法也。呉江雖在王化之区、亦多崇建、而胡元之世為最
　　盛、梵宮琳宇碁布星列、凡一千八十餘所[22]。

　明初に匾額を下賜されていない寺観を大寺院に合併することが行われ、呉江県東部の銭墳、徳慶、流慶、南詢、善聚、法華、圓通等の寺廟がすべて泗洲寺の下に帰属することになり、さらに多くの小寺院は「里社壇」に改められ「土穀神」を祀った[23]。それから600年後の現在、皮肉なことに、今度は泗洲寺が「淫祀」の荘家圩廟の下に従属することになったのである。

　実のところ、民間の土神が数百年にもわたって間隙をぬって生き残れたのは、非常に強い適応能力を具えていたからである。我々が現在農村で目にする劉皇老爺の形はそれぞれ異なっている。ある地域では勇猛で威厳があるものと想像され、濃い眉と黒眼をもった体格の立派な大男の像に作り上げて、見る人々に恐怖心を起こさせるし、荘家圩大老爺は青白い読書人で、背は2尺に満たず、頭には烏紗帽をかぶり、体には黄色のマントをまとい、腰には宝剣をつけ、顔は柔和で善良である。さらに城司の猛将老爺は荘家圩大老爺より大きく、烏紗帽をかぶらず裸足で、頭にはマントをかぶり、片方の肩は高く片方の肩は低く「扛肩膀大老爺」とも称された。我々は民間の劉皇老爺像が決して気ままにつくられたのではなく、各像の「身体」の細部に至るまで全てに生き生きとした話が隠されているかもしれないことを理解しなければならない。

　朱文華と陳海生の両氏は筆者に対し、城司の猛将老爺像に関わる以下のような話を聞かせてくれた。

　　城司老爺の神像がなぜかような形状をしているかといえば、ある日、城司
　　老爺の船が漕ぎ出そうとした際、老爺が不注意にも船尾の角に頭をぶつけ
　　出血してしまったので帽子をかぶることができず、やむなく頭をマントで
　　覆うしかなかった。そのマントが背中の刀剣を覆ったため、ちょうど刀剣
　　がマントを持ち上げた様子になり、片方の肩が高く、もう一方が低く見え
　　たのである。

今でも城司老爺の神像の額には赤く塗られた部分が見え隠れしているが、これ

は城司老爺が負傷した傷を表しているのである。劉皇老爺像の相違に、我々は民間固有の信仰の残滓を見出すことができる。雍正年間、劉猛将軍が国家の祀典に列入されることで、多くの民間の「淫祀」がその名の下に入り込んでいった。江南デルタにすでに存在した劉姓神は勿論、本来ならば猛将信仰に属していない神々も続々と「劉猛将軍」下へと入っていった。これらの歴史の痕跡は歳月の流れの中で次第に埋もれてしまい、ほとんど見出すことはできない。ただし神像それ自体は村人によって代々受け継がれ、我々が発見するのを待っているのである。

おわりに

　以上の検討を通じて、我々は荘家圩廟を中心とする劉王信仰について初歩的な知見を獲得することができた。文献史料が提供する荘家圩劉王廟に関する情報は甚だ少なく、実地調査によって得られた情報でも、その歴史性を明らかにすることは難しい。こうした問題に直面する時、我々は民間故事・霊異説話中の「事実」の正誤を指摘することではなく、民衆の歴史の記憶を解読することを通じて、これらの記憶に反映された社会関係が長い歴史の過程の中でどのように蓄積され形成されてきたのかを理解すべきである。荘家圩劉王廟の事例を通して、我々は、安易に類型化された「モデル」を単純に当てはめ、廟宇とそれをめぐる儀式の境域を理解すべきではなく、むしろ様々な聴取対象者たちが提供する「加工」された回答を分析することで、廟宇の帰属と「出会」の経路の背後に凝縮された、各村落間の相互関係や都市―農村間の関係を観察すべきなのである。国家の制度と地域の伝統は様々な時期に様々な人々によって地域の歴史の実践の中で運用され、地域社会の多元的な構造を形作っていく。かかる点は荘家圩廟と泗洲寺の消長の中に疑いなく表現されている。ここに我々は荘家圩廟それ自体の強い適用能力だけでなく、地域社会の権力関係の変化をうかがうことができるのである。

註
（１）　濱島敦俊『総管信仰――近世江南農村社会と民間信仰』研文出版、2001年、濱島敦俊・片山剛・高橋正「華中・華南デルタ農村実地調査報告書」『大阪大学文学部紀要』第34巻、1994年。
（２）　万志英「太湖盆地民間宗教的社会学研究」李伯重・周生春主編『江南的城市工業与地方文化（960-1850）』清華大学出版社、2004年、所収。
（３）　呉江市政協文史資料委員会編『呉江風情』天津科学技術出版社、1993年。
（４）　〔訳者註〕以下、引用された漢文はすべて原文で記載する。日本語に翻訳する際に訳者の解釈が入り、筆者の意図しない翻訳となる可能性があるからである。
（５）　蘆墟鎮志編纂委員会編『蘆墟鎮志』上海社会科学院出版社、2004年、74頁を参照。
（６）　徐栄春、張四慶、呉宝和、顧富章の４氏の回想を整理して作成した。
（７）　康煕24年『呉江県志』巻８「土田」、乾隆『呉江県志』巻３「郷都図圩」を参照。
（８）　『江震両邑圩目冊』清光緒抄本、42頁を参照。
（９）　『江震両邑圩目冊』93-94頁、乾隆『呉江県志』巻３「郷都図圩」。
（10）　万暦『崑山県志』巻８「遺文」の周倫「楊候清理田賦記」。
（11）　濱島、前掲書、53-65頁。
（12）　『光緒大清会典事例』巻445「群記」には「（雍正）三年諭、旧歳直隷総督李維鈞奏称、畿輔地方、毎有蝗蝻之害、士人虔祷於劉猛将軍之廟、則蝗不為災。朕念切実惻憫、凡事之有益於民生者、皆欲推広行之。且御災捍患之神、載在祀典」と見える。
（13）　光緒『周荘鎮志』巻３「祠廟」。
（14）　前掲『蘆墟鎮志』494頁。
（15）　大勝と東浜はいずれも付近の村名である。
（16）　「揺会船」とは、老爺をかついで巡回する際に用いる船のことをいうが、呉江附近では「揺会船」に異なる村落間の競争という意味もあり、船足が速いのはどの船かを互いに競ったため、「揺快船」とも呼ばれた。
（17）　張舫瀾「呉江荘家圩猛将会調査」（未定稿）19頁。
（18）　同上。
（19）　万、前掲論文を参照。

(20) 張、前掲論文、17頁。
(21) 前掲『蘆墟鎮志』491頁。
(22) 弘治『呉江志』巻7「寺観」。
(23) 弘治『呉江志』巻7「寺観」、嘉慶『黎里志』巻5「寺院」、乾隆『呉江県志』巻7「壇廟祠」。

第Ⅲ部　地方文献情報篇

1　地方文献解題

　冒頭で述べたように、本書は方法的に文献史料、特に地方文献（地方新聞、地方檔案、郷土史料）を中心として、その限界を補うかたちで現地調査（フィールドワークによる聴取調査）を用いて研究成果を纏めたものである。我々は地方文献調査を進める過程で、幸運にも多くの地方檔案館や図書館を訪れ、多数の地方文献を閲覧・複写・撮影することができた。かかる作業を通して、地方文献の現状と可能性についてそれぞれが自らの研究に引きつけながら、様々に思いをめぐらせる機会に恵まれたのである。そして成果を纏める段階に至って、我々が偶目した文献史料も含めて地方文献の現状と可能性について、覚書のかたちで書き起こしてみてはということになった。すでに周知の部分もあろうが、今後、地方文献が多くの研究者に利用されることを期待しつつ、ここに地方文献解題として整理することにする。

伝統地方志と新編地方志

　1980年7月に中国地方史志会が成立し、いわゆる新編地方志として1990年代から出版されはじめた地方志は、これまでの伝統地方志とは異なる編集方針の下に今日に至るまで各地域において陸続として刊行されてきている。旧蘇州府のそれをとっても『常熟市志』（上海、上海人民出版社、1990年）、『崑山県志』（上海、上海人民出版社、1990年）、『呉県志』（上海、上海古籍出版社、1994年）、『呉江県志』（南京、江蘇科学技術出版社、1994年）、『蘇州市志』（南京、江蘇人民出版社、1995年）など、近代歴史学と社会科学の考証に基づく全く新しい概念の地方志が編まれ続けている。

　そこで、ここでは新編『呉県志』を例にとり、それが伝統地方志とどこを異にするか、あるいはまたその伝統をどんな点で受け継いでいるか、新編地方志

が史料としていかなる効力を持つかといった事柄について触れたいと思う。

現在の呉県の原型である蘇州府呉県の地方志には嘉靖『呉邑志』、崇禎『呉県志』、康熙『呉県志』、乾隆『呉県志』、民国『呉県志』と歴代定期的に編纂されてきた歴史があり、新編『呉県志』はこれらの重い修志伝統の上に編まれたものである。

まず大まかな目次を以下に示す。概述、大事紀、1建置区画、2集鎮、3自然環境、4人口、5農村生産関係変革、6農業、7水産、8多種経営、9水利、10城建環保、11建築、12工業、13交通郵電、14商業、15名特優産品、16経済管理、17財税金融、18党派社団、19政権政協、20公安司法、21民政、22労働人事、23軍事、24教育、25文化、26文物名勝旅游、27衛生、28科技、29体育、30社会、31人物、32財政税務、33金融、34経済綜合管理、35-36政務、37-39政事紀略、40社会団体、41-42労働人事、志余、附録の計31巻164章622節からなる。

一見してわかるように、新編『呉県志』もまた他の新編地方志と同じく時代の要請に応じて産業・経済・金融関係の情報がふんだんに盛り込まれ、実用に供するといった点においては伝統地方志とは決定的に性格を異にしている。また時代としては1912年から1987年を対象にしているが、力点はやはり1949年以後に置かれている。しかし一方で《大事紀》では紀元前11世紀に古公亶父の長子泰伯と次子仲雍が陝西から移動して勾呉を建立したところから書き起こしたり、《人物》では全309名中58名を古代人に割き、闔閭、伍子胥、孫武、夫差などの有名人を羅列したりするところは伝統地方志の「地元の良美を称揚する」慣行を踏襲しているように感じられる。

新編地方志を近代史研究に利用する場合、《大事紀》をはじめとする解放前に関する情報は貴重である。出典が明示されている場合はなお有効となる。しかし、さらに利用価値の高い項目は《文化》ではないかと思われる。特にそこに提供されている図書館・檔案館の現状、これまでに刊行された新聞・雑誌の解題と収蔵情報はそれを手がかりとして「芋づる式の末広がり」的に埋もれた史料を発掘する便宜を与えてくれる。金石には重要な碑刻情報が掲載されることがある。意外に役立つのは巻末に附された原文資料である。新編『呉県志』

の場合は「志余」に含まれる文告、信札、碑文が極めて重要な史料となる。

　新編地方志が地方志である限り、伝統地方志が有した「地域社会の実像をそのまま正直に伝えない」という問題を克服できたとは思えない。新編志も編纂された時代の価値観の影響を受けた産物であるといえよう。しかし、これら史料上の制約を勘案した上でもなおかつ新編地方志は"地方文献"としての固有の役割を果たしているのではなかろうか。

（山本英史）

新編郷鎮志

　新編市志や県志の編纂に資するために、各郷鎮においては関連資料の収集・整理を経て郷志や鎮志が編纂された。その多くは油印本の内部資料として関係者のみに配布されたが、加筆補充の上で出版されたものも少なくない。郷鎮志の特徴は、対象とする範囲が大きい県志において取り上げられなかったり、ごく簡潔にしか言及されなかったりした内容についても比較的詳細な記述がなされている点にある。

　内容の充実度や実際に出版されるか否かは編集や執筆に協力した「郷土史家」の存在が大きいと思われる。そのような郷鎮志の筆頭にあげられるのが、『盛沢鎮志』(盛沢鎮地方志弁公室編、南京、江蘇古籍出版社、1991年）である。特に充実しているのが『呉江絲綢志』(呉江絲綢工業公司編、南京、江蘇古籍出版社、1992年）の主筆を務めた、江南絲綢史の専門家である周徳華氏によって執筆された第6巻・絲綢である。この部分では、中国建国後における絲績業や印染業などの発展状況ばかりでなく、清代・民国期の綢行や絲行、領投の活動や相互関係の概略などについてもバランスのとれた説明がなされている。また1920年代に発生した綢行と領戸との紛争を報じた『呉江』の記事が一部収録されているように、関連分野を掘り下げていく際の手がかりを得るのに有用である。

　地域社会史への接近に有用な情報を提供してくれる郷鎮志として『北厙鎮志』(呉江市北厙鎮地方志編纂委員会編、上海、文匯出版社、2003年）も挙げられる。『盛

沢鎮志』に比して各項目の記述は簡潔であるが、多くの史実に配慮がなされている。たとえば第17巻文化体育においては、劇団を呼ぶ際の仲介人である「牌話」についての記載がある。「牌話」は茶館や理髪業を兼業している場合が多く、班や社といった演藝団体の領班と客との間にたって上演日と演目を決定し、手数料を取った。鎮の茶館を結節点とする社会圏の実態を示すものとして極めて興味深い。鎮志は現在の農村部の状況を知るのにも有用である。北厙鎮の年中行事に「七月半」（亡人節）という祖先祭祀を行う日があり、この期間には村内で費用を出し合って宣卷藝人や劇団を呼んで上演させ、神仏に平安を祈願する「待青苗」という習慣があることが記されている。これを手がかりとして旧暦7月に農村を訪問すれば、実際に「待青苗」を目にすることが可能となる。

　以上の如く郷鎮志からは多くの有用な情報を得ることができるが、記述内容に限界があることも事実である。『北厙鎮志』には解放前の藝能や風俗について幾つかの興味深い事例が紹介されているものの、「迷信」とみなされている風習や民間信仰は殆ど取り上げられていない。これは編纂者の問題関心や編纂委員会が地方志をどのように捉えているかに大きく関わっており、このような場合郷鎮志が必ずしも手がかりになるとは限らない。また郷鎮志が詳細な情報を掲載しているとはいえ、記述の偏り、すなわち記述の重点が市鎮本体に置かれ、農村部の状況は必ずしも十分に反映されていない場合があることにも注意する必要がある。

　なお『蘆墟鎮志』（蘆墟鎮志編纂委員会編、上海、上海社会科学院出版社、2004年）は電子版も頒布されており、全文検索をすることもできて便利である。

（佐藤仁史）

地方新聞・雑誌

　地方新聞や地方で刊行された各種雑誌は地域社会史研究の中心史料の1つである。近年、檔案史料の公開・利用が急速に進んでいるものの、利用可能な1920年代以前の地方檔案は目下のところ極めて限定されており、清末から1920

年代にかけての時期の分析には新聞・雑誌史料が不可欠である。

　県城レヴェルにおいて新聞の発行が開始されたのは、立憲制推進への機運が高まった20世紀初頭のことである。上海周辺においては地方自治推進派の有力者によって『曝報』（光緒34年9月25日創刊、嘉定区博物館蔵）や『青浦報』（宣統2年9月25日創刊、青浦区檔案館蔵）などが発行されており、これらからは地方自治制導入に伴う地方政治の変容の実態をうかがいしることができる。

　1920年代に入ると新文化運動の影響や再び高まった地方自治推進の機運の中で江南各地において地方新聞が叢生するが、その中でも異彩を放っているのが呉江県やその周辺地域の市鎮で発行された新聞群である。このうち現在までまとまって保存されているものに『新周荘』（1922年10月10日創刊）、『盛沢』（1922年10月18日創刊）、『新黎里』（1923年4月1日創刊、以上、上海市図書館蔵）、『新盛沢』（1923年7月26日創刊、呉江市檔案館蔵）、『盛涇』（1923年10月10日創刊、上海市図書館蔵）がある。発行者は柳亜子を中心として結成された新南社社員や新知識人層であり、彼らが推進した市民公社をはじめとする地方自治の整備や新文化の普及、通俗教育運動などに関する詳細な記事が掲載されている。

　1920年代後半以降は多くの地域において地方新聞が発行されており枚挙に暇がない。以下では、長期的に発行されたものや纏まって現存しているものを例示的に紹介する。蘇州では1925年に発行された『蘇州明報』（1925年9月1日創刊、蘇州市図書館蔵）が途中の停刊を挟んで1949年まで続いており、史料的価値が高い。常熟では1910年代から1949年までに『常熟日日報』（1916年10月1日創刊）、『常熟市郷報』（1921年創刊）、『常熟日報』（1941年12月3日創刊）、『常熟青年日報』（1945年9月1日創刊、以上常熟市檔案館蔵）などが断続的に発行されており、民国期全体をほぼ網羅している。

　各県ごとに刊行された公報やそれに類する各種報告書にも、行政的立場から発行されたものではあるが、地域社会史研究にとって有用なものがある。呉江県では民国2年より『呉江公報』（呉江市図書館蔵）が県行政公署によって発行された。そこには県当局による県令や各種公文、議案、調査報告などが収録されており、行政関係に偏っているものの地域社会の動向を知る上で有益な情報

が含まれている。また各種報告書にも興味深いものがある。『呉江県教育情況——県視学報告——』（民国2年鉛印本、呉江市図書館蔵）や『呉江県各市郷教育情況』（呉江市図書館蔵）といった教育関連の調査報告書は新式小学校や中学校の普及・運営情況などを詳細に伝えているばかりでなく、近代学校の設置地点や運営情況、その浸透を阻害する要因、私塾など伝統教育施設との関係など地域社会史の領域の問題群にアクセスする手がかりにもなりうる。

　地方新聞・雑誌の入手に際しては、まず『上海図書館館蔵中文報紙目録1862—1949』（上海市図書館編、1982年）や『上海図書館蔵近現代中文期刊総目』（上海市図書館編、上海、上海科学技術文献出版社、2004年）、『1861〜1949　中文報紙縮微品目録（一）』（全国図書館文献縮微複製中心編、北京、中国書籍出版社、1993年）などを確認すべきである。当該目録に掲載されている史料のうちマイクロフィルムになっているものはそれぞれ上海市図書館と国家図書館で購入することが可能である。目録に掲載されていない新聞については、該当する地域の新編県志から情報を入手する。『嘉定県志』のように特別に地方文献巻を設けて史料の所蔵先を明記しているものもあるが、一般的には文化巻などに新聞・雑誌のリストが掲載されている場合が多い。この場合には具体的な新聞名を確認したうえで、直接図書館や檔案館に赴いて収集を行う必要がある。

（佐藤仁史）

保甲・戸口統計関連史料

　保甲・戸口統計関連史料と一口にいっても、保甲整備・戸口登記に関する諸文書（政府の通達、戸政機関間の往来文書、保甲に関する情報伝達、戸籍異動の報告など）、郷鎮単位の人口統計等の数値データ、保甲図・略図などの地図類、保長・甲長・戸長姓名冊や保甲事務員冊等の名簿類、特殊なものでは水上保甲等、多種多様なものが含まれている。地方檔案館蔵の史料は基本的に民国期以降のものが圧倒的に多く、清末のものは極めて稀である。当然ながら、明清時代の保甲・戸口統計関連史料は北京の第一歴史檔案館にあるはずであるが、量それ

自体は決して多くないと考えられる。しかし民国期以降の保甲・戸口統計関連史料については地方檔案館に多数所蔵されており、殆どが手付かずのままであるといってよく、これらの史料を利用した研究の深化が望まれる。

　筆者らが訪問・閲覧したかぎり、地方檔案館には保甲に関わる地図類が予想以上に多く所蔵され、中には非常に興味深いものもある。地図類の大小や精粗等は勿論それぞれ異なるが、また外国人に閲覧させるか、複写・撮影させるかも館長・館員の考え方次第で一様ではない。筆者らが閲覧・撮影した「保甲略図」は郷を単位に纏められ、保ごとに地図が作製されていた。地図上には「第〇区〇〇鎮（郷）第〇保界図」と記され、区公所、市鎮、郷鎮街道、郷鎮公所、保長辦公所、村、学校、寺廟、橋梁、耕作田、森林、河・塘が描かれる他、甲数、甲戸数（普通戸数・外国人戸数・船戸数・寺廟戸数・公共処所数）、人口数（男丁数・女口数・男女総数・壮丁数）等のデータが書き込まれている。ミクロな情報ではあるが、郷・鎮・村落レヴェルの概況を知ることができ、地域社会を研究するうえで極めて有益である。特にフィールドワークなど現地を歩く場合には、前もって地図を入手し、それを片手に景観調査を行えれば便利であろう。

　各種姓名冊の如きは保長・甲長など保甲の役職に就く者について様々な情報を与えてくれる。たとえば「鎮甲長姓名冊」では甲、甲長姓名、年齢、籍貫、職業、学歴、住址（保―甲―戸、村名）、備攷等が記載され、甲長個人の履歴や、甲長を担当する者の条件等を分析するのに有益な情報をもたらす。また、各区ごとに編纂された「工作報告」は民政・財政・社会・建設・軍事・教育などについて詳細な報告を行っており、戸口統計に関しては普通戸・船戸戸数、人口総数、男女別人口数、現住・他往の別、壮丁数、残廃数、本籍・寄籍の別、識字・不識字、有職業・無職業等のデータを掲載している。

　やや踏み込んだかたちで述べたが、これらは一例にすぎず、民国期の保甲・戸口統計関連史料は多数残存しているうえ、極めて基礎的な情報を調査者に与えてくれる。しかし、かような史料が地方檔案館に一体どれほど所蔵されているか、現状としては皆目検討がつかない。かと言って、全ての地域・時期にかかる史料が残存しているわけでもない。刊行されたものは殆ど無く、檔案館の

方針次第では、今なお閲覧・複写・撮影は容易ではない。しかし保甲の研究、歴史人口学的な分析は勿論、地域社会に深く入り込んだ研究を志すならば、まず最初に入手したい史料である。

(太田　出)

土地所有関連史料

　土地所有・地主制に関連する檔案の種類は多方面にわたるが、ここでは南京政府の地籍整理事業に関するもの以外で今回偶目した文書について紹介しよう。檔案館で目録を繰るうちに目にとまったものである。

　(1)『青浦県四十一保一区四十四啚魚鱗冊』（青浦区檔案館蔵。分類番号：82-3-25）1冊

　表紙には「青浦県四十一保一区四十四啚魚鱗冊」と墨書され、「楽〇〇」（楽以下は判読不能。3字分かも知れない）の朱印が押されている。次丁は「同治八年分均編、同治拾年換単、光緒三年九月下院立」、「青浦県四十一保一区四十四啚新丈版図魚鱗冊」、さらに次丁に「同治八年分均編、同治拾年換単、光緒三年九月下院曹西明手録　均対准」、「青浦県四十一保一区四十四啚新丈版図魚鱗冊」とある。魚鱗冊という名称の元となった全体図はなく、白紙に1丁に4件ずつ、圩を単位として1筆ごとの地片の形状、四至、歩測数、積歩、面積、土地の種別（熟田・准熟田・草蕩・新草蕩・新柴蕩の別）、業戸名、持ち分面積（共有の場合）が順次記入されている。東習字圩1～129号、中習字圩1～145号、聴字圩1～160号、泖巷字圩1～33号、蘆花蕩圩1～8号、横蕩字圩1～14号、六十托字圩1～6号、老蕩字圩1～4号について記載がある。東習字圩のみ初めに積歩総数、土地種別ごとの総面積が掲げられている。四十一保一区四十四図には以上の他、なお4つの圩が属していたが（民国『青浦県続志』巻1）、それらについては記載がない（もともと筆写されなかったか、後に失われたかは不明）。

　以上のようにこの魚鱗冊は原本ではなく、同治年間に編造された図冊から曹西明なる人物によって書き写されたものである。ただし業戸名にはすべて「現

業」の朱印があり、この部分は光緒3年（1877年）筆写時点のものであろう。租桟にかかわる文書であろうか。管業地のみではなく地域の全地片を収録しているようだ。青浦県では太平天国後の同治から光緒年間にかけて丈量がおこなわれ新単が発給された。41保所属の17の図は同治10年（1871年）に丈量を終えたという（民国『青浦県続志』巻6）。さしあたり第1～2丁に記された時と場所を疑う理由はない。41保1区44図は県西部にあり小蒸鎮が立地していた。

　一般に江南地方の県レベルの檔案館には19世紀にさかのぼる檔案はごく少ないが、これはそのうちの1件である。目録では国民党青浦県党部の項に紛れこんでいた。

(2)日本占領時期の田租・田賦徴収に関する檔案（常熟市檔案館）

　檔案館でつけた案巻の題名中「租桟」「田租」「田賦」等の語が目にとまり請求したものである。ここでいう租桟とは、村松祐次氏などの研究に代表される、不在地主にかわって田租を徴収する清代以来のそれとはやや性質を異にする。日本占領期に税収の確保に苦しむ地方行政当局は「糧は租より出づ」とのスローガンを掲げ田租徴収に直接的に介入した。県の下の区を単位として業戸を組織し、田租を一括徴収して田賦を一括納入させようと企図したのである。こうした〈租賦並徴〉は1938年から1942年までおこなわれたという。徴収機関名は県により区々だが、常熟では当初それを「租桟」と呼んだ。

　たとえば「本署徴納田租佈告、各区租桟暫行規則、収拠式様及各区設立租桟偽批文　附給太倉県公署的公函」と題された案巻（常熟市檔案館蔵。請求番号4-2-89）には、各区に租桟の設立を命じた県公署の訓令（民国27年10月付）と租桟暫行規則の条文、各区からの呈文やそれに対する批など租桟設置時の文書が集められている。また「本署関於徴収田賦現状、租款収支報告表、已未割田賦数目表、梅李収租分処登記表及対業主与佃戸糾紛案的訓令」（同前4-2-150）には、租桟（1941年の文書を収めたこの案巻では田租（分）処とされている）運営をめぐる諸課題──徴収実績の報告、並徴廃止を求める業主の請願、業佃間の紛糾処理などに関する文書が収められている。このほか常熟市檔案館には〈租賦並徴〉前後の時期の田賦徴収や「頑佃抗租」に関する檔案が所蔵されている。県と区・

郷との間の往復文書を主とするこれらの史料は、日本占領期という特殊な時期についてではあるが、田賦・田租をめぐって行政―業主―佃戸3者間の生き生きとした応酬を伝えるものも含まれており、中国人の土地に対する露わな思いをかいま見ることができるようにも思われる。

〈租賦並徴〉機関としての租桟の先駆けともいうべき蘇州の「聯合公桟」については夏井春喜『中国近代江南の地主研究』（汲古書院、2001年）に言及があり、汪兆銘政権下の「清郷運動」については大部の資料集が出版されている（『日汪的清郷』中華書局、1995年）。潘敏『江蘇日偽基層政権研究（1937-1945）』（上海人民出版社、2006年）は中国第二歴史檔案館および江蘇省・呉江市・無錫市の各檔案館の文書を利用している。

（稲田清一）

地籍図と地籍冊

　1930、40年代における土地整理事業の過程で作成された地籍図と地籍冊は、近代的な測量技術に裏づけられているという点で、それ以前の同種の史料——魚鱗冊や課税台帳にはない精緻さが期待される。それらは土地整理事業そのものについての基本的史料であることはもとより、近代的土地所有の確定、測量技術の移転など民国期の中国をめぐるいくつかの課題においても有用な史料であるにちがいない。また同時にミクロな地域レヴェルでの土地の所有状況や利用状況という基本データを提供してくれる点で、社会経済史・地域社会史の史料としても大変興味深いものである。

　しかし現在までのところ知られているこの種の史料は多くはない。地籍図については、各地の事業報告書にサンプルとして掲載されたものを除けば、地方文献篇で紹介した青浦県佘山郷の2枚の地籍公布図のほかには、南京市郊外の江心洲の地籍公布図（1948年）が台湾の国史館に所蔵されている。また浙江省長興県には、1930年代に調製された「戸地原図」3,188枚が、県全域をほぼカバーする形で残されているという（潘潤徳・潘培棠「長興県実測《戸地原図》的来

歴」『浙江文史集粹』第 3 輯・経済巻（上）、所収）。地籍冊では「青浦県珠渓鎮地籍面積冊」（登録番号：82-3-457）1 冊および同（登録番号：82-3-805）2 冊が青浦区檔案館に所蔵されており、いずれも1940年代末に作成され、形式は佘山郷の 2 種類の地籍冊と同一である。呉江市図書館には『呉江県第一区郷鎮圩名冊』（呉江県第 1 区区公所印行、民国24年［1935年］10月）と題された活版印刷の冊子が蔵されている。内容は第 1 区所属の 1 鎮15郷について郷鎮圩名と旧都図畂分とを対照した一覧表で、所有者が自分の土地の所属を確認するための手引き書であったようだ。残念ながら地図は附されていない。

　これら史料の利用は始まったばかりであり、たとえば青浦県の地籍整理事業の具体的な展開過程については殆どわかっていない。まず政府広報の類を見るべきであろうが、県レヴェルのそれを探すのは必ずしも容易ではない。青浦県の地方新聞『青浦民衆』（青浦区檔案館蔵）には関連する記事が相当数ふくまれているようであり、これを手がかりとすることができるかも知れない。また1930～1940年代には、『地政月刊』をはじめ地政・清丈関係の専門誌が各地で刊行されており（『中文期刊大詞典』北京大学出版社、2000年、分類索引）、それらを収集することも必要となろう。

　地域社会史研究の史料としては、ミクロな地域における土地所有・土地利用について計量的分析を進めるとともに、地籍図としての特性を活かして空間構造を考察することが可能となろう。また同一地域における他方面の史料、たとえば保甲・人口・学校関係等のそれと併せ用いることができれば、より立体的な地域社会像を描き出すことができる。たとえば青浦県珠渓鎮地区には保甲関連の檔案も残されている。なお濱島敦俊氏によれば、青浦区檔案館には土地改革時に作成された「土地房産所有証存根」が全県域にわたって保管されているという（同氏他編『華中・南デルタ農村実地調査報告書』『大阪大学文学部紀要』第34巻、1994年、50頁）。また嘉興市檔案館蔵の「嘉興県土地房産所有証存根」を利用して〈郷〉レヴェルの耕地分布を考察した小島泰雄「中国村落の耕地分布の現代的編成」（『神戸市外国語大学外国学研究所研究年報』第41号、1997年）がある。

　これまでのところ地籍図・地籍冊との遭遇は全く偶然により、事前に所在情

報を入手することは難しい。1990年代末以降、各地で陸続と公刊された土地志が若干の参考となるかも知れない。土地志とは、新たな土地管理機関が1987年ころ省・市・県各級地方政府に設けられた以後の土地行政の歩みを記述することを主たる目的として、それら各級機関によって編纂された専業志の一種である。その記述は王朝時代にさかのぼり、民国時期にも一定のスペースが割かれている。たとえば江蘇省宜興市の土地志には、1936年の地籍原図・1949年の地籍公布図の写真が載せられている（『宜興市土地志』江蘇人民出版社、1998年）。

(稲田清一)

商会檔案

膨大な商会檔案の存在が世に知られてすでに久しい。1903年に歴代初の商務主管官庁である商部が設立されると翌年「商会簡明章程」が公布された。大きな商業都市には商務総会、一般的な県城やそれと同等の商業都市には商務分会が設置された。民国期にはそれぞれ総商会、商会と改称され、全国各地の城鎮にくまなく分布し、合計2,000を越える普及をみた。海外への延伸組織として中華総商会が大洋州、南洋、東北アジアからアメリカ大陸にまで広がった。

蘇州商務総会［1905-1916年］（のち蘇州総商会［1916-1931年］、呉県商会［1931-1949年］と改称）は北京、天津、上海、南京、武漢、広州、重慶と並び称される、清末8大商会の1つである。その膨大な量の史料が蘇州市檔案館に保存され、清朝部分は中国檔案文献遺産の1つとして指定されている。1991年に華中師範大学歴史研究所、蘇州市檔案館編『蘇州商会檔案叢編（1905－1911年）第一輯』、2004年に『蘇州商会檔案叢編（1912-1919年）第二輯』が公刊され、対象時期が1903-1949年の『天津商会檔案彙編』全10冊、『上海総商会組織史資料匯編（上、下）』、『上海総商会議事録』全5冊と並び、これらの商会資料によって地域社会で重要な役割を果たしてきた商会の実態と商会と関係をもつ国内外組織との相互関連を知ることができるようになった。

蘇州市檔案館は数年にわたりこの商会檔案のスキャナーによる読み込み作業

を進め、2005年春には来館者がコンピュータを通じ原史料の検索と全文閲覧ができるようになった。表紙しか見られないものもなかにはあるが、文書類の殆どは手軽に閲覧できる。原資料の永久保存という点では大きな進歩であろう。3,500巻に及ぶといわれる蘇州総商会史料は公刊されたものが1919年までの一部だけなので、まだまだ多くの発掘されるべき手がかりが眠っているというべきである。

　蘇州総商会は蘇州・松江・常州・鎮江4府と太倉直隷州の各商務分会を統括していた。1908年の記録によると、総商会に参加した商家は37の業種1,000余戸、統括する商務分会は28ヶ所に及ぶ。商会の統制力を受ける外郭下部団体には商団、市民公社があり、これらの檔案も蘇州市檔案館に保存されている。その他学務公所や教育会等とは人事面でも相互に影響・関連し、地域社会の治安、市政建設、衛生、文化教育、公益事業に協同して関わっていた。各レヴェルの役所や外部団体の概要を商会との文書のやりとりから理解することもできる。

　Ⅰ14から始まる蘇州商会檔案は目録50冊に分類され、1から3は商会組織に関するものがほぼ年代別に収録（1：1781-1927年計812巻、2：1912-1937年計762巻、3：1927-1937年計621巻）され、目録4は写真類、5から50は各同業公会、たとえば目録22：綢布業七襄公所、目録36：華洋雑貨業・巻烟業という具合に整理されている。1927年上海で開催された「各省商会聯合会」に関するファイルだけでも3ファイル（Ⅰ14-02-0383～Ⅰ14-02-0385）202頁にわたる。なかには『暹羅中華総商会紀念刊』（1929年）、『棉蘭中華商会25周年紀念刊』（1935年）など海外中華総商会からの珍しい寄贈刊行物もある。上述の商会檔案叢編の他、蘇州市檔案館『蘇州絲綢檔案匯編』上・下（江蘇古籍出版社）や蘇州市檔案局『蘇州市民公社檔案資料選編』など利用の便に供されているものがある。これらの利用とともに蘇州市檔案館での檔案類の渉猟の可能性も強調しておきたい。

（陳　來幸）

教育調査関連檔案

　教育関連檔案が教育史の分野において有用であることは贅言を要しないが、たとえば法制史史料である判牘が社会経済史の史料としても利用されているように、ここではその社会史史料としての可能性について考えてみたい。管見のかぎり、江南デルタの県級檔案館では1920年代以前の檔案は極めて少量であるが、1930年代以降、とりわけ解放後の檔案は大量に現存する。教育関連檔案のうち、着目したいのは教育調査に関するものである。地方文献篇でも簡単に紹介した通り、解放直後から1950年にかけての時期に、学校教育政策の実施を前に蘇南行署区では一斉に小学校や私塾の実態調査が行われた。筆者が確認した限りでは、青浦県では『蘇南公私立小学校概況表㈠〜㈢』（1949年、青浦区檔案館蔵、43-2-1〜43-2-4）と『蘇南私塾概況調査表』（1949年、青浦区檔案館蔵、43-2-5）が、呉江県では、私塾と私立小学に関する『一九五〇年各小学私塾概況調査票㈠〜㈢』（2023-3-11〜2023-3-13、呉江市檔案館蔵）と公立小学校に関する『一九五〇年各公立小学概況表㈠㈡』（呉江市檔案館蔵、2023-3-15、2023-3-16）が現存している。これらは調査の意図や実施の背景を十分に踏まえれば、基層社会の実態を相当程度伝えるものであると考えられる。

　かかる教育調査檔案からどのようなことがわかるだろうか。蘇南行署区で実施された私塾調査は私塾自体の調査であると同時に、同時期に進められていた土地改革を支援するための情報収集や思想工作の進捗状況を確認するものでもあったことが、村の経済状況等に関する調査項目やそこに記された村の階級構成に関する記述からうかがえる。私塾調査自体は調査時点における静的な記録だが、「一九五三年県各区公所関於私塾転民弁小学批復、公函」（呉江市檔案館蔵、2023-3-31）の如き史料と併用することで私塾の帰結を具体的に追跡できよう。

　これ以外にも様々な情報が記録されている。たとえば呉江の私塾調査からは160人余の塾師の姓名、性別、年齢、履歴等の情報が得られ、塾師がどのよう

な学歴や職歴を経て調査段階において塾師を務めていたかを知ることができる。したがって科挙教育や近代学校教育によるエリート文化と民衆文化の間に存在する「中間的識字層」の実態を分析する貴重な史料たり得ると思われる。また女性の塾師も散見されるが、殆どが小資産か地主階級に分類されており、性別と教育、社会階層との関係も浮かび上がってくる。

　なお1940年代から1950年代にかけて塾師や小学校教員を務めた人物は現在でも存命の場合があり、聴取調査も急務であると思われる。

（佐藤仁史）

漁業・漁民関連史料

　漁業・漁民関連史料はそもそも漁業・漁民史研究が殆ど未着手ということもあり、全体としてどれほどの史料が残存しているか手がかりはない。管見のかぎり、出版された檔案は第一歴史檔案館編『歴史檔案』1997年1期に掲載の、光緒34年（1908）にアメリカ・ワシントンで挙行された第4次万国漁業会に参加するために清朝が行った吉林省の漁業・漁場に関する調査報告書「光緒末年的吉林省漁業状況」（吉林省檔案館蔵）のみである。

　しかし全く手がかりがないわけではない。江南デルタの場合、まず参考となるの専業志であろう。漁業に特化した漁業（水産）志としては江蘇省水産局史志辦公室編『江蘇省漁業史』（1993年）、浙江省水産志編著委員会編『浙江省水産志』（1999年）、上海漁業志編纂委員会編『上海漁業志』（1998年）、上海青浦水産局編『上海青浦区漁業志』（1985年）、呉県水産志編纂委員会編『呉県水産志』（1989年）、嘉興水産志編纂委員会編『嘉興水産志』（2006年）などがある。専業志には他に公安志、民族志、土地志、財税志、工会志、教育志、建設志、金融志など多数あるが、いずれも新編地方志編纂の際に収集された資料に加筆・訂正するかたちで整理されたものである。新編地方志の各項目について具体的に記述しており、出版当時までの当該地域の各分野の詳細な状況を把握することができる。ただし専業志は出版部数が少なく、一般の商業ルートに乗っている

わけではないから、入手が極めて困難である。かかる点で上記の漁業（水産）志は貴重な資料といえるが、一部は筆者も残念ながら未見である。

また専業志で無くとも新編地方志の漁業部分には目を通しておきたい。1949年以降に編纂された市・県・鎮・郷志等では「漁業」の独立した項目を立てるか、農業に組み込むかたちで漁業・漁民について記している。市・県志レヴェルではどうしても概況を示すに止まらざるを得ないが、鎮・郷志レヴェルとなると固有名詞も登場し、かなり詳しい記述となる。当然に、内容を利用する際には裏をとる必要があるが、漁業・漁民に関して研究を進めるために大きな手がかりとなるのは間違いない。

太湖漁業・漁民に限定した資料としては江蘇省太湖漁業生産管理委員会編『太湖漁業史』(1986年)が参考になる。該書は概況、太湖資源、太湖漁民、捕撈漁業、養殖漁業、湖区漁業管理、科学研究、水産供銷、基本建設、太湖古詩詞・集文選、参考文献に分かって詳細な説明を加えているが、特に最後の参考文献には興味深い資料があがっている。史料摘編として高梁氏が整理した、第2期「明清太湖地区的漁民和漁船」、第3期「古代太湖地区的漁具、漁法」、第4期「江南魚鮮品」、第5期「明清蘇州地区水産品供銷拾零」、第6期「明清太湖地区養殖漁業部分史料」、第12期「江南水生経済動植物」、第20期（以上1983年）「清代筆記的太湖漁業史料摘編」、第36期（1984年）「抗戦前的江蘇漁業」の他、地方志に類する性格をもつものとして漁業公社編写組編『無錫市太湖漁業公社志』、太滆郷志編纂組編『太滆漁業公社大事記』、呉県太湖人民公社編『呉県太湖公社漁業生産統計手冊』（以上1982年）、呉県太湖郷志編纂組編『太湖郷志』(1985年)、太滆郷志編纂組編『太滆郷誌』(1986年)等があったことがわかる。筆者も未見のものが少なくないが、これらの史料を入手できれば、漁業・漁民に関する基本的な文献史料を知ることができよう。

さらに地方檔案館には多数の漁業・漁民関連檔案が所蔵されている。漁業・漁民関連檔案に限らぬが、檔案は具体的な人名にまで及ぶ生々しくかつ個別具体的な情報を提供してくれる。しかし利用の仕方次第では情報の海に溺れ、単なる内容紹介に終わってしまう危険性を伴う。特に漁業・漁民史は研究の蓄積

が少ないから、問題関心や方法論を研ぎ澄ませながら、どのような事実を照射していくべきか選択する必要があろう。筆者がこれまで偶目した漁業・漁民関連檔案としては、漁会関係文書、漁会入会登記表、漁民座談会資料、水産大隊関係文書、水面画分・階級成分関係文書、連家漁船社会主義改造関係の通達・報告書等があげられる。多くは1949年以降、漁民が漁民協会から水産（捕撈）大隊、1968年の漁業的社会主義改造（漁改）、漁業（水産）村の成立へと進んでいく過程に伴って作成された文書であり、民国期のものは決して多くない。これは非定住の船上生活漁民の本格的な掌握が実質的には戦後を俟たねばならなかったことを意味するのかもしれない。

　以上、様々な史料を紹介してきたが、漁業・漁民に関する史料は極めて限られた情報しかないのが現状である。限られた史料をつきあわせながら歴史世界を構築していかねばならぬのは当然であるが、一方で文献史料に頼らず、現地調査における口碑資料の収集も限界を突破する一手段たりうる。今後、現地調査への積極的な試みが求められよう。

（太田　出）

工商業聯合会関連史料

　1952年8月に「工商業聯合会組織通則」が公布され、工商業聯合会は国営企業を含む各種工商業者によって組織される人民団体と規定される。政府と企業を結ぶ「協商、監督、橋梁」の役割を担うこととなる。この通則に基づき、社会主義体制のもとで政府と党から役員と職員が派遣され、工商業者による「自己教育」を主たる職責とする工商業聯合会が新たに成立した。一旦解散を余儀なくされていた各地の商会の殆どは工商業聯合会へと脱皮改組したのである。この工商聯は1953年から1956年にかけて全国で展開された工商業の公私合営化を進めるにあたり、政府と工商業者の間にあり、調整役と旗振り役をつとめた重要な組織である。「文革」中機能が停止するが、改革開放後、新たな任務を帯びて復活し、かつての商会と同じく民間企業の権益保護を目的とする組織に

再度転身し、「商会」としての二枚看板を正式に掲げ、現在に至っている。
　公私合営化の過程と成果については1990年代初期に中央巻をはじめ、省あるいは市ごとに『中国資本主義工商業的社会主義改造』(中共党史出版社) シリーズが公刊されたことは周知の通りである。この問題に関する研究は少なく、国内外ともに未着手の状況にあるが、中国の社会主義体制を考えるうえで解明が待たれる重要な領域であることに違いはない。解放後の工商業聯合会関連史料を通じ、地域社会におけるその役割と具体像がいかなるものであったかを知ることができる。
　青浦区檔案館蔵の青浦県工商業聯合会関係檔案からその一端を垣間見てみよう。「城廂工商業者一九五〇年登記表」や「朱家角区攤販申請登記表」(1951年) 等は解放直後の地域社会が商業従事者の登記という行為を通じ、再把握されていた形跡を示すものである。「朱家角工商聯籌会組概況及工商聯組織概況」(1950年、青浦区檔案館13-9-32)、「本会第一届会員代表大会提案処理結果（1956年6-8月）」(同13-1-5) 等の史料は、当地における工商業聯合会の組織過程とその役割の解明に道を開くものであり、さらに「本会青浦県各区合営合作領導名冊」(1956年10月、同13-2-7)、「青浦県公私合営企業在職工商業者情況表」(1962年9月、同13-2-22) 等は公私合営後の状況を示すものである。このように檔案館に眠る関連史料の綿密な検討を通じてこの時期の工商業界を組織の視点からアプローチすることが可能である。
　一方、公私合営を体験してきた工商聯関係者個人からのインタビューも必要かつ重要であろう。改革開放後は新たに出現してきた私営企業家たちによって商会（＝工商聯）が再組織化されつつあるが、1953-1956年時の公私合営に協力した工商聯の老会員に対する手当てと慰労は依然として中国の工商聯組織の重要な任務である。なぜなら彼らの私有財産や企業所有権を国家が買い取る「贖買政策」の遂行で中国の社会主義体制の根幹部分が形成されたからである。

（陳　來幸）

民間所蔵史料

　筆者がこれまで従事してきた近代蘇州紳士に関する史料収集や研究の成果に基づいて、人物史料の収集・研究について浅見を述べたい。

　歴史上の人物はまず人物の姓名と字・号を明らかにしなければならない。古人、特に知識人には異なる年齢の段階において、時々の趣味や心情を表現するために往々にして異なる寓意をもつ名を使用し、一生涯で多くの名や号を用いた者もいた。これらを覚えることで1人の人物を何人かの人物と勘違いするような失敗を招かずに済む。同時に、同じ名や号を用いる人物が複数いる場合もあり、仔細に見分けなければ間違えてしまう。たとえば『長元呉三邑諸生譜』に記載された同治・光緒年間における秀才の名を記憶すれば、ある人名が史料中で言及されている時、自己の研究対象であるか否か判別することができる。人物の名や字の含意にも注意を払う必要がある。たとえば申瑾の字は懐瑜といい、これは「握瑾懐瑜」という成語に由来する。蔡晋鏞の字である雲笙は『尚書』の「笙鏞以間」からとられたものである。夏彭年の字の景箋には祖父（彭箋）の長寿を敬慕するという意味があった。謝家福、胡玉縉、戴姜福の3人の字は何れも綏之であったが、年齢が異なっているので具体的な史料からどの綏之かを確定しなければならない。史家修なる人物はおそらく殆ど知られていないが、史量才といえば名声が世に轟いている。実際は同一人物なのである。ある人物がどうして史家修を重用するかと張謇に尋ねた時、張謇は「私は才を量って用いているのである」と答えたという。ここから史家修は「量才」を字とするようになった。筆者は彼の親筆の手紙を見たことがあるが、落款はやはり「家修」であった。古人は手紙を書く際、相手に対する敬意を示すため、書出しは往々にして相手の字・号を呼称し、直接その名を記さない。自分の落款には名を署名して厳粛さを表すのである。

　次に人物の生年月日や死亡年月日の考証も重要である。族譜、行状、訃告、行述、哀啓、墓誌、哀挽録等の伝記史料のうち公共機関所蔵のものの検索・閲

覧はたやすい。訃告や哀啓には単独で印刷されて配られた以外に、周知のために新聞に何日か掲載されたものもある。伝記の記載には時に誤りがあることに注意しなくてはならない。たとえば沈恩孚の文集には盛肇保の伝記があり、文中の享年と死亡年月日から出生年を計算できる。しかし上海市図書館蔵の同治13年刊『平江盛氏家乗』の記載とは相違があるので、刊行が早い族譜の記載を基準とすべきである。科挙の硃巻の履歴に記された出生年には官年現象、すなわち科挙受験の際、将来の官職のために年齢を実際より若く申告することが往々にしてあった。伝記史料が無い場合、生年月日や死亡年月日の考証には手間がかかるが、その際には詩文集を調べるとよい。逝去した親類や友人を回想し哀悼する文章があり、生年月日や死亡年月日が見える場合がある。またその人物の子孫を尋ね、干支や享年に関する子孫の記憶に基づいて推定する方法もある。もしその人物が1950年以降に逝去したことが判明すれば、居住地の派出所に行き戸籍等の記載を調べることができる。

　歴史上の人物の子孫に遭遇することが予想外の発見をもたらすことがよくある。様々な災難を経ているものの、族譜、草稿、手紙、年譜、日記、写真等の史料が保存されている家庭もあり、これらは民間に残された「歴史財」といえよう。たとえば胡厢使巷の亢氏の子孫は族譜と『惕盦詩文稿』を、史家巷の単氏の子孫は単鎮の自訂年譜と詩文稿を、倉米巷の盧氏の末裔は『儒盧詩文稿』を、金獅巷の祝氏の子孫は族譜を、大儒巷の潘氏は『東匯潘氏家譜』を、定慧寺巷の銭氏の子孫は『彭城銭氏家譜』を、衛道観前孫氏は族譜を、桃花塢姚氏の後裔は姚孟起の友人や学生の手紙100通余りを、それぞれ所蔵していた。

　歴史上の人物の後裔や関係者の口述は、史料不足を補う史実を提供するのみならず、同時に別の史料を探すための新たな手がかりを与えてくれる。韓慶瀾と韓雲駿、夏康保と夏彭年、蔡廷恩と蔡晋鏞らの父子関係は、族譜を参照できぬ場合、子孫を通してのみ確定できる。夏彭年の子夏尚志は父がかつて吉林四洮鉄路管理局に奉職していたことを記憶していたので吉林省檔案館に照会したところ、関連檔案から夏彭年の履歴を発見できた。1905年生まれの屠仲荷は、1920年代に蘇州商団第2支部の書記員を務めた時、観前街付近の紳士と交流が

あった。現在100歳になる彼は故人の往時について飽くことなく語ってくれた。

　人物史料の収集は時に事件解決の如く、蔓を手繰って漸く必要な瓜を探し出せる。様々な人間関係こそは実は1つ1つが瓜の蔓であり、ここに着目すれば半分の労力で倍の成果があげられる。族譜は宗族内の血縁関係や婚姻関係を、諸生譜と同年録は同学関係を、同官録は官僚の同僚関係を、同郷録は地縁関係を、同庚会は同年齢同士が友誼を深める関係をそれぞれ反映している。かかる様々な人間関係は史料収集に存分に利用できる。ある人物の子孫を探しあてたら、その人物が生前に有した人間関係に連なる人物の子孫を見つけ出す可能性もある。このようにしてその人物の人間関係に関する資料が徐々に姿を現すのである。たとえば2005年に筆者は国家図書館において『彭城銭氏家譜』を閲覧し、多くの有用な記述を見つけたが、撮影・複写に制限があり、抄写の時間も無かったので途方にくれたが、偶然銭寿甲が李鴻藻の曾孫を娶ったという内容が目に留まった。かつて蘇州在住の李鴻藻の末裔を訪問したことがあったため、蘇州に戻ってからこの関係を通じて銭氏の子孫を探し出すことに希望を託した。その後李氏の末裔を通じて金獅巷に住む銭寿甲の娘を探し出し、さらに幾つかの訪問を経た後、遂に銭氏の末裔が所蔵する『彭城銭氏家譜』に辿り着いたのである。この版本は国家図書館蔵のものと全く同じであるばかりでなく、以前の稿本や関連資料も付されており、はるかに有用であった。

　かような方法以外にも、「切り株の番をしてウサギを待つ」方法もある。もしある人物が当時どこに住んでいたかが判明すれば、故居付近を訪ねてみるとよい。もしかしたら旧宅で子孫に会えるかもしれない。たとえ子孫がすでに遷居しようとも、近隣に尋ねたり派出所で戸籍を調べたりすればどこに引っ越したかがわかる。たとえば閶門の曹氏や中張家巷の呉氏、乗馬避巷の呉探花家、倉米巷の盧氏、侍其巷の鄧氏、双林巷の金氏、知稼桟の夏氏は、後裔が依然として元の場所に居住していた。山塘街星橋付近の顧氏の子孫はすでに遷居していたが、顧氏と顔なじみであった畢姓の老人の助けで子孫を訪ねることができた。彼らが保存していた、顧陶孫夫婦の逝去後に親類や友人が送った礼品の帳簿2冊は、一介の平凡な紳士の人間関係を反映する貴重な史料であった。

時にテレビや新聞から新たな発見をすることもある。ある日テレビニュースで不動産の紛争に関する報道がなされ、当事者の祝琳が1枚の古い契約文書を取り出していた。文書中の所有者に祝琳の父親の名があるのを見た時、この人物は筆者の研究と関係があると直観し連絡したところ、その推測の正しいことが証明された。兄宅に族譜や詩稿等の史料が保存されていたのである。また新聞の報道で西山戚家蔵の族譜の記事が目に留まったので訪ねてみると、それが上海市図書館蔵の版本より完備したものであることを発見した。

その他、ウェブ上でも必要とする情報が検索できることがある。一昨年、筆者はウェブ上で蘇州籍の龔翰青がかつてパリ講和会議の密使であったことを知り、子孫を探したいと思ったが全く手がかりがなかった。上海師範大学の友人宅で机に置かれた1930年代の『上海中学同学録』を何気なくめくっていると、偶然に龔家璧という学生の名を見つけ、家長の名として龔翰青と注記されていた。そこで早速ウェブ上で龔家璧について検索し、上海に1人いることが判明したので連絡してみたが、同姓同名の別人であった。淡い期待は水泡と化したのであるが、今度は輩行を手がかりに「龔家」というキーワードで検索し、龔家麟なる人物が龔翰青の息子である可能性が高いと考えた。さらに調べると氏がボランティアを通じて山区の貧困学生を援助していることを知った。そこでウェブ上の電話番号からボランティアに連絡し、龔家麟の姪の電話番号を入手し、電話を通じて龔家麟の父が龔翰青であることを突きとめた。「窮しても道は開ける」とはまさにこのことで、望外の喜びであった。その後、龔翰青の草稿や写真等の史料を借用することができた。

また筆者には「鏟地皮」に従事する友人がいて、史料収集の際、大いに助力してくれている。「鏟地皮」とは家を1軒毎に巡回して骨董品を購入する商売のことである。彼は蘇州のほぼ全ての街巷を歩き尽くしており、名家の末裔と多くの交流がある。筆者は彼の紹介を通して名家の子孫を訪ねている。かくして口碑資料を得られると同時に、珍蔵の草稿等の史料を閲覧できることも少なくない。彼らは必ずしもこれらの史料の全てを売りに出すわけではないが、筆者のような訪問者に対して大変好意的である。所蔵の草稿等が役立って固有の

価値を具体的に表し、その結果文章として発表されることは先人に対する一種の記念であると考えるからである。たとえば亢氏の子孫が保存する『惕盦詩文稿』等は「鏟地皮」の友人の照会を通して整理・公表できたものである。

　史料が入手できぬと恨み言をいう人に筆者は次のように助言したい。すなわち歴史上の人物や出来事はどこかにかすかな手がかりを残すもので、史料が全くないわけではない。要は身を入れて探索しているか否かなのである。

(夏氷著、佐藤仁史訳)

2　檔案館・図書館情報

　地方文献解題で紹介した地方文献の多くは太湖流域各地の所蔵機関に赴いて閲覧したものである。本書の基礎となった科研費の研究課題が近代における江南デルタ市鎮社会の変容を主要なテーマとしていたため、市鎮社会の実態や市鎮—農村間の関係などに関する文献に問題関心が集中している。具体的な内容は第Ⅰ部の各論考でご覧いただいたとおりである。我々が閲覧・収集しえたものは、大量の地方文献の微々たる部分に過ぎないうえ、問題関心の所在によって閲覧すべき文献が異なってくることは贅言を要すまい。さりとて地域史研究において有用な文献を豊富に所蔵しながらも近年漸く本格的な利用が始まってきた市級・県級の所蔵機関を数多く訪れ、偶目した各種史料の一端をここに敢えて提示することも、今後、同様の文献調査を行う研究者に裨益するのではないかと考えるに至った[1]。以下に所蔵機関ごとの特徴と基本情報を記し、読者に供する所以である。なお、ここに紹介する各檔案館所蔵の檔案や各種史料の閲覧に際しては、研究テーマと閲覧を希望する檔案の具体的な内容とを、中国における受け入れ大学を通じて事前に当該檔案館に申請して許可を得る必要がある。具体的な手続き方法については各館によって異なることに留意されたい。

　また、以下に紹介する檔案館・図書館以外にも有用な地方文献の所蔵機関として各市・区・県・鎮の地方志辦公室や檔案室、各行政村の檔案室も訪問すべきであろう。地方志辦公室では当地で発行された新編地方志を閲覧・購入できるのみならず、地方志編纂に際して利用された檔案などが項目ごとにファイリング・保存されている場合もある。紙幅の関係上収録されなかった有用な記載が数多く含まれており、檔案館や図書館に赴く前に具体的な手がかりをつかめることもある。我々は実際に『蘆墟鎮志』の材料となった文書群のファイルを偶目することができた。第Ⅱ部の論考で取り上げたように具体的な考察対象が

決定している場合には鎮や行政村の檔案室に保管されている檔案も当地の概況を理解するうえで有益である。本書ではこれらについて逐一解説する紙幅は無いが、調査の進展に応じて臨機応変に訪れるべき場所であることを付言しておきたい。

蘇州市図書館

蘇州市図書館は1914年に創設された蘇州省立第2図書館を前身とする、中国において比較的早期に設立された公共図書館の1つである。1949年に蘇州市図書館と改称し、2001年には新館が落成され公共サービスを拡充している。2万余冊にのぼる善本含む古籍30万冊の蔵書を誇り、そこには地方文献も多く含まれている。

地方文献閲覧室には、各県級市を含めた蘇州市下の地方文献が網羅的に収集されている。その内訳は旧地方志、市志、県志、区志、郷鎮志などの各級レヴェルの新編地方志や、呉県水産志編纂委員会編『呉県水産志』（上海、上海人民出版社、1989年）や常熟市土地管理志編纂委員会編『常熟土地管理志』（上海、百家出版社、1999年）の如き専業志、文史資料、各年の年鑑、蘇州地域史に関する出版物などである。具体的な地域や研究領域が絞られた段階において次に紹介する蘇州市方志館の所蔵文献とあわせて目を通し、基礎知識を押さえておくのに便利である。また、『蘇州明報』（1925年9月—1949年4月）や『蘇州新報』（1939年9月—1941年10月）など、蘇州地区の所蔵新聞18種が画像データとしてデジタル化されており、古籍閲覧室に設置されたコンピュータから閲覧することができる。

所在地：江蘇省蘇州市人民路858号
電話：0512-65228851
URL　http://www.szlib.com/
古籍部の開放時間：月曜日～金曜日　9:00-17:00（祝祭日は除く）

蘇州市檔案館

　蘇州市檔案館が所蔵する檔案は蘇州市の各行政機関、団体、企業や既に撤廃された機関、及び重要な歴史檔案などを包括しており、いわゆる清末民国期の歴史檔案と1949年以降の蘇州地区に関する檔案とに大別される。所蔵檔案は25万巻もの厖大な量におよぶという。歴史檔案の筆頭としては1905-1949年の蘇州商会檔案が挙げられることは衆目の一致するところであろう。その一部はすでに華中師範大学歴史研究所・蘇州市檔案館編『蘇州商会檔案叢編第一輯(1905-1911)』（武漢、華中師範大学出版社、1991年）『蘇州商会檔案叢編第二輯(1912-1919)』（武漢、華中師範大学出版社、2004年）として出版・利用されてきたが、現在では主要な商会檔案は画像データと目録情報の組み合わせによりデジタル化され、館内において検索・閲覧することが可能である。我々は市民公社、蘇州商民協会、魚行などの檔案を閲覧したが、それ以外にも、たとえば近代都市社会としての蘇州の実態と関連する甕業や、環境問題とも密接に関わる木行に関する檔案なども極めて興味深い内容を含んでいた。

　なお、商会檔案以外にも、各種統計・訴訟・人口調査等に関する檔案や地図・写真資料、音声・映像資料も所蔵されており、今後これらを利用した研究が待たれるところである。

所在地：江蘇省蘇州市三香路998号
電話：0512-68617324
URL　http://www.daj.suzhou.gov.cn/
開放時間：月曜日～金曜日　9:00-17:00（祝祭日は除く）

蘇州市方志館

　蘇州市方志館は、蘇州市の地方志編纂事業に供するために、蘇州に関連する地方文献や地域情報資料の収集・整理を担った機関で、1998年9月に正式に開

放された。館藏目録は、新編地方志、旧地方志、史籍書、地情類、人物類、修志業務類、参考書刊、工具書の8項目に大別され、18,000あまりの書目のうち、地方志が5,800種を占めている。新編地方志、とりわけ郷鎮志は現地に赴かなければ閲覧・収集が困難な場合が少なくないが、当館には一所に纏まって所蔵されており頗る便利である。また、金融志、土地志、教育志、農業志といった専業志も多数所蔵されており、もし自らの研究分野（テーマ）に即したものが刊行されていれば、それに目を通しておくことである程度当該分野の概況を把握しておきたい。予備知識なく大量の地方文献、多様な実態が眼前に突きつけられる現地調査に分け入ることは、学問上極めて大きな危険性を伴うからである。

　地方志以外にも郷土史に関する多くの有用な文献が所蔵されている。たとえば、『呉江県地名録』（呉江県地名委員会編、1983年）は内部発行の工具書であり、一般の商業ルートには乗っていない。内容的には1982年当時のものとはいえ、郷・鎮ごとに生産大隊や自然村の沿革や所在地を整理するなど、現地調査には不可欠の情報を提供している。また、文史資料も揃っており、閲覧・利用には大変便利である。特に『呉県民間習俗』（政協呉県委員会文史資料委員会、1991年）のような1つのテーマの特集号は参照価値が高い。
所在地：江蘇省蘇州市五卅路148号16号楼
電話：0512-65112268
開放時間：月曜日～金曜日　9:00-17:00（祝祭日は除く）

蘇州市博物館

　太平天国の忠王李秀成の王府跡地に建設された蘇州市博物館の図書資料部には、地方性の豊かな文献史料が多数所蔵されている。その量は古籍約10万冊にも及ぶという。特に軍事史料（太平天国史料）、信札、筆記、日記、年譜・伝記、族譜、文集などの諸史料には抄本・稿本など貴重書が少なくない。一例を挙げれば、『呉県田会収支各款報銷冊』『元境租粮幷収局収支報銷冊』『呉県田業公

会輔友部徴信録』など清末民国期の田業会に関する史料が多く所蔵されており、これらを新聞・雑誌等の文献史料とつきあわせることで、個別具体的かつ奥行きを持った研究が可能になるものと思われる[2]。

　なお、当館のスタンスとしては、所蔵史料はあくまでも保存を主眼とし、対外開放を前提としているわけではない。したがって、閲覧・複写は容易ではないが、もし閲覧したい史料が有れば、現地研究者に協力を依頼するなど、当館との連絡や必要手続きを慎重に進めていく必要がある。

所在地：江蘇省蘇州市東北街204号
電話：0512-67575666、67575111
URL　http://www.szmuseum.com/
開放時間：毎日　9:00-17:00

呉中区檔案館

　1959年に設置された呉県檔案館を前身とする呉中区檔案館には、149,587巻の檔案が所蔵されており、それらは清代民国期の歴史檔案と1949年以降の震沢県、呉県、呉県市の行政機関及び企業檔案とに大別されている。基本的にはかつての呉県の檔案が保管されていると考えればよい。本館の特色の1つとしては清代乾隆～宣統期の呉・長洲・元和3県の房地産買売契約・分家文契、民国期の呉県田賦実徴冊、呉県地籍檔案匯集など、土地所有に関する檔案を多く所蔵することがあげられ、解放後の土地改革で発行された土地証も多数保存されている。

　たとえば「呉県土地証存根索引」と題された目録を一瞥すると、呉県、唯亭区、車坊区、陽城区、陸墓区など区ごとに土地証存根が整理され、さらに郷名・村名・本数などの情報が記載されており、県内をほぼ網羅したかたちで存根が保存されていることが判明する。外国人に対する開放度は決して高いとはいえぬが、正式な手続きさえ踏めば、存根の実物を閲覧できるから、呉県における土地改革の詳細を研究する際には是非とも訪れたい場所である。

所在地：蘇州市東呉北路県前街53号
電話：0512-65643181
URL http://da.szwz.gov.cn/
開放時間：月曜日〜金曜日　9:00-17:00（祝祭日は除く）

呉江市図書館

　呉江市図書館は1917年に青年文化宮の2階に間借りするかたちで、県図書館として創設された。1992年に市図書館と改称、2003年12月には現在の場所に移され、新呉江市檔案館と並んで新館が建設された。

　蔵書のうち古籍や旧書籍は7万冊を数え、中には線装本5.6万冊を含んでいる。古籍部には呉江地方文献目録があり、1949年以前の呉江出身の人物による著作や呉江で発行された著作の書目が記されている。これを手がかりに『呉江公報』『呉江県政』といった政府の公報類、『呉江県教育情況──県視学報告』などの調査報告書、民国初に県民政長・県知事を務めた丁祖蔭が在任中に記した公文を収録した『松陵文牘』（民国3年鉛印本）等の文集、民国30年代の教員による『芬陀利室日記』や鎮居地主の手になる『頤貞楼日記』など稿本・手抄本の日記といった諸史料をさがし出すことができた。

　呉江市図書館が所蔵する1949年以前の地方志のうち、県志10種と郷鎮志14種は当館が独自に開発した『呉江五百年古代地方志』全文データベースに収録されており、全文データと画像データのそれぞれをウェブ上で閲覧・検索することができる。中には『垂虹識小録』や『同里郷土志』といった貴重な地方志が含まれており大変便利である。

所在地：呉江市松陵鎮中山南路1979号
電話512-63016532
URL http://www.wjlib.com/
開放時間：毎日　9：00-17：30

呉江市檔案館

　呉江市檔案館は141の全宗、81,974巻にのぼる檔案と18,290冊の文献史料を所蔵している。檔案は文書檔案、専門檔案、科技檔案に大別され、そのうち研究者に最も利用される文書檔案は、清末民国期の歴史檔案と1949年以降の行政機関や企業単位の檔案とに大別される。前者には清末人口調査関連檔案のような極めて珍しいものも含まれている。また、地域性を濃厚に反映した絲綢檔案や小城鎮檔案などについては、『呉江県小城鎮檔案資料匯編──盛沢鎮専輯㈠～㈢』（呉江市檔案館編、1986年）のごとき資料集も編集されており、個別の檔案を精査するにあたって概要を知るのに便利である。その他にも南京政府期の県政府、郷鎮自治、地籍や水面使用等に関する檔案も豊富に保管されており、これらを利用した研究の進展が望まれる。

　一方、文献史料の中で呉江市檔案館の特徴ともいいうるのは1920年代の地方紙を保存していることであろう。『呉江（報）』は1924年から1927年までの各号を、『新盛沢』は1923年から1927年までの各号を所蔵しており、特に後者は上海市図書館においても一部を閲覧することができるが、全号が揃っているのは呉江市檔案館のみである。

所在地：呉江市松陵鎮中山南路1979号
電話：0512-63016921
URL http://www.wujiangda.gov.cn/
開放時間：月曜日～金曜日　9:00-17:00（祝祭日は除く）

常熟市図書館

　近年、虞山の麓に建設された新館へと移った常熟市図書館は、その歴史文献部に20万冊あまりの古籍と数千冊を超える民国期の新聞・雑誌、１万冊に及ぶ再版古籍や工具書を有しており、全国の県級市図書館の中でも屈指の蔵書を誇っ

ている。中でも特筆すべきは『虹隠楼日記』などと題された293冊にものぼる日記の稿本である。日記の著者である徐兆瑋（1867-1940）は、1889年に進士に及第し、民国初に第１回衆議院議員に選出されている。1923年の曹錕賄選に反対して帰郷し、その後地方公益事業に尽力したという。日記には、彼が経験した、日本での法政視察、清末の常熟における民変、民初国会の内情、1920年代以降の地方公益事業などについて詳細に記されており、極めて高い史料価値を有している。また周知の如く、常熟は徐兆瑋を含む著名な蔵書家を輩出した県であり、彼らが収集した古籍や彼ら自身の文集の稿本が図書館に寄贈されており、とりわけ翁同龢の遺族が寄贈したコレクションが有名である。これらの蔵書群は近代史研究者のみならず、清代以前の歴史研究者にとっても有用であると思われる。

所在地：常熟市書院街27号
電話：0512-52220902
URL http://www.cslib.cn/web2006/
開放時間：毎日　9:00-17:00

常熟市檔案館

　　常熟市檔案館は24万巻の檔案・史料類を所蔵しており、主要な檔案は明清檔案、民国檔案、革命歴史檔案及び建国後檔案の４種類から構成されている。代表的な檔案としては市民公社檔案、翁同龢檔案のほか、1930-1940年代の租桟・収租・頑佃抗租などに関わる檔案が多数保存されており、地主—佃戸関係の研究には貴重な史料を提供する。

　　また、注目すべきは地方紙のコレクションであろう。常熟市檔案館が所蔵する1949年以前の地方紙は少なくとも十数種にのぼり、中でも1910年代から1920年代にかけて発行された『常熟日日報』と『常熟市郷報』の２紙が貴重である。両紙には県下の各市郷の動向や市民公社など地域社会の変容を分析するうえで興味深い記事が豊富に掲載されている。当館に限らず、いずれの檔案館でも檔

案以外に地方紙や地図をはじめとする貴重な史料を発見できることが少なくないので十分に注意を払う必要があろう。

　なお、常熟市檔案館では「檔案一体化檔案管理系統・超星文檔 98」というシステムを導入し、簿冊レヴェルまでの目録情報を分類、キーワード、時期などから検索することができ頗る便利である。

所在地：常熟市金沙江路8号
電話：0512–52880986
URL http://www.csdaj.cn/
開放時間：月曜日〜金曜日　9:00–17:00（祝祭日は除く）

常熟市碑刻博物館

　南宋期に建立されたとされる方塔を復元した方塔公園内に設置された常熟市碑刻博物館は碑刻や拓本の収集・陳列を専門とする博物館であり、1991年に開館された。当時、常熟市の各地に散在していた石碑の多くは破壊されたり放置されたりしていたが、1970年代以降、県文物管理委員会が収集・保護を開始し、本館に所蔵されるに至った。その内訳は宋代から民国期までの公文、農田水利、宗教、風俗、書道などに関するもの200基あまりと、墓誌銘300基あまりである。これらの碑刻の中には王国平・唐立行『明清以来蘇州社会史碑刻集』（蘇州、蘇州大学出版社、1998年）などの碑文を収集した刊行物に収録されたものも少なくないが、本書山本論文においても紹介されている通り、蘇州郷村基層社会の郷村役の実態を伝える情報量は十分とは言えない。かかる状況にあって、当館に所蔵されている碑文の中には「欽加運同銜補用直隷州代理蘇州府常熟県正堂王為給示暁諭事」という棍徒の取り締まりに関与する地保の実態が示されているものがあり、貴重な情報が含まれていることも考えられる。

　ところで、これら以外にも、必ずしも碑刻集には収録されていない碑文が在地社会には少なからずあることにも留意しておかなければならない。例えば、甪直鎮の保聖寺には「欽加塩運使寛銜儘先題補道江南蘇州府正堂加十級紀録十

次李為給示永禁事」という経造が徴税に際して行った不正な徴収を禁じる碑文がある。また、八圩鎮城隍廟には「永禁悪丐」と題された丐戸を取り締まる碑文が現存している。これら以外にも農村においても碑文が保存されている場合もある。在地において散発的に残存している碑文の価値を判断するためには、刊行された碑文集や地方志に収録された情報や常熟碑刻博物館のような所蔵機関に集中的に保管されている碑文の内容を把握しておく必要があろう。

所在地：常熟市後塔街7‐1号
電話：0512-52774297
開放時間：毎日　9:00-17:00

崑山市檔案館

　崑山市檔案館は各種檔案約8万巻と各種資料8,986冊を所蔵している。前者は1930年代以降を中心とする歴史檔案と1949年以降の党や政府機関等に関する檔案群である。歴史檔案は民国期のものが殆どで崑山県参議会、崑山県工商聯合会に関連するものが見られる。1949年以降の檔案では人民公社ごとに整理されたものがあり、各地の具体的な状況を反映していて興味深い情報を伝える。後者には、崑山籍人士の族譜や年譜、『崑山旦報』などの解放前の地方紙、文革期の小報などがある。

所在地：崑山市青陽中路225号
電話：0512-57714103
URL http：//www.daj.ks.gov.cn/
開放時間：月曜日～金曜日　9:00-17:00（祝祭日は除く）

嘉興市図書館

　嘉興市図書館は嘉興市檔案館に隣接している。蔵書は70万冊あまりを所蔵し、うち古籍10万冊あまりと善本1,849種を含む。これら古籍・善本は一般的なも

のが多いが、むしろ新編地方志など嘉興地区の地方文献の収集にも力を入れており、そちらの方が歴史研究者にとって参考になる。
所在地：嘉興市海塩塘路
電話：0573-82535001
URL http://www.jxlib.com/
開放時間：月曜日～土曜日　8:30-17:00（古籍地方文献部）

嘉興市檔案館

　嘉興市檔案館所蔵の主要檔案には、歴史檔案として嘉興県政府（1927-1948年）、国民党嘉興県党部（1924-1949年）、嘉興県青年中学（1935-1949年）、嘉興県警察局（1941-1949年）、嘉興県地方法院（1925-1949年）、中国蚕絲公司第一実験蚕桑場（1927-1958年）などが、建国後の檔案には嘉興市・県の各機関のものがある。我々が閲覧した檔案は決して多くないが、たとえば「嘉興県学校教育文件及董事名冊」（304-1-109）には国民党期における私塾取締りに関する紛争の興味深いやりとりが反映されている。また、民国期の地籍調査に関する檔案が多かったことも印象深い。
所在地：嘉興市海塩塘路201号
電話: 0573-82532121
URL http://www.jxdasz.com/
開放時間：月曜日～金曜日　8:30-12:00、13:30-17:00

嘉善県檔案館

　嘉善県檔案館は1966年に設けられた。現在、83,292巻におよぶ檔案、10,523冊もの文献史料を166の全宗に分けて整理している。最も古いものは清末のものも含むが、殆どは民国期以降のもので、民国檔案は全部で2,763巻、多くが1938-1948年の国民党嘉善県党部、県政府、参議会、郷鎮公所、警察局、法院、

農会・漁会・同業公会など各種社会団体の檔案である。その他、注目すべきものとしては嘉興の民国期の地方紙7種——『嘉善商報』『微光報』『嘉善日報』『民権報』等——がある。

所在地：嘉興市嘉善県花園路65号
電話：0573-84228276
http://jsdaj.oicp.net/
開放時間：月曜日〜金曜日　8:00-11:30、14:30-17:30

青浦区檔案館

　青浦区檔案館は171,533巻におよぶ檔案と12,354冊の文献史料を所蔵している。1946年から1949年5月までのものを整理した国民党政権檔案には独特の史料的価値を有するものが少なくない。本書第Ⅰ部の論考は青浦区檔案館所蔵の檔案を主要史料とするか、或いは館蔵檔案の調査の過程で何らかの着想を得て執筆されたものであるといっても過言ではないほどである。第Ⅰ部で実際に使用された、地籍台帳、地籍公布図、戸口調査表以外にも、郷鎮行政や保甲制の推進など基層行政に関する有用な檔案が豊富に保存されているという感触を我々は得ている。たとえば、他に「調整郷鎮據呈報意見函請参議会核議変更界域」（82-1-514）、「青県政府関於劃分郷鎮文巻」（82-2-695）、「編査保甲需用表冊」（82-2-160）などを閲覧した。

　1949年以降についても興味深い檔案が残されている。たとえば血吸虫病撲滅に関する檔案や、1961年にかの陳雲が小蒸公社を視察した際に開催された座談会の記録などが挙げられよう。その他、我々が注目したものに青浦県工商業聯合会関連檔案がある。「専区、県工商界的"正風簡訊"及部分底稿」（13-2-11）という簿冊には『整風簡訊』というガリ版刷りの小報とその原稿が纏められており、工商界の社会主義改造の実態を分析する際の手がかりになると思われる。

　また、檔案以外の史料のうち注目すべきは青浦県の地方紙である。所蔵の19種のうち、『青浦報』『青浦民衆』『青浦新報』『明報』『正報』など数種に対し

て調査を行った。『青浦報』は宣統年間に発行されたもので清末地方自治制の導入の実態を伝える記事が散見される。『青浦民衆』は1930年代から抗日戦争期の停刊をはさんで1949年まで発行されていた新聞で地方行政や地方自治に関する記事が豊富である。これだけ纏まった地方紙が見られる地域も珍しく、地域研究を志す者ならば是非とも訪れ閲覧して欲しいものである。

所在地：上海市青浦区公園路86弄28号

電話：021-69717738

URL http//archives.shqp.gov.cn/

開放時間：月曜日～金曜日　9:00-17:00

松江区檔案館

　松江区檔案館は区級の国家総合檔案館である。檔案・映像・録音などの所蔵資料は14万件以上にのぼり、主に民国期以降のものを中心に所蔵されている。具体的には国民党松江県党部、軍警自衛保安団、参議院・地方法院などに分類される。ただし佘山郷など、かつて青浦県（現青浦区）に属していた地域については、関連檔案が青浦区檔案館に所蔵されている可能性もあり（解放後も含めて）、注意が必要である。

　実際に佘山郷について調べえたものとしては「佘山郷分村図」「佘山人民公社情況介紹」「農村業生今情況」「本社関於人口普査試点工作的情況簡報彙総表」があげられる。ただし現在の当館は、かつて蘇州府と並び称された松江府の檔案館というより、県級檔案館という印象を拭えない。残念ながら、蘇州市檔案館とは質・量ともに比べるべくもないように感じられる。

所在地：松江区中山中路38号（原区政府内）

電話：021-37736567

URL http://daj.songjiang.gov.cn/

開放時間：月曜日～金曜日　8:30-11:00、13:30-17:00（祝祭日は除く）

湖州市檔案館

　湖州市檔案館は364の全宗、74,134巻の檔案、336,681冊の文献史料、その他、多数の地図・写真・音声等の資料を保存している。檔案は主に国民党政権期のものと1949年以降のものとから成り、地域的には湖州市・呉興県のものは勿論、嘉興地区の檔案をも所蔵している点に注意したい。その所蔵に至る経緯は十分に判明しないが、嘉興地区を研究する場合、本館にも足をはこぶ必要があろう。具体的には、呉興県政府、呉興県地方法院、呉興県警察局、国民党呉興県党部、嘉興専員公署などに分類されている。
　檔案以外には新編地方志や家譜なども豊富に所蔵されている。

所在地：浙江省湖州市行政中心5号楼
電話：0572-2398083
URL http://huzda.zj001.net/
開放時間：月曜日～金曜日　8:30-12:00、13:30-17:00

（佐藤仁史、太田出、夏氷）

註
（1）　地方檔案の紹介については、飯島渉・田中比呂志編『21世紀の中国近現代史研究を求めて』研文出版、2006年「第3章　檔案の公開とその利用——檔案第一主義をこえて（高田幸男）」を参照。
（2）　夏井春喜『中国近代土地関係文書の数量的分析とデータベースの作成』（平成14年度～平成16年度科学研究費補助金（基盤研究（C）（2））研究成果報告書）2005年「2　蘇州の田業会に関する幾つかの史料」はこれらの史料を紹介している。

結　語

佐　藤　仁　史

　我々が現地調査の過程において目の当たりにしたのは江南農村が大変貌を遂げる様子である。広大な農地や集落が工場や高速道路の用地として更地にされ、開発対象となった農村から集団移転する住民を受け入れるために市鎮周辺に設置された「新区」では住宅の建設ラッシュが続いている。湖畔では大都市や外国の富裕層が購入する別荘以外に、事業に成功した当地の富裕戸が建てた豪奢な住宅を見かけることも少なくなかった。農村の大規模な開発と市鎮街区の拡大という趨勢によって、江南農村の景観や生活が根底的に変貌していくことが予想される。

　調査対象地をとりまく根本的な変化の一端を体験したことは、近代期の内実を理解したいという我々の願望を益々強いものとした。というのも、例えば現地の景観を特徴づけている市鎮について言えば、明清期に研究が集中してきたのに比して清末民国期の研究は絶対的に手薄であり、明清期から現在にかけての変容を長いスパンの中で捉えるためにも当該時期の実態を明らかにすることが急務であると思われたからである。具体的な方法として採用したのは県級檔案館所蔵の檔案をはじめとする地方文献の活用である。本書の各論考において検討された郷村社会の微視的な実態の復元、商業組織の相互関係や機能、近代教育がもたらした社会階層の変容などの問題は、戸口調査や地籍台帳・地籍公布図をはじめとする国家や行政による地域社会の把握に関する各種檔案、地方エリートの自己主張の媒体としての地方紙などが有する特質に着目することで浮かびあがってきたものである。依然として基礎的な段階にとどまっている論点が存在するものの、地方文献の活用によって分析可能になった論点や明らかになった事実も少なくない。本書の土台となった科研費の課題において当初設

定した目標に到達することができたと考えている。

　地方文献の収集に際しては多くの方々から御助力を得た。復旦大学中国歴史地理研究中心の侯楊方教授や同大学歴史系の馮筱才教授には各地の檔案館や図書館における史料調査に際して紹介状の発行や随行の労をとっていただいた。蘇州市政協文史委員会の夏氷氏（前蘇州市檔案館員）には蘇州市檔案館における史料収集において懇切なる御助言と御協力を賜った。加えて、氏が数年来従事している近代蘇州紳士研究の成果にもとづき、民間所蔵史料についての文章を本書に寄せていただいた。現地研究者のみが発掘しうる多様な史料の可能性の一端を示す興味深い内容である。このほか、本書第Ⅲ部で言及した各所蔵機関の関係各位にも所蔵史料の閲覧に際して便宜をはかっていただいた。記して謝意を表したい。

　本書のもう1つの試みは現地調査、特に聴取調査によって得られた知見を何らかの形で取り込んでいることである。第Ⅱ部は専ら聴取調査の成果に拠っている。第Ⅰ部の各論考においても文献史料のみでは必ずしも十分に明らかにできない部分の論証に程度の差こそあれ現地調査の成果が利用されている。

　本書の現地調査は様々な出会いからうまれたものである。文献調査を開始した当初から、戦前・戦中期の社会学調査や1980年代に再開された現地調査の成果を踏まえて、多様な「老百姓」の世界に入り込むような調査を自らも行いたいという淡い期待を抱いていたが、具体的な手がかりは全くなかった。そんな我々を最初に導いてくれたのが2名の優れた「郷土史家」である。江南絲綢史の専門家で盛沢鎮在住の周徳華氏には、盛沢鎮のシルク業や民俗についてご教示いただいたばかりでなく、盛沢工商業聯合会の老幹部を紹介していただいた。山歌や民間藝能に造詣が深く、『蘆墟山歌集』の副主編を務めた蘆墟鎮の張舫瀾氏にも深謝したい。氏の手配によって宣巻や漁民による賛神歌の上演を参観する機会を得たことが、江南社会の藝能や民間信仰という研究領域に我々が本格的に目を向けるきっかけとなった。また、宣巻藝人や山歌歌手、廟宇の管理人などを紹介していただいたことが、第Ⅱ部の各論考の着想につながっている。

　聴取調査は北厙鎮大長浜村の楊前方氏・楊申亮氏父子の多大なる御助力がな

結　語　　　349

ければ実施し得なかった。楊申亮氏には聴取調査のほぼ全日程に随行し、呉江方言と普通話との通訳を務めていただいた。調査において希望に適った聴取対象者を見つけ出すことができたのもひとえにその卓越した交渉能力と交際能力の賜物である。郷土史や老農民の習慣を熟知する氏によっていくつもの有用な証言が引き出されたことにも言及しておきたい。また、大長浜村や周辺の農村における老幹部や老農民に対する調査を極めて順調に進めることができたのは、楊前方氏が築いてきた名望のおかげに他ならない。かつて右派の家族とされ進学や幹部への道を閉ざされた人物が基層社会において現在では名望を得ていることそれ自体も極めて興味深い事実である。氏は家史と村史を執筆中であり、新編市志の編纂にも協力を依頼されているという。彼の立場からどのような歴史が語られるのか注目していきたい。楊氏父子との交流が具体的な一自然村が歩んだ歴史という視点から近現代江南社会を考えるきっかけを与えてくれた。このほか、聴取調査に応じてくれた各位にも心から感謝したい。いつも突然押しかけたにもかかわらず暖かく迎え入れてくれた。彼らが語る体験談の味わいに我々はすっかり魅了されてしまった。

　本書執筆に際して行った現地調査では、予備調査の域を出ない部分を有してはいるものの現在までにのべ150名から聴取を実施している。聴取対象者は従来取り上げられてきた基層幹部や老農民ばかりでなく、老漁民、宣巻藝人、村廟管理人、仏娘など多岐にわたっており、ここから老百姓の世界を多面的に捉える可能性を十分に秘めていると思われる。本書で用いることができたのはそのごく一部に過ぎず、利用したものも紙幅の関係上内容の全文を掲載することはできなかった。聴取調査の核心部分については別に聴取記録を出版し、読者諸賢の御教示を仰ぎたいと考えている。

　なお、本書の学術的価値を理解し出版を快諾していただいた汲古書院社長石坂叡志氏に、ここに記して謝意を表したい。また、汲古書院編集部の小林詔子氏は初めて編集に携わり多くの不手際があった編者等に最後まで根気よく付き合ってくださった。併せて感謝申し上げたい。

編者紹介

太田　出（おおた・いずる）
　生年：1965年　　専門：中国近世・近代史
　最終学歴：大阪大学大学院文学研究科博士後期課程修了、博士（文学）
　現職：兵庫県立大学経済学部准教授
　最近の代表著作：「犯罪と治安からみた近世中国」（『歴史学研究』第821号、2006年）、「歴史学と現代社会——中国・太湖流域漁民からコモンズを考える——」（特定領域研究「持続可能な発展の重層的環境ガバナンス」（グローバル時代のローカル・コモンズの管理班）ディスカッションペーパー、2007年）

佐藤仁史（さとう・よしふみ）
　生年：1971年　　専門：中国近現代史
　最終学歴：慶應義塾大学大学院文学研究科後期博士課程修了、博士（史学）
　現職：滋賀大学教育学部准教授
　最近の代表著作：「清末民初の政争における地域対立の構図——江蘇省嘉定県におけるエリート・自治・政党」（『歴史学研究』第806号、2005年）、「清末民初の在地知識人における文明と郷土」（『中国—社会と文化』第21号、2006年）

執筆者・訳者紹介

山本英史（やまもと・えいし）
　生年：1950年　　専門：中国明清史
　最終学歴：東京大学大学院人文科学研究科博士課程単位取得退学、博士（文学）
　現職：慶應義塾大学文学部教授
　最近の代表著作：『伝統中国の地域像』（慶應義塾大学出版会、2000年）、『現代中国の履歴書』（慶應義塾大学出版会、2003年）、『清代中国の地域支配』（慶應義塾大学出版会、2007年）

稲田清一（いなだ・せいいち）
　生年：1956年　　専門：中国近世・近代史
　最終学歴：名古屋大学大学院文学研究科博士後期課程単位取得退学、文学修士
　現職：甲南大学文学部教授

最近の代表著作:「明末清初、呉江県の「都図」編成についての覚え書き」(『甲南大学紀要』文学篇129号、2003年)、「民国期、江浙における地籍調査事業の作業過程」(『近代東アジア土地調査事業研究ニューズレター』第2号、2007年)

陳　來幸（ちん・らいこう）

生年：1956年　　専門：近代中国社会経済史、華僑華人論

最終学歴：神戸大学大学院文化学研究科後期博士課程単位取得退学、博士（文学）

現職：兵庫県立大学経済学部教授

最近の代表著作:「中華会館の創建と発展」(中華会館編『落地生根』、研文出版社、2000年、所収)、「広東における商人団体の再編について――広州市商会を中心として」(『東洋史研究』第61巻2号、2002年)

吉田建一郎（よしだ・たていちろう）

生年：1976年　　専門：中国近代史

最終学歴：慶應義塾大学大学院文学研究科後期博士課程修了、博士（史学）

現職：日本学術振興会特別研究員（PD）

最近の代表著作:「戦間期中国における鶏卵・鶏卵加工品輸出と養鶏業」(『東洋学報』第86巻4号、2005年)、「占領期前後における山東タマゴの対外輸出」(本庄比佐子編『日本の青島占領と山東の社会経済1914-22年』（財）東洋文庫、2006年、所収)

呉滔（Wu Tao）

生年：1969年　　専門：中国近世・近代史

最終学歴：中国・復旦大学歴史地理学博士

現職：中国・中山大学歴史人類学中心副教授

最近の代表著作:「清代江南社区賑済与地方社会」(『中国社会科学』2001年第4期)、「明清江南基層区画的伝統与市鎮変遷――以蘇州地区為中心的考察」(『歴史研究』2006年第5期)

夏氷（Xia Bing）

生年：1976年　　専門：近世・近代の蘇州史

現職：2005年まで蘇州市檔案館に館員として勤務。その後、中国人民政治協商会議江蘇省蘇州市委員会文史委員会秘書処副主任科員。

最近の代表著作:「論辛亥蘇州光復在全国的地位」(『檔案与建設』2001年第9期)、「儒医世家話曹氏」(『蘇州名門望族』広陵書社、2006年)

Taihu Lake Society in Late Qing and Republican China
——Researched through the Study of Local Documents and Field Work

Introduction

The Summary and Method of Taihu Lake Society Research···OTA Izuru
.... *3*

Part Ⅰ Local Documents

On the Actual Conditions of the Rural Clerks and the Local Documents from the Late 19th Century to the Early 20th Century : An Introduction of Historical Material from Suzhou Prefecture······YAMAMOTO Eishi
.... 5

Reorganization of the Silk Industry and the Commercial Organizations in the Jiangnan Area in the Late Qing and Early Republican Period
······································Chen Laixing······ 35

The Relationship of Market Towns and Villages at the time of the Introduction of Modern Education in Late Qing and Republican China : A Case Study on Wujiang 呉江 County··············SATO Yoshifumi
.... 65

Qingpu 青浦 County Laozhaizhen 老宅鎮 Society and Taihu Lake 太湖 Fishermen in Republican China : Analysis of Family Registration ··OTA Izuru······ 103

A Note on the Cadastral Registers and Maps in Qingpu 青浦 County in Jiangsu Province during the Late 1940's ··············INADA Seiichi······ 145

Part Ⅱ Field Work

Shehui 社会 and Taihu Lake 太湖 Fishermen's Commons : Research on Wujiang 呉江 County Fishing Villages ···················OTA Izuru······ 185

Folk Religion in Rural Areas in the Jiangnan Region from the Perspective of a Xuanjuan 宣卷 Performer ·······················SATO Yoshifumi······ 237

Zhuangjiayu 荘家圩 Liuwangmiao 劉王廟 and Village Life······Wu Tao
 (translated by YOSHIDA Tateichiro)······ 281

Part Ⅲ A Bibliographical Introduction of Local Documents, Information on Archives and Libraries···OTA Izuru, SATO Yoshifumi, YAMAMOTO Eishi, INADA Seiichi, Chen Laixing, Xia Bing······ 309

Conclusion ··SATO Yoshifumi······ 347

太湖流域社会の歴史学的研究
──地方文献と現地調査からのアプローチ

2007（平成19）年11月6日　発行

編　者　太　田　　　　出
　　　　佐　藤　仁　史
発行者　石　坂　叡　志
製版印刷　富士リプロ㈱
発行所　汲　古　書　院

〒102-0072　東京都千代田区飯田橋2-5-4
電話03（3265）9764　FAX03（3222）1845

ISBN978-4-7629-2830-7　C3022
OTA Izuru・SATO Yoshifumi ©2007
KYUKO-SHOIN, Co., Ltd. Tokyo.